W0186262

Les auteurs du guide

Ce guide a été réalisé par une équipe d'auteurs et d'experts de la Thaïlande qui ont rassemblé leurs meilleurs conseils pour vous aider à composer votre propre voyage.

Pour cette édition, c'est **Stéphanie Paicheler** qui a sillonné le pays. Journaliste à Bangkok et toujours entre deux avions, elle prend le temps d'explorer ces territoires avec sa petite tribu. Elle vous livre ses meilleurs plans pour randonner dans la jungle du parc national de Phu Kradueng, vous initier à la *street food* à Phuket, plonger avec les requins-baleines et les raies mantas sur les îles Surin, faire du vélo sur Koh Yao Noi, paresser sur Koh Samui, ou pagayer dans le parc national maritime d'Ang Thong.

Juliette Tissot, qui a habité Bangkok pendant plusieurs années, a pu prendre le temps de savourer la douceur de vivre en Thaïlande... Elle aime se perdre dans les ruelles pittoresques de Chinatown à Bangkok, sillonner les rues de Chiang Maï, nager dans les eaux de la petite île de Koh Kood, marcher sur les sentiers du parc national de Khao Yaï...

Christine Routier Le Diraison a établi l'édition originale de ce guide.

THAÏLANDE

SOMMAIRE

^ Maya Beach, Koh Phi Phi

CARTES ET PLANS

Bangkok

Adulée par les uns, honnie par les autres, la capitale de la Thaïlande inspire des passions à la mesure de ses excès. Temples d'or et de laque, marchés flottants contre centres commerciaux, hôtels design et restaurants branchés, Bangkok, frénétique, surprend et fascine. Et sur l'autre rive du fleuve Chao Phraya, l'heure est à la nostalgie au fil des *klong* (canaux) : Bangkok rêve à son passé de « Venise de l'Orient ».

p. 44

^ Ayutthaya

AYUTTHAYA

Trésor classé au patrimoine mondial de l'Unesco, l'ancienne capitale fut rasée par les Birmans au XVIIIe s. avant d'être soigneusement restaurée par le département des Beaux-Arts. Au confluent de trois cours d'eau, le parc archéologique, construit sur une île artificielle, compte un nombre impressionnant de temples et de palais, et est sillonné par 140 km de canaux.

p. 124

^ La rivière Kwaï

La rivière Kwaï

Quoi de plus romantique que de dormir dans un hôtel flottant? Kanchanaburi et la rivière Kwaï offrent une cure de nature et de tranquillité, loin de la capitale : balades en bateau, douches sous les cascades... Gardez du temps pour la visite du célèbre pont, de triste mémoire.

p. 130

LES IN-CONTOURNABLES

Sukhothaï

Au creux du grenier à riz de la Thaïlande, de belles endormies content l'histoire de l'ancien Siam. Découvrez leurs bouddhas drapés d'étoffes safran, leurs *chedi* rongés de mousse, leurs temples enserrés dans la jungle. Les ruines de Sukhothaï, celles de Kamphaeng Phet et de Si Satchanalaï ou encore Phitsanulok et son Wat Phra Si Rattana Mahathat, racontent l'histoire de rois intrépides, de princesses héroïques et de concubines perfides.

p. 172

CHIANG MAÏ

Dans la captivante « Rose du Nord », des cyclo-pousses musardent parmi les maisons de teck et les temples gracieux. Rêvasser au bord de la rivière Ping, s'initier à la cuisine thaïe, au massage ou à la méditation, échanger avec des moines lors de *monk chats*... Dans la capitale de l'artisanat, les marchés attendent les chineurs qui repartiront avec des valises pleines... Elle offre aussi l'occasion de partir en excursion au Doï Suthep, au parc national du Doï Inthanon ou à l'Elephant Nature Park.

p. 186

Wat Phra That Doi Suthep, Chiang Maï

MAE HONG SON

Pas tout à fait birmane, plus tout à fait thaïe, cette jolie petite ville a cette atmosphère particulière des villes frontières. Elle garde tous les mystères des pays de confins, avec ses temples à toits étagés et ses tribus de femmes-girafes.

p. 231

La route khmère

L'architecture raffinée des Khmers a aussi ses joyaux en Thaïlande : le temple de Phimaï, souvent qualifié d'« Angkor Vat siamois », en offre une illustration grandiose, tout comme ceux de Phanom Rung, Phra Viharn et encore d'autres plus secrets.

p. 244

La baie de Phang Nga

Ponctuée de 300 pitons calcaires dessinant des formes étranges et fantomatiques, la fantastique « baie d'Halong de Thaïlande » semble sortie d'un James Bond *(L'Homme au pistolet d'or)*... C'est l'un des sites les plus spectaculaires de la région, à découvrir à bord d'une pirogue à longue queue.

p. 284

L'ÎLE DE PHUKET

La mer d'Andaman dévoile une collection d'îles à faire chavirer les plus blasés. Mais la plus grande, la plus connue, et la plus éclectique, c'est celle de Phuket. La star du farniente a plus d'un atout dans son jeu : plages paradisiaques, temples enchanteurs, marchés colorés, restaurants créatifs, vieille ville charmeuse... Les mille et une possibilités d'une île.

p. 289

˅ Le parc d'Ang Thong

^ La baie de Phang Nga

Le parc national maritime d'Ang Thong

Au large de Koh Samui, ce parc égrène 42 (autres) îles de beauté, recouvertes d'un épais manteau vert, frangées de plages de sable blanc, cernées d'une eau turquoise. Entre deux grottes sculptées par les vagues, on tombe nez à nez avec les heureux locataires, dauphins, loutres ou singes.

p. 349

KOH TAO

Désormais, les plongeurs ont un paradis, il s'appelle Koh Tao. Sur place, l'accessoire indispensable, c'est l'appareil photo. Mais pendant que vous mitraillez un poisson-clown, une tortue, un banc de barracudas ou des coraux multicolores, restez vigilant : un requin-baleine est peut-être là, à quelques mètres...

p. 350

LE PARC NATIONAL DE KHAO SOK

Explorez ce parc incroyable pour découvrir une jungle épaisse vieille de 160 millions d'années ! On se rafraîchit sous une cascade, on lève la tête pour observer un perroquet prendre son envol, on s'offre un tête-à-tête inoubliable avec un éléphant, on découvre au petit matin un lac bordé de falaises calcaires émergeant de la brume...

Ce paradis sauvage, d'une beauté à couper le souffle, invite à la méditation...

p. 280

Nai Harn Beach, île de Phuket >

SI VOUS AIMEZ...

Les civilisations perdues

Les anciennes capitales ont essaimé dans la plaine centrale. Commencez par **Ayutthaya** (p. 120), inscrite au patrimoine mondial de l'Unesco, véritable diamant brut avec ses 15 km² de temples et de palais. Filez ensuite

⌄ La plage de Koh Lipe, parc maritime de Koh Tarutao

^ *Street food* à Bangkok

à **Lopburi** (p. 167), pour mettre vos pas dans ceux des ambassadeurs de Louis XIV. Autres incontournables, les temples khmers qui jalonnent les routes de l'I-San. Parmi eux, **Phimaï** (p. 247), l'Angkor Vat de Thaïlande, **Phanom Rung** (p. 248), édifié au sommet d'un volcan, ou **Muang Tham** (p. 249), romantique château de pierre.

Ayutthaya p. 120
Lopburi p. 167
Phimaï p. 247
Phanom Rung p. 248
Muang Tham p. 249

LA *STREET FOOD*

En Thaïlande, la cuisine est partout. Vous trouverez des vendeurs ambulants à tous les coins de rue et vous pourrez manger toutes sortes de plats dans les très nombreux marchés de *street food*. Ceux de **Bangkok** (p. 101), **Chiang Maï** (p. 189) ou **Phuket** (p. 304) sont de véritables ruches ! Parfums subtils, saveurs surprenantes et mets inconnus font toute la magie de ces étals colorés emblématiques du pays.

Bangkok p. 101
Chiang Maï p. 189
Phuket p. 304

Les plages de rêve

Les milliers d'îles de la Thaïlande offrent un choix infini pour poser sa serviette. **Koh Chang** (p. 157), l'île de l'Éléphant, reste dédiée à la nature ; ses plages de sable fin, ses eaux claires et les îles alentour de **Koh Kood** et **Koh Mak** (p. 158) confirment le bel avenir touristique de la province de Trat. Sur l'**île de Phuket** (p. 289), chaque crique a son caractère, chaque baie son cachet. Mais les plus belles plages se trouvent au sud, dans le **parc maritime de Koh Tarutao** (p. 327), notamment.

Koh Chang p. 157
Koh Kood et Koh Mak p. 158
Île de Phuket p. 289
Parc maritime de Koh Tarutao p. 327

La plongée sous-marine

Les possibilités sont nombreuses, d'autant que l'on peut plonger toute l'année. Les **îles Similan** (p. 282) et leurs requins-baleines sont réputés dans le monde entier, pendant que **Koh Tao** (p. 350) s'affirme comme LA destination branchée des jeunes en quête d'abysses. Si vous n'avez pas encore passé votre PADI, un simple masque et un tuba permettent déjà de découvrir mille espèces, comme dans les eaux transparentes de **Koh Lipe** (p. 328), au sud du pays.

Îles Similan p. 282
Koh Tao p. 350
Koh Lipe p. 328

Les trekkings dans la jungle

Pour des vacances actives, le Nord est un terrain idéal : **Chiang Raï**, base de départ vers le **Triangle d'Or** (p. 219), et **Soppong** (p. 230), d'où l'on file explorer les **villages des tribus montagnardes**, raviront les amateurs de marche tranquille ou de trekking. Aux portes de Bangkok, le **parc de Khao Yaï** (p. 139) offre des échappées de jungle pour marcher, respirer... Enfin, au nord de l'île de Phuket, le **parc national de Khao Sok** (p. 280) permet de découvrir une forêt primaire intacte et d'effectuer des randonnées façon stage de survie dans la jungle.

Triangle d'Or p. 219
Soppong p. 230
Parc de Khao Yaï p. 139
Parc national de Khao Sok p. 280

L'ARTISANAT TRADITIONNEL

On trouve, dans chaque région, mille objets artisanaux à rapporter. On dénichera facilement de jolis **bols de céramique**, en céladon entre Bo Sang et San Kamphaeng (p. 206), près de Chiang Maï, où de style chinois pour les *chicken bowls* de Lampang (p. 213). Les ombrelles de **Bo Sang** égaieront votre intérieur pendant que les **soies mutmee** du Nord ou de l'I-San serviront à toutes sortes d'usages. Les bijoux, meubles et laques sont également de belle qualité, mais gare aux faux !

Bols de céramique p. 206
***Chicken bowls* de Lampang** p. 213

LES MASSAGES ET LES SPAS

Des pratiques traditionnelles du **Wat Po de Bangkok** (p. 64) aux Spas que l'on trouve partout, les occasions de se faire masser sont infinies. Dans de nombreux Spas et dans les salons de beauté, des soins sont aussi pratiqués à des tarifs très abordables. Certains établissements sont renommés dans le monde entier ; d'autres proposent séjours relaxation, cures détox ou stages de yoga : de quoi vous remettre en forme !

Wat Po de Bangkok p. 64

Les animaux exotiques

À Bangkok visitez le **Sea Life Bangkok Ocean World** (p. 98) et la Thaïlande en miniature, **Ancient City** (p. 121)... Passez quelques jours « nature » sur la **rivière Kwaï** (p. 130) et dans le parc national de Saï Yok, où la faune abonde. Tout près de Chiang Maï, rendez-vous à l'**Elephant Nature Park** (p. 210) pour donner le bain aux

Soins du corps dans un Spa

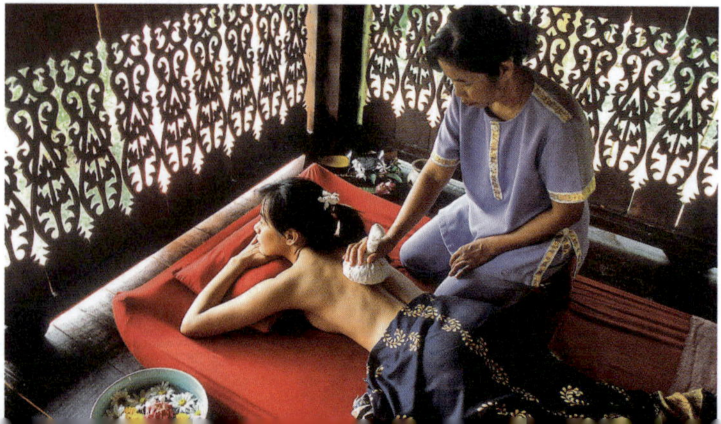

^ Le bain des éléphants à Maesa

pachydermes ou à la **Patara Elephant Farm** (p. 210) pour découvrir la vie des cornacs. Sur l'île de Phuket, de belles aventures vous attendent au **centre de réhabilitation des gibbons** (p. 295)...

Sea Life Bangkok
Ocean World p. 98
Ancient City p. 121
Rivière Kwaï p. 130
Elephant Nature Park p. 210
Patara Elephant Farm p. 210
Centre de réhabilitation des gibbons p. 295

LE TOURISME ALTERNATIF ET SOLIDAIRE

De nombreuses agences et organisations proposent de pratiquer un **tourisme responsable et/ou utile**. Séjours dans des familles à **Soppong** (p. 239), cours de cuisine dans le quartier défavorisé de **Khlong Toei** (p. 106) camps de protection des éléphants (p. 210), volontariat pour enseigner, aide à la construction d'infrastructures...

Soppong p. 239
Khlong Toei p. 106
Protection des éléphants p. 210

Faire la fête

Si pour vous, vacances réussies riment avec « fêtes jusqu'au bout de la nuit », la Thaïlande a ce qu'il vous faut ! D'abord avec **Koh Pha Ngan** (p. 347) et sa mythique *full moon party*, star des bons vivants. Autre plage complètement débridée, la **plage de Patong** (p. 292), sur l'île de **Phuket**, saturée de bars et de boîtes de nuit. Pour une ambiance plus chic, faites cap sur **Koh Samui** (p. 334). Et pour siroter un cocktail à la tombée de la nuit en observant des jongleurs de feu, rendez-vous à **Koh Phi Phi** (p. 311).

Koh Pha Ngan p. 347
Plage de Patong p. 292
Koh Samui p. 334
Koh Phi Phi p. 311

Être seul au monde

Envie de vous offrir une escapade à la Robinson Crusoé, loin du bitume, des voitures et du stress ? Posez vos valises sur **Koh Tarutao** (p. 327) où le végétal est omniprésent, tout comme les singes, varans et sangliers. Déroulez votre serviette sur les sublimes plages de **Koh Kradan** (p. 323), partez à la recherche des dugongs sur **Koh Libong** (p. 325), pédalez sur la champêtre **Koh Yao Noi** (p. 285) ou explorez la grotte d'émeraude de **Koh Muk** (p. 323). Mais surtout, régalez-vous !

Koh Tarutao p. 327
Koh Kradan p. 323
Koh Libong p. 325
Koh Yao Noi p. 285
Koh Muk p. 323

v Une *full moon party* de Koh Pha Ngan

Des vignobles rares

Y aura-t-il bientôt une route des vins en Thaïlande ? La question mérite en tout cas d'être posée, car le pays compte aujourd'hui six vignobles. Des passionnés ont su déjouer les pièges tendus par la nature – soleil écrasant, humidité maximale, pluies diluviennes – pour cultiver avec brio le raisin. N'hésitez pas à aller visiter ces néo-vignes ! L'un des plus beaux vignobles du pays est celui de **Monsoon Valley** (p. 146).

Monsoon Valley p. 146

DES PEINTURES RUPESTRES

Le **parc national de Pha Taem** nous donne à lire une histoire (p. 271), à travers ses délicates peintures rouges qui ornent ses parois rocheuses. Les plus anciennes seraient âgées de près de 4000 ans ! Un véritable trésor archéologique. En prime, une vue extraordinaire sur le Mékong et le Laos, qui a inspiré les cinéastes.

Parc national de Pha Taem p. 271

Le pays des cerfs-volants

Le cerf-volant est né en Asie. En Thaïlande, le jeu était même pratiqué par les rois. Pas étonnant donc que **Bangkok** et **Hua Hin** arbitrent chaque année de véritables « combats » durant lesquels des cerfs-volants mâles affrontent des cerfs-volants femelles : *chula* contre *pakpao*. Ces objets volants colorés, sortis de l'imagination des compétiteurs, planent dans un joyeux ballet (p. 44 et p. 143).

Bangkok p. 44
Hua Hin p. 143

Le festival de cerfs-volants de Bangkok >

Un lâcher de tortues

Début mars, la ville de **Thaï Muang** (p. 280) est le théâtre d'un étrange rituel : des dizaines d'hommes et de femmes jettent à l'eau de jeunes tortues. Les premières minutes sont touchantes : les bébés se mettent à nager, mais, projetés par les vagues, ils reviennent s'échouer sur la plage. Heureusement, après ces débuts chaotiques, ils parviennent à rejoindre la grande bleue.

Thaï Muang p. 280

Un bébé tortue

LA THAÏLANDE C'EST AUSSI...

DES BOULES DE FEU

Il faut être sacrément cartésien pour ne pas y voir au moins un brin de magie. Chaque année, en octobre, des milliers de personnes se rassemblent **au bord du Mékong** (p. 270) pour observer un phénomène intrigant : des boules orangées, de la taille d'un œuf, surgissent du fleuve et s'élèvent dans les airs.

Bord du Mékong p. 270

Des amulettes magiques

Très superstitieux, quasiment 100 % des Thaïlandais possèdent (au moins) une amulette. Se rendre sur un **marché** vendant ces porte-bonheur est donc une expérience incontournable (p. 70). Les experts se reconnaissent facilement : armés d'une loupe, ils scrutent chaque détail de l'objet convoité.

Porte-bonheur p. 70

UN MOINE MOMIFIÉ

Les pharaons n'étaient pas les seuls à se faire embaumer. La preuve avec ce moine thaïlandais, Loung Pordaeng. Mort en 1973, son corps est exposé au **Wat Khunaram** (p. 338) de Koh Samui. Il paraît que son exceptionnel état de conservation est dû à sa pratique de la méditation...

Wat Khunaram p. 338

NOS PLAGES préférées

Retrouvez ces plages sur la carte en rabat avant.

^ La plage de Rai Leh

Koh Chang

Kaï Bae p. 158

Tranquille, doté d'une poignée de restaurants, ce joli ourlet de sable immaculé a un atout de poids : les îlots qui lui font face. En quelques coups de pagaie, vous pourrez vous prélasser sur ces « cailloux » bien sympathiques...

Île de Phuket

Kata Noï p.295

Une petite plage très agréable, bien moins peuplée que ses « rivales », et pas envahie par les parasols. On peut y déguster un poisson grillé les pieds dans le sable, et s'y baigner en famille dans une eau transparente.

Krabi

Rai Leh (Railay) p. 310

Ses falaises vertigineuses plongeant dans une eau émeraude sont le terrain de jeu favori des grimpeurs. Le départ des voies se fait à même le sable blanc. Même si le lieu est pris d'assaut, pas question de bouder son plaisir !

Koh Lanta

Klong Dao p. 314

En haute saison, on aperçoit plein de bambins bâtissant des châteaux sur le sable doré. Leurs parents plébiscitent ces 3 km car l'eau y est peu profonde. Il est possible d'aller assez loin tout en ayant pied.

Koh Lipe

Sunrise Beach p. 328

Koh Lipe détient trois des plus belles plages de Thaïlande, avec un sable blanc aveuglant et fin comme du sucre. Les eaux transparentes de Sunrise hébergent quant à elles toute une collection de poissons multicolores. Chaussez vos palmes, et partez à leur découverte !

Koh Samui

Maenam Beach p. 335

Encore méconnue, cette longue bande de sable est propice au farniente. Vous aurez beaucoup de place pour étaler votre serviette, et pourrez bouquiner sans être gêné par les voisins. Les enfants, eux, pourront barboter dans l'eau en toute sécurité. Quand le vent est de sortie, on aperçoit également quelques kitesurfeurs.

Koh Pha Ngan

Baie de Naï Pan p. 348

Un joli ruban de sable blanc, bien équipé (restaurants, glacier, transats...), paisible et abrité par une rangée de cocotiers. On peut pratiquer le dos crawlé dans les eaux chaudes et calmes 365 jours par an.

Sur l'île de Phuket

La possibilité d'une ÎLE (CONFIDENTIELLE)

L'idée de devoir jouer des coudes pour installer votre serviette sur une plage de sable fin vous gâche tout le plaisir ? Pas d'inquiétude ! En Thaïlande, il reste de petits paradis encore relativement secrets. Voici nos préférés...

Koh Bulon Leh

Le côté secret de cette île transparaît avant même d'y avoir posé le pied. Il faut en effet débarquer du *speedboat* à quelques centaines de mètres de la plage (mais comme vous n'êtes pas dans Koh Lanta, un *hang yao*, pirogue à longue queue, vous mènera à bon port). La bonne nouvelle ? Cette île n'est pas que secrète. Elle est aussi authentique, sereine, familiale (avec ses bungalows) et surtout, surtout, superbe, avec son sable chaud et blanc, et son eau turquoise.

Koh Kood

La quatrième île thaïlandaise en termes de superficie ne souffre pas de surpopulation : seulement 2 000 habitants ! Tout, ici, donne envie de poser ses valises pour quelques jours. Encore plus si vous choisissez de dormir dans un des bungalows de Shantaa Resort. Un petit paradis avec une piscine, évidemment, et un excellent restaurant, face à la plage.

Koh Tarutao

Une jungle épaisse, des mangroves et des plages de sable blanc, des singes et des varans, des sangliers et des calaos... Tarutao, ex-repaire de pirates, plonge aujourd'hui ses très heureux visiteurs *into the wild*. Ici, pas d'hôtel ni de distributeur de billets, juste quelques basiques bungalows et un terrain de camping, et de l'électricité seulement en soirée. Un rêve pour citadins en quête de déconnexion.

Koh Yao Noi

Entre Phuket et Krabi, voici une autre île qui incite à ralentir. Ici, pas de bateaux remplis de voyageurs qui accostent chaque jour. Vous serez presque seul pour explorer les sentiers de l'île, à pied ou à vélo. Vous y découvrirez des buffles et des varans, des plages au charme brut, un panorama imprenable sur la baie de Phang Nga...

Plonger dans les eaux chaudes

C'est l'activité star du pays, où l'on peut plonger toute l'année : quand la **mer d'Andaman** est impraticable pour cause de mousson, le **golfe de Thaïlande** prend le relais. Dans les eaux chaudes, vous pourrez croiser requins-baleines ou léopards, raies mantas, tortues et barracudas : le *big five* thaïlandais !

Activité star p. 437

Voguer en canoë

Pour pagayer, cap au sud ! Vous y vivrez des expériences fantastiques dans le **parc national maritime d'Ang Thong**, et la **baie de Phang Nga** (p.349, 284). Le canoë est alors le seul moyen de se faufiler à travers les roches. Et sur **Koh Libong** (p.325), le dugong se laissera plus facilement approcher si vous choisissez cette embarcation plutôt qu'un bruyant *hang yao* (pirogue).

Parc national maritime d'Ang Thong p. 349
Baie de Phang Nga p. 284
Koh Libong p. 325

Se faire masser

Le massage est une tradition ancestrale en Thaïlande. Il se pratique en famille, dans la rue, sur la plage, au Spa ou dans l'un des innombrables salons du pays. Des écoles reconnues sont également accessibles, comme celle du **Wat Po** à Bangkok (p. 64). Attention, les massages traditionnels sont assez... musclés.

Wat Po à Bangkok p. 64

Travailler son swing

La Thaïlande et le golf : l'histoire d'amour est en plein essor, et nombreux sont les touristes à venir ici pour concilier farniente et incursions sur le green. Pour les attirer, le pays table sur ses 200 parcours, au cœur de paysages très variés : plages, montagnes ou ville (p.436).

Parcours p. 436

La plongée à Koh Phi Phi

14 JOURS pour voir l'essentiel

Un circuit pour avoir un bon aperçu du pays, de la trépidante capitale aux villages des tribus du Nord, en terminant par les plages de sable blanc et la mer chaude dans le sud du pays.

Jours 1 à 3

BANKGOK

Arrivée à Bangkok (Suvarnabhumi), SA City Line pour le centre (30 min).

Commencez par une balade en bateau-bus sur le **Chao Phraya** pour un premier aperçu de la ville. Visitez le **Grand Palais** et le **Wat Phra Kéo** (temple du Bouddha d'Émeraude). Accordez-vous un massage au **centre de massage traditionnel du Wat Po** (temple du Bouddha couché ; *info sur www.watpomassage.com*). Dînez au bord de la rivière. Le lendemain, visitez la **maison de Jim Thompson**, ensemble de constructions traditionnelles en teck. Déjeunez sur place dans un cadre très agréable. Découvrez ensuite le quartier autour de **Siam Square** et ses gigantesques centres commerciaux.

Le troisième jour, vous pourrez arpenter **Chinatown** avec ses marchés et ses temples ou le quartier indien de **Pahurat**.

Visites 1 à 6

Jour 4

AYUTTHAYA

En bus depuis la gare routière Nord (Mo Chit, 1h30).

Excursion pour la journée à **Ayutthaya**, à 86 km au nord de Bangkok. Ancienne capitale, ce site riche en temples est inscrit au patrimoine mondial par l'Unesco. Le soir, départ en train de nuit pour Chiang Maï *(couchette à réserver en ligne entre 4 et 60 j. avant le départ sur www.thairailwayticket.com).*

Visite 7

ANMAR
MANIE)
Mae Salong
TRIANGLE D'OR
Jours 9 et 10
Chiang Saen
Kok
Chiang Raï
Chiang Dao
Mékong
LAOS
VIETNAM
N
Mae Hong Son
Saï Nam Phung Orchid
Chiang Maï
Jours 5 à 8
Centre de protection des éléphants
Mékong
Lampang Louang
Udon Thani
Sukhothaï
:00
Ubon Ratchathani
Moon River
Kwaï
Nakhon Ratchasima
Surin
Jour 4
Ayutthaya
Kanchanaburi
Bangkok
Jours 1 à 3
Amphawa
CAMBODGE
Rayong
Hua Hin
01:45
Trat
Mékong
Koh Tao
Ranong
Koh Pha Ngan
Jours 11 à 14
VIETNAM
Surat Thani
Koh Samui
Golfe de Thaïlande
Nakhon Si Thammarat
Krabi
0
100
200 km
de Phuket
Trang
ours 11 à 14
Trajet en bateau
Trajet en avion
01:10
Durée du vol
Trajet par la route
Trajet en train
MER D'ANDAMAN
MALAISIE

Jours 5 à 8

CHIANG MAÏ

Comptez une nuit de train depuis Ayutthaya.

Découvrez la vieille ville, ses temples et ses marchés. Dans la soirée, vous pouvez vous faire masser et dîner dans l'un des restaurants de **Ratchadamnoen Rd**. Le lendemain matin, plusieurs musées au choix à visiter : le **Centre des arts et de la culture de Chiang Maï**, le **Musée national de Chiang Maï** ou encore le **musée des Tribus**, dédié aux minorités. L'après-midi, visitez le **monastère vénéré de Wat Phra That Doï Suthep** à la nette influence birmane. Au retour, halte shopping dans le coin des designers, sur **Nimmanhaemin Rd**. Le lendemain, excursions autour de Chiang Maï, au choix, vers **Lampang Louang** et son temple, avec une visite du **Centre de protection des éléphants (TECC)**, ou vers la **pépinière d'orchidées de Saï Nam Phung** et le campement d'éléphants de **Chiang Dao**.

Visite 14

Ayutthaya

ours 9 et 10

LE TRIANGLE D'OR

Depuis Chiang Maï en taxi ou avec une agence vers Chiang Raï.

Organisez l'excursion vers les villages d'**Akhas** et **Yaos**, où vivent des minorités montagnardes. Visitez le **musée de l'Opium à Chiang Saen** et passez la nuit à **Chiang Raï.** Le lendemain, route du thé et visite du village atypique de **Mae Salong**, pour un petit air de Chine.

Visite 14

ours 11 à 14

LA THAÏLANDE DU SUD

En avion depuis Chiang Maï pour Phuket (2h) ou Koh Samui (1h45).

Un bus part chaque jour de la gare routière 3 de Chiang Maï, direction Phuket (24h). Pour rejoindre Koh Samui, train Chiang Maï-Bangkok (env. 13h), puis bus Bangkok-Surat Thani (11h), puis ferry jusqu'à Koh Samui (2h).

Terminez votre séjour à la plage ! Selon la saison, choisissez un séjour autour de l'île de **Phuket** et de **Krabi** en mer d'Andaman (en hiver), ou autour de **Koh Samui**, **Koh Pha Ngan** et **Koh Tao** dans le golfe de Thaïlande (en été). Retour vers Bangkok puis la France.

Visites 21 à 26

14 JOURS de plage et de soleil

Un circuit pour découvrir le sud de la Thaïlande, des plages de sable blanc aux mers chaudes, à travers le *snorkeling* ou la plongée, mais aussi la visite des temples et la découverte des statues de Bouddha.

Jour 1

KOH SAMUI

Arrivée en Thaïlande via Bangkok (Suvarnabhumi) puis correspondance pour Koh Samui en avion (1h30). Autre option : prendre un bus Bangkok-Surat Thani (11h), puis le ferry jusqu'à Koh Samui (2h).

Le matin, découvrez le temple doré Laem Sor. Ensuite, direction la plage de Big Buddha : au programme, déjeuner et découverte de la statue géante qui donne son nom à la plage. Enfin, promenez-vous dans le très coloré temple de Wat Plai Laem, à quelques centaines de mètres de là. Passez la nuit à Samui.

Visite 25

Jour 2

KOH TAO

Bateau entre Koh Samui et Koh Tao (2h).

Journée plongée ou *snorkeling* autour de Koh Tao. Nuit à Koh Tao.

Visite 26

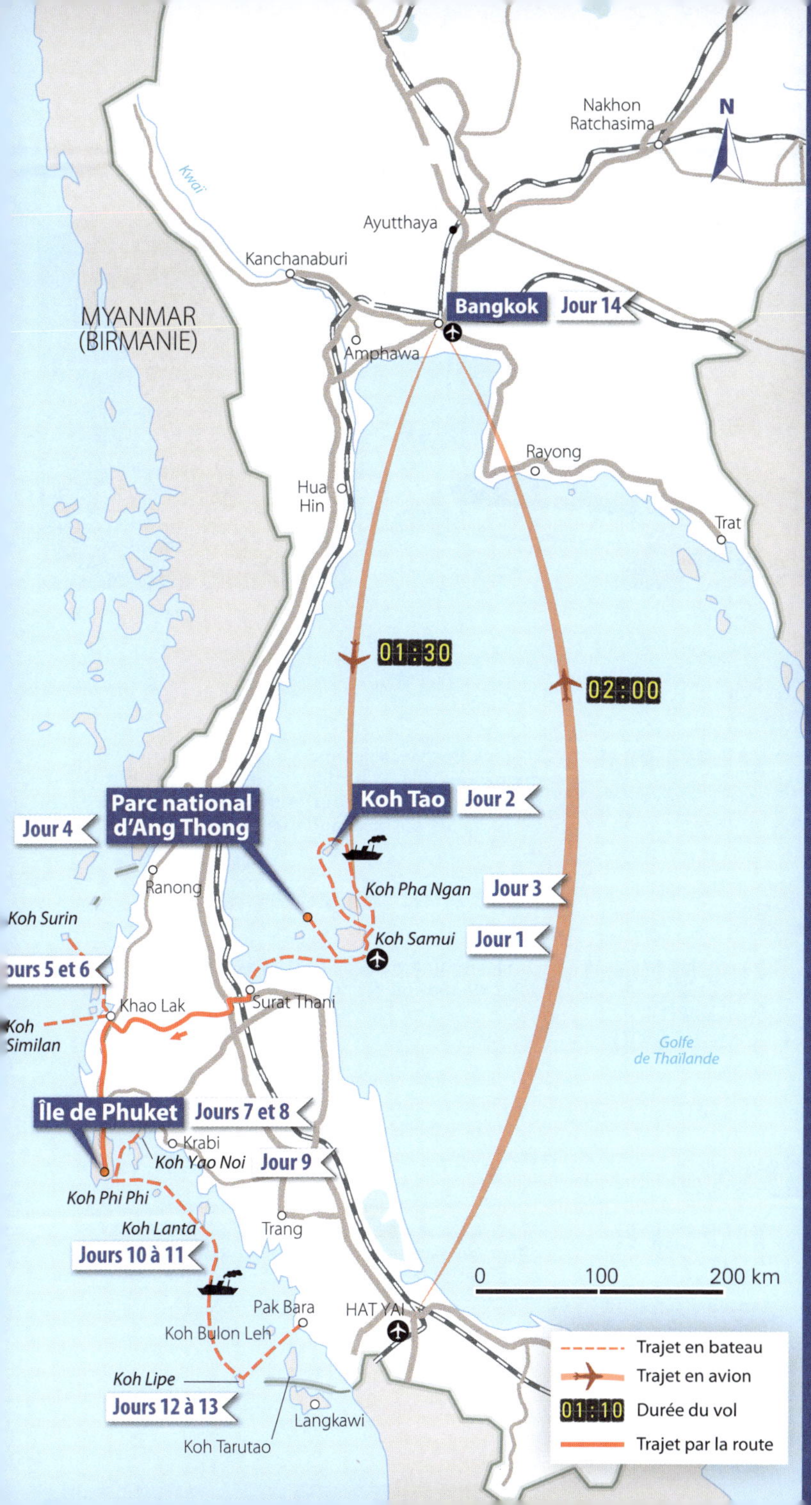

Nakhon Ratchasima
N
Kwai
Ayutthaya
Kanchanaburi
Bangkok
Jour 14
MYANMAR (BIRMANIE)
Amphawa
Rayong
Hua Hin
Trat
01:30
02:00
Parc national d'Ang Thong
Koh Tao
Jour 2
Jour 4
Ranong
Koh Pha Ngan
Jour 3
Koh Surin
Koh Samui
Jour 1
ours 5 et 6
Khao Lak
Surat Thani
Koh Similan
Golfe de Thaïlande
Île de Phuket
Jours 7 et 8
Krabi
Koh Yao Noi
Jour 9
Koh Phi Phi
Koh Lanta
Trang
Jours 10 à 11
0
100
200 km
Pak Bara
HAT YAI
Koh Bulon Leh
Koh Lipe
Jours 12 à 13
Langkawi
Koh Tarutao
Trajet en bateau
Trajet en avion
01:10
Durée du vol
Trajet par la route

^ Îles Surin

Climat : le point météo

De novembre à mars, le ciel est bleu et l'eau très chaude en mer d'Andaman (Phuket, Koh Lanta...). De janvier à septembre, c'est le golfe de Thaïlande (Koh Samui et compagnie) qui décroche la palme de la météo la plus agréable. Le mois pendant lequel vous souhaitez voyager est donc un bon critère pour savoir où poser vos valises.

Jour 3

KOH PHA NGAN

Bateau entre Koh Tao et Koh Pha Ngan (env. 1h30).

Une fois installé, préparez un pique-nique, que vous dégusterez dans l'une des criques le long de la côte est. En option, une randonnée entre Haad Rin et Haad Yuan est parfaitement envisageable. Nuit à Koh Pha Ngan.

Visite 26

Jour 4

PARC NATIONAL MARITIME D'ANG THONG

Excursion à réserver auprès d'une agence de voyages ou de votre hôtel.

Organisez une visite de ce parc exceptionnel : pagayez dans un décor irréel et faites du *snorkeling* toute la journée. Nuit à Koh Pha Ngan.

Visite 26

Jours 5 et 6

KHAO LAK ET SIMILAN

Bateau depuis Koh Pha Ngan pour Donsak, près de Surat Thani (env. 2h30), bus ou taxi pour Surat Thani (30 min env.), bus pour Khao Lak (env. 4h).

Après avoir profité des sublimes plages de Khao Lak, offrez-vous une journée pour découvrir les fonds sous-marins des îles Surin ou Similan. Nuits à Khao Lak.

Visite 21

ours 7 et 8

ÎLE DE PHUKET

Bus de Khao Lak à Phuket Town (2h).

Partez explorer Phuket Town, son architecture sino-portugaise, ses cafés arty, ses galeries d'art. En famille, amusez-vous au Trickeye Museum. Dormez à Phuket et le lendemain, profitez du Wat Chalong avant l'arrivée des touristes. Puis passez la matinée avec des gibbons dans le centre qui les protège. Après-midi farniente sur l'une des plages de la côte ouest.

Visite 21

our 9

KOH YAO NOI

Bateau depuis Phuket (40 min).

Toute une journée, explorez à vélo les sentiers de cette île champêtre. Retour et nuit à Phuket.

Visite 21

Jours 10 et 11

KOH LANTA

Bateau depuis Phuket (env. 4h).

Vos valises posées à l'hôtel, filez vers Lanta Old Town. Déjeunez dans l'une des maisons en bois sur pilotis. Puis retour à la plage, sur la côte ouest. Passez la nuit sur Koh Lanta et, le lendemain, prévoyez une journée de plongée autour des pics Hin Daeng et Hin Muang, où vous avez de bonnes chances de croiser requins-baleines et raies mantas.

Visite 23

Jours 12 et 13

KOH LIPE

Bateau depuis Koh Lanta (3h).

Repos sur l'une des trois bandes de sable de Koh Lipe. Partez ensuite en *hang yao* explorer une voisine : Koh Mook et sa grotte d'émeraude, ou Koh Tarutao et sa faune sauvage.

Visite 24

Jour 14

RETOUR À BANGKOK VIA HAT HAI, PUIS VOL VERS LA FRANCE.

Bateau depuis Koh Lipe (1h30-2h) pour Pak Bara, bus ou taxi pour Hat Yai (1h30-2h), vol vers Bangkok (1h30-2h).

14 JOURS pour visiter le nord du pays

Ce circuit permet à la fois une immersion totale dans la nature et la découverte du patrimoine thaï, notamment des anciennes civilisations qui y vivaient.

Jours 1 et 2

BANGKOK

Arrivée à Bangkok (Suvarnabhumi), SA City Line pour le centre (30 min).

Arrivée à Bangkok, reportez-vous aux premiers jours des circuits 1 ou 4.

Visites 1 à 6

Jour 3

CHIANG MAÏ

Vol pour Chiang Maï (1h15). Alternatives : le train, au départ de Krung Thep Aphiwat Central Terminal Station (10h), ou le bus, au départ du Mo Chit Bus Terminal (10h).

Après un tour en ville et la visite des temples, massage ou initiation à la cuisine thaïe en assistant à un cours. Pour finir la journée, dînez au restaurant de l'hôtel Rachamankha, réputé pour son cadre et sa cuisine d'inspiration birmane, profitez de l'happy hour de l'hôtel 137 Pillars House, ou encore du **marché de nuit**.

Visite 14

ANMAR
MANIE)
Mae Salong
TRIANGLE D'OR
s 5 et 6
Chiang Raï
ae Hong Son
Mékong
LAOS
VIETNAM
N
Elephant Nature Park
Jour 4
Chiang Maï
Jour 3
:30
Inthanon
our 4
Lampang Louang
Mékong
Udon Thani
Sukhothaï
01:15
Jours 11 et 12
Jours 8 et 9
Nakhon Ratchasima (Khorat)
Phimaï
Ubon Ratchathani
Khong Chiam
Surin
Kwaï
Phanom Rung et Mouang Tham
Phra Viharn
Ayutthaya
Jour 10
Kanchanaburi
Bangkok
Amphawa
Jours 1, 2, 7, 13 et 14
CAMBODGE
Rayong
Hua Hin
Trat
Koh Tao
Ranong
Koh Pha Ngan
VIETNAM
Koh Samui
Surat Thani
Golfe de Thaïlande
Nakhon Si Thammarat
Krabi
uket
0
100
200 km
Trang
Trajet en avion
01:10
Durée du vol
Trajet par la route
Trajet en train

Jour 4 (2 options)

OPTION 1 - DOÏ INTHANON

À 57 km de Chiang Maï, en excursion organisée.

Organisez une excursion au **Doï Inthanon**, le point culminant du pays, retour à Chiang Maï en soirée.

Voir p. 208.

Visite 15

OPTION 2- ELEPHANT NATURE PARK (CENTRE DE PROTECTION DES ÉLÉPHANTS)

À 60 km de Chiang Maï, réservation indispensable.

Passez une journée à la rencontre des pachydermes de l'**Elephant Nature Park**, avec promenade dans un paysage somptueux et bain des éléphants dans la rivière.

Visite 15

Jours 5 et 6

MAE HONG SON

En avion depuis Chiang Maï (45 min). Vous pouvez aussi prendre le bus (n° 612, 6h de trajet).

Arrivée à la ville frontière de **Mae Hong Son**. Visitez ses temples et déjeunez au bord du lac. Passez la nuit dans une cabane nichée au fond des bois pour jouer les Robinson ! Le lendemain, prévoyez une excursion organisée vers un **village padaung** (femmes-girafes).

Visite 17

Jour 7

BANGKOK

Vol vers Chiang Maï (30 min) et correspondance pour Bangkok (1h15). En bus, l'opérateur Sombat Tour propose une liaison directe de Mae Hong Son à Bangkok (15h30).

Passez la nuit à Bangkok pour repartir vers l'est.

Visites 1 à 6

Jours 8 et 9

NAKHON RATCHASIMA

Bus depuis Mo Chit Bus Terminal à Bangkok pour Nakhon Ratchasima (4h).

Partez pour l'ancienne **Khorat** (aujourd'hui Nakhon Ratchasima), visitez **Phimaï** *(à 60 km de Nakhon Ratchasima ; en taxi ou en bus)*, « l'Angkor Vat de la Thaïlande », et les villages d'artisans spécialisés dans la soie mutmee. Nuit à Nakhon Ratchasima. Le lendemain, excursion organisée pour les citadelles khmères : **temples de Phanom Rung et de Mouang Tham**, un château de pierre. En fin de journée, retour vers Khorat.

Visite 18

ur 10

SURIN

Départ en bus pour Surin (env. 6h).

Direction **Surin**, la cité des pachydermes. Pendant la journée, organisez une excursion vers le site khmer de **Phra Viharn**, à 190 km de Surin. Passez la nuit à Surin, pour visiter le marché de nuit et profiter d'une soirée karaoké.

Visite 18

urs 11 et 12

UBON RATCHATHANI

Départ en bus pour Ubon Ratchathani (env. 3h).

Visitez le **Musée national** et le **Wat Thung Su Mouang**. La magie du Mékong opère... Allez vous balader jusqu'à la frontière laotienne et découvrez **Khong Chiam** et ses peintures rupestres. Passez la nuit à Ubon Ratchathani après un dîner sur l'île de la rivière Mun, au sud de la ville.

Visite 18

urs 13 et 14

RETOUR À BANGKOK

Départ en train pour Bangkok (1 nuit).

Retour d'**Ubon Ratchathani** pour Bangkok en train, pensez à réserver votre place.

Visites 1 à 6

Doï Inthanon

8 JOURS pour voir Bangkok et ses environs

Un circuit court pour découvrir toutes les facettes de la capitale thaïlandaise tout en profitant de la diversité de ses environs, avec des excursions à la plage ou dans la jungle.

Quartier de Chinatown, Bangkok

ANMAR
MANIE)
Mae Salong
TRIANGLE D'OR
VIETNAM
N
Kok
Chiang Raï
LAOS
Mékong
Mae Hong Son
Elephant Nature Park
Chiang Maï
Inthanon
Lampang Louang
Mékong
Udon Thani
Sukhothaï
Nakhon Ratchasima (Khorat)
Phimaï
Ubon Ratchathani
Khong Chiam
Rivière Kwaï
Kwaï
Ayutthaya
Jours 6 et 7
Surin
Phanom Rung et Mouang Tham
Phra Viharn
Kanchanaburi
Jours 6 et 7
BANGKOK
Jours 1 à 3, 8
Amphawa
Jours 6 et 7
00:50
CAMBODGE
Hua Hin
Rayong
Trat
Koh Chang
Jours 4 et 5
Koh Kood
Ranong
Koh Tao
Koh Pha Ngan
Koh Samui
VIETNAM
Surat Thani
Golfe de Thaïlande
Nakhon Si Thammarat
Krabi
Phuket
Trang
0
100
200 km
Trajet en bateau
Trajet en avion
00:50
Durée du vol
Trajet par la route
MALAISIE

^ Chutes d'eau du parc national d'Erawan

Jours 1 à 3

BANGKOK

Arrivée à Bangkok (Suvarnabhumi), SA City line pour le centre (30 min).

Une fois arrivé à Bangkok, reportez-vous aux deux premiers jours du circuit 1. Le troisième matin, visitez le splendide **temple de Marbre**. L'après-midi, balade jusqu'au sommet de la **montagne d'Or**, le point culminant de Bangkok, pour un point de vue sur la ville.

Retour par **Khao San Road** et son quartier « hippie ». Le soir, assistez à un match de boxe thaïe ou à un spectacle de danse traditionnelle.

Visites 1 à 6

Jours 4 et 5

KOH CHANG

Pour Koh Chang, en avion jusqu'à Trat depuis Bangkok (1h), ou en bus (5h) jusqu'à Trat et, ensuite, taxi et bateau (25 min).

Koh Chang est une destination familiale, très fréquentée par les Thaïs. La principale occupation de votre séjour sera de changer de plage.

Rendez-vous sur celles de **Saï Khao** ou de **Kaï Bae**, passez l'après-midi à vous baigner dans les récifs coralliens de **Bang Bao**, sans oublier de visiter le village de pêcheurs. Vous pourrez parcourir l'île à pied ou en louant un kayak de mer.

Visite 21

ours 6 et 7 (3 options)

Comptez 2 jours (avec une nuit sur place) pour chacune de ces options.

OPTION 1 - LE MARCHÉ FLOTTANT D'AMPHAWA

Pour le marché d'Amphawa, départ de minivans depuis la gare routière Nord (Mochit) de 5h20 à 18h, possibilité d'organiser une excursion auprès d'une agence ou de votre hôtel.

Choisissez un samedi pour partir dans l'après-midi au **marché flottant d'Amphawa**. Passez une nuit sur place dans une chambre d'hôtes authentique.

Visite 7

OPTION 2 - AYUTTHAYA

Pour Ayutthaya, comptez 1h30 en minivan, depuis la gare routière Nord.

Visitez les temples de l'ancienne capitale **Ayutthaya** *(louez un vélo ou les services d'un taxi ou d'un tuk-tuk pour la visite)*, cité inscrite au patrimoine mondial de l'Unesco. Vous pourrez aussi faire le tour de la ville en bateau.

Visite 7

OPTION 3 - KANCHANABURI ET LA RIVIÈRE KWAÏ

Pour rejoindre Kanchanaburi et la rivière Kwaï, nombreux minivans au départ de la gare routière Sud (Sai Tai, Barommaratchachonnani Rd) et de la gare routière Nord (Mo Chit), ou bus n°81 depuis la gare routière Sud (de 4h à 22h, comptez env. 2h30 de trajet), ou train depuis la gare de Thonburi (deux fois par jour).

Partez pour une journée sur la rivière Kwaï, devenue tristement célèbre pour la construction de son pont de chemin de fer durant la Seconde Guerre mondiale.

C'est le point de départ de la plus grande zone forestière du pays. Vous pourrez faire de jolies balades dans la nature, à la découverte de bourgades isolées, de grottes et de chutes d'eau.

Visite 8

Jour 8

RETOUR VERS BANGKOK ET LA FRANCE

14 JOURS dans l'I-San, (très) loin de la foule

Une plongée dans une Thaïlande authentique, presque sans touristes, mais pas sans intérêt, bien au contraire !

Jours 1, 2 et 3

NAKHON RATCHASIMA

De Bangkok, en train ou bus (env. 4h).

Il serait presque indécent de venir jusqu'à Nakhon Ratchasima et de ne pas faire un détour à Phimaï, tant ses temples khmers sont époustouflants. Profitez-en pour découvrir Ban Prasat, tout proche, pour comprendre comment vivaient les locaux il y a 3000 ans.

Visite 18

Jour 4

KHON KAEN

Au départ de Nakhon Ratchasima, prendre un bus direction Udon Thani ou Nong Khai (3h-3h30 de trajet).

Escale d'une journée dans cette ville, pour se reposer, vivre comme les locaux en allant au marché, et visiter deux pépites : le Nong Waeng Temple et le Wat Thung Setthi. Ou prendre un taxi pour rejoindre le parc national de Phu Wiang et ses dinosaures.

Visite 19

Jour 5

UDON THANI

Bus Khon Kaen-Udon Thani (2h30).

Au lever du soleil, s'émerveiller devant la beauté éphémère des nénuphars rose fuchsia délicatement posés sur la Red Lotus Sea.

Visite 19

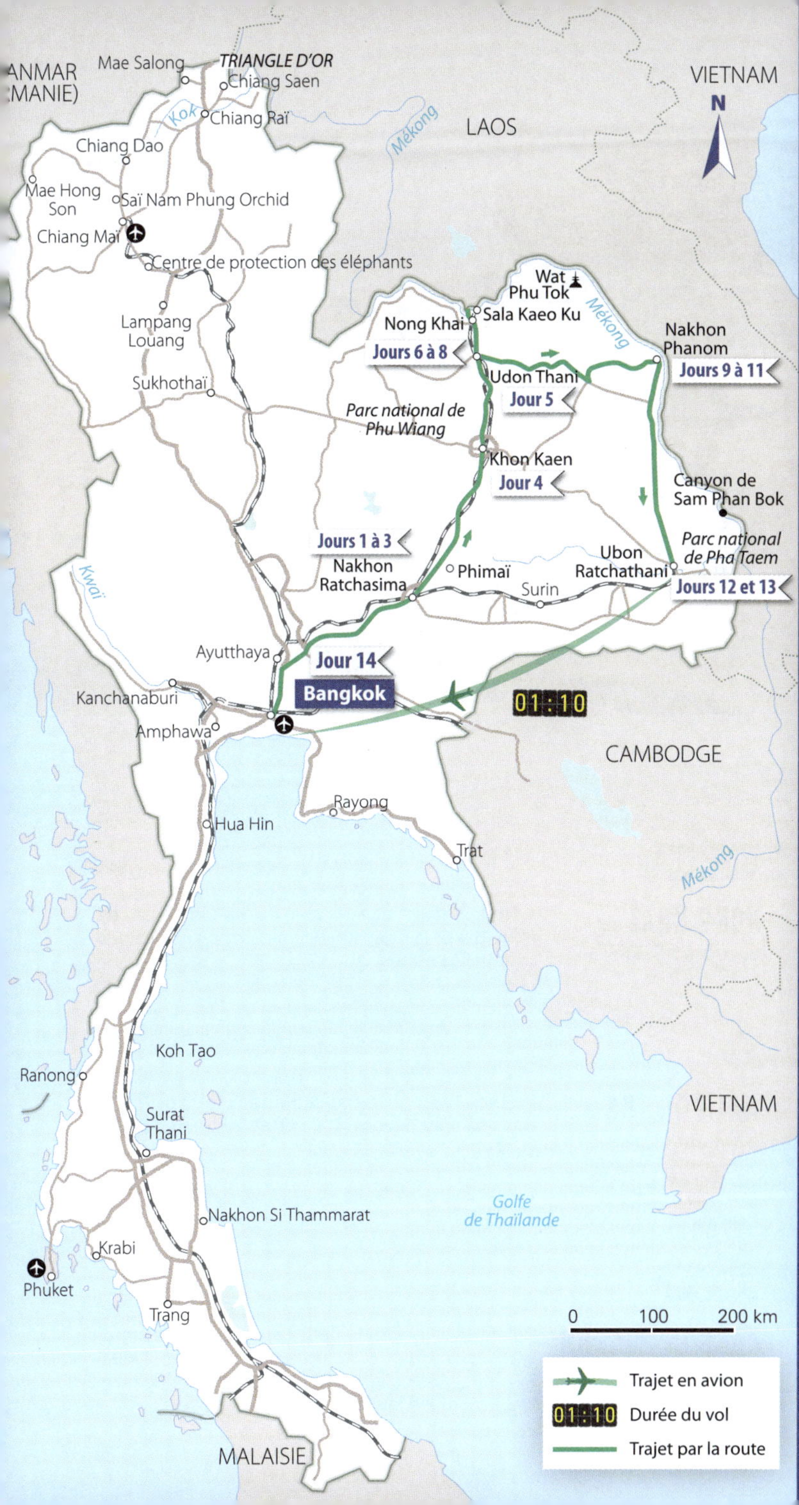

ANMAR
MANIE)
Mae Salong
TRIANGLE D'OR
Chiang Saen
Kok
Chiang Raï
Mékong
LAOS
VIETNAM
N
Chiang Dao
Mae Hong Son
Saï Nam Phung Orchid
Chiang Maï
Centre de protection des éléphants
Wat Phu Tok
Sala Kaeo Ku
Nong Khai
Mékong
Nakhon Phanom
Lampang Louang
Jours 6 à 8
Udon Thani
Jours 9 à 11
Sukhothaï
Jour 5
Parc national de Phu Wiang
Khon Kaen
Jour 4
Canyon de Sam Phan Bok
Jours 1 à 3
Parc national de Pha Taem
Ubon Ratchathani
Nakhon Ratchasima
Phimaï
Kwaï
Surin
Jours 12 et 13
Ayutthaya
Jour 14
Bangkok
01:10
Kanchanaburi
Amphawa
CAMBODGE
Rayong
Hua Hin
Trat
Mékong
Koh Tao
Ranong
VIETNAM
Surat Thani
Golfe de Thaïlande
Nakhon Si Thammarat
Krabi
Phuket
Trang
0
100
200 km
Trajet en avion
01:10
Durée du vol
Trajet par la route
MALAISIE

Jours 6, 7 et 8

NONG KHAÏ

Bus Udon Thani-Nong Khaï (env. 1h).

À Nong Khaï, pédaler le long du Mékong avant de rejoindre Sala Kaeo Ku, un parc de sculptures pas comme les autres.

Visite 19

Jour 9

WAT PHU TOK

Prendre un bus Nong Khai-Bueng Khan (4h), puis finir en taxi jusqu'au temple Wat Phu Tok (45 min).

Partez à l'assaut des centaines de marches de ce temple haut perché et très vertigineux.

Visite 19

Jours 10 et 11

NAKHON PHANOM

Bus de Bueng Khan à Nakhon Phanom (5h).

Ralentissez le rythme dans cette petite ville sereine, située au bord du Mékong, juste en face du Laos. Pourquoi ne pas en profiter pour changer de pays, l'espace d'une journée ?

Visite 20

^ Canyon de Sam Phan Bok

ours 12 et 13

UBON RATCHATHANI

Bus de Nakhon Phanom à Ubon Ratchathani (7h, avec un changement à Yasothon), puis taxi jusqu'à Sam Phan Bok.

Hautement instagrammable, Sam Phan Bok, le grand canyon de Thaïlande, est une merveille à découvrir absolument si vous avez la chance d'être dans le coin entre décembre et mai. Pas loin, les peintures rupestres de Pha Taem méritent largement une demi-journée de visite.

Visite 20

our 14

RETOUR À BANGKOK

Par avion (1h10 de vol), train (8h) ou bus (9h40).

Pour plus de sérénité, il est possible (et pas cher) de réserver un minivan avec chauffeur. Intéressant si vous voyagez en famille ou groupe d'amis. Les chauffeurs de Blue Jade (www.blue-jade.com) peuvent vous accompagner lors de vos escapades aux quatre coins du pays. À partir de 2000 bahts/jour.

Visites 1 à 6

Wat Dara Pirom

SOMMAIRE

THAÏLANDE

BANGKOK

Avec neuf millions d'habitants intra-muros, Bangkok souffre de tous les maux du monde moderne, mais les flèches dorées des temples dominant les avenues congestionnées sont là pour rappeler qu'elle restera pour toujours *Krung Thep*, la « Cité des Divinités ». Lovés dans la boucle de la rivière Chao Phraya, Rattanakosin et Banglamphu sont les quartiers historiques de la ville. Au bord de l'eau, les silhouettes effilées des temples rivalisent avec les toits ouvragés des palais, les maisons sur pilotis et les marchés flottants. Plus à l'est, les venelles anciennes du quartier chinois foisonnent d'étals et de marchés pittoresques.

À mesure que l'on s'éloigne de la rivière, la modernité et la verticalité prennent le dessus : au sud, c'est l'ancien quartier touristique de Silom et ses tours géantes. À l'est, Siam constitue le nouveau centre moderne de la ville : temple du shopping et quartier d'affaires, il se prolonge à l'infini dans Sukhumvit.

Bangkok et la rivière Chao Phraya

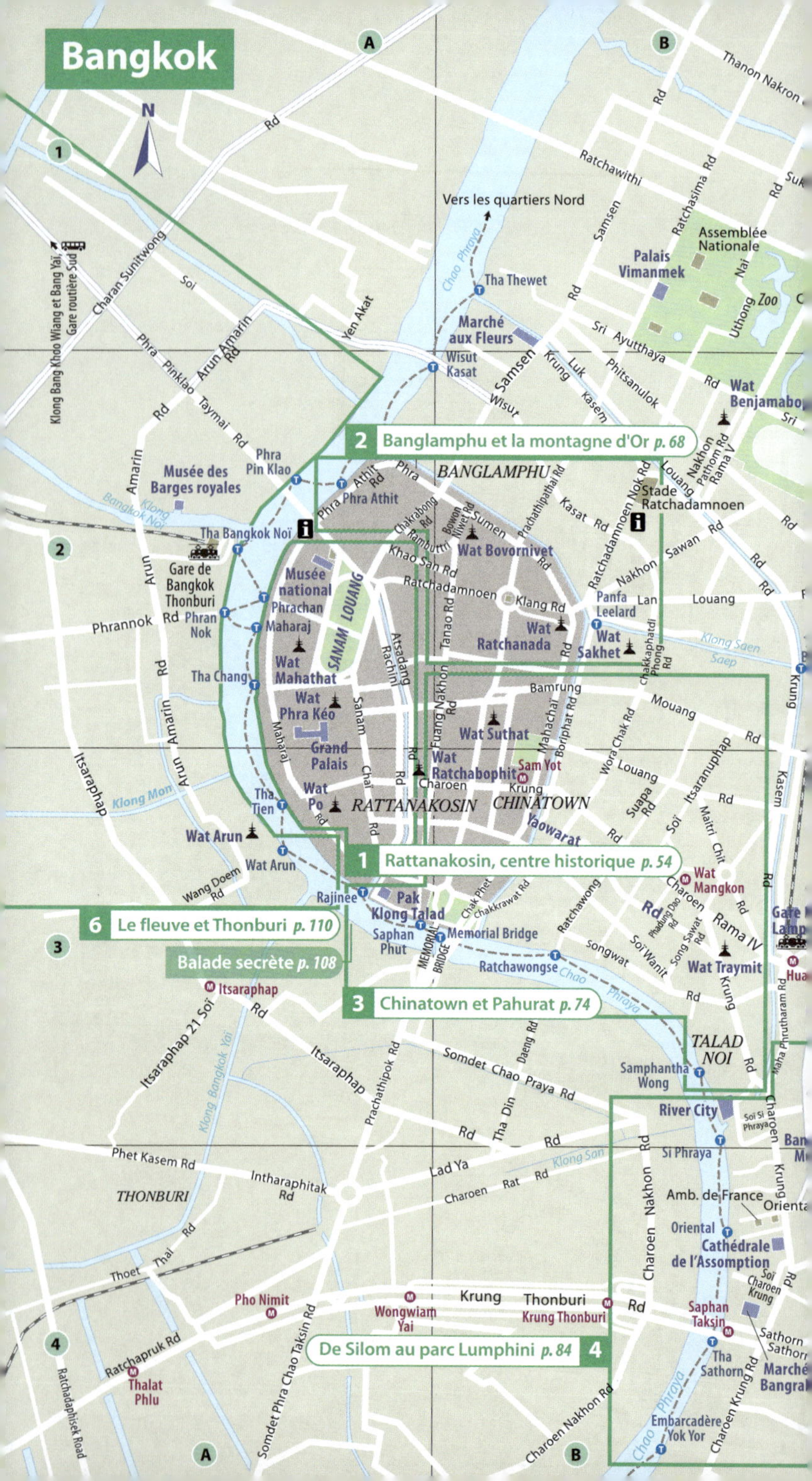
Bangkok
N
A
B
1
2
3
4
Thanon Nakron
Ratchawithi
Ratchasima Rd
Assemblée Nationale
Palais Vimanmek
Zoo
Uthong
Nai
Samsen
Vers les quartiers Nord
Chao Phraya
Tha Thewet
Marché aux Fleurs
Wisut Kasat
Sri Ayutthaya
Phitsanulok
Krung Kasem
Luk
Samsen
Wisut
Wat Benjamabo
Yen Akat
Charan Sunitwong
Klong Bang Khoo Wiang et Bang Yai, Gare routière Sud
Soi
Phra Pinklao
Arun Amarin Rd
Taymai
Rd
2 Banglamphu et la montagne d'Or p. 68
BANGLAMPHU
Phra Athit Rd
Phra Pin Klao
Musée des Barges royales
Bangkok Noï
Klong
Tha Bangkok Noï
Gare de Bangkok Thonburi
Chakrabong Rd
Rambuttri
Bowon Niwet Rd
Sumen
Prachathipathai Rd
Wat Bovornivet
Kasat Rd
Ratchadamnoen Nok Rd
Stade Ratchadamnoen
Khao San Rd
Ratchadamnoen Klang Rd
Nakhon Sawan
Nakhon Pathom Rd
Rama V
Louang
Musée national
SANAM LOUANG
Phrachan
Maharaj
Phran Nok
Phrannok Rd
Arun Amarin
Panfa Leelard
Lan Louang
Wat Sakhet
Wat Ratchanada
Tanao Rd
Atsadang
Rachini
Klong Saen Saep
Chakkaphatdi Phong Rd
Krung Kasem
Wat Mahathat
Tha Chang
Wat Phra Kéo
Sanam Chai
Grand Palais
Maharaj
Fuang Nakhon Rd
Bamrung Muang Rd
Wat Suthat
Mahachai
Boriphat Rd
Wora Chak Rd
Wat Ratchabophit
Sam Yot
Charoen Krung
Louang Rd
Itsaraphap
Klong Mon
Tha Tien
Wat Po
RATTANAKOSIN
CHINATOWN
Yaowarat Rd
Suapa Rd
Itsaranuphap
Soï
Maitri Chit
Wat Arun
Wang Doem Rd
1 Rattanakosin, centre historique p. 54
Wat Mangkon
Charoen
Rajinee
Pak Klong Talad
Chak Phet
Chakkrawat Rd
Ratchawong
Phadung Dao Rd
Song Sawat Rd
Rama IV
Gare Lamp
6 Le fleuve et Thonburi p. 110
Saphan Phut
Memorial Bridge
MEMORIAL BRIDGE
Songwat
Soi Wanit
Wat Traymit
Balade secrète p. 108
Ratchawongse
Chao Phraya
Itsaraphap
3 Chinatown et Pahurat p. 74
Krung Rd
Maha Phruttaram Rd
Itsaraphap 21 Soï
Rd
Klong Bangkok Yai
Prachathipok Rd
Somdet Chao Praya Rd
Daeng Rd
TALAD NOI
Samphantha Wong
River City
Soï Si Phraya
Tha Din
Phet Kasem Rd
Intharaphitak Rd
Lad Ya Rd
Klong San
Si Phraya
Charoen Rat Rd
THONBURI
Charoen Nakhon Rd
Amb. de France
Oriental
Cathédrale de l'Assomption
Charoen Krung
Soï Charoen Krung
Thoet Thai Rd
Pho Nimit
Wongwian Yai
Krung Thonburi Rd
Krung Thonburi
Saphan Taksin
Sathorn
Ratchapruk Rd
Somdet Phra Chao Taksin Rd
De Silom au parc Lumphini p. 84
Tha Sathorn
Marché Bangra
Thalat Phlu
Ratchadaphisek Road
Charoen Nakhon Rd
Embarcadère Yok Yor
Charoen Krung Rd

C
D
1
4
Ha Yaek Lat Phrao
Phahon Yothin
Lad Phrao
Mo Chit
Chatuchak Park
Ratchadapisek
Bang Sue
Saphan Khwai
Kamphang Phet
Sena Ruam (planifiée)
Sutthisan
Bang Pho
Tao Poon
Ari
Huai Khwang
Bang O
Sanam Pao
Thailand Cultural Centre
Bang Phlat
Victory Monument
Phra Ram 9
Sirindhorn
Suvarnabhumi Airport
Bang Yi Khan
Phaya Thai
Ratchathewi
Ratchaprarop
Makkasan
Phetchaburi
Ramkhamhaeng
Bang Khun Non
National Stadium
Siam
Chit Lom
Phloen Chit
Nana
Sukhumvit
Asok
Fai Chai
Sam Yot
Ratchadamri
Phrom Phong
Thong Lo
Wat Mangkon
Si Lom
Khlong Toei
Ekkamai
Charan 13
Sanam Chai
Hua Lamphong
Sam Yan
Lumphini
Sala Daeng
Queen Sirikit National Convention Centre
Phra Khanong
On Nut
Itsaraphap
Chao Phraya River
Bang Chak
Tha Phra
Khlong San
Chong Nonsi
Punnawithi
Bang Wa
Saint Louis
Charoen Nakhon
Surasak
Udom Suk
Wongwian Yai
Saphan Taksin
Bang Na
Thalat Phlu
Krung Thonburi
Wutthakat
Pho Nimit
Bearing
SongKhram Rd
Sawan Khalok Rd
Ratchawithi Rd
Rama VI Rd
Sri Ayutthaya Rd
5 Siam et Sukhumvit p. 94
Phaya Thai
Palais Suan Pakkad
PRATUNAM
Tour Baiyoke
DIN DAENG
Klong Samsen
Rama IX Rd
Soï Talad U-Charoen
2nd State Expressway
Hua Mak Stadium
Petchaburi Rd
Phaya Thai Rd
Ratchathewi
Soï 17
Ratchaprarop
Nikhom Makkasan Rd
Makkasan
Petchaburi
Sapan Charoenpol
Maison de Jim Thompson
Panthip Plaza
Marché Pratunam
Soï Chaurat
Chitlom
Petchaburi Rd
Nana Nua
Sapan Hua Chang
Klong Saen Saep
Tha Pratunam
New
Wireless
Nana Chard
Asoke-Petchaburi
Baan Krua Nua
Soï Kasem 3
Soï Kasem 2
Soï Kasem 1
Siam Center
Siam Paragon
Narayanaphand
Gaysorn Plaza
S. Chitlom
Amb. de Suisse
(Nana)
(Asok)
EKKAMAI
National Stadium
Central World
SUKHUMVIT
MBK
Rama I Rd
Siam
Bangkok Art and Culture Centre
Siam Square
Ploenchit Rd
Central Chitlom
Chalerm
Soï 1
Soï 3
Soï 5
Soï 11
Soï 13
Soï 9
Soï Chulalongkorn 12
Soï Chulalongkorn 62
Maison d'Esprits de l'Erawan
Chitlom
Ploenchit
Th Sukhumvit Rd
Soï 19
Soï 21
Soï Chulalongkorn 9
PATHUMWAN
Ratchadamri
Royal Bangkok Sports Club
Nana
Maison Kamthieng
Soï 23
Emporium
Henri Dunant
Phaya Thai
Ratchadamri
Soï Lang Suan
Soï Tonson
(Wireless Road)
Soï Ruam Rudi
Mahanakhon
Soï 2
Soï 4
Soï 8
Soï 12
Sukhumvit
Université Chulalongkorn
Sarasin Rd
Rama IV
Sam Yan
Ferme aux Serpents
Hôpital Chulalongkorn
Parc Lumphini
Witthayu Rd
Expressway
Monopole des Tabacs
Soï 10
Rd
Soï 18
Soï 16
Aéroport Suvarnabhumi
Marché de nuit
Patpong
Silom
Saladaeng
Rama IV
Amb. du Canada
MahaNakhon Tower
Silom Rd
Soï 6
Convent Rd
Lumphini
Rd
Rama IV
Gare routière Est
Narathivas
S. 9
Soï Phiphat 2
Soï Phiphat 1
BNH
Nua Tai Rd
Soï Atthakan Prasit
Duphli
Palais des Congrès Queen Sirikit
KLONG TOEI
Chong Nonsi
Amb. de Belgique
Sathorn Sathorn
Alliance française
Klong Toei
Rd
Sunthon
Ratchadapisek
Pan Rd
S. 12
Saint-Louis
Soï St. Louise 3
Rachanakarin
Bureau de l'Immigration
Soï Suanphlu
Ngam
Soï Si Bamphen
Khlong Toei Market
SATHORN
Rong Than Alley
Yen Akat
Rama III Road
Ranong Rd
0
500 m
1 km
Balade secrète p. 63

PRATIQUE

Carte p. 46
Nos adresses p. 66, 80, 90, 102

Accès

Voir p. 426 pour l'accès depuis les aéroports de Bangkok.

En train

Gare de Hua Lamphong

Plan p. 46-47 / B3, Bangkok Railway Station, Ramal V Rd, MRT Hua Lamphong.
La gare dessert le nord, le nord-est, l'est et le sud du pays. l'Eastern and Oriental Express Train part aussi de cette gare.

Gare de Thonburi

Plan p. 46-47 / A2, Bangkok Noi Station, à l'ouest de la ville, près de la rivière.
Cette gare dessert le sud et l'ouest du pays.

En bus

Gare routière Est

Plan p. 46-47 / HP par D4, Eastern Bus Terminal (Ekkamaï), Sukhumvit, soï 40.
Plusieurs départs quotidiens pour Pattaya (2h30), Rayong (3h), Trat-Koh Chang (5h).

Gare routière Nord

Plan p. 46-47 / HP par D1, Northern Bus Terminal, Kamphaeng Phet Rd 2, Mo Chit.
Départs vers les villes du Nord et du Nord-Est: Phitsanulok (5h30), Sukhothaï (7h), Chiang Raï (12h).

Gare routière Sud

Plan p. 46-47 / HP par A1, Southern Bus Terminal, angle Nakhon Chaisi/ Phra Pinklao Rd.
Départs vers le Sud: Phetchaburi (2h), Hua Hin (3h), Surat Thani (11h), Koh Samui (16h), Nakhon Si Thammarat (12h), Krabi (12h), Phuket (14h) et vers quelques villes du Nord: Kanchanaburi (3h).

S'orienter

Les artères principales (*thanon*) sont coupées de rues ou impasses (*soï*) perpendiculaires, portant un numéro ou un nom. D'un côté de l'artère principale se trouvent les *soï* pairs, de l'autre côté les *soï* impairs.
Ce système constitue un repérage précieux, les avenues s'étirant souvent sur plusieurs kilomètres. Ainsi, quand on recommandera un restaurant situé «Sukhumvit, *soï* 20»: comprenez «sur Sukhumvit, au niveau du *soï* n° 20» ou encore «sur le *soï* n° 20, qui démarre de Sukhumvit». Les noms des rues ne sont pas toujours indiqués. Quant à la numérotation des maisons et des immeubles, elle obéit à une logique ancienne qui indiquait le numéro de la parcelle suivi de celui de la propriété. Si vous devez aller à 135/26 Gaysorn Rd, ne vous attendez pas à le trouver entre le 133 et le 137.

OÙ SE LOGER À BANGKOK

Pour ne pas perdre trop de temps dans les embouteillages, on vous conseille de poser vos valises à : Rattanakosin (voir p. 66) pour privilégier les temples incontournables ; Khao San Rd (voir p. 69) pour faire la fête ; Siam et Sukhumvit (voir p. 102) pour du shopping.

Se déplacer

La circulation est le cauchemar des Bangkokiens, en particulier aux heures de pointe et en cas de fortes pluies. Soyez prudent si vous avez un rendez-vous ou un impératif horaire et prévoyez large.
Un réseau compliqué d'**autoroutes urbaines** dessert le centre, mais c'est très insuffisant.
En service depuis 1999, le **métro aérien** (BTS) compte deux lignes; il ne couvre encore que 36 km sur les 200 prévus. Il existe aussi un **métro souterrain** (MRT).

À pied

Vu l'étendue de la ville, ne prévoyez pas de visiter Bangkok à pied. En plus, il y fait chaud et l'air est pollué. D'autres pièges guettent le piéton: peu de passages protégés (il faut emprunter des passerelles aériennes qui imposent escaliers et détours), feux tricolores interminables, **circulation à gauche** qui trouble nos repères, et trottoirs absents ou impraticables, truffés de trous, encombrés de stands de cuisine, d'arbres, d'escaliers d'accès aux passerelles...

En taxi

Il existe peu de capitales au monde (sinon aucune) où les taxis sont aussi nombreux, empressés, propres, climatisés, confortables et bon marché (à partir de deux passagers, c'est pratiquement moins cher que le métro). En centre-ville, il suffit de lever le bras pour en voir un s'arrêter dans les 2 min. Attention, les chauffeurs parlent rarement l'anglais et ne savent pas lire un plan; il est utile de **se faire écrire l'adresse de destination en alphabet thaï**. En principe, tous les taxis sont équipés d'un **compteur *(taxi-meter)*** mais les touristes ont le plus grand mal à le faire mettre. Devant le refus des chauffeurs, assez généralisé, l'autre solution est de convenir au préalable du prix de la course. Malgré le prix parfois ridicule des courses, le chauffeur n'attend pas de pourboire mais il est bienvenu de toujours arrondir à son avantage. Les grands hôtels disposent de **comptoirs** où l'on trouvera un taxi à prix fixe, avec la garantie d'un chauffeur qui saura où il doit vous emmener.

En tuk-tuk

Pour typique qu'il soit, ce moyen de transport est fortement déconseillé à Bangkok. Bruit, pollution, inconfort, arnaques en tout genre: vous n'avez rien à y gagner. Le taxi est bien moins cher et bien plus confortable. Exception faite de Chinatown où vous ne trouverez que des tuk-tuk. Ils ne transportent pas plus deux *farang* à la fois (jusqu'à quatre Thaïs!) et qu'ils sont dotés de la climatisation la moins sophistiquée, celle de l'air du temps. Les chauffeurs ne parlent pas anglais et ne sont jamais à court d'idées pour vous faire prendre un détour. Le **tarif** se négocie d'avance: 100 THB/min pour une petite course; si le chauffeur vous demande moins, il y a arnaque sous roche.

GRAB

Uber n'est pas disponible mais Grab si. Avec cette application, le prix de la course est fixé en avance, et les chauffeurs sont en général plutôt sympas. Pour s'inscrire, il faut une carte SIM thaïlandaise.

En métro aérien (BTS, *skytrain*)

Plan p. 46-47, www.bts.co.th.
Le **Bangkok Transit System** (BTS), ou *skytrain* (en thaï: *rot faï far*), est agréable à utiliser. Les stations sont

en plein air, couvertes et en altitude (l'équivalent de quatre étages), bien signalées et accessibles depuis la rue par des escaliers ou des escalators : impossible de se perdre. Les grands centres commerciaux ont des accès directs au BTS. Le réseau en service (48 stations) suit deux itinéraires qui se rejoignent à **Siam**, grande station centrale au cœur de Siam Center (Plan p. 96-97 / B1) : la **ligne Sukhumvit** et la **ligne Silom** (dont la prolongation sur Thonburi par le pont Taksin est effective). Le service commence à 6h du matin et se termine à minuit. Le prix des tickets varie en fonction de la distance (15-52 THB) : repérez votre trajet sur le plan affiché près des distributeurs pour déterminer la zone dans laquelle se situe votre parcours, et pour connaître son prix. Achat des tickets uniquement aux distributeurs à pièces ; vous pourrez faire de la monnaie aux guichets. Système de *pass* à la journée avec trajets illimités : 140 THB. *Adult Rabbit Card* : il s'agit d'un badge magnétique rechargeable : 465 THB/15 trajets, 1080 THB/40 trajets. Faites votre calcul, car de nombreuses attractions touristiques ne sont pas desservies par le BTS.

En métro souterrain (Mass Rapid Transit, MRT ou *subway train*)

Plan p. 46-47, www.bemplc.co.th ou www.mrta.co.th. Il comprend deux lignes. La ligne pourpre de Tao Pun à Klong Bang Phai dessert 16 stations. La ligne bleue (30 stations) désenclave l'**axe de Ratchadapisek** et facilite l'accès à la gare Hua Lamphong, au Thailand Cultural Center, au parc Lumphini, au centre de conférences Queen Sirikit et à de nombreux hôtels. Il existe trois points de contact entre le MRT et le BTS : Saladaeng, Asok et Mo Chit, qui correspondent aux stations de métro souterrain Silom, Sukhumvit et Chatuchak Park. Ce métro circule entre 6h et minuit. Les rames sont équipées de trois à six voitures, capables de transporter jusqu'à 320 passagers à 35 km/h, une vitesse dont on n'ose rêver, coincé dans les embouteillages ! Vous pouvez acheter au distributeur ou au guichet des jetons magnétisés rendus à la sortie (14-42 THB/trajet).

En bus

Le bus reste un moyen de transport pour initiés : les files d'attente aux Abribus sont décourageantes et il faut bien connaître la ville pour l'utiliser.

En bateau

Bateaux-bus *(Express Boat)*
www.chaophraya expressboat.com.
Ils sont faciles et agréables à utiliser. Trois types de services différenciés par une couleur de drapeau : drapeau orange = rapide (ne s'arrête qu'aux embarcadères principaux) ; drapeau jaune = express (s'arrête souvent) ; drapeau blanc ou pas de drapeau = petit bateau. Les **embarcadères** sont identifiés par un nom et un numéro. Un plan précise le type de service pour chaque arrêt. Soyez prêts, le bateau s'arrête très brièvement à chaque embarcadère. Les tickets coûtent entre 10 et 32 THB, et le paiement s'effectue sur le bateau ou au guichet.

Forfait Chao Phraya Tourist Boat
www.chaophraya expressboat.com.
Pour 200 THB, il permet d'effectuer un nombre illimité de trajets sur les bateaux signalés « Chao Phraya Tourist Boat » et sur les bateaux-bus pendant une journée (9h-18h). Le Chao Phraya Tourist Boat dessert neuf embarcadères – les plus intéressants pour les touristes. Forfait en vente dans le *skytrain* (stations Saphan Taksin, Siam ou Asok) ou à l'embarcadère.

Un excellent guide (en anglais) commentant les escales et illustré d'une carte vous sera remis. Le service s'effectue toutes les 30 min de 9h (départ Tha Sathorn) à 15h, le dernier bateau regagnant Tha Sathorn à 18h.

Navettes

Elles font la traversée d'une rive à l'autre (2-5 THB). Les hôtels situés du côté de Thonburi ont leur propre navette gratuite.

Hang yao

Bateaux « longue queue » ou *longtailboats*, on les affrète à l'heure (500-800 THB; à négocier à l'avance) ou à la journée, au départ des principaux embarcadères.

À moto-taxi

Ceux qui ne craignent ni l'asphyxie ni la crise cardiaque peuvent confier leur destin à un motard-taxi reconnaissable à sa casaque de couleur numérotée, qui n'aura pas son pareil pour se faufiler entre les voitures et les autobus. Les conducteurs fournissent un casque (non homologué) à leur passager. On les trouve généralement à l'entrée des *soï* (beaucoup de motos-taxis ne font que l'A/R dans un même soï où il n'y a pas d'autre mode de transport).

À vélo

Grasshopper Adventures

http://grasshopper adventures.com, comptez 42 € pour une balade de 4-5h.

Amazing Bangkok Cyclist (ABC)

http://realasia.net, comptez 38 € pour 4h.

Co Van Kessel

www.covankessel.com, comptez 54 € pour 6h. De nombreux organismes proposent des **tours guidés** de la ville (demi-journée, journée complète) et même des promenades nocturnes. Le principe consiste à vous faire découvrir une autre facette de la ville ! Les prix comprennent la location du vélo, un casque, un guide anglophone, de l'eau et souvent des snacks, voire le déjeuner. Amazing Bangkok Cycliste et Co Van Kessel sont les pionniers de ce genre de visite, née il y a quelques années.

Informations touristiques

Bangkok Tourism Division (BTD)
Plan p. 46-47 / A2, www.tourismthailand.org. Bureau principal BTD, 17/1 Phra Athit Rd (actuellement en travaux : bureau provisoire, Bangkok Youth Centre Thai Din Daeng ☎ 02.225.7613. Excellente documentation. Organise visites et excursions. Autres guichets : Central World, Siam Square, Pratunam, Victory Monument, River City, centre commercial MBK, etc.

Tourism Authority of Thailand (TAT)
☎ 02.250.5500. Plusieurs bureaux ouverts au public.

Internet
www.tourismethaifr.com Rens. pratiques, reportages, adresses.

Assistance touristique
(24h/24, multilingue) ☎ 1672.

Police touristique
Plan p. 00-00 / B2, 999 M.1 Suvarnabhum Road ☎ 1155.

Rens. téléphoniques en anglais
☎ 1133 ☎ 1100 pour l'étranger.

Alliance française
Plan p. 46-47 / C2, 179 Thanon Witthayu (près de la station MRT Lumphini) ☎ 02.670.4200, www.afthailande.org.

Un lieu de rendez-vous francophone très actif. Activités pédagogiques (cours de thaï), bibliothèque, librairie française, salle de cinéma-spectacle, cafétéria. Manifestations culturelles.

Ambassade de France
Plan p. 46-47 / B4, 35 Charoen Krung 36
📞 02.657.5100 ou
📞 081.994.4901 (en cas d'urgence), www.th.ambafrance.org.

Vie quotidienne

BNH (Bangkok Nursery Home)
Plan p. 46-47 / C4, 9/1, Convent Road
📞 02.022.07.00, www.bnhhospital.com.

Hôpital Samitivej
Plan p. 46-47 / HP par D3, 133 Sukhumvit, Khlong Tan Nuea, Watthana
📞 02.378.90.00.

Bumrungrad International Hospital
Plan p. 46-47 / D3, 33 Sukhumvit, soï 3, Outer Patient Clinic Building 📞 02.667.10.00, www.bumrungrad.com.

Un médecin agréé par l'ambassade : Dr. Vanvarothai Sighasivanon
Plan p. 46-47 / C4, Global Doctor Clinic Holiday Inn, Silom
📞 02.236. 8444. Mer. et ven.

Pass et billets

Rail Pass (20 jours)
https://thaitrainticket.com.

Ce forfait tourisme créé par la State Railways dure 20 jours. Il peut s'acheter à la gare de Hua Lamphong, au nord de la ville.

SAPHAN TAKSIN, UN PONT NÉVRALGIQUE

Le *skytrain* (station Saphan Taksin ou pont Taksin) arrive directement à l'embarcadère Sathorn, près de l'hôtel Shangri-La. Tous les centres d'intérêt touristiques se situent en amont de Tha Sathorn (*tha* : « embarcadère » en français), rebaptisé « Central Pier ». Voici, de Sathorn vers le nord, les sites et quartiers les plus facilement accessibles par bateau :

> **Plan p. 46-47** - Hôtel Oriental : *Oriental*. River City (antiquaires) : *Si Phraya*. Chinatown : *Ratchawongse*. Halles et marché aux fleurs : *Saphan Phut*. Wat Po, Wat Arun : *Tha Tien*. Wat Phra Kéo, Grand Palais : *Tha Chang*. Wat Mahathat : *Maharaj*. Musée national : *Prachan*. Musée des Barges royales : *Tha Bangkok Noï*. Khao San, Banglamphu : *Phra Athit*. Quartier Dusit (avec un peu de marche à pied) : *Tha Thewet*. Marché de nuit Asiatique The Riverfront : *Saphan Taksin*.

Skytrain Saphan Taksin station

1 RATTANAKOSIN, centre historique

Ici, l'art siamois, l'histoire et les bouddhas sont à l'honneur ! Parmi ses plus célèbres représentations, le gigantesque Bouddha couché est à découvrir au Wat Po, pendant que le Bouddha d'Émeraude se cache dans le Wat Phra Kéo. Vous pourrez préférer à la décoration surabondante du Grand Palais le marché aux amulettes du Wat Mahathat ou un massage traditionnel énergique dans le pavillon spécialisé du Wat Po mais, dans tous les cas, le Musée national est un incontournable !

PRATIQUE

- **Plan p. 58-59**
- **Nos adresses p. 66-67**

Visites

Temples : tenue correcte nécessaire (ni short ni minijupe) pour visiter le Grand Palais et War Phra Kéo.

Nous vous recommandons de visiter les temples à l'ouverture. Il fait alors moins chaud qu'en milieu de journée et il y a (un peu) moins de foule.

Wat Po

L'ESSENTIEL

À ne pas manquer

Le très raffiné Bouddha d'Émeraude au Wat Phra Kéo et le monumental Bouddha couché du Wat Po.

Expériences

Se faire masser – vigoureusement – au Wat Po thai traditional Massage School. Prendre de la hauteur dans l'un des étourdissants *skybars* de la capitale.

Rattanakosin ✧✧✧

Jadis entouré par un canal et une boucle du Chao Phraya, le vrai centre historique de Bangkok, celui des cartes postales, est une ancienne île.

Autour de Sanam Louang s'élèvent les flèches dorées et les toits ouvragés des temples et des palais qui ont consacré le style architectural de Rattanakosin. Cette vaste esplanade reste un lieu populaire emblématique (manifestations politiques ou pique-niques du dimanche). La présence en ces lieux du Musée national, du Théâtre national, de la prestigieuse université Thammasat, de l'université bouddhique du Wat Mahathat et de nombreux bâtiments officiels illustre la vocation culturelle du quartier.

MUSÉE NATIONAL ✧✧✧

Plan p. 58-59 / A1 – Na Phra That Rd, en face de Sanam Louang. Embarcadère Tha Phra Chan ou Maharaj (Chao Phraya Tourist Boat) ☎ 02.224.1333, www.facebook.com/nationalmuseumbangkok. Mer.-dim. 8h30-16h. Visites guidées en français mer. et jeu. à 9h30, r.-v. porte principale. Plan offert au guichet. Conseil : si vous avez moins de 2h à consacrer à la visite, voyez en priorité notre sélection. Photos sans flash autorisées, vidéos interdites. Entrée payante (200 THB). Certaines salles sont en rénovation.

Installé dans l'ancien palais du vice-roi (appelé palais du Wang Na, ou « du Devant »), le Musée national présente un panorama complet de l'art siamois, essentiellement religieux, de ses origines à nos jours. Il expose aussi quantité d'objets associés à la vie royale, aux coutumes et à l'art de vivre du pays. Les bâtiments anciens (**salles 1 à 22**) sont ceux de l'ancien palais du Wang Na et remontent à l'édification de Bangkok, en 1782. Ils constituaient la résidence du vice-roi, une charge qui fut supprimée en 1884, sous le règne de Chulalongkorn. La transformation du palais en musée date de 1826, à l'initiative de Rama VII. Ces bâtiments abritent les

^ Musée national

collections relatives à la vie de la cour (objets précieux, palanquins, instruments de musique, etc.). Le parc initial du palais s'étendait sur la partie nord de Sanam Louang et sur l'espace actuellement occupé par l'université Thammasat, l'école des Arts dramatiques, l'école des Beaux-Arts et le Théâtre national. On trouve aussi, dans le parc, un wat (monastère) qui était affecté au roi suppléant, et des petits pavillons rapportés, pour la plupart, de divers endroits du pays. Les **bâtiments modernes** ont été ajoutés en 1966 pour abriter les **collections relatives à l'art thaï**. Elles sont réparties sur deux ailes et sur deux niveaux: l'aile sud, qui traite plus particulièrement des précurseurs; l'aile nord, qui présente essentiellement l'art national.

Galerie d'histoire (salles 1-2)

Passionnante, bien illustrée, la visite permet de se familiariser avec les différents royaumes thaïs. De nombreuses animations vidéo (en anglais) en font une promenade agréable et savante. Des panneaux explicatifs, cartes, gravures, photos sont complétés d'objets, de statues, de pièces de mobilier. On y découvre différents aspects des relations franco-thaïes, parfois inattendus comme les brevets de pilotes thaïs formés par la France en 1913. Des **maquettes** en trois dimensions illustrent des épisodes historiques et des scènes de la vie (voyez notamment le chevalier de Chaumont remettant la lettre de Louis XIV au roi Naraï, p. 169). Parmi les objets insolites, le train miniature offert au roi Mongkut par la reine Victoria. La stèle du roi Rama Khamhaeng est le premier écrit en langue thaïe, elle décrit l'heureuse vie du peuple de Sukhothaï. La salle consacrée à Rama V (p. 277) éclaire sur la dévotion que porte le peuple thaïlandais à ce monarque. Beaucoup d'explications concernent l'œuvre et la vie de Rama IX, le souverain défunt.

Chapelle Buddhaisawan (salle 3)

Il s'agit de l'ancienne chapelle privée du prince du Wang Na, jeune frère de Rama Ier, édifiée en 1795 et restaurée sous le règne de Rama III (1824-1851) dans le style de l'époque. Destinée à abriter un prestigieux **bouddha en bronze** doré ravi au royaume du Lan Na, le Phra Bouddha Singh (milieu du XVe s.), a une décoration intérieure particulièrement soignée. Créées peu après la Révolution française par des artistes anonymes, les peintures murales de la chapelle sont les plus anciennes de Bangkok. Illustrant de façon poétique et imagée les vies antérieures de Bouddha, leur but est purement religieux: elles doivent servir de support de méditation et assurer l'édification spirituelle des fidèles.

Pavillon rouge (salle 22)

Tamnak Daeng, maison de bois laqué, a abrité une sœur du roi

Rama Ier, puis la reine Si Suryen, épouse de Rama II. Démontable et construite sans clous ni vis, comme toutes les maisons de ce type, elle a été déplacée deux fois avant de trouver place dans le parc du musée. C'est une halte plaisante où l'on peut voir de **beaux meubles traditionnels** de la fin du XVIIIe s. (coffres laqués, vitrines) et des objets ayant appartenu à la reine Si Suryen. L'ensemble dénote à la fois un art de vivre raffiné (remarquez les rideaux de fleurs qui permettaient de parfumer la pièce grâce aux courants d'air) et une grande sobriété, la plupart des objets ayant une fonction utilitaire et non décorative.

GUIDES

Visites guidées

Visitez le musée (en français) avec les **guides volontaires du Musée national**. Bénévoles et passionnées, elles (ce sont surtout des femmes expatriées) ont aussi reçu une formation dispensée par les meilleurs spécialistes de la région en histoire, archéologie, bouddhisme, hindouisme, art asiatique, théâtre...

> www.mynmv.com.

⌄ Bouddha en bronze, chapelle Buddhaisawan

Bangkok centre

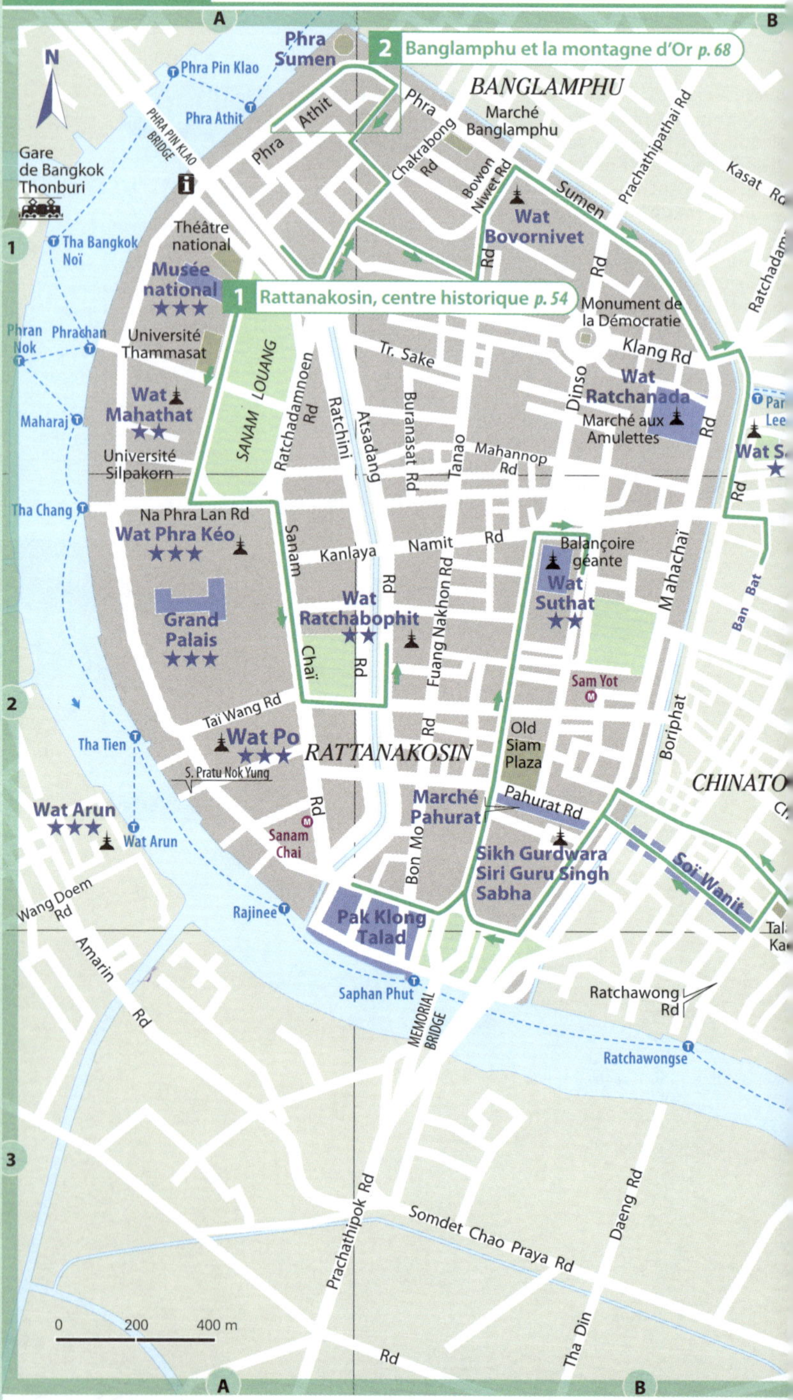

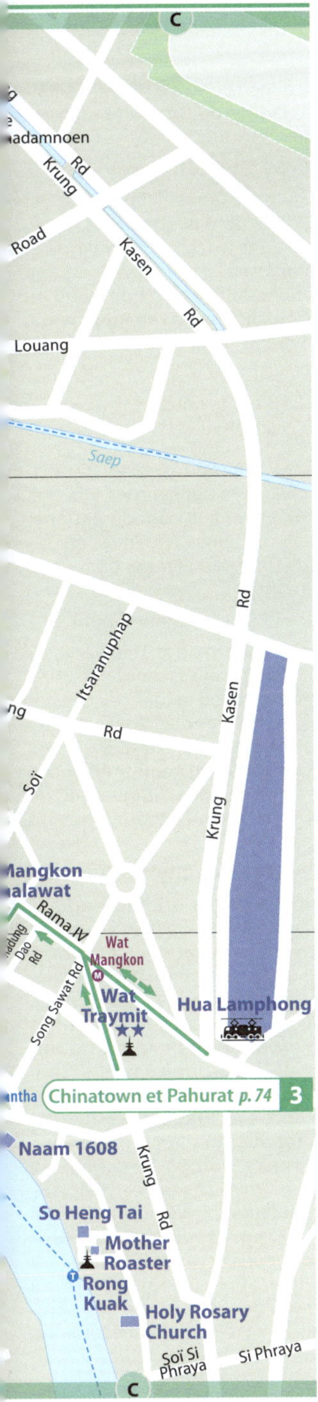

Les bâtiments centraux

Salles 4-17

Notez la spectaculaire **salle du trône** (salle 5), ancienne salle d'audience du roi (Issara Vinitchaï Hall), utilisée pour des expositions temporaires.

Salle 6 (Palanquins et *howdah*)

La pièce la plus stupéfiante est le ***howdah* d'ivoire** (plate-forme pour voyager à dos d'éléphant) offert au roi Chulalongkorn par un prince de Chiang Maï. Voyez aussi les hamacs qui permettaient de transporter les passagers dans des filets accrochés à des barres reposant sur les épaules des porteurs.

Salle 7 (Théâtre et jeux)

On y voit des masques de *khon* (théâtre racontant le *Ramakien* ; p. 393), des **figurines** de théâtre d'ombres *(nang taloung)* et des **coiffures** utilisées dans la danse classique.

Salle 8 (Céramiques)

Au programme, de nombreuses pièces chinoises et thaïes, « bleu et blanc » de l'époque Ming, statuettes funéraires ou figures de la maternité, céladons aux nuances délicates des XIIIe et XIVe s., céramiques polychromes des XVIIIe et XIXe s. (**Bencharong** ou « cinq couleurs », et **Lai Nam Thong** ou « dessin lavé à l'or »), pièces sorties des fours de Sukhothaï, céramiques khmères...

Salle 11 (Emblèmes royaux)

Il y a cinq emblèmes royaux : l'om brelle à étages *(chatra)*, la couronne, l'épée dorée, le chasse-mouches et les chaussures dorées.

Salle 14 (Costumes, tissus, objets religieux)

Le faible éclairage est destiné à protéger les tissus de l'altération. À côté des **tissus** précieux appartenant à la collection royale, notez la perfection des **cotons tissés** à motifs géométriques du nord de la Thaïlande. Les tissus permettaient d'indiquer le rang de la personne qui les portait.

Salle 15 (Instruments de musique)

Ils étaient conçus pour produire des sons ressemblant le plus possible à la voix humaine. On y découvre les xylophones, métallophones, gongs, cymbales, tambours, instruments à cordes, flûtes, percussions...

Salle 17 (Chars funéraires)

Admirez les palanquins et chars funéraires royaux de la dynastie Chakri, dont certains sont encore utilisés.

Les bâtiments sud

Salles S

Ces salles regroupent les styles majeurs de l'art thaïlandais. Un passage dans la salle des **Arts asiatiques** n'est pas inutile pour se rappeler les réseaux de voies commerciales à l'origine de la diffusion du bouddhisme en Asie du Sud-Est. Voyez le remarquable bouddha debout, de style Gupta (V^{e}-VIe s.), dont le déhanchement gracieux préfigure le style Sukhothaï.

Salle S3 (Style Lopburi)

Ce style se rattache à la période khmère (p. 367), matérialisée en Thaïlande du Nord-Est par les sites de Phimaï, Phnom Rung, Mouang Tham (à l'E) et Prasat Mouang Singh (près de Kanchanaburi). La plupart des pièces sont l'œuvre des Môns, qui ont précédé les Thaïs dans la région. Une **grande tête de Bouddha en pierre** illustre l'art du Bayon.

Salle S6 (Style Ban Chiang)

Une carte situe les principales implantations de la culture Ban Chiang, vieille de 5000 à 7000 ans, qui a produit de merveilleuses poteries.

Salle S7 (Style Dvaravati)

On y trouve des pièces de la période pré-thaïe, de culture môn. Outre les roues de la Loi, remarquez la **tête de Bouddha en terre cuite**.

Salle S9 (Style Srivijaya)

Ce style présent au VIIIe-XIIIe s., est originaire de Sumatra et est représenté dans la région de Nakhon Si Thammarat. Notez le bodhisattva (disciple de Bouddha parvenu au seuil du nirvana) **Avalokiteshvara**, trouvé à Chaya, au nord de Surat Thani.

Les bâtiments nord

Salles N

Laissez tomber les salles du rez-de-chaussée consacrées aux arts décoratifs et à la période Rattanakosin pour vous concentrer sur les salles situées à l'étage, beaucoup plus riches :

Salle N6 (Style Chiang Saen)

Propre au nord de la Thaïlande, ce style, appelé aussi Lan Na (p. 368), est redevable d'influences Sukhothaï et birmanes. Ses artistes se sont souvent attaqués à des **pierres dures ou semi-précieuses** (jade du Bouddha d'Émeraude du Wat Phra Kéo, ou encore cristal de roche...).

Salles N7 et N8 (Style Sukhothaï)

Il représente la grande période de l'art thaï, qui s'illustre par la statuaire monumentale et la maîtrise de la céramique (Sawan Khalok). Peu gracieuse (nez crochu, oreilles allongées), la physionomie du Bouddha exprime pourtant de façon puissante l'idéal bouddhique. Sukhothaï invente une nouvelle attitude : le **Bouddha en marche**, dont un bel **exemple en bronze noir** est présenté au musée. Voyez aussi les **divinités hindouistes** : un Vishnou colossal et une **représentation de Harihara**, dieu syncrétique de Vishnou (Hari) et Shiva (Hara), vénéré au Cambodge. Enfin, notez les céramiques, notamment les figures de maternité à la tête délibérément

^ Wat Mahathat

cassée, qui étaient destinées à protéger les femmes enceintes contre les mauvais esprits.

Salles N9 et N10 (Style Ayutthaya)

La période d'Ayutthaya consacre un style « national ». Des influences mônes, khmères, Sukhothaï se trouvent canalisées par une exigence de raffinement. Les **meubles laqués et peints** sont d'une richesse époustouflante.

WAT MAHATHAT ✧✧

Temple de la Grande Relique

Plan p. 58-59 / A1 – Na Phra That Rd. Entre l'université Silpakorn et l'université Thammasat. Embarcadère Tha Phrachan ou Maharaj (Chao Phaya Tourist Boat). T.l.j. 9h-17h. Entrée libre.

Le Wat Mahathat est le dépositaire d'une longue tradition d'enseignement religieux et abrite l'université bouddhique Mahachulalongkorn. Les bâtiments furent plusieurs fois reconstruits et restaurés. L'édifice principal, un vaste *mondop* (bâtiment-reliquaire), protège la relique qui a donné son nom au temple et qui se trouve enchâssée dans un *chedi* doré. L'université accueille près d'un millier de bonzes qui résident sur place. La section 5, qui peut se visiter et même se fréquenter, est spécialisée dans la **méditation *vipassana*** *(accessible à tous)*. Un enseignement est aussi donné en anglais *(renseignez-vous sur place)*.

GRAND PALAIS ET WAT PHRA KÉO ✧✧✧

Plan p. 58-59 / A2 – Sur Sanam Louang, Na Phra Lan Rd ou Sanam Chai Rd. Embarcadères Tha Chang ou Tha Tien; Maharaj (Chao Phraya Tourist Boat) ☎ 02.224.3290. T.l.j. 8h30-16h, f. des guichets à 15h30. Tenue correcte (ni short ni minijupe). Durée: au moins 2h. Plan gratuit à l'entrée. De nombreux bâtiments sont fermés au public pour des motifs divers. Le Panthéon royal n'est visitable que les 6, 13, 14, 15 avr. et le 23 oct. Entrée payante (500 THB). Le billet donne droit à une entrée gratuite pour le musée des Textiles de la reine Sirikit qui se trouve à côté, le même jour (guide en français pour 200 THB).

Entouré d'une muraille de 2 km, le Grand Palais comporte trois espaces distincts : la cour extérieure, la cour intérieure et la chapelle royale abritant le Bouddha d'Émeraude, par laquelle on commence la visite.

WAT PHRA KÉO

Temple du Bouddha d'Émeraude

C'est le temple le plus prestigieux du pays, historiquement lié à la fondation de Bangkok puisqu'il fut édifié par Rama Ier de 1782 à 1784. Temple royal, utilisé uniquement pour certaines cérémonies, le Wat Phra Kéo fait figure de véritable ville religieuse (bien qu'aucun moine n'y réside) avec ses multiples cours, pavillons, *chedi*, et ses statues de créatures mythologiques. Il fut construit pour abriter dignement le fameux **Bouddha d'Émeraude**, statuette investie de pouvoirs occultes (p. 401).

La présence de nombreuses statues monumentales et de créatures mythologiques contribue à créer une atmosphère fantasmagorique dans les cours du temple. Les portes sont gardées par des géants menaçants aux dents crochues ou par des statues plus benoîtes, coiffées d'un haut-de-forme à la mode européenne (en vogue sous le règne de Chulalongkorn), qui servaient de lest dans les navires de commerce avec la Chine. On peut voir les exquises *kinari* (femmes-oiseaux), les *garuda* (oiseaux servant de monture à Vishnou) et bien d'autres créatures nées de l'imagination débridée d'artistes démiurges.

Bot

La chapelle royale abrite le **Bouddha d'Émeraude** (66 cm de haut), assis sur un trône figurant le chariot céleste, protégé par un parasol à neuf étages. La statue dispose de trois parures, changées solennellement par le roi au début de chaque saison : résille d'or l'hiver, paillettes bleues à la saison des pluies, or et diamants l'été. Les murs du bâtiment sont décorés de fresques évoquant la vie de Bouddha et représentant la cosmogonie hindouiste.

Cloître

Il fait partie de la chapelle royale. Ses galeries sont ornées de **peintures** (sur près de 1 km) illustrant le *Ramakien* (version thaïe du *Ramayana* hindouiste), où vous retrouverez les exploits du roi des Singes, Hanuman. Réalisées au début du règne de Rama Ier, elles ont fait l'objet de six restaurations,

< Statues du Wat Phra Kéo

la dernière en 1982 à l'occasion du bicentenaire de Bangkok.

Panthéon royal

Il date de 1855. Il est ouvert au public le 6 avril, jour commémorant la fondation de la dynastie Chakri. Il abrite des statues grandeur nature des rois de la dynastie régnante.

Mondop

Il s'agit de la bibliothèque qui renferme les textes sacrés. Dans chacun des angles se tient un bouddha javanais de style Borobudur.

Maquette d'Angkor Vat

Mise en place par le roi Mongkut (Rama IV), à l'époque où le Cambodge était sous suzeraineté siamoise, elle fut achevée par son fils Chulalongkorn (Rama V) pour le centenaire de Bangkok.

Chedi d'or

Il fut édifié par le roi Mongkut dans le style d'Ayutthaya pour renfermer des reliques du Bouddha, selon la croyance populaire.

GRAND PALAIS

Terminé sous le règne de Rama IV (1851-1868), le Grand Palais présente une juxtaposition de styles où la tradition orientale rencontre des influences occidentales classiques. Sa construction fut entreprise en 1782, sous le règne de Rama Ier. Il n'est plus habité puisque le roi actuel réside au palais Amphon Sathan dans un quartier plus aéré.

Première enceinte

En y pénétrant, on remarque sur la gauche la porte ouvrant sur le Wat Phra Kéo, temple royal fréquenté par le monarque pour ses dévotions. Les portes du deuxième portail donnant accès au Palais royal ont échappé sept fois à la foudre, d'où leur caractère sacré.

Chakri Maha Prasat

C'est le bâtiment principal, dont l'architecture mêle, avec une rare audace, les styles thaï et victorien. Il abrite la salle du trône (f. au public). La partie basse est due à un architecte britannique, et les toits ont conservé l'aspect siamois traditionnel. On ne peut visiter que les salles de réception.

Dusit Maha Prasat

Sur la droite.

Construit à l'époque de la Révolution française, sous le règne de Rama Ier, il présente un style thaï précieux nettement plus élégant. Il fut utilisé pour la dernière fois en 1910, lors de la cérémonie d'investiture de Rama VI. Les miroirs ont pour fonction d'éloigner les mauvais esprits. Le petit pavillon **Amporn Phimok Prasat**, décoré de **mosaïques**, est l'un des plus purs exemples de l'architecture thaïe. Il était utilisé par le roi pour troquer son costume de ville contre des habits de cour. Une reproduction en fut présentée en 1958 à l'Exposition universelle de Bruxelles. Une réplique existe au palais d'été de Bang Pa-In (p. 123).

Amarin Vinitchaï Hall

Sur la gauche.

Il s'agit de l'ancienne cour de justice. Édifiée sous Rama Ier, c'est là que se déroule la cérémonie du couronnement. Détail à ne pas manquer, le parking de l'éléphant royal : on attachait l'animal aux piliers rouges pendant que le roi prenait place.

Ancien harem du roi

F. au public.

Les dignitaires de la cour et les diplomates étrangers ont le privilège de jouir des jardins une fois par an, à l'occasion de la garden-partie qu'y donne le roi pour son anniversaire.

Palais Borompiman

F. au public.

Ce bâtiment de style hybride, qui jouxte le sanctuaire du Bouddha d'Émeraude, fut le théâtre de l'assassinat mystérieux, en 1946, du prince Ananda, grand-oncle du roi.

Wat Po ✧✧✧

Temple du Bouddha couché

Plan p. 58-59 / A2 – Au S du Wat Phra Kéo. Embarcadère Tha Tien ou Maharaj (Chao Phraya Tourist Boat), www.watpho.com. T.l.j. 8h30-18h30. Entrée payante (200 THB).

C'est le plus vaste et le plus ancien des temples de Bangkok. Appelé aussi Wat Phra Chetupon, il fut fondé au XVIe s. à l'époque d'Ayutthaya. Les rois Rama Ier et Rama III l'embellirent, le second ayant fait construire le *viharn* (chapelle) qui abrite le colossal Bouddha couché. Les deux traditions du Wat Po sont l'**enseignement** et la **médecine**. Lieu de culte, l'édifice fut conçu comme un moyen privilégié de diffusion des connaissances parmi toutes les couches de la société. Les bâtiments sont répartis dans deux cours séparées par le *soï* (ruelle) Chetupon. Les 16 entrées de l'enceinte (deux sont ouvertes au public) sont gardées par plusieurs statues de pierre représentant des Chinois coiffés d'un haut-de-forme à la mode européenne, comme au Wat Phra Kéo.

Bot de la cour orientale

Ce bâtiment principal, gardé par des lions assis, est entouré de deux galeries abritant **394 bouddhas**. Ses fresques sont assez délabrées, mais l'ensemble constitue l'un des plus beaux exemples de l'**architecture Rattanakosin**.

Quatre grands *chedi*

Décorés de porcelaine, ils symbolisent les quatre premiers rois de la dynastie Chakri. Il existe près de 100 *prang* et *chedi* dans le Wat Po.

Galerie médicale

Située au pied du grand *chedi* sud, elle renferme une collection de planches anatomiques en marbre. Les médecins autorisés à y pratiquer appartiennent à l'Association de l'école médicale ancienne de Thaïlande. Les consultations (t.l.j. 16h-18h) ont un certain succès si l'on en juge par les dons des fidèles.

Bouddha couché

Symbolisant l'accès au nirvana, il repose à l'intérieur du *viharn* Phra Non, qui n'attire que peu le regard. Fabriquée sous le règne de Rama III, la statue recouverte d'or mesure 46 m de long sur 15 m de haut. L'étrangeté naît de la disproportion entre cette statue colossale et le temple exigu qui l'abrite. Les visiteurs sont souvent déçus car il n'y a aucun recul : il n'y a pas grand-chose à voir, hormis la plante des pieds incrustée de nacre, illustrant les 108 marques et qualités de Bouddha.

Quartiers monastiques

Situés dans la partie sud, de l'autre côté du *soï* Chetupon, les quartiers d'habitation abritent environ 300 moines et constituent une véritable cité close avec ses écoles, ses petites chapelles et ses maisons thaïes.

Wat Ratchabophit ✧✧

Plan p. 58-59 / B2 – Atsadang Rd
☎ 02.222.3930. T.l.j. 6h-18h. Entrée libre.

Ce temple royal, relativement petit mais plein de charme, fut construit en 1869 par le roi Chulalongkorn. Son originalité provient de l'utilisation massive de faïence Bencharong (à cinq couleurs) et de tuiles vernissées. Les bâtiments sont agencés harmonieusement autour d'un *chedi* de 43 m de haut, recouvert de tuiles jaune d'or. Les portes d'accès à la cour sont décorées de personnages grandeur nature représentant des soldats de l'époque de Rama V vêtus de rouge ou de gris, et des marins habillés de blanc. Plusieurs pavillons ouverts invitent le pèlerin au repos ou à la méditation.

BOT

Il est remarquable : des incrustations de nacre décorent ses 10 portes et ses 28 fenêtres. Certains détails trahissent l'intérêt du roi Chulalongkorn pour les modèles européens : plafond et moulures de type italien, lustres français...

CIMETIÈRE ROYAL

Dans son enceinte, on peut voir de nombreux *chedi* dédiés à des personnages de la famille royale, notamment les épouses de Rama V et le grand-père du souverain actuel, le prince Mahidol de Songkhla.

MASSAGE

Centre de massage traditionnel

Le **Wat Po Thai Traditional Massage School** est situé dans le pavillon médical du temple, dans une grande salle collective. Ses massages (360 THB pour 1h) étant très prisés, il faut réserver son tour et patienter parfois plus d'une heure, muni de son ticket numéroté. On peut aussi s'y former à l'art du massage.

> T.l.j. 8h-18h, www.watpomassage.com.

⌄ Wat Po

• NOS ADRESSES •

RATTANAKOSIN, CENTRE HISTORIQUE

OÙ DORMIR

Chakrabongse Villas

Plan p. 58-59 / A2 – 396 Maharaj Rd, embarcadères Rajinee ou Tha Tien 02.222.1290. www.chakrabongsevillas.com. Environ 200 €.

Tel un ami de la famille royale, séjournez dans la résidence centenaire du prince Chula Chakrabongse, 40e fils du roi Rama V, qui fut pilote de course, écrivain et historien. Les magnifiques villas traditionnelles, les suites et les chambres de petite taille (les moins chères, évidemment...) sont toutes décorées selon un thème. Vous profiterez du superbe jardin à la végétation luxuriante, au bord du Chao Phraya, en face du Wat Arun, et dînerez aux chandelles... Un *Speedboat* est à disposition : la féerie est du voyage. Seul bémol : les nuisances sonores en provenance de la rivière...

OÙ MANGER

Jin Chieng Seng by Inn a Day (thaï)

Plan p. 58-59 / A2 – 57 Maha Rat Rd 02.221.0577. T.l.j. 12h-20h30. Moins de 10 €.

À deux pas du Wat Po, ce restaurant caché au fond d'une ruelle est l'endroit parfait pour se reposer entre deux temples. Dans cette ancienne usine de sucre de coco, il faut goûter l'un de leurs currys, justement épicés, savoureux. L'accueil est souriant, le cadre industriel chic, et le rapport qualité-prix, excellent.

Deck By The River

Plan p. 58-59 / A1-2 – 36-38 Maha Rat Rd 02.221.9158. T.l.j. 8h-22h. De 10 à 20 €.

Ce restaurant offre une splendide vue sur le fleuve et le Wat Arun, surtout la nuit quand le temple est illuminé. Ouvert du petit déjeuner au dîner, on y mange de bons plats thaïs mais aussi des salades et des viandes. Le soir, choisissez une table en terrasse plutôt qu'à l'intérieur.

Botanic Backyard Bar & Restaurant

Plan p. 58-59 / A1 – 25/1 Chanasongkram Khwaeng Chanasongkram ☎ 089 973 99 19. T.l.j. 12h-minuit.

Les classiques du répertoire gastronomique thaï à savourer dans un cadre riche en chlorophylle, en terrasse, avec un service et une ambiance très sympas, et souvent de la musique live à l'heure du dîner. Et, sans doute le plus important, une cuisine délicieuse. Mention spéciale au riz frit à l'ananas, divin.s

Bangkok vue d'en haut

Boire un verre dans un *skybar* est un must… Les plus spectaculaires et vertigineux sont aussi les plus chic. Prière donc de laisser vos tongs et shorts à l'hôtel. On y boit des cocktails au coucher du soleil (env. 17 €), on profite de la douceur de la nuit et d'un petit vent (il fait moins chaud au 50e ét. !), on peut aussi y dîner, parfois y danser.

> **Plan p. 86-87 / C4 – Vertigo**, sur le toit de l'hôtel Banyan Tree, South Sathorn Rd.

> **Plan p. 86-87 / A2 – Sirocco**, sur State Tower, Silom Rd.

> **Plan p. 86-87 / HP par D4 – Octave**, en haut du Marriott, Sukhumvit 57.

SPORTS ET LOISIRS

Cerfs-volants

Plan p. 58-59 / A1 – Joutes animées (p. 389) sur Sanam Louang en saison sèche (fév.-avr.), surtout le w.-e.

Takraw

Voir notre rubrique « Jeux, joutes et hasard » p. 387.

Plan p. 58-59 / A1 – En saison sèche (fév.-avr.), des matchs informels ont lieu sur Sanam Louang.

Théâtre et danse

Théâtre national

Plan p. 58-59 / A1 – Ratchini Rd, près du Musée national ☎ 02.224.1342. www.finearts.go.th/performing. Dim. à 14h. Janv.-mars et juil.-août, 1er et 2e dim. du mois, spectacle de Kôhn, avr.-juin et oct.-déc., spectacle de Lakorn.

Spectacles de danse et musique classiques thaïes.

‹ *Rooftop* à Bangkok

2 BANGLAMPHU et la montagne d'Or

Après la découverte du quartier populaire de Banglamphu, ses maisons-boutiques et ses ponts, grimpez jusqu'au Wat Sakhet pour avoir une magnifique vue sur l'ensemble de la ville et visitez ce temple à l'inspiration hindouiste.

En redescendant la montagne d'Or, arrêtez-vous au marché aux amulettes du Wat Ratchanada, très fréquenté par les Thaïlandais, qui sont plutôt superstitieux.

PRATIQUE

- **Plan p. 46-47**
- **Nos adresses p. 73**

Visites

Marché de Chatuchak: le marché est ouvert toute la semaine, mais on vous conseille de venir le week-end, lors du grand marché. Toutes les boutiques sont alors ouvertes. Prévoir du cash car la majorité des stands n'acceptent que les espèces.

Wat Sakhet

L'ESSENTIEL

À ne pas manquer

Le Wat Sakhet, « haut » perché, sur la montagne d'Or. Chatuchak, le plus grand marché d'Asie, pour remplir sa valise de souvenirs.

Expériences

Arpenter Khao San Rd à la nuit tombée. Écouter du bon jazz au Brown Sugar. Encourager les combattants de boxe thaïe au stade Rajadamnern.

Banglamphu ✧

Plan p. 46-47 / B2 - Embarcadère Phra Athit.

À quelques minutes à pied du quartier royal de Rattanakosin, fermé au sud par l'avenue Ratchadamnoen et le monument de la Démocratie, le quartier populaire de Banglamphu a conservé un cachet authentique avec ses maisons-boutiques, ses ruelles parfois douteuses, ses temples paisibles et ses marchés pittoresques, même s'il est très prisé des routards, qui ont investi **Khao San Rd** dans les années 1980. On étendra la promenade de Banglamphu à la montagne d'Or et à quelques autres temples remarquables.

CÔTÉ RIVIÈRE

Savourez le contraste avec le nouveau Bangkok, si vous en venez : au bout de la rue Phra Athit se dresse **Phra Sumen**, un joli fort portugais du XVIIIe s. bien restauré, subsistant d'une ancienne ligne de défense.

Au bord de la rivière, l'esplanade a été aménagée ; elle est investie le soir par des badauds et baladins qui offrent toutes sortes de spectacles. La rue Phra Athit est une sorte de Quartier latin qu'affectionnent les artistes et les intellectuels thaïlandais. En s'éloignant de la rivière, **Khao San Road** offre le meilleur et le pire en matière de *guesthouses*, restaurants, agences de voyages, cybercafés, tatouages, piercings, tresses perlées, faux, usage de faux et marchés pittoresques.

On y trouve les hôtels les moins chers, et elle constitue un forum d'échange d'informations unique sur les meilleurs plans pour voyager en Thaïlande. En sortant du « quartier hippie », on trouve des fabriques d'instruments de musique et des commerces bien plus classiques (textile et alimentation) dans toutes les rues adjacentes.

^ Phra Sumen

JOURS DE FÊTE

Marchés aux amulettes

Les dimanches et les jours de fêtes religieuses, le **Wat Mahathat** (p. 61) est entouré d'un marché hétéroclite (sur Sanam Louang), où les tentations profanes côtoient les objets religieux. Autre marché célèbre pour ses amulettes, celui du **Wat Ratchanada**. Des promenades surprenantes qui éclairent sur certaines pratiques ou croyances populaires... (p. 399). Tous les ans, à la pleine lune de novembre, une foire pittoresque se tient autour du *wat*, dans une ambiance de fête de village.

> **Plan p. 46-47 / A2** – Entrée par Mahachai Rd., t.l.j. 9h-17h.

WAT BOVORNIVET

Plan p. 46-47 / B2

Ce *wat* spacieux et paisible est associé à Rama IV (Mongkut), qui s'y retira durant vingt-sept ans avant de revenir à la vie laïque et de concevoir pas moins de 82 enfants ! Une trentaine de ses fils suivirent d'ailleurs l'exemple paternel dans ce même *wat*. C'est un **centre d'enseignement bouddhique** important (avec des cours en anglais), dont l'aura va jusqu'à impressionner les trafiquants d'opium qui, chuchote-t-on, participeraient à l'embellissement du temple en échange de bénédictions de leurs coupables activités...

BOT

Il abrite deux bouddhas datant de la création de Sukhothaï (XIIIe s.). Son plafond est orné de **peintures** riches d'inspiration tantôt allégorique, tantôt réaliste (dont une évocation du style architectural français et des courses de chevaux en Angleterre). Ne manquez pas le **pavillon polychrome** où les rois et les dignitaires troquaient leurs habits de cour contre la robe de bonze.

Montagne d'Or ✧✧

Du haut de ses 80 m, la **montagne d'Or** est le point culminant de Bangkok. Elle fut édifiée par Rama III sur le modèle d'une colline artificielle d'Ayutthaya. Tout en haut, on y jouit d'un **joli point de vue** sur le fleuve et sur les toits ouvragés des temples, surtout celui du Wat Po tout proche (p. 64).

WAT SAKHET ✧✧

Temple de la montagne d'Or

Plan p. 46-47 / B2 – Boriphat Rd
📞 062.019.5959. Bateau: depuis Ploenchit et Sukhumvit, par le Klong Saen Saep. T.l.j. 7h30-19h. Entrée payante (50 THB).

Le *chedi* doré recèle la relique d'un bouddha originaire d'Inde. Les bâtiments principaux, remontant à la fondation de Bangkok, sont situés sur le versant est, et l'un des pavillons présente des peintures murales d'**inspiration hindouiste**. Le *viharn*, édifié en dehors du mur d'enceinte, abrite un bouddha monumental vieux de 600 ans provenant de Sukhothaï.

BAN BAT ✧

Plan p. 46-47 / B2 – À partir de Thanon Bamrung Muang, s'engager sur le soï Ban Bat, puis prendre la première à droite, www.banbatt.com. T.l.j. sf dim. 9h-17h. Entrée gratuite. La meilleure heure pour la visite est 11h.

Nombreux sont les moines qui arpentent les villes en demandant l'aumône, équipés d'un bol permettant de recueillir riz, bananes et autres mets. Cet objet traditionnel est leur seule possession. Depuis quelques années, il est très souvent fabriqué en série. Face à cette invasion du *made in China*, certains résistent. C'est le cas des artisans installés à Ban Bat. Cet ancien village – qui se résume aujourd'hui à une longue ruelle – est l'un des trois à avoir été établis à Bangkok par Rama I (1782-1809) dans le but de fabriquer ces bols. C'est le dernier encore en activité. Les touristes peuvent y observer toutes les étapes de la fabrication. Huit feuilles d'acier sont d'abord assemblées, avant que l'artisan ne se saisisse d'un marteau pour marteler inlassablement la surface du bol afin de lui donner sa forme et de le lisser. C'est un véritable travail d'orfèvre, qui peut prendre toute une journée, pour un seul bol. Vous pourrez acheter l'un de ces objets, témoins d'une tradition ancestrale.

⌄ Khao San Road

Wat Sakhet, temple de la montagne d'Or

PONT ROYAL

Des ponts en cadeau

Comme les maisons-boutiques (p. 78), les vieux ponts de Bangkok sont menacés par la modernisation. Autrefois, on édifiait des ponts à l'initiative des rois, principalement pour célébrer un événement heureux et, accessoirement, pour des raisons pratiques. Les ponts étaient surtout destinés aux éléphants – puisque les humains utilisaient plutôt le bateau pour se déplacer –, d'où leur extrême solidité. Beaucoup virent le jour sous le règne de Rama IV (1851-1868), grâce à des donations de la famille royale, d'aristocrates ou de riches marchands. Rama V fit construire 17 ponts entre 1868 et 1910. En 1894, à l'occasion de son anniversaire, il offrit pour un nouvel ouvrage une somme d'argent calculée d'après le nombre de jours écoulés depuis sa naissance. Cette initiative fut amplement saluée et imitée par ses successeurs.

• NOS ADRESSES •

BANGLAMPHU ET LA MONTAGNE D'OR

OÙ DORMIR

C'est le quartier de prédilection des routards qui y trouvent un grand choix de *guesthouses* bon marché, plus ou moins confortables.

Tara Place

Plan p. 46-47 / A2 – 113, 117 Samsen Rd ☎ 02.627.1001, www.taraplacebangkok.com. De 40 à 60 €.

À deux pas de Khao San Rd l'animée, des chambres au calme, où l'on peut passer un séjour parfaitement serein. Le personnel, très serviable, met gratuitement à disposition un *tuk-tuk* pour rejoindre le Grand Palais ou Khao San Road.

OÙ MANGER

Kaloang Home Kitchen (fruits de mer)

Plan p. 46-47 / B1 – 2 Sri Ayutthaya Rd, embarcadère Tha Thewet ☎ 02.281.9228. T.l.j. 11h-22h. Moins de 10 €.

Dans cet établissement idéalement situé au bord de la rivière, un superbe choix de plats et de spécialités de fruits de mer s'offre à vous. L'endroit est immense et très populaire. Les spécialités de crabe sont particulièrement savoureuses. Il est possible d'apporter son vin. Attention aux moustiques le soir ! Le restaurant fournit des serpentins à brûler.

CLUBS

Brown Sugar : The Jazz Boutique

Plan p. 46-47 / B2 – 469 Wanchad Junction, Phra Sumen Rd, www.brownsugarbangkok.com. T.l.j. sf lun. 17h-1h (jusqu'à 2h ven. et sam). Concerts de qualité tous les soirs sauf lun.

Une valeur sûre pour les amateurs de jazz. Cocktails à partir de 7 €.

SPORTS ET LOISIRS

Boxe thaïe

Stade Rajadamnern

Plan p. 46-47 / B2 – 1 Ratchadamnern Nok Av. ☎ 02.281.4205, https://rajadamnern.com. Mer., jeu., dim. et lun. 10h-22h.

Matchs en soirée dans le nouveau stade Rajadamnern de 3 500 places.

SHOPPING

Thewet

Plan p. 46-47 / B2 – Luk Louang Rd, embarcadère Tha Thewet. T.l.j. 8h-18h.

Le joli marché aux fleurs de Thewet, établi au bord d'un *klong* (canal), propose orchidées et fleurs tropicales.

Week-end market de Chatuchak

Le marché se tient toute la semaine, les mer. et jeu. sont consacrés aux plantes et le ven., une partie seulement des boutiques est ouverte. Le grand marché se tient le week-end. C'est la sortie sacrée des familles, une fête populaire et un pur bonheur pour les chineurs ! Avec ses 10 000 stands, c'est le plus grand marché d'Asie. Vous y dénicherez tout ce que vous n'avez pas trouvé ailleurs, y compris des antiquités (poteries khmères authentiques, objets en laque birmans, bouddhas de diverses époques, bijoux en argent...). Chatuchak offre un choix imbattable pour tout ce qui est vêtements, accessoires, bijoux fantaisie, bagages, articles de décoration, vaisselle, antiquités, vanneries, plantes vertes... Nombreux restaurants et cuisines ambulantes dans le marché. Attention aux vols...

> **Plan p. 46-47 / HP par D1** – BTS Mo Chit ou Saphan Kwai, MRT Chatuchak Park, www.chatuchakmarket.org. Sam.-dim. 9h-18h (heure de pointe 11h-16h).

3 CHINATOWN et Pahurat

Voici une visite riche en couleurs et en suprises. Avec ses temples aux senteurs d'encens, ses bijouteries clinquantes et ses ruelles envahies par les boutiques, Chinatown invite à une exploration méthodique. En chemin, vous trouverez aisément de quoi vous restaurer dans l'un des milliers de stands de *street food* et autres cantines chinoises. Poursuivez votre visite par la découverte du quartier indien : vous dénicherez de petites merveilles au marché du tissu.

Le marché de Chinatown

L'ESSENTIEL

À ne pas manquer

Yaowarat Rd et Sampeng Lane, pour s'imprégner de l'ambiance chaotique, inimitable, du quartier chinois.

Expériences

Oser la *street food* dans l'un des innombrables stands installés sur le trottoir, avec leurs woks fumants et leurs mets souvent inconnus sous nos latitudes.

Chinatown

Plan p. 46-47 / B2-3.

L'incontournable quartier chinois de Bangkok demeure, au bout du compte, celui qui change le moins vite. Même le *skytrain* n'a pu y pénétrer, et la gare Hua Lamphong, construite à la fin du XIXe s., paraît presque un symbole de modernité.

Plus que les monuments, c'est une ambiance que l'on vient chercher ici, happé par les effluves mêlés du goudron, des vapeurs d'essence et des cuisines de rue, étourdi par la profusion d'or, de rouge et d'encens. Coincé entre Chinatown et Rattanakosin, le quartier indien de Pahurat apporte une autre touche d'exotisme…

WAT TRAYMIT ✧✧

Temple du Bouddha d'Or

Plan p. 46-47 / B3 – Charoen Krung Rd, près de la gare. MRT Hua Lamphong. T.l.j. 8h-17h. Entrée payante (140 THB).

Ce temple, d'architecture banale, a la particularité d'abriter une **statue en or pur** haute de 3 m et pesant plus de 5,5 t. Ce bel exemple d'art

EXPÉRIENCE

Bangkok en roue libre

Les balades à vélo encadrées par **Co Van Kessel** ? Une occasion de découvrir un Bangkok méconnu de la plupart des voyageurs. Notre circuit préféré : le Co Classical (3h). Les participants commencent leur périple par la chaotique Chinatown, ses sons, ses parfums et ses images qui saturent les sens, avant de traverser le fleuve Chao Phraya, puis de continuer vers la paisible Thonburi. À n'en pas douter, chacun se laissera surprendre par les sourires et les salutations amicales saisis « au vol » lors de la balade. Et repartira, 3h plus tard, convaincu d'avoir découvert le « vrai » Bangkok, celui que les visiteurs occasionnels ont rarement la chance de découvrir. Il existe aussi une visite de nuit.

> **Plan p. 46-47/ B3** – 23 Charoen Krung 24 ☎ 02.639.7351. www.covankessel.com.

Sukhothaï fut découvert fortuitement en 1955, à l'occasion du déplacement de la statue, alors recouverte d'une couche de stuc – sans doute pour déjouer la concupiscence de l'ennemi héréditaire birman lors du sac d'Ayutthaya (d'où proviendrait la statue, encore que son origine ne soit pas clairement établie). La salle du Bouddha est accessible par un escalier extérieur. Provenant d'un temple chinois, la statue, très impressionnante, fait partie tacitement du patrimoine de la communauté chinoise de Bangkok ; voilà pourquoi elle fut installée dans le quartier et reste entretenue, très probablement, par les donations des Fils du Ciel.

HUA LAMPHONG ✧

Plan p. 46-47 / B3 – Rama IV Rd

Tous les médias thaïlandais ne cessaient de le répéter, la gare centenaire de Bangkok allait fermer pour être transformée en musée. Mais les autorités ont changé d'avis ! La gare continuera donc à accueillir des passagers. Même si une autre gare, Bang Sue (ou Krung Thep Aphiwat Central Terminal), près du marché de Chatuchak, a quant à elle bel et bien ouvert le 19 janvier 2023. Mais qu'on y prenne un train ou non, la jolie façade néo-Renaissance de Hua Lamphong, imaginée par l'architecte italien Mario Tamagno, est à voir.

TEMPLES CHINOIS ✧

Plan p. 46-47 / B3 – Accès par Charoen Krung Rd. Entrée libre.

Gardés par des portiques décorés de dragons et de créatures taoïstes, les temples de Chinatown se signalent par l'épaisse fumée produite par les tortillons d'encens suspendus au plafond. Leur décoration surchargée illustre bien le syncrétisme religieux des Chinois de Thaïlande, où se mêlent bouddhisme, confucianisme, taoïsme et animisme, sans oublier une bonne dose de pragmatisme. Autour des temples, de nombreuses boutiques du quartier

MARCHÉ

Le vieux marché

Le **Talat Kao** (vieux marché) a plus de 200 ans. Vous pourrez découvrir des produits alimentaires variés, fascinants, étranges et pas toujours ragoûtants...

> **Plan 46-47 / B3** – Soï Itsaranuphap, entre Charoen Krung et Yaowarat Rd

⌄ Vieux marché de Talat Ka

vendent les « billets de l'enfer » (répliques de billets de banque, brûlées à l'occasion d'un décès pour assurer la richesse du défunt dans l'au-delà) et des répliques en papier des objets qui appartiennent à la vie terrestre, également brûlés à l'occasion des funérailles.

Wat Mangkon Kamalawat

Angle Charoen Krung/Mangkon Rd.

Ce temple, appelé aussi Wat Leng Nui Yee, date de 1871. C'est le plus caractéristique du quartier. L'impressionnante façade surmontée de dragons cache un labyrinthe de cours et de passages encombrés d'autels bouddhistes et taoïstes, de lanternes, d'ex-voto, de statues... et de fidèles.

Sanctuaire de Li Thi Piew

Dans le pâté de maisons suivant (en tournant le dos à Charoen Krung), vous trouverez ce petit sanctuaire où les fidèles honorent le « Bouddha du bonheur » (un bouddha obèse, au sourire grimaçant, incarnant la prospérité dans le bouddhisme mahayana).

YAOWARAT ROAD ✧

Plan p. 46-47 / B3 – Embarcadère Ratchawongse ou taxi.

Sur le millier de bijouteries faisant le commerce de l'or à Bangkok, plus de 200 sont concentrées sur Yaowarat Rd, l'artère principale de la ville chinoise avec Charoen Krung. Largement déployées le long des immeubles, les enseignes en idéogrammes ne laissent aucun doute quant à la cohésion de cette communauté, établie à Bangkok dès le XIVe s.

Mais le quartier chinois, c'est surtout une profusion de marchés, de ruelles, de venelles pas toujours engageantes, de baraques à nouilles, d'herboristeries, d'épiceries, de papeteries, de temples taoïstes, d'ateliers crasseux, de maisons de commerce, d'entrepôts où la population s'active dans l'indifférence de ce qui peut se passer à Sukhumvit ou Siam Square.

Soï Wanit

Plan p. 46-47 / B3 – Allée située entre Yaowarat Rd et la rivière. Embarcadère Ratchawongse ou taxi. Attention aux vols de porte-monnaie et de sacs à main.

Cette petite allée parallèle à Yaowarat est l'un des grands **marchés aux tissus** de Bangkok. On y vend aussi des bijoux fantaisie, des articles de mercerie, des vêtements, des chaussures, des sacs, des accessoires bon marché et une multitude de gadgets tous plus inutiles les uns que les autres.

En empruntant Ratchawong Rd, vous tomberez immanquablement sur le *soï* Wanit au bout de cinq minutes de marche. En tournant à gauche, vous opterez pour les babioles ; en tournant à droite, pour les tissus (l'allée, dans cette direction, se prolonge jusqu'au marché indien de Pahurat, voir p. 79). Assurez-vous d'être bien reposé et détendu avant de plonger dans cette marée humaine agitée par des ménagères pressées, des manutentionnaires brutaux, des motards inconscients, des touristes éberlués, des cuisines de rue mortelles (les bassines remplies d'huile de friture en ébullition sont posées sur des tables roulantes...). On ressort de l'expérience enchanté ou hystérique.

SALON DE THÉ

Pause thé

Pour faire une pause dans un charmant décor, allez goûter aux thés du **Double Dogs Tea Room**.

> **Plan 46-47 / HP par B2** – 406, Yaowarat Rd. Ouv. 10h-18h. F. mar-mer.

Dans le quartier de Talad Noi >

LES MAISONS-BOUTIQUES

Au pied des tours ultramodernes subsistent encore des témoignages du passé...

Le département des Beaux-Arts tente de sauver quelques-unes des maisons-boutiques qui furent à l'origine de la prospérité de la capitale. Parmi le millier de rescapées, treize (toutes localisées dans le quartier chinois) ont été classées « sites historiques ».

TALAD NOI

Pour s'y rendre, la meilleure option reste de prendre le ferry sur le Chao Phraya et de descendre à l'arrêt Si Phraya Pier. Sinon, MRT jusqu'à Hua Lamphong, d'où vous prendrez la sortie numéro 2.

Pour découvrir une facette méconnue de Bangkok, cap sur ce charmant quartier, qui fait partie de Chinatown. Son nom signifie « petit marché » en thaï. Malgré cela, pas de réel marché par ici, mais bien d'autres choses intéressantes à découvrir. Il faut ralentir le pas pour saisir tous les détails qui font sa richesse. La différence est déjà marquée dans l'architecture. Ce labyrinthe de ruelles, qui ressemble à un village, a résisté pour l'heure aux appétits des promoteurs immobiliers. Les voyageurs le constateront avec les maisons patinées qui bordent ses rues, hautement photogéniques. Sur Soï Wanit 2, des collines de ferraille et de pièces détachées de voitures envahissent les trottoirs. Dans la ruelle Trok San Chao Rong Kueak, c'est l'art qui fait le mur. Les amateurs de photographie urbaine seront ravis.

Manoir So Heng Tai

282 Soï Wanit 2. Mar.-jeu. 9h-18h, ven. et sam. 9h-21h. Petit café sur place. Si vous ne voulez pas consommer, on vous demandera 50 THB.

En poussant la lourde porte du manoir So Heng Tai, le temps semble s'être arrêté il y a fort longtemps. Cette demeure chinoise, rayée de rouge laqué, avec ses murs racontant des histoires, a plus de 200 ans. Elle a été construite par une famille Hokkien, parmi les premiers migrants chinois à poser leurs valises dans ce qui était alors le Siam. Le charme opère toujours, même si le lieu mériterait une petite rénovation...

Sanctuaire Rong Kuak

1192 Soï Charoenkrung 22.

Un petit, mais superbe, sanctuaire rouge vif, au toit en tuiles de terre cuite, surmonté de dragons protecteurs. Il fut construit il y a plus de 100 ans par des immigrants chinois.

Holy Rosary Church

1318 Yotha Rd.

C'est, avec Santa Cruz, la deuxième église construite pour la communauté portugaise, vers 1787. Elle a de très jolis vitraux.

Mother Roaster

1172 Soï Charoenkrung 22
📞 061.216.2277. Mer.-dim. 10h-18h.

Ne jamais se fier aux apparences. En poussant la porte du Mother Roaster, vous serez peut-être tenté de rebrousser chemin, face au désordre indescriptible de ce qui ressemble à un atelier de réparation automobile qui aurait été laissé à l'abandon pendant des années. N'en faites rien ! Grimpez plutôt au premier étage : vous y découvrirez un café pas comme les autres, plein de charme. Et vous pourrez y boire un très bon café.

NAAM 1608

1608 Song Wat Rd ☎ 091.936.1632. Mar.-dim. 11h-22h.

Une très jolie manière de clore sa balade dans Talad Noi ? Un déjeuner ou un dîner en bord de fleuve. Contrairement à d'autres adresses qui jouissent de la même vue sur le Chao Phraya, ici, vous êtes assuré de vous régaler, avec une carte fusion aux accents chinois et thaïlandais. La nuit, quand la *skyline* s'illumine, l'atmosphère est poétique.

Quartier indien de Pahurat

Plan p. 46-47 / B3 – Quartier délimité par Pahurat Rd, Chak Phet Rd et Tri Phet Rd. Embarcadère Memorial Bridge, ou à pied par le soï Wanit.

Une **communauté indienne** s'est installée depuis 1898 dans ce quartier. Depuis, Pahurat n'a jamais perdu sa forte tonalité indienne ; vous y trouverez, dans un joyeux mélange, tissus, saris, images pieuses (hindouistes), DVD *made in Bollywood*, le tout dans des effluves de curry... Vous vous perdrez dans le dédale du **marché aux tissus**, émoustillé par la quête d'un délicat cachemire, d'une soie sauvage ou même d'un véritable coton. Attention, ici comme ailleurs, le synthétique fait des ravages et hésite à dire son nom. Les Thaïs n'ont pas totalement abandonné le quartier aux Indiens et se sont spécialisés dans les articles pour les fêtes et les mariages.

TEMPLE GURDWARA SIRI GURU SINGH SABHA

Plan p. 46-47 / B3.

Construit en 1932, le temple est plus que bien caché, dans un lacis de ruelles dont l'une donne sur Pahurat Rd. Le mieux à faire est d'emboîter le pas à des dévots pour dénicher l'entrée de ce grand bâtiment de six étages qui serait le plus vaste des temples sikhs en dehors de l'Inde. L'entrée n'est pas interdite aux étrangers, à condition de se couvrir la tête (fichu fourni). Dans ce lieu gigantesque, des fidèles se succèdent pour lire le livre sacré sans interruption, 24 heures sur 24.

Pak Klong Talad ✧

Plan p. 46-47 / A3 – Chak Phet Rd. 24h/24 mais le pic de l'activité commence à minuit.

À l'écart de la ruche bourdonnante et odorante qui jouxte la rivière, le **plus grand marché aux fleurs de Bangkok** déploie une profusion d'orchidées, de lotus, de lis tigrés, de tubéreuses et de mille autres variétés. Tous les fleuristes de la capitale viennent s'y approvisionner chaque jour. Vous pourrez

NEW ROAD *La première route*

Au XIXe s., la « Venise de l'Orient », ses *klongs* (canaux) et ses marchés flottants se révèlent insuffisants. Très vite, le besoin de développer des axes de communication terrestres se fait sentir. Vers 1860, on construit la première route, l'actuelle **Charoen Krung Rd** – toujours appelée **New Rd** sur certains plans, bien qu'étant maintenant la plus ancienne de la capitale. En 1869, elle atteint 8 km de longueur ; ses entrepôts et ses échoppes témoignent de l'influence croissante de la minorité chinoise à Bangkok.

repartir avec une douzaine de roses pour moins de 2 €.

Wat Suthat ✧✧

Temple de la Balançoire géante

Plan p. 46-47 / B2 – Retraversez Charoen Krung Rd et empruntez Tri Phet Rd jusqu'à Ti Thong Rd, qui débouche sur le portique vertigineux de la « Balançoire géante ». T.l.j. 9h-18h. Entrée payante (100 THB).

Jusqu'en 1932, la « **Balançoire géante** » servait de tremplin à de jeunes brahmanes pour décrocher avec les dents des sacs de monnaie suspendus à 25 m de hauteur. Cette coutume a été abandonnée à la suite de plusieurs accidents mortels.

Le temple fait partie des plus vastes et des plus anciens de Bangkok. Commencé sous Rama Ier, il fut achevé vingt-sept ans plus tard sous le règne de Rama III. De belles **fresques murales**, du début du XIXe s., illustrent les *Jataka*. Le *viharn* abrite un **bouddha Sukhothaï** du XIVe s. de facture exceptionnelle et est doté de portails et de volets finement ouvragés (l'un d'eux fut sculpté par Rama III en personne). Le Wat Suthat ne comporte ni *chedi* ni stupa, cas unique à Bangkok.

• NOS ADRESSES •

CHINATOWN ET PAHURAT

OÙ DORMIR

Shanghai Mansion

Plan p. 46-47 / B3 – 479-481 Yaowarat Rd, embarcadère Ratchawongse, MRT Hua Lamphong ☎ 02.221.2121, www.shanghaimansion.com. Environ 60 €.

Au cœur de Chinatown, voilà un boutique-hôtel où le style chinois épouse hardiment le style contemporain. Comme un décor de théâtre, on y trouve des lits à baldaquin, de vieilles armoires à secrets, des vitraux et des divans soyeux.

OÙ MANGER

Stands de rue de la rue Yaowarat

Plan p. 46-47 / B3 – Rue Yaowarat. Moins de 5 €.

Les stands se succèdent à partir de la fin de journée. À chacun sa spécialité : gaufres saupoudrées de noix de coco, nouilles sautées au poulet, nouilles de riz avec porc sauce barbecue, pâtes de riz farcies...

CLUBS

Red Rose

Plan p. 46-47 / B3 – 479-481 Yaowarat Rd, embarcadère Ratchawongse, MRT Hua Lamphong (arrêt le plus proche) ☎ 02.221.2121, www.shanghaimansion.com, t.l.j. 17h-23h.

Le jazz bar de l'hôtel Shangai Mansion, (voir plus haut) jouit d'une bonne réputation.

SHOPPING

Alimentation

Talat Kao

Plan p. 46-47 / B3 – À Chinatown, soï Itsaranuphap, entre Charoen Krung et Yaowarat Rd. T.l.j. 5h-18h.

Fleurs

Memorial Bridge, marché aux fleurs de Pak Klong Talat

Plan p. 46-47 / AB3 – Chak Phet Rd, embarcadère Saphan Phut. T.l.j. 24h/24 mais y aller de préférence le soir.

Balançoire géante du temple de Wat Suthat

Au bonheur des sens

LES MARCHÉS FLOTTANTS

KHLONG LAT MAYOM

Si la partie flottante de ce marché qui a lieu tous les week-ends est restreinte, les stands à terre en font un lieu à visiter impérativement. Face au choix, vertigineux, impossible de ne pas trouver son bonheur. Vous dégusterez ensuite vos mets préparés minute autour de petites tables. Des barques emmènent aussi les voyageurs en balade, avec arrêts pour visiter une ferme d'orchidées et un temple.

Sam.-dim. 8h-17h.

Tha Kha

Un petit marché qui se tient le week-end, avec peu de touristes. Logique, il est destiné avant tout aux locaux. Le plus authentique d'entre tous, c'est lui, assurément ! Fruits, légumes, petits plats préparés sur place et servis directement depuis les barques, abondent. Pour l'apprécier, il faut être matinal, car contrairement aux autres marchés flottants, celui-ci n'ouvre que de 6h à 14h.

Sam.-dim. 6h-14h.

PRATIQUE

L'option de loin la plus simple pour atteindre ces marchés flottants est d'y aller en taxi.

AMPHAWA

Avec les années, le nombre de pirogues sur l'eau vendant de succulents mets cuisinés minute

Ce sont des marchés pas comme les autres. Les pad thaïs, gambas, riz frits et autres mets tous plus appétissants les uns que les autres y sont cuisinés minute, dans des pirogues. Très photogénique, mais surtout, divinement bon.

Marché flottant d'Amphawa

a sensiblement diminué. Mais il reste possible de se régaler, notamment de gambas ou de calamars. À moins que vous ne préfériez grimper dans une barque pour visiter le marché au fil de l'eau, longer des temples, et assister au spectacle des lucioles en fin de journée.

Ven.-dim. 11h-21h.

Kwan Riam

Un autre marché flottant à expérimenter le week-end. Celui-ci a une particularité : entre 7h30 et 8h, les moines passent dans des barques pour la cérémonie d'aumône matinale. Si vous êtes présent à ce moment-là, n'hésitez pas à participer en faisant un don de nourriture.

Sam.-dim. 7h-17h.

DAMNOEN SADUAK

« Piège à touristes », « plus du tout authentique », « cher »... Ce marché flottant n'est pas notre préféré (ni celui de nombreux touristes déçus), mais il a quand même des avantages, dont celui d'être le seul ouvert en semaine. Si vous y venez, faites-le de préférence avant midi, pour profiter du lieu avec bien moins de monde. Et si vous faites une balade en barque sur les canaux, n'hésitez pas à négocier le prix, parfois très élevé !

T.l.j. 8h-16h.

4 DE SILOM au parc Lumphini

Le sud de Bangkok aime ménager les contrastes : les constructions sur pilotis le long des berges de la Chao Phraya répondent aux splendeurs du mythique hôtel Oriental. Plus loin, vers Silom, c'est une forêt de gratte-ciel qui interpelle le visiteur en lui offrant un époustouflant panorama de l'architecture contemporaine thaïlandaise. À l'ombre de ces géants, l'ambiance calme et sportive du parc Lumphini paraît bien incongrue.

Le parc Lumphini

L'ESSENTIEL

À ne pas manquer

Le parc Lumphini, son lac et ses varans (pas de panique, ils ne sont pas agressifs).

Expériences

Visiter les boutiques d'antiquités, toutes plus sublimes les unes que les autres, du *mall* River City. Oser pénétrer dans la ferme aux Serpents, instructive, pour petits et grands.

Silom

On parle désormais « d'ancien quartier touristique » pour ce quartier qualifié aussi de « vieux quartier *farang* ». Il offre encore la juxtaposition d'éléments anciens (marché Bangrak, antiquaires de Charoen Krung Rd) et modernes. Si le carrefour Saladaeng est devenu un chaos total, avec les passerelles du *skytrain* qui ont transformé la partie haute de Silom en tunnel irrespirable, la partie proche de la rivière a peu changé. **Sathorn Rd** est désormais une voie bordée de tours géantes à l'architecture spectaculaire, où la circulation est terrifiante (on ne peut la traverser qu'au péril de sa vie, sauf à emprunter l'une des rares passerelles).

AUTOUR DE L'ORIENTAL HOTEL ✧

Plan p. 86-87 / A2 – BTS Saphan Taksin. Embarcadère Oriental, ou taxi.

Même si l'**hôtel Oriental** *(aujourd'hui Mandarin Oriental; p. 91)* ne se visite pas, c'est un site emblématique et un repère dans la ville. Construit sur les berges de la rivière et jouxtant la très belle résidence de l'ambassadeur de France, cet établissement, dont on ne compte plus les hôtes prestigieux, exprime la quintessence de l'hôtellerie de luxe en Thaïlande. Le quartier a longtemps conservé un aspect XIXe s., en dépit de la prolifération de grands hôtels. Les jardins alentour peuvent faire l'objet d'une agréable balade. Pour une pause café, la terrasse au bord de l'eau de l'hôtel Oriental est parfaite.

Charoen Krung Rd

Cette artère qui débute dans le quartier chinois est restée le domaine de prédilection des antiquaires et des bijouteries de gros.

BOUTIQUES

Du shopping?

Promenez-vous dans l'**Oriental Plaza**, un très bel ensemble de boutiques de décoration, d'antiquités et d'artisanat.

La visite vaut le coup d'œil.

> **Plan p. 86-87 / A2** – 30/1 Charoen Krung Rd, à côté de l'Oriental.

De Silom au parc Lumphini

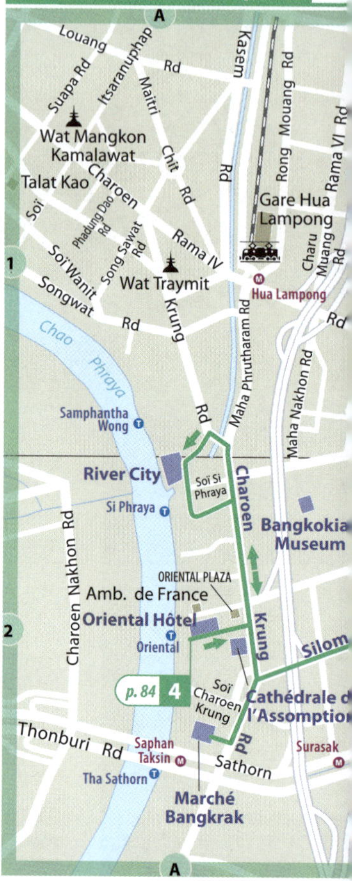

Cathédrale de l'Assomption

La présence d'une communauté chrétienne se signale par cette cathédrale construite en 1910, à côté de l'école éponyme qui accueille les fils et filles de bonne famille.

Marché Bangrak

Derrière l'**hôtel Shangri-La**, autre hôtel de luxe ancien emblématique de Bangkok, le populaire **marché Bangrak** renvoie à un mode de vie plus modeste : on y trouve tous les produits frais de la cuisine thaïe (les jours de pluie, prévoyez des bottes) et d'intéressantes occupations qu'on ne voit pas dans les supermarchés (comme râper la noix de coco).

RIVER CITY

Plan p. 86-87 / A1-A2 – Embarcadère Si Phraya, www.rivercity.co.th. T.l.j. 10h-22h ; restaurant 10h-23h. Service de navette fluviale gratuit depuis la station de BTS Saphan Taksin, ttes les 30 min, 10h-20h.

Cherchez et vous trouverez : bouddhas de toutes matières, processions de moines, poids à opium, mobilier chinois ancien (ou presque), tissus ethniques, tableaux, maquettes de bateaux, poteries khmères, instruments de musique, bijoux... River City est le temple du chic en matière d'**antiquités**. On trouve aussi plusieurs **tailleurs** et des commerçants indiens vendant des objets de décoration, des pashminas et des tapis. Et des galeries, parmi lesquelles la Tang Contemporary Art Bangkok, aussi présente à Pékin, Hong Kong et Séoul, qui présente des œuvres d'artistes asiatiques parfois dérangeantes, toujours fascinantes.

SILOM RD

Plan p. 86-87 / A2-B2 – BTS Saladaeng. MRT Silom.

Cette artère, qui fut le cœur du quartier touristique de Bangkok avant le formidable développement de Sukhumvit, relie le parc Lumphini à la rivière, tout comme Sathorn Rd, grande avenue parallèle. Le *skytrain* ne suit pas Silom Rd jusqu'au bout, ce qui fait que la partie proche de la station Saladaeng s'est considérablement développée, alors que la partie proche de la rivière a conservé un petit côté désuet, comme en témoigne le **Silom Village** (plan ci-dessus / A1 – www.silomvillage.co.th, t.l.j. 10h-minuit), centre commercial construit dans le style traditionnel d'un village thaï.

Temple indien Sri Maha Mariamman

Plan p. 86-87/ B2 – Angle Silom Rd/Pan Rd. Entrée libre.

Construit en 1879 par des commerçants indiens, ce temple dédié à la déesse Uma témoigne de la présence de la communauté indienne dans le quartier (bijoutiers et tailleurs). Les Thaïs le désignent

sous l'appellation de Wat Kaek qui signifie le « temple des invités »... De style tamoul, il présente une accumulation de décorations polychromes délirantes, avec une multitude de divinités du panthéon hindouiste. Tout autour, des marchands de fleurs proposent aux fidèles une profusion d'œillets d'Inde jaune d'or. Il y a beaucoup d'activité dans le temple, et c'est agréable d'y faire halte.

MahaNakhon Tower

Plan p. 86-87 / B2 – 114 Narathiwat Rd. www.kingpowermahanakhonco.th, t.l.j. 10h-minuit, 1050 THB pour le 78e étage, 450 THB pour les moins de 12 ans et les plus de 60 ans.

78 étages, 310 m de hauteur : lors de son inauguration en août 2016, la MahaNakhon Tower raflait le titre de plus haut gratte-ciel de Bangkok ! Le bâtiment, qui héberge logements, boutiques, restaurants et hôtel, est une véritable prouesse architecturale. L'Allemand Ole Scheeren a en effet imaginé un ruban de pixels enserrant le gratte-ciel. Ce nouveau toit de Bangkok offre aussi un vertigineux observatoire : une cabine tout en verre, agrippée à la façade et suspendue au-dessus du vide, permet de voir la Cité des Anges scintiller.

EXPÉRIENCE

Juste une mise au poing

Pourquoi ne pas profiter des vacances pour vous initier au *muay thaï* ou perfectionner votre technique ? À la **Muay Thai Academy**, les instructeurs sont aussi compétents que sympathiques.

> **Plan p. -86-87 / HP par C2** – Rama 4, Thang Rotfai Sai Lao Pak Nam Rd
📞 080.585.5537, https://muaythaiacademymta.com.

KHLONG TOEI MARKET ✧

Plan p. 86-87 / HP par C2 – 1 Kasem Rat Rd.T.l.j, 24h/24.

Des piles de fruits et de légumes, des poissons vivants ou morts, des montagnes d'épices, du bruit et des odeurs : ce grand marché, frénétique, est adoré – à juste titre – par les locaux et les chefs. Les voyageurs, eux, pourront y vivre une expérience absolument unique, car ce bouillonnant marché, ouvert à toute heure du jour et de la nuit, ne ressemble à aucun autre.

BANGKOKIAN MUSEUM ✧

Plan p. 86-87 / A2 – 273 Saphan Yao Alley. Mar.-dim. 9h-16h. Entrée gratuite.

À quoi ressemblait la vie à Bangkok dans les années 1950 ? C'est à cette question que répondent ces trois jolies maisons en bois, bien entretenues, nichées au milieu d'un jardin zen. Meubles, objets, photos... illustrent le quotidien d'une famille bourgeoise de cette époque. Un lieu méconnu, à découvrir.

PATPONG

Plan 86-87 / B2.

À l'exact opposé de l'esprit religieux, Patpong a largement contribué à dégrader l'image de la Thaïlande. Ses rues 1 et 2 sont en effet de hauts lieux de la prostitution et de l'industrie du sexe. Le quartier a la particularité de **changer radicalement d'aspect** entre le jour et la nuit. **Le jour**, c'est une ambiance affairée où cadres, employés de bureau, étudiantes en uniforme et vendeuses font leur shopping et grignotent dans des petites cantines de rue ou des cafétérias.

À la tombée de la nuit, des hommes surgissent de partout, poussant devant eux un caisson métallique à roulettes qui n'est autre que leur boutique. En un rien de temps, chacun installe son petit commerce : t-shirts, maroquinerie, objets d'artisanat... Les fréquentes descentes de police ne dissuadent guère les filous d'écouler leurs contrefaçons. Les néons s'allument, les bars ouvrent, les filles prennent possession du trottoir, et les rabatteurs exhibent des menus dans toutes les langues... La nuit fauve tombe sur Bangkok.

PARC LUMPHINI ✧

Plan 86-87 / C1-C2 – BTS Saladaeng. MRT Silom ou Lumphini.

La confrérie des lève-tôt ne s'ennuie pas un instant derrière les grilles du parc Lumphini, un îlot de verdure et d'eau où les miasmes de la ville sont tenus à distance. Du sportif accompli à l'amateur poussif, le culte de la forme y est à son zénith. Le parc est divisé tacitement entre plusieurs clubs (en majorité chinois), qui portent des polos de couleur pour ne pas se confondre : il y a le coin des rouges, des bleus, des jaunes, des noir et blanc (couleurs du taï-chi, discipline très pratiquée)... À 8h pile, des haut-parleurs diffusent l'hymne national : chacun se fige sur place, rendant le parc aux seuls bruits de la nature comme dans un film bloqué sur la touche « arrêt sur image ». Vient le salut rituel, légère inclinaison de la tête, puis chacun retourne à ses étirements, ses jeux, parfois même son travail : une nouvelle journée commence à Bangkok.

FERME AUX SERPENTS ✧

Plan p. 86-87 / B1 – Angle Henri-Dunant Rd/Rama IV Rd, BTS Saladaeng. MRT Silom ou Sam Yan ☎ 02.252.0161. Lun.-ven. 9h30-15h30, sam.-dim. 9h30-13h30. Extraction du venin lun.-ven. 11h ; démonstrations lun.-ven. 14h30, sam.-dim. 11h. Entrée payante (200 THB).

La Thaïlande compte 160 espèces de serpents dont 48 très venimeuses. Créée en 1923 par la reine Sawang Vadhana, alors présidente de la Croix-Rouge, la *Snake Farm* a pour vocation d'élever des serpents dangereux pour extraire leur venin et fabriquer des antidotes. Tout en conservant sa vocation scientifique, elle s'est ouverte au public et propose diaporama et attractions (repas des bébés pythons, extraction du venin...).

ROOFTOP *Haut perchés*

Envie de prendre de la hauteur et de siroter un cocktail sous les étoiles ? La liste des *rooftops* à Bangkok est très, très longue. Nos préférés : **HI-SO**, pour sa vue sublimissime sur le parc Lumphini et la *skyline* de Bangkok (en fin d'après-midi, quand le soleil se couche, l'ambiance est juste magique !) et **Bar Yard**, pour sa belle carte de cocktails, et son ambiance et sa musique très cool.

> **Plan p. 86-87 / C2 – HI-SO**, au 29e étage de l'hôtel SO, 2 North Sathorn Rd ☎ 02.624.0000, www.so-bangkok.com. T.l.j. 17h-minuit.

> **Plan p. 86-87 / C1 – Bar Yard**, au 40e étage du Kimpton Maa-Lai, 78 soï Ton Son ☎ 02.056.9999, www.kimptonmaalaibangkok.com. T.l.j. 16h-2h.

• NOS ADRESSES •

DE SILOM AU PARC LUMPHINI

OÙ DORMIR

Animés de jour comme de nuit, ces quartiers attirent aussi bien les hommes d'affaires que les touristes. Ils sont bien desservis, par bateau ou métro aérien. Tous les hôtels indiqués ci-dessous sont bien situés.

Urban House

Plan p. 86-87 / C2 – 35/13 soï Yommarat, Saladaeng Rd, Silom ☎ 081.492.7778. De 30 à 50 €.

Une petite pépite, au calme, pour se régénérer après avoir plongé toute la journée dans l'effervescence bangkokienne. Les chambres sont lumineuses et épurées, les lits confortables. Il n'y a pas d'ascenseur, mais vous aurez un coup de main pour monter les valises au besoin. La patronne du lieu est adorable et pas du tout avare en bons conseils de visites.

Kokotel Surawong

Plan p. 86-87 / B2 – 181 / 1-5 Surawong Rd ☎ 02.235.7555. www.kokotel.com. De 40 à 90 €.

Chez Kokotel, « plus on est de fous, plus on s'amuse ». Autrement dit, vous serez accueilli avec un grand sourire si vous venez avec vos enfants ou votre bande d'amis. Les premiers rejoindront la salle de jeux. Les seconds pourront dormir dans des chambres prévues pour quatre, et refaire le monde dans le café du rez-de-chaussée, ouvert 24/24.

Trinity Silom

Plan p. 86-87 / B2 – 150 Silom, soï 3, BTS Chong Nonsi, MRT Silom ☎ 02.231.5050, www.trinitysilomhotel.com. De 50 à 120 €.

Des chambres claires, modernes, équipées de grands écrans plats. Avis aux sportifs : accès gratuit au club de sport du Trinity Complex juste à côté (salle de sport, parcours de jogging et grande piscine extérieure).

I-Residence Hotel Silom

Plan p. 86-87 / B2 – 93 Narathivas Rachanakarin Rd, soï 3, BTS Chong Nonsi ☎ 02.267.9700, www.iresidencesilom.com. De 50 à 120 €.

Ce bel hôtel compte des chambres à la décoration très moderne et tout confort (accès wifi, TV écran plat...). Les services et les « plus » (comme la piscine et le restaurant sur le toit) en font un bon choix. Nombreux forfaits très intéressants sur le site Internet.

Chatrium Riverside

Plan p. 86-87 / A2 – 28 Charoen Krung, soï 70 ☎ 02.307.8888, www.chatrium.com. De 50 à 120 €.

Une immense tour avec de grandes chambres (avec balcon) qui tiennent du studio bien équipé. La vue sur la rivière et sur la ville est saisissante. Le petit déjeuner est servi au bord de l'eau, et la superbe piscine de 35 m offre une pause rafraîchissante. Nombreux forfaits particulièrement intéressants sur le site Internet. Tarifs et chambres familiales. Un peu excentré mais des navettes fluviales gratuites permettent de rejoindre la station de BTS Saphan Taksin, et à 15 min à pied se trouve le marché de nuit Asiatique The Riverfront (p. 93).

OÙ MANGER

Les restaurants sont très concentrés autour de Convent Rd et Patpong. Pour un dîner romantique au bord de la rivière, les grands palaces du quartier comme l'**hôtel Oriental** (encadré ci-contre), le **Shangri-La** (plan p. 86-87 / A2) ou le **Peninsula**, sur la rive opposée (plan p. 86-87 / A2), proposent tous des dîners en terrasse dans un cadre exceptionnel et pour un prix conséquent...

Marché de Bangrak

Plan p. 86-87 / A2. Moins de 10 €.

Choix immense et ambiance animée.

Nalin Kitchen (thaï et fruits de mer)

Plan p. 86-87 / A2-B2 – 1463 Thanon Charoen Krung ☎ 02.630.7170, www.facebook.com/nalinkitchen. T.l.j. 11h-22h30. Moins de 10 €.

La promesse est marquée à la craie sur une ardoise, devant le restaurant : « Great food. Great price ». Une fois la porte franchie, la promesse se vérifie, avec des riz frits au crabe, de la soupe épicée au poulet, une salade de papaye ou des *pad thaïs* excellents, à des prix tout doux.

Taling Pling (thaï)

Plan p. 86-87 / B2 – Silom Rd, soï 19 📞02.236.4830. Des antennes dans les centres commerciaux de Siam Paragon et Central World (plan p. 96-97 / B1). T.l.j. 11h-21h30. Moins de 10 €.

Cuisine traditionnelle excellente, sans concession pour les *farang* (touristes)qui n'aiment pas les plats relevés ! (Vous trouverez quelques plats occidentaux.)

Mama Mia (thaï)

Plan p. 86-87 / B2 – Soi Silom 20, Silom Rd 📞 094.552.4226. T.l.j. 14h-minuit. Moins de 10 €

On ne vient pas ici pour le cadre – des tables basiques posées à même le trottoir, des chaises en plastique, sans chichis –, mais pour la nourriture thaïe, justement épicée, délicieuse, copieuse, et à prix tout doux.

Baan Khanitha The Heritage

Plan p. 86-87 / A2 – 299 Charoen Nakhon Rd, Khlong Ton Sai, Khlong San (au 4e étage de ICONSIAM) 📞02.288.0414, www.baan-khanitha.com. T.l.j. 16h-minuit. De 10 à 25 €.

Grand choix de restaurants au marché de nuit asiatique, mais ce stand vend de délicieux produits.

Harmonique (thaï et fruits de mer)

Plan p. 86-87 / A2 – 22 Charoen Krung, soï 34 📞02.237.8175. T.l.j. sf dim. 11h-22h. De 10 à 25 €.

Dans le décor insolite d'une vieille maison chinoise transformée en brocante, une cuisine excellente et un service empressé. Les plats sont adaptés aux palais occidentaux, c'est-à-dire épicés à la demande. Possibilité de dîner dans la cour.

Il Bolognese (italien)

Plan p. 86-87 / B2 – 139/3, Sathorn soï 7 📞02.286.8805, https://ilbolognesebangkok.com. T.l.j. 11h30-14h30 et 17h30-23h. De 10 à 25 €.

♥ Parce qu'aussi divins soient-ils, les pad thaïs peuvent finir par lasser, voici une table italienne qui reposera vos papilles entre deux plats épicés. Les pâtes fraîches et les pizzas cuites au feu de bois sont excellentes, et le personnel tout à fait charmant.

Aoi (japonais)

Plan p. 86-87 / C2 -132/10-11 Silom Rd, soi 6. Des succursales dans les centres commerciaux Siam Paragon (plan p. 96-97 / B1) et Emporium (plan p. 96-97 / D2) 📞02.235.2321/2, www.aoi-bbk.com. T.l.j. 11h30-14h30 et 17h30-22h30. De 25 à 40 €.

Un restaurant réputé de longue date et très couru. Sushis, sashimis, *chirashi* dominent la carte avec d'autres spécialités moins connues des Occidentaux, servies selon les saisons.

Le légendaire hôtel oriental

La modeste *guesthouse* ouverte en 1862 sur les bords du Chao Phraya pour accueillir les voyageurs est devenue une légende : descendre ici est le comble du chic. Vaslav Nijinski a dansé dans ses salons, Barbara Cartland a pris le thé sur sa terrasse, Michael Jackson a nagé dans sa piscine, et Somerset Maugham a failli mourir dans l'un de ses lits (il s'est plaint d'avoir été jeté dehors lors d'une crise de malaria, le gérant craignant qu'il ne ruine la réputation de l'établissement en ayant l'indélicatesse d'y trépasser !). Heureusement, le sens de l'hospitalité y a fait d'énormes progrès. L'hôtel, désormais piloté par le groupe Madarin Oriental, a été rénové et agrandi en 2008-2009. À défaut d'y séjourner, allez prendre un verre, un thé ou un repas dans l'un des dix établissements qu'il abrite ! Particulièrement agréables : **The Verandah** (salon de thé), **The Bamboo Bar** (jazz live le soir), **Sala Rim Naan** (dîner-spectacle).

> **Plan p. 86-87 / A2** – 48 Oriental Ave., BTS Saphan Taksin, embarcadère Oriental 📞02.659.9000, www.mandarinoriental.com.

Nombreux menus fixes et bentos moins chers pour le déjeuner.

Praya Kitchen

Plan p. 86-87 / B2 – 262 Thanon Surawong, Si Phraya, Bang Rak, au 3e étage de l'hôtel Marriott ☎ 02.088.5666, www.prayakitchenbangkok.com. T.l.j. 12h-15h et 18h-22h. De 25 à 40 €.

Une cuisine locavore, dont de nombreux plats sont issus des souvenirs d'enfance des chefs. Dans un cadre très élégant, propice aux repas en amoureux, vous pouvez choisir entre le buffet, avec notamment d'excellents fruits de mer, ou le service à table.

Issaya Siamese Club (thaï)

Plan p. 86-87 / C2 – 4 soï Sri Aksorn, Chua Ploeng Rd ☎ 02.672.9040, www.issaya.com. T.l.j. 11h30-15h et 17h-minuit (1h bar). De 25 à 40 €.

Dans le splendide décor d'une maison des années 1920, vous découvrirez une cuisine thaïe inventive et des saveurs inédites. Faites-vous conseiller et osez goûter un mets inconnu, vous ne serez pas déçu ! S'il ne fait pas trop chaud, installez-vous à la terrasse et profitez du jardin.

Sirimahannop

Plan p. 86-87 / HP par A2– 72 Charoen Krung Rd ☎ 02.059.5999, www.sirimahannop.com. T.l.j. 16h-20h. De 25 à 40 €.

Vous cherchez un endroit unique pour épater l'élu(e) de votre cœur ? Tentez cette adresse, vous ne le regretterez pas. À la carte, beaucoup de poissons et de fruits de mer. Tout est délicieux, mais ce qui fait l'originalité du lieu, c'est que les mets sont à savourer sur un bateau, avec une vue époustouflante sur le fleuve et la *skyline* illuminée de Bangkok. Unique, assurément !

CAFÉ ET SALON DE THÉ

Chocolate Buffet de l'hôtel Sukhothaï

Plan p. 86-87 / C2 – 13/3 Sathorn Tai Rd, www.sukhothai.com. Ven.-dim. 14h-17h.

Il fait courir tout Bangkok ! Dans un décor raffiné où l'Art déco se mêle aux réminiscences khmères, découvrez les meilleurs crus de cacao venus du monde entier et les surprenantes inventions du chef (suisse)... Compter environ 35 € pour faire chanter vos papilles.

CLUBS

Bien qu'ayant développé des activités d'intérêt familial (marché de vêtements et de gadgets), Patpong n'est pas vraiment recommandable pour les mineurs. Ne pas confondre Patpong 1 (la rue historique du quartier) avec Patpong 2 et Patpong 3 (plan p. 86-87 / B2), les rues voisines, qui se sont empressées d'adopter ce patronyme lucratif. Les *soï* 2 et 4 de Silom (plan p. 86-87 / B2) sont les ruelles où se concentrent les établissements gays de Bangkok.

DJ Station

Plan p. 86-87 / B2 – 8/6-8 Silom Rd, soï 2 ☎ 02.266.4029. T.l.j. 20h-2h.

Vers 23h, spectacle de cabaret dans ce lieu gay, une institution à Bangkok depuis plusieurs années.

Lucifer

Plan p. 86-87 / B2 – 76/1-3 Patpong, soï 1. Entrée 180 THB.

Boîte de nuit techno.

Tapas

Plan p. 86-87 / B2 – 114/17-18 Silom, soï 4. Entrée : 200 THB.

Un bar à musique très agréable, fréquenté par la jeunesse dorée de Bangkok. Goûtez les cocktails glacés.

Maggie Choo's

Plan p. 86-87 / A2 – Sous-sol du Novotel Silom, 320 Silom Rd, BTS Surasak, www.maggiechoos.com. T.l.j. 19h30-2h. Cocktails : env. 400 THB.

Un club confidentiel et mystérieux : on se croirait dans un bar du Shanghai des années 1930, avec d'excellents concerts. Pour une soirée décalée et surprenante !

SPORTS ET LOISIRS

Cours de cuisine thaïe

Blue Elephant

Plan p. 86-87 / B2 – 233 Sathorn Tai Rd, BTS Surasak ☎ 02.673.9353, www.blueelephant.com. Environ 90 € pour la demi-journée.

Chaque jour, quatre plats différents sont proposés par un cuisinier, qui emmène

^ Vue aérienne de Bangkok

ses élèves au marché pour choisir les produits. L'ambiance est à la fois conviviale et studieuse.

The Oriental Thai Cooking School

Plan p. 86-87 / A2 – En face de l'hôtel Oriental, côté Thonburi ☎ 02.659.0385, www.mandarinoriental.com. Cours collectifs lun., ven., dim. 9h-14h, entre 80 et 120 €/pers pour la demi-journée (sans ou avec courses au marché).

Très joli cadre pour cette école de cuisine bien rodée, lancée dans les années 1980 par Chalie Amatyakul, un pape de la cuisine royale thaïe.

SHOPPING

Alimentation

Bangrak

Plan p. 86-87 / A2 – Près du Shangri-La, BTS Saphan Taksin. T.l.j. 6h-19h.

Antiquités et artisanat

River City Bangkok

Plan p. 86-87 / A1-2 – Près du Royal Orchid Sheraton. T.l.j. 10h-22h.

Silom Village

Plan p. 86-87 / B2 – côté rivière.

Joaillerie

Lin Jewelers

Plan p. 86-87 / A2 – Entre soï 38 et 40 de Charoen Krung Rd ☎ 063.669.9636, www.linjewelers.com.

♥ Ce magasin propose de jolis bijoux en argent à prix doux.

Marché

Asiatique The Riverfront

Plan p. 86-87 / HP par A2 – T.l.j. 16h-23h, www.asiatiquethailand.com.

Sur les bords du Chao Phraya, c'est le grand marché de nuit chic et bien propret de la capitale. Dans ce dédale de stands et de boutiques en plein air, vous trouverez de petits souvenirs, des vêtements de marque mais aussi des restaurants, des bars, des salles de spectacle et même une grande roue. Traversée gratuite en bateau-bus depuis Saphan Taksin *(plan p. 46-47 / A2 - Port accessible via la station de BTS).*

Soie

Anita Thai Silk

Plan p. 86-87 / B2 – 294/4-5 Silom Rd, BTS Surasak ☎ 02.234.2481, www.anitasilk.com. Lun.-ven. 9h-17h.

5 SIAM et Sukhumvit

Le quartier de Siam bat follement au rythme des grands hôtels, des centres commerciaux, des cinémas et de l'université de Chulalongkorn. À quelques pas de cette ambiance fiévreuse, on découvre avec surprise de splendides maisons traditionnelles thaïes en teck, comme celle de Jim Thompson ou le palais de Suan Pakkad. Plus à l'est, c'est le quartier récent de Sukhumvit qui semble désormais prendre la relève de la modernité, à l'image du centre commercial Emporium.

La maison de Jim Thompson

L'ESSENTIEL

À ne pas manquer

L'exquise maison de Jim Thompson, véritable havre de sérénité. Siam Square, MBK ou Siam Paragon, quelques-uns des gigantesques *malls* de Bangkok, dans lesquels il est bien difficile de ne pas se perdre.

Expériences

Nager avec les requins au Sea Life Bangkok Ocean World. Siroter un cocktail dans l'un des bars branchés de Thong Lor.

Siam

Le « nouveau centre » de Bangkok se situe dans ce quartier. Ici, pas d'édifices historiques (à part la maison de Jim Thompson), mais les nouveaux temples du bonheur: des centres commerciaux géants et luxueux, des hôtels, restaurants, cinémas, boutiques de vêtements, marchés de jour et de nuit... Un seul mot d'ordre: le shopping.

L'indispensable métro aérien a endommagé le paysage urbain. L'enchevêtrement des passerelles pour piétons et des voies du *skytrain* culmine au **carrefour Rama I/Ratchadamri**, ce qui n'affecte nullement la piété des fidèles qui brûlent leurs bâtons d'encens devant la maison d'Esprits de l'Erawan. De nombreuses tours sont occupées par des banques et des bureaux

MAISON DE JIM THOMPSON ✧✧✧

Plan p. 96-97 / A1 – 6 soï Kasem San. BTS National Stadium 📞02.216.7368, www.jimthompsonhouse.com. T.l.j. 11h-18h. Visite en français ttes les 15-20 min. Entrée payante (200 THB).

Jim Thompson était un officier de l'OSS (services secrets américains), qui débarqua à Bangkok en 1945 pour une mission secrète qu'il n'eut pas à accomplir puisque l'armistice venait d'être proclamé. Il jura de revenir s'installer en Thaïlande. Dès 1946, il s'intéressa à la soie, dont le travail n'occupait plus que quelques familles installées au bord d'un *klong* à Bang Krua, un quartier du vieux Bangkok. Il créa la **Thai Silk Company** et entreprit la promotion de la soie thaïe en Amérique. Le succès de son entreprise l'aida à satisfaire sa passion des beaux objets et en fit une personnalité de premier plan, que Sa Majesté décora de l'ordre de l'Éléphant blanc. Il disparut mystérieusement en Malaisie en 1967. Nul ne retrouva jamais sa trace. Sa maison est située au bord du *klong* Saen Saep.

Siam et Sukhumvit

Architecte new-yorkais et personnage de légende, Jim Thompson fit venir en 1959 de différents endroits du pays six maisons en teck, vieilles de 50 à 180 ans, pour les remonter et les agencer en une même habitation dédiée à la beauté et à la douceur de vivre.

Une luxuriante végétation et des jarres piquées de lotus servent d'écrin à cette demeure de rêve où chaque pièce abrite des objets rares et précieux.

On aimerait s'installer tout simplement sur les coussins de soie pour y lire la merveilleuse et tragique

BATEAU *Le rapide du klong Saen saep*

Il existe un service de bateaux-bus sur le *klong* Saen Saep, qui permet de relier facilement la **montagne d'Or** (p. 70) à la maison de Jim Thompson (p. 95). On longera même cette dernière, découvrant sa face cachée ! Les bateaux sont rapides et possèdent un toit que le pilote doit parfois descendre prestement au moyen d'une manivelle pour passer sous certains ponts... On comprend alors pourquoi le poinçonneur (qui aide aussi aux manœuvres) porte un casque. Une toile est tendue sur les côtés pour éviter les projections, mais l'ambiance est unique et on arrive à bon port à un train d'enfer.

> Voir aussi « Bateaux-bus » p. 50.

histoire de cet homme singulier (par exemple *The Legendary American of Thailand*, par William Warren). Jim Thompson a donné son nom à une ligne de produits de luxe (vêtements, cravates, écharpes, accessoires) et à plusieurs **restaurants**. La **terrasse** de celui du musée, au bord d'un bassin à poissons rouges, est vraiment très agréable.

BANGKOK ART AND CULTURE CENTRE

Plan p. 96-97 / B1 – Au 939 Rama I Rd, au croisement de Pathumwan, face à MBK et Siam Discovery Centre. Accès direct au 2e ét. depuis la station de BTS National Stadium ☎ 02.214.6630, www.bacc.or.th. Mar.-dim. 10h-20h. Entrée gratuite.

Inauguré en 2009, ce centre dédié à l'art contemporain, qui abrite plusieurs ateliers de créateurs, une bibliothèque spécialisée, des boutiques, un auditorium, des cafés, a pour vocation d'être un espace ouvert au dialogue entre public et artistes. Nombreuses

EXPÉRIENCE

Massages parfumés

Le secret pour atteindre la zénitude d'un moine ? Passer entre les mains expérimentées des thérapeutes du VIE Spa by Organika.

> 117/39-40 Phaya Thai Rd ☎ 02.309.3939. www.viehotelbangkok.com. Lun.-ven. 10h-20h, sam.-dim. 10h-22h.

VISITE

Art in the city

> Vous aimez l'art contemporain ? Bangkok aussi ! En dehors des excellents Bangkok Art & Culture Centre (p. 97) et de la 100 Tonson Gallery, on vous conseille, si vous avez le temps et l'envie, de visiter le Museum of Contemporary Art (MOCA). Le millionnaire Boonchai Bencharongkul y dévoile 800 œuvres – peintures, sculptures et installations – issues de son étourdissante collection.

> MOCA, 499 Kamphaeng Phet 6 Rd (BTS Mo Chit, puis finir en taxi) ☎ 02 016 5666. https://mocabangkok.com. Mar.-dim. 10h-18h. Entrée : 280 THB.

manifestations et expositions intéressantes d'artistes thaïs ou étrangers ; le vaste escalier intérieur en spirale rappelle l'espace d'exposition du musée Guggenheim de New York.

SIAM SQUARE

Plan p. 96-97 / B1-B2 – BTS Siam ou Chitlom.

Le quartier de Siam préfigure déjà ce que sera Bangkok dans quelques années : une ville à étages. Les trottoirs devenant impraticables en raison de l'emprise au sol des piliers du *skytrain* et de la circulation automobile toujours plus dense, on construit des voies de circulation pédestres aériennes. Ainsi, la station Chitlom est-elle reliée aux stations Siam et National Stadium par une large passerelle qui communique avec les centres commerciaux situés sur sa route : c'est on ne peut plus pratique !

Siam Square, avec ses boutiques de mode, ses cafés, restaurants, librairies et cinémas, a encore visage humain ; mais on se laisse vite emporter par le futurisme et la *world culture* en traversant Rama I Rd pour pénétrer dans **Siam Center**, la Mecque des teenagers et des étudiants de l'université Chulalongkorn, et Siam Discovery, son voisin.

Le choc est encore plus grand à **Mahboonkrong (MBK)** qui propose, dans un chaos de passerelles, escaliers roulants et galeries, une profusion de vêtements, bagages, bijoux, téléphones portables, restaurants, lieux de massages, coiffeurs… Les temples du luxe rivalisent, dès qu'un centre commercial est en perte de vitesse, les architectes arrivent et recommencent en plus chic, comme au **Central World** sur Ratchadamri Rd.

SIAM PARAGON

Plan p. 96-97 / B1 – BTS Siam ou Chitlom.

Vous y trouverez grandes marques de luxe, espaces high-tech (comme le **café True**, avec ses tables surmontées d'une cloche pour brancher son baladeur MP3), restaurants, galeries, cinémas…

Sea Life Bangkok Ocean World

www.sealifebangkok.com. T.l.j. 10h-20h ; f. des caisses à 19h. Entrée payante (1390 THB).

Au sous-sol, on peut laisser refroidir sa carte de crédit en allant découvrir le monde magique du Siam Ocean World, le « plus grand aquarium d'Asie ». Les petits – et les grands ayant gardé leur âme d'enfant – s'émerveilleront devant des hippocampes, des pieuvres géantes, des tortues et des requins. Les plus téméraires plongeront même – avec bouteille – au milieu de ces géants. Une expérience indélébile, à réserver en avance.

MAISON D'ESPRITS DE L'ERAWAN

Plan p. 96-97 / B2 – Angle Ploenchit Rd/Ratchadamri Rd, au pied de l'hôtel Erawan. BTS Chitlom.

Asphyxie garantie, entre les fumées d'encens et les vapeurs d'essence, sauf si Indra en décide autrement… Ce sanctuaire hindouiste fut édifié une première fois en 1953, lors de la construction de l'ancien hôtel

Erawan. Hélas, les astrologues s'y étaient mal pris, et la colère des esprits fut terrible : naufrage d'un bateau transportant du matériel de construction, accidents mortels touchant des ouvriers… On rectifia le tir en construisant un somptueux sanctuaire dédié à Indra et à sa monture Erawan : succès total ! L'hôtel fut achevé, et les Thaïlandais (pourtant bouddhistes) n'ont cessé depuis lors d'honorer Erawan. Même les Chinois se livrent à des prestations acrobatiques dans l'enceinte du sanctuaire, lors de leur Nouvel An, pour entrer dans les bonnes grâces du dieu Éléphant !

Le sanctuaire est le théâtre d'une activité pieuse intense. Sur le trottoir, les fidèles achètent des fleurs, de l'encens et des éléphants en bois (référence à Erawan, monture du dieu Indra) pour faire leurs dévotions.

Pratunam

Plan p. 96-97 / D1 – Angle Ratchadamri Rd/Phetchaburi Rd. Embarcadère Tha Pratunam sur le klong Saen Saep. Bateau t.l.j. 5h-21h. BTS le plus proche, Ratchathewi.

Le quartier de « L'Écluse » offre une bonne image de l'urbanisation chaotique de Bangkok. Bien que surmonté depuis 1998 par les audacieuses **tours Baiyoke** (I et II) qui culminent à 309 m, il peine à affirmer sa personnalité. On y va pour dénicher des vêtements pas chers, dans un immense marché couvert, assez tranquille malgré sa notoriété. En attendant, **Panthip Plaza** (Petchburi Rd), supermarché de l'informatique, raffle la mise.

PALAIS SUAN PAKKAD

Plan p. 96-97 / B1 – 352 Sri Ayutthaya Rd. BTS Phaya Thai 📞02.245.49.34. www.suanpakkad.com. T.l.j. 9h-16h. Entrée payante (100 THB).

⌄ MBK Center

^ Sukhumvit

Ancienne résidence de la princesse Chumbot de Nakhon Sawan, ce palais (prosaïquement nommé *suan pakkad*... le « jardin aux choux ») est constitué de cinq vieilles maisons traditionnelles en teck édifiées dans un jardin agréable. Les essences ont été choisies par la princesse au cours de ses promenades en Thaïlande ou à l'étranger. Les collections du prince Chumbot, décédé en 1959, dénotent un goût et une culture remarquables : objets anciens de prix, coquillages, minéraux. La princesse a su les mettre en valeur et aucun objet ne serait renié par le Musée national. La perle de la collection est un **pavillon de laque**, récupéré dans un *wat* près d'Ayutthaya et restauré à l'initiative du prince. L'intérieur est resté presque intact. Les panneaux de laque, recouverts de feuilles d'or, racontent les *Jataka* et présentent une étonnante chronique illustrée de l'époque d'Ayutthaya. Les envoyés de Louis XIV ont aussi été croqués par les artistes de la cour, et l'on peut s'amuser à les chercher (ils sont bien cachés). Un pavillon présente une belle sélection de poteries Ban Chiang, bronzes et bijoux rudimentaires.

Sukhumvit

Plan p. 96-97 / D2 – BTS Phloen Chit, Nana, Asok, Phrom Phong, Thong Lo, Ekkamai, MRT Sukhumvit.

La plus longue avenue de Bangkok (elle va jusqu'à Pattaya) est le cauchemar des automobilistes. Toutes les rues et les *soï* des quartiers est de Bangkok se déversent dans cette avenue saturée. Beaucoup de *soï* de Sukhumvit sont des impasses où l'on construit sans arrêt de nouveaux complexes résidentiels. Le centre de Bangkok se décale de plus en plus vers l'est, domaine des hôtels les plus récents, des résidences d'expatriés et d'une nouvelle classe bourgeoise. C'est le quartier des **restaurants à la mode**, des **Spas** dernier cri, des **boîtes de nuit** et des **bars** pas toujours recommandables. Les immeubles contemporains côtoient des endroits charmants entourés de jardins luxuriants. Le bonheur ne serait pas parfait sans la présence de marchés de rue, de grands magasins et de centres commerciaux luxueux comme l'**Emporium** (p. 106).

100 TONSON GALLERY

Plan p. 96-97 / C2 – 100 soï Tonson, Ploenchit Rd ☎ 02.010.5813, www.100tonsongallery.com. Jeu.-dim. 11h-19h. Entrée libre.

Cette galerie d'art contemporain est la seule de Thaïlande à avoir déjà présenté des œuvres d'artistes locaux à la célèbre foire Art Basel. Très avant-gardiste, le lieu expose des artistes thaïlandais et leur donne carte blanche. Comme avec **Yuree Kensaku**, qui avait peint les murs de la galerie pendant quelques mois. L'espace est minimaliste, ce qui donne encore plus de force aux œuvres exposées.

MAISON KAMTHIENG (SIAM SOCIETY)

Plan p. 96-97 / D2 – 131 soï Asok, Sukhumvit (soï 21). MRT Sukhumvit et BTS Asok ☎ 02.661.6470, www.siam-society.org. Mar.-sam. 9h30-16h30, f. j.f. Entrée payante (100 THB).

Ce charmant **musée ethnographique**, témoignage de l'architecture Lan Na Thaï (p. 368), a été magistralement mis en scène par la Siam Society, association à vocation culturelle fondée en 1904, qui l'a rénové en 2004. Il est constitué de plusieurs pavillons sur pilotis construits en 1848 à Chiang Maï et déplacés à Bangkok dans les années 1960. Les objets sont fort bien sélectionnés, présentés et commentés. Des vidéos exposent les rites et traditions auxquels ils sont associés. Cette maison s'est transmise par la lignée des femmes d'une riche famille sino-thaïe. Dans les bâtiments modernes qui jouxtent la maison Kamthieng, la Siam Society dispose d'une **bibliothèque** considérable consacrée à la région (ouvrages en anglais, consultables sur place). Elle publie une revue et des fascicules scientifiques, organise des sorties et des voyages culturels.

CUISINE

Les meilleurs spots de street food

Sur Sukhumvit Road, il y a de quoi se régaler près des stations de BTS Phrom Phong, Thong Lor et Ekkamai. Brochettes, salades de papaye verte, soupes de nouilles, rouleaux de printemps, *mango sticky rice*... Si, devant ce choix, vous ne savez pas où vous arrêter, scrutez les files d'attente. Quand il y a du monde qui patiente devant un stand, c'est bon signe !

THONG LOR

Plan p. 96-97 / HP par D2 – BTS Thong Lo. Le long du Sukhumvit soï 55.

Expatriés ou jeunesse dorée bangkokienne, tous disent « I love Thong Lor ! ». C'est en effet sur ce *soï* (55, alias Thong Lor) que l'on trouve les boutiques, les restaurants et les bars les plus branchés de la ville. C'est l'antithèse absolue du quartier « chaud » de Nana. Ici, pas de spectacles glauques pour touristes, mais des lieux haut de gamme. Bruncher ou s'offrir un excellent café chez **Roast**, succomber à la gourmandise face à l'une des douceurs d'**After You**, siroter un cocktail créatif chez **Rabbit Hole**, un bar intimiste aux lumières tamisées (on comprend aisément que ce lieu ait intégré la prestigieuse liste des 50 meilleurs bars d'Asie...), dîner dans l'un des bars à sushis, sashimis ou ramens (de nombreux expatriés japonais vivent dans le quartier), ou danser jusque tard dans la nuit sur de la house et de la techno à **Beam**... La seule chose que vous ne pourrez pas faire ici, c'est vous ennuyer !

> Lire aussi la balade secrète : Bang Kachao, une jungle dans la ville (p. 108).

• NOS ADRESSES •

SIAM ET SUKHUMVIT

OÙ DORMIR

On y trouve la plus grande concentration d'hôtels et de salons de massage (rebaptisés Spas). Vous pourrez dénicher, dans les *soï* (rues) adjacents, des endroits de charme insoupçonnés. Le métro aérien offre une bonne desserte, Sukhumvit étant paralysé par les embouteillages.

Hotel de Bangkok

Plan p. 96-97 / B1-C1 – 133/48 Ratchaprarop Rd, soï 12, ARL Ratchaprarop, BTS Victory Monument 📞 02.642.5911, www.hoteldebangkok.com. De 30 à 50 €.

Un hôtel tout neuf, au calme dans un quartier animé. Les chambres sont vastes, gaies et modernes; l'accueil est charmant et efficace. Bien placé pour aller à l'aéroport et à 15 min à pied du monument de la Victoire.

Hotel Icon Bangkok

Plan p. 96-97 / C2 – Sukhumvit soï 2. BTS Nana 📞 02.656.9797, www.hoteliconbangkok.com. De 50 à 70 €.

78 chambres modernes et bien entretenues. Petit déjeuner varié et copieux. Bistro au rez-de-chaussée. Piscine et bar sur le toit. Idéal pour un cocktail en fin de journée.

Salil Hotel

Plan p. 96-97 / C1-C2 – 21/4 Sukhumvit, soï 11, BTS Nana 📞 02.651.3830, www.salilhotel.com. De 50 à 70 €. Dans le très animé *soï* 11, cet hôtel tout neuf (la troisième adresse Salil de Bangkok) offre des petites chambres cosy. Vous aimerez ou non les teintes pastel de la décoration...

Galleria 10

Plan p. 96-97 / C2 – 21 Sukhumvit, soï 10, entre BTS Asok et BTS Nana 📞 02.615.0999, www.galleriatenbangkok.com. De 50 à 70 €.

Des chambres agréables, modernes et claires dans un *soï* calme. La terrasse du restaurant sur le toit est parfaite pour profiter de la chaleur du soir. Il y a même une petite piscine où piquer une tête.

Ariyasom Villa

Plan p. 96-97 / C1 – 65 Sukhumvit 1 Alley, Khlong Toei Nuea 📞 02.254.8880, www.ariyasom.com. De 120 à 160 €.

♥ Un boutique-hôtel au charme fou, dans une villa thaïe des années 1940 restaurée avec amour. Pourquoi quitter le confort des chambres ? Pour le petit déjeuner, aussi copieux que délicieux. Pour se prélasser au bord de la piscine d'eau de mer, cernée par un luxuriant jardin. Ou pour s'offrir un divin massage dans le Spa de l'hôtel.

Ad Lib

Plan p. 96-97 / C1 – 230/5 Sukhumvit soï 1. 📞 02 205 7600 www.adlibhotels.com. De 120 à 160 €.

Un havre de paix, intimiste, à la superbe décoration végétale. En rentrant d'une journée à sillonner la ville, deux camps : ceux qui iront courir sur le tapis de course dans la salle de gym, et ceux qui préféreront prendre l'apéro au bord de la très belle piscine (l'un n'excluant pas l'autre, bien entendu). Restaurant, petit déjeuner délicieux, tuk-tuk gratuit pour rejoindre le BTS (métro aérien).

Siam@Siam Design Hotel Bangkok

Plan p. 96-97 / A1 – 865 Rama I Rd, soï Kasem San 3, BTS National Stadium 📞 02.217.3000, www.siamatbangkok.com. De 120 à 180 €.

♥ Au calme tout en étant au cœur de l'action, cet hôtel est sans conteste l'un des plus originaux de la ville avec son architecture avant-gardiste qui fait la part belle aux matériaux originaux (béton ciré, acier poli...). Superbe piscine extérieure. Plusieurs restaurants : au 25e étage, **The Roof Gastro** a une vue imprenable. Atmosphère « branchée » et personnel particulièrement serviable.

Muse Bangkok Langsuan

Plan p. 96-97 / BC2 – 55/555 Lang Suan Rd, BTS Chitlom 📞 02.630.4000, www.hotelmusebangkok.com. De 120 à 180 €.

Des chambres très soignées, une décoration dominée par le noir et les bois foncés, quelques objets vintage comme de vieilles malles en cuir nous projettent dans un art du voyage d'un autre siècle. Très agréable terrasse pour boire un verre dans une ambiance jazzy, et excellent restaurant italien **Medici**. Très bien situé, on peut rejoindre le parc Lumphini à pied.

OÙ MANGER

Les restaurants sont nombreux et variés: thaïs, coréens et japonais, moyen-orientaux (autour du *soï* Nana), italiens, fusion, bars à bière ou encore *steakhouses*... Vous n'aurez que l'embarras du choix dans ce quartier. Entre les fast-foods de Siam Square, les restaurants chics et chers de Ploenchit, les *food halls* des centres commerciaux (MBK et Central World) et les restaurants branchés pour yuppies, vous trouverez certainement votre bonheur... Il y en a pour tous les goûts et toutes les bourses.

Marché de nuit (thaï, chinois, malais)

Plan p. 96-97 / HP par D2 – Soï 38, Sukhumvit, BTS Thong Lo. T.l.j. à partir de 19h. Moins de 5€.

Vous n'aurez que l'embarras du choix, dans des odeurs de friture et d'épices, pour expérimenter les cuisines de rue. Moins de vendeurs le lundi.

Sit and Wonder

Plan p. 96-97 / D2 – 119 Sukhumvit 57, à deux pas de la station de BTS Thong Lo ☎02.020.6116, www.sitandwonderbkk.com. T.l.j. 11h-23h. Moins de 5€.

À midi, les bons petits plats valent moins de 3€. Nouilles, curry vert ou riz sauté sont très bien présentés dans un cadre contemporain avec des photos de Bangkok au mur. Wifi gratuit.

Pier 21

Plan p. 96-97 / D2 – Soï Sukhumvit 19, mall Terminal 21, 5e étage. BTS Asok ☎02.108.0888. Moins de 5€.

Le meilleur *food court* de la ville ! Vous y trouverez à peu près toutes les spécialités thaïlandaises, dans une multitude de stands. Vous vous régalerez à moins de 2 €. Une bonne alternative pour ceux qui n'osent pas tenter la *street food*.

Cabbages & Condoms (thaï)

Plan p. 96-97 / C2 – 10 Sukhumvit, soï 12, BTS Asok ☎02.229.4610, www.cabbagesandcondomsbbk.com. T.l.j. 11h-23h. De 10 à 20€.

Une institution ! Ne vous arrêtez pas à son nom étrange (« Choux & Préservatifs »). La cuisine est excellente, le cadre agréable et les profits sont versés à une association engagée dans le planning familial et la prévention contre le sida. « Nous garantissons que notre cuisine ne provoque pas de grossesse », peut-on lire sur le menu. Danse traditionnelle thaïlandaise lun. et mer. à 19h45 et 21h15. D'autres restaurants existent en province, notamment à Chiang Raï (p. 225).

Nuit à Bang Kachao

Des passerelles en bois menant à des chambres au design rustique, noyées dans la verdure. Voici, **Tree House**, le seul hôtel sur Bang Kachao. Il est écoresponsable.

> **Plan p. 96-97 / HP par D4** – Tree House, 60 Moo 1, Petch Cha Hueng Rd, Samut Prakarn, BTS Bang Na puis taxi jusqu'à l'embarcadère Wat Bang Na Nok, puis bateau-bus. www.bangkoktreehouse.com. Compter 100 à 150 €/nuit.

Pala Pizza Romana (italien)

Plan p. 96-97 / D2 – Niché sous le BTS Asok et au-dessus de la station de MRT Sukhumvit ☎02.259.1228, www.palapizzabangkok.com. T.l.j. 7h-23h. De 10 à 20€.

C'est l'adresse chérie de tous les amateurs de saveurs italiennes ! Les pizzas au mètre ont le goût de celles de Rome. Les salades (270 THB) et les *pastas* (230 THB) sont aussi excellentes. Ce petit restaurant ne désemplit pas du matin au soir. On peut aussi acheter des parts de pizza à emporter (env. 2€).

Food Loft

Plan p. 96-97 / C2 – 7e ét. du grand magasin Central Chitlom, Ploenchit. BTS Chit Lom ☎02.793.7070. T.l.j. 10h-22h. De 10 à 20€.

Un concept génial, bien orchestré: un choix de spécialités proposées par les meilleurs restaurateurs de Bangkok, avec des comptoirs indépendants où l'on prépare les plats sous vos yeux. Le cadre est élégant, les convives sont placés. Rien à voir avec une cantine. C'est excellent (notamment les desserts) et incroyablement bon marché.

Be Organic by Lemon Farm

Plan p. 96-97 / B2 – Soï Lang Suan dans le petit complexe Portico, BTS Chit Lom ☎02.015.1158. T.l.j. 8h-20h. De 10 à 20€.

Très bonne adresse pour picorer une salade bio (150-180 THB) et boire un jus de fruit frais (115 THB). Petit supermarché bio attenant au restaurant.

Indus (indien)

Plan p. 96-97 / HP par D2 – 71 Sukhumvit, soï 26, BTS Phrom Phong ☎02.258.4900, www.indusbangkok.com. T.l.j. 11h-14h30 et 18h-22h30. De 10 à 20€.

Ce restaurant indien au décor chaleureux et raffiné invite à goûter une cuisine du nord de l'Inde modernisée et allégée. Tout est délicieux, des tandooris (400 THB) aux plats végétariens (320 THB) et aux currys ; mention spéciale pour le fameux curry de mouton (550 THB). Joli jardin.

Anotai (thaï végétarien)

Plan p. 96-97 / D1 – Rama IX Road, soï Praram 9 Hospital, MRT Phra Ram 9 ☎02.641.5366. T.l.j. sf mer. 10h-21h30. De 25 à 40€.

♥ Un restaurant avant-gardiste qui porte la cuisine végétarienne à un niveau gastronomique. Lorsque les produits bio étaient une rareté, la propriétaire décida de cultiver elle-même ses fruits et légumes. Tout est fait maison, y compris les glaces (85 THB). Un délice !

Isao (japonais)

Plan p. 96-97 / HP par D2 – 5 Sukhumvit, soï 3, BTS Phrom Phong ☎02.258.0645. T.l.j. 11h-14h30 et 17h-21h30. Rés. conseillée. De 25 à 40€.

♥ Avant de déguster, on doit prendre le temps de contempler son assiette, tant la présentation est soignée et inventive. Les makis (300-450 THB) ont la forme de rouleaux, qu'on savoure jusqu'au dernier grain de riz. Tout est ultrafrais et délicieux : une excellente adresse.

Le Dalat (vietnamien)

Plan p. 96-97 / D2 – 57 Sukhumvit, soï 23 ☎02.259.9593, www.ledalatbkk.com. T.l.j. 11h30-14h30 et 17h30-22h. De 25 à 40€.

Dans un jardin foisonnant, une belle maison des années 1950 décorée de façon raffinée par Mme Ly, dont la cuisine est excellente. Le lieu est réputé pour ses spécialités de fruits de mer, parmi lesquelles les plats de crabe et une sorte de bouillabaisse à la vietnamienne (250 THB).

Seafood Market & Restaurant (fruits de mer)

Plan p. 96-97 / HP par D2 – 89 Sukhumvit, soï 24, BTS Phrom Phong ☎02.261.2071. T.l.j. 11h30-23h30. De 25 à 40€.

« Tout ce qui nage, nous l'avons », clame la publicité. Souvent imitée, jamais égalée, une idée géniale : on vous prête un Caddie pour choisir les produits frais. Vous donnez ensuite le tout au cuisinier qui s'en arrange. Sachez qu'il y a 1 500 places assises !

Marché de Rod Fai

Ce marché nocturne est installé à l'emplacement d'une ancienne gare. On y vient pour se promener, boire un verre dans un wagon désaffecté et acheter des objets vintage (vêtements, boîtes, lampes, meubles, etc.).

> **Plan p. 96-97 / HP par C1** – Srinakarin soï 51, à côté du Seacon Square Shopping Mall. Jeu.-dim. 17h-1h.

Gianni (italien)

Plan p. 96-97 / C2 – Soï Tonson, Ploenchit ☎02.252.1619. T.l.j. 11h30-14h et 18h-22h. Rés. conseillée. De 25 à 40€.

C'est sans doute l'un des meilleurs restaurants italiens de Bangkok. La plupart des produits utilisés sont importés directement d'Italie deux fois par semaine ! Impressionnante carte des vins.

Dine in the Dark

Plan p. 96-97 / D2 – 250 Sukhumvit Rd. BTS Asok ☎02.649.8888, www.dineinthedarkbangkok.com. T.l.j. sf dim. 18h-22h. Plus de 40€.

Manger dans l'obscurité la plus totale, voilà l'idée de ce restaurant. La nourriture est délicieuse, et les autres sens (toucher, goût...) sont décuplés, offrant une expérience inoubliable. Une partie des bénéfices est reversée à des associations de non-voyants.

CLUBS

Sukhumvit est une artère très longue (elle porte le même nom jusqu'à la frontière cambodgienne), qui compte de nombreux lieux festifs. Dans le célèbre *soï* Cow Boy *(entre les* soï *21 et 23, plan p. 96-97 / D2)*, sachez qu'il y a exclusivement des bars à prostituées. Autour du BTS Nana, qui tire son nom de la famille indienne qui possédait autrefois le terrain, on trouve de nombreux bars, en particulier dans le *soï* 11 (Oskar, Nest, Above 11, etc.).

Demo

Plan p. 96-97 / HP par D2 – Thong Lor, soï 10. BTS Thong Lo. T.l.j. 21h-2h. Pièce d'identité obligatoire.

Mêlez-vous à la jeunesse dorée de la ville au **Demo**! Dans une ancienne usine, vous vous déhancherez sur de la musique électro des DJ à la mode.

BEAM

Plan p. 96-97 / HP par D2 – 72 Sukhumvit, 55 Thonglor ☎02.392.7750. Mer.-sam. 21h-2h.

La jeunesse thaïlandaise et les expats se retrouvent pour danser et effacer les soucis du quotidien dans ce night-club, sur des sons hip-hop et techno.

The Iron Fairies

Plan p. 96-97 / HP par D2 – 394 Sukhumvit 55 (Thong Lor).

C'est un lieu magique. Si Harry Potter ouvrait un bar, il lui ressemblerait certainement. Bières, cocktails (550 THB) et hamburgers maison (480 THB-700 THB) à consommer dans la pénombre. L'établissement est souvent bondé. On y vient aussi pour sa musique live et ses chanteurs de soul et de jazz.

Bars de jazz

Saxophone

Plan p. 96-97 / HP par B1 – 3/8, Phayatha Rd, Victory Monument, BTS Victory Monument, http://saxophonepub.com. T.l.j.18h-2h.

L'un des plus anciens bars à jazz de Bangkok, qui porte le nom de l'instrument joué par l'ancien roi de Thaïlande. Pour une ambiance typiquement thaïe.

The Living Room

Plan p. 96-97 / CD2 – À l'hôtel Sheraton Grande, 250 Sukhumvit, BTS Asok. T.l.j. 11h-23h.

Jazz à partir de 20h30.

Bamboo Bar

Plan p. 86-87 / A2 – À l'hôtel Oriental p. 91.

Photos royales

N'avez-vous jamais rêvé d'être habillé comme un roi, ou maquillée comme une princesse? Que vous voyagiez seul, en couple ou en famille, rendez-vous à **MBK** pour une amusante séance photo où, vêtus de costumes traditionnels thaïlandais, vous prendrez la pause. Résultat : des clichés kitch et très originaux. Votre carte de vœux de l'an prochain est toute trouvée!

> **Plan p. 96-97 / B1** – Thai Style & S. Samngao Studio, MBK, BTS National Stadium (2e et 3e étages).

SPORTS ET LOISIRS

Boxe thaïe

Lumpinee Boxing Stadium

Plan p. 96-97 / HP par D1 – 6 Ram Intra Rd, www.lumpineemuaythai.com. Mar., ven.-sam. ☎02.282.3141 ; 1000-3000 THB la place, selon les challengers.

Un des deux stades où sont programmés des matchs de boxe thaïe.

Cours de cuisine thaïe

Sompong Thaï Cooking School

Plan p. 86-87 / B2 – 31/11 Silom Rd, soï 13, point de r.-v. : BTS Chong Nonsi ☎084.779.8066. T.l.j. 9h-14h et 15h-19h. 29€/cours/pers.

Après un tour au marché, dans une ambiance familiale et traditionnelle, vous apprendrez à préparer la pâte de curry vert et la salade de pamplemousse (à chaque jour de la semaine correspond un menu de cinq plats).

Cooking with Poo

Plan p. 96-97 / HP par D2 – Lieu de r.-v. : 22 Sukhumvit soï, 24 Klongton, Khlong Tan, Khlong Toei ☎ 080.434.8686 (portable), www.cookingwithpoo.com. Rés. plusieurs semaines à l'avance via le site. 44 €/cours/pers., inclus le transport, les ingrédients et les recettes.

Avec Poo, vous apprendrez à cuisiner thaï dans la bonne humeur, mais pas seulement... Cette Thaïlandaise vous fera découvrir Khlong Toei, le quartier le plus défavorisé de Bangkok, où elle a toujours vécu. Son histoire est un conte de fées.

Spa

Bangkok Oasis Spa

Plan p. 96-97 / HP par D2 – 64 soï Sawadee, Sukhumvit 31 et 88 Sukhumvit 51. BTS Phrom Phong, MRT Sukhomvit. Rés. sur www.oasisspa.net ou au ☎ 022.62.2122. T.l.j. 10h-22h. À partir de 46 €, le massage aux huiles essentielles.

Cascades, musique douce, senteurs subtiles et palette d'herbes secrètes au service du bien-être. Une oasis reposante où l'on peut se délasser après la visite de Bangkok.

Foot master @Sukhumvit 31

Plan p. 96-97 / D2 – 12/1 Soi Sukhumvit 31. ☎ 02.259.3441, www.footmaster.co.th. T.l.j. 10h-23h.

Entre douceur et fermeté, la réflexologie plantaire est ici pratiquée dans les règles de l'art, pour le plus grand bonheur de nos pieds...

Asia Herb

Plan p. 96-97 / D2 – 50/6, Sukhumvit Rd, soï 24, Klongton, Khlong Toei. BTS Phrom Phong ☎ 02.261.7401, www.asiaherbassociation.com/en. Massage aux huiles d'1h : 29 €.

Excellents massages dans une ambiance apaisante. Le petit plus : les compresses chaudes remplies d'herbes qui soulagent les tensions du dos. À faire après une journée de visite !

Takraw

Voir notre rubrique « Jeux, joutes et hasard » p. 388.

National Stadium

Plan p. 96-97 / A1 – ☎ 02.214.0201

SHOPPING

Artisanat thaïlandais

Emporium

Plan p. 96-97 / D2 – BTS Phrom Phong. T.l.j. 10h-22h.

Centres commerciaux

Siam Center et Siam Discovery Rama I (côté S), BTS Siam

Plan p. 96-97 / B1 – T.l.j. 10h-22h.

Siam Paragon, Rama I, BTS Siam

Plan p. 96-97 / B1 – T.l.j. 10h-22h. Aux niveaux 2 et 3 du Siam Parangon.

MBK, Rama I, BTS National Stadium

Plan p. 96-97 / B1 – Angle Phaya Thai, opposé à Siam Square - T.l.j. 10h-22h.

Central World, Ratchadamri Rd, BTS Chitlom

Plan p. 96-97 / B1 – T.l.j. 10h30-21h.

Emporium, BTS Phrom Phong, Terminal 21, BTS Asok

Plan p. 96-97 / D2 – Angle soï 24. T.l.j. 10h-22h.

Soie

Jim Thompson

Dans la maison, visite p. 95.

Tailleur

Tailor On Ten

Tailor On Ten est un excellent tailleur, à des prix légèrement plus élevés que la moyenne du pays, mais beaucoup, beaucoup moins chers que ce que vous payeriez en France pour la même qualité...

Plan p. 96-97 / C2. www.tailoronten.com

Emporium

Balade secrète

BANG KACHAO, UNE JUNGLE DANS LA VILLE

Les pistes cyclables de Bang Kachao, invitent à l'évasion

À quelques minutes de Sukhumvit la survoltée existe un havre de paix. La forme de la presqu'île de Bang Kachao évoque celle d'un poumon. Vue depuis les airs, cette parcelle aux cinquante nuances de vert contraste avec le gris de la jungle urbaine qui l'encercle. Incroyable mais vrai : ce lieu riche en chlorophylle reste – pour l'instant – préservé des appétits des promoteurs immobiliers.

Formée par une boucle du fleuve Chao Phraya, on accède à la presqu'île en bateau: quelques minutes suffisent pour la rejoindre. Une fois sur l'autre rive, le changement est brutal. Pas de béton, pas de voitures roulant pare-chocs contre pare-chocs. Le temps semble s'être arrêté il y a bien longtemps. Seule la vue sur les gratte-ciel, de l'autre côté, rappelle que l'on est toujours à Bangkok.

À BICYCLETTE

C'est à vélo que l'on apprécie le mieux la tranquillité des lieux, entre jungle, temples bouddhistes et marché coloré, cocotiers, palmiers et bananiers. Les chemins plats, sans la moindre bosse à l'horizon, ne fatiguent pas les mollets. Les locaux en quête de zen s'y échappent volontiers le week-end. On y trouve aussi quelques touristes égarés.

Parc de Sri Nakhon Khuean Khan

À quelques coups de pédales de l'embarcadère principal, ce parc est un lieu de rendez-vous pour les oiseaux migrateurs. On peut ainsi observer, du haut d'une tour, des martins-chasseurs, des aigrettes blanches ou des souimangas à dos vert. Sur les pelouses, de jeunes garçons disputent une partie de *takraw*, ce jeu où l'objet des convoitises est une balle en rotin tressé. Les étroites passerelles en béton, sur pilotis, coupent à travers la végétation. Attention, la plupart n'ont pas de barrière pour prévenir d'éventuelles chutes. Mieux vaut donc rouler droit pour ne pas se retrouver plusieurs mètres plus bas, dans l'univers un peu inquiétant de la mangrove. Au détour d'un chemin, on croise parfois des varans.

^ Combattants à la Siamese Fighting Fish Gallery

SIAMESE FIGHTING FISH GALLERY

Juste à côté du parc sont exposés des bocaux habités par de bien étranges locataires: des combattants. Ces petits poissons, tout seuls dans leurs récipients, semblent bien inoffensifs, mais s'ils étaient rassemblés dans le même aquarium, ils se dévoreraient sans perdre une seconde.

Le marché de Bang Nam Pheung

Niché le long d'un canal, ce marché est ouvert uniquement le week-end. Comme sur la plupart des *street markets* thaïs, on trouve une grande variété de plats, souvent frits. À goûter: les *khanom khrok*, de petites galettes de farine de riz, sucre et lait de coco, cuites dans un appareil en fonte.

PRATIQUE

Plan p. 96-97, HP par D2.

Durée 1 journée.

Rejoindre le port de Klong Toei, par taxi, ou MRT (arrêt Klong Toei). De là prendre un *hang yao* qui traverse la rivière en 5 min. De l'autre côté, un loueur de vélos attend les voyageurs (100 THB la journée, 50 THB pour 1h).

6 LE FLEUVE et Thonburi

Prendre le bateau-bus est une possibilité intéressante pour découvrir la ville et ses principaux monuments, *a fortiori* si vous restez sur place peu de temps. Ne manquez pas de vous arrêter au Wat Arun, l'une des silhouettes emblématiques de la ville avec ses millions de petits morceaux de porcelaine brillant dans la lumière. Une balade sur le Klong Mon de Thonburi vous fera découvrir les traditionnelles maisons sur pilotis, et vous pourrez en profiter pour visiter le musée des Barges royales.

Wat Arun

L'ESSENTIEL

À ne pas manquer

L'étourdissant Wat Arun, particulièrement photogénique à l'aube, quand ses millions de tesselles de porcelaine étincellent sous les rayons du soleil.

Expériences

Narguer les célèbres embouteillages bangkokiens en sautant dans un bateau-bus.

Balade en bateau-bus sur le fleuve Chao Phraya

Plan p. 46-47 / B4 – L'embarcadère Tha Sathorn (Central Pier) est le plus pratique car il est desservi par le *skytrain* (BTS Saphan Taksin). T.l.j. 6h-18h.

La meilleure façon de narguer les embouteillages de Bangkok consiste à prendre le bateau-bus **Express Boat**, qui donne accès aux principaux sites historiques et aux quartiers anciens de Bangkok et de Thonburi.

En remontant le Chao Phraya de l'hôtel Shangri-La jusqu'à Nonthaburi (banlieue N), vous ferez une promenade de 18 km et 35 escales (env. 2h30). Vous passerez devant le célèbre **hôtel Oriental** (plan p. 86-87/A2 ; voir aussi p. 91) et l'ambassade de France, sous **Memorial Bridge** qui dessert Chinatown, devant les halles, le Wat Arun, le Wat Po, le Grand Palais, l'université Thammasat, le quartier hippie... tout en observant l'incroyable ballet nautique sur le fleuve : barges à riz, pirogues chargées de primeurs, de fleurs ou de charbon, restaurants flottants, bateaux-taxis, rameurs à l'entraînement...

Wat Arun ✧✧✧

Temple de l'Aube

Plan p. 46-47 / A3 – Accès par bateau-bus. Descendez à Tha Tien puis traversez par la navette. T.l.j. 8h-18h. Entrée payante (50 THB).

Silhouette emblématique de la ville, avec ses tours qui se reflètent dans les eaux du fleuve Chao Phraya depuis la rive de Thonburi, ce temple fut édifié par Rama II, au début du XIXe s., à l'emplacement de l'**ancien temple royal de Taksin** (du temps où Thonburi était la capitale). Il ne fut terminé que sous le règne de Rama III, et les architectes durent faire appel à la générosité des fidèles pour recueillir la vaisselle nécessaire à la décoration.

PRANG CENTRAL

Haut de 79 m, ce reliquaire aux influences khmères et indiennes évoque la représentation symbolique mahayaniste de l'univers. Quatre escaliers abrupts, orientés selon les points cardinaux, donnent accès à des terrasses soutenues par des divinités. Les niches abritent des représentations du dieu Indra monté sur Erawan, l'éléphant à trois têtes.

La stupéfiante **accumulation de vaisselle cassée** qui orne le Wat Arun donne toute sa mesure à l'aube, lorsque les millions de tesselles de porcelaine incrustées dans la pierre étincellent sous les rayons du soleil.

QUATRE *PRANG*

Entourant le *prang* central, ils symbolisent les quatre océans. On y voit le dieu de la Lune, monté sur un cheval blanc.

BOT

Construite dans le style surchargé propre à la période Rattanakosin, la chapelle principale du temple est décorée de fresques, restaurées décrivant la vie de Bouddha).

Klong Mon ✧

Plan p. 46-47 / A3 – Embarcadère Tha Tien. Bateaux réguliers ttes les 30 min, 6h30-18h. Tours organisés de 15h à 17h. Location de *hang yao* (pirogue).

Promenade nostalgique sur un grand *klong* (canal) de Thonburi, où les maisons sur pilotis restent tournées vers la vie lacustre. Une balade à faire de préférence dans l'après-midi, aux heures qui incitent à prendre le frais en surveillant les plongeons des gamins. Temples

NAVIGATION

Express Boat

La société d'exploitation de l'**Express Boat** a mis en place un service spécialement adapté aux touristes, **Chao Phraya Tourist Boat**, qui ne s'arrête qu'aux centres « touristiques » et propose un forfait agrémenté d'un excellent petit guide.

> Voir carnet pratique p. 50.

La magie des *klong*

pittoresques, vergers, plantations d'orchidées à profusion.

Musée des Barges royales ✧

Plan p. 46-47 / HP par A2 – Embarcadère Tha Bangkok Noï (Chao Phraya Tourist Boat) ou Phra Pin Klao Bridge. Préférez le bateau-bus qui est de très loin le moyen le plus aisé d'accéder au musée. T.l.j. 9h-17h. Entrée : 100 THB et droit pour photographier (100 THB).

Ce musée n'est autre que le hangar où sont remisées les célèbres barges royales, dont la tradition remonte à l'époque des premiers royaumes siamois. Il est situé sur le *klong* Bangkok Noï (côté Thonburi), en aval du pont Phra Pinklao. Du fait de leur fragilité, ces pirogues ne sortent plus que dans des circonstances exceptionnelles (anniversaires royaux, commémorations nationales). Vaisseaux de parade, ce furent aussi de véritables navires de guerre, utilisés par les souverains siamois pour des démonstrations de puissance.

La flotte comprend actuellement une cinquantaine de barges (seules quelques-unes sont visibles au musée), manœuvrées par des rameurs entraînés vêtus d'or et d'écarlate. On en a dénombré jusqu'à 269 pour célébrer le couronnement du roi Mongkut (Rama IV).

Chaque monarque s'est fait une gloire d'accroître et d'embellir la flotte royale. La dernière à avoir rejoint la collection (représentant le dieu Naraï montant un *garuda*) a été offerte par la marine siamoise au roi Bhumibol en l'honneur de son jubilé en 1996. Le voisinage des barges royales et du Wat Arun n'est pas fortuit. Chaque année, le roi se rend au temple de l'Aube dans sa barge attitrée pour offrir de nouvelles tuniques aux bonzes à l'occasion de la **fête de Thot Kathin** qui marque la fin du carême bouddhique. Cette cérémonie donne lieu à une superbe procession de barges sur le Chao Phraya, rythmée par les chants anciens des rameurs. Construite sous Rama Ier, la barge royale (Suphannahongse) mesure près de 45 m. Des processions sont organisées lors de circonstances exceptionnelles, comme l'anniversaire du roi. Faute de pouvoir assister à cette manifestation, on peut admirer la barge au musée.

EXPÉRIENCE

Visite en bateau

Le *klong* Bang Khoo Wiang et le *klong* Bangkok Yaï ***(Plan p. 46-47 / A3-4)*** sont le prétexte à une promenade amusante.

On peut s'arrêter en route et attendre le bateau suivant. Pour les matinaux (avant 7h), c'est l'occasion de voir un petit marché flottant à Khoo Wiang. Vieilles maisons de bois, temples campagnards enfouis sous la végétation...

Le bateau régulier dessert le musée des Barges royales.

> **Plan p. 46-47 / A2** – Embarcadère Tha Chang, bateaux ttes les 20 min, 6h-20h.

ANECDOTE

Krung Thep

On a souvent traduit le nom de Bangkok par « village des oliviers », alors qu'il n'y a jamais eu d'olivier, arbre méditerranéen, dans ces régions tropicales ! Certes, les kok, petits fruits sauvages qui se préparent en saumure, ressemblent à des olives vertes... Les Thaïs, eux, n'utilisent pas le nom de Bangkok, mais celui de **Krung Thep *(« kroungthèp »)***, abréviation de son appellation sacrée Krung Thep Maha Nakhon Amon Rattanakosin Mahinthara Ayutthaya Mahadilok Phop Noppharat Ratchathani Burirom Udomratchaniwet Mahasathan Amon Phiman Awatan Sathit Sakkathattiya Witsanukam Prasit... que l'on peut résumer par « la Cité des Divinités, l'Inexpugnable Demeure du dieu Indra, la Grande Capitale du Monde qui renferme les Neuf Merveilles, la Cité heureuse », en résumé la « Cité des Anges ».

L'église Santa Cruz >

Balade secrète

KUDEE JEEN, LA PARENTHÈSE ENCHANTÉE

Au-delà des *malls* étincelants, des gratte-ciel, du bruit et de la frénésie, Bangkok cache aussi des quartiers plus confidentiels, et bien plus sereins. À Thonburi, Kudee Jeen, avec ses maisons en bois et ses *shophouses*, est l'un d'entre eux. Ceux qui osent s'aventurer dans ses ruelles étroites sont assurés de passer un très bon moment. Découverte.

BAAN KUDICHIN MUSEUM

271 Tedsaban 1 Rd, Watkalaya. https://baankudichinmuseum.com. Mar.-dim. 9h30-17h30. Entrée gratuite.

Le saviez-vous ? Les Portugais furent les premiers Européens à nouer des relations, et pour certains à s'installer, dans ce qui était alors le royaume du Siam. C'était au début du XVIe siècle. Quand Ayutthaya fut détruite par les Birmans en 1767, certains des survivants portugais rejoignirent l'armée du général Taksin (devenu ensuite roi), pour libérer le pays des envahisseurs. Pour les remercier de leur aide précieuse face à l'ennemi, le roi leur offrit une terre où vivre, au bord du fleuve. Kudee Jeen était né. Ce charmant petit musée conte cette histoire. Au rez-de-chaussée, le café invite à faire une pause, avant de reprendre son exploration du quartier.

Santa Cruz Church

112 soï Kudeejeen.

Au bord du fleuve, une église construite en 1770 – d'abord en bois, alors que le roi Taksin venait de choisir Thonburi pour capitale – pour les Portugais catholiques. En 1834, la communauté chinoise vivant dans le quartier profita d'une rénovation pour ajouter des éléments chinois à la décoration. En 1916, dernière rénovation en date, ce sont cette fois deux architectes italiens, Annibale Rigotti et Mario Tamagno, qui lui donnèrent l'aspect Renaissance, avec sa façade couleur crème, que les voyageurs découvrent aujourd'hui.

WAT KALAYANAMIT

New Arun Amarin Rd soï 6. T.l.j. 6h-20h. Entrée gratuite.

Ce beau temple, construit pendant le règne de Rama III, héberge un colossal bouddha assis, de 14 mètres de haut sur 10 de large, couvert de feuilles d'or et vénéré par les locaux. On trouve aussi sur les murs de belles fresques illustrant la vie de Bouddha. À l'extérieur, une volumineuse cloche : la plus grande du pays.

WAT PRAYURAWONGSAWAT

24 Prajadhipok Rd. T.l.j. 7h-18h.

Un autre temple à voir, entouré d'un jardin, de la réplique d'une montagne et d'un lac avec des tortues. Le bouddhisme pense que ces animaux représentent la force et la longévité. Le stupa blanc, haut de 60 mètres, est superbe.

Kian An Keng Shrine

230 Thetsaban Sai 1 Rd. T.l.j. 7h-17h.

Construit au XVIIIe s., ce sanctuaire chinois a depuis été détruit, puis reconstruit. Mais il garde un charme incroyable, notamment grâce à son toit de bois vêtu, surmonté de deux dragons.

AUNTIE AMPHAN SHOP

Kudeejeen soï 3

Du sucre, de la farine et des œufs : rien de plus simple que la recette des petits gâteaux portugais vendus dans le quartier. Et pourtant, ils sont délicieux. Vous pourrez le constater dans cette échoppe, qui se transmet LA recette de génération en génération.

BAAN SAKULTHONG

219 soï Kudee Jeen 3. Penser à réserver pour le restaurant. Pour les cours, prendre rendez-vous au moins 3 jours plus tôt ☎062.605.5665.

La gastronomie portugaise ne s'arrête pas aux douceurs. La preuve dans ce restaurant qui donne aussi des cours de cuisine. Ici, la propriétaire fusionne ses recettes de famille avec celles de la Thaïlande. Une cuisine haute en saveurs. Parmi les spécialités, les *jeep tua nok*, des *dim sum* sculptés en forme d'oiseaux.

PRATIQUE

Carte p. 46-47 / A3.

Pour vous y rendre, prendre le ferry qui fait la navette d'une rive à l'autre (6 THB), depuis le quai juste derrière le marché aux fleurs de Pak Klong Talat.

Durée ½ journée.

EXCURSIONS autour de Bangkok

Ruines glorieuses d'Ayutthaya, vastes espaces dédiés à la nature dans le parc de Khao Yaï, oiseaux exotiques autour de Kanchanaburi, marchés flottants à Amphawa, promenade en radeau sur la rivière Kwaï parmi les forêts de bambous, soirées guinguette ou karaoké au bord de l'eau et nuit sur un hôtel flottant, plages calmes à Hua Hin... Rien de plus facile que de changer d'air à quelques heures de Bangkok, pour des pauses farniente ou des balades nature. En fonction du temps dont vous disposez, vous pourrez suivre nos suggestions d'excursions d'une journée, d'un week-end, voire rester un peu plus si vous avez envie d'un parfum de grandes vacances dans la jungle ou sur une plage...

Plage à Koh Chang

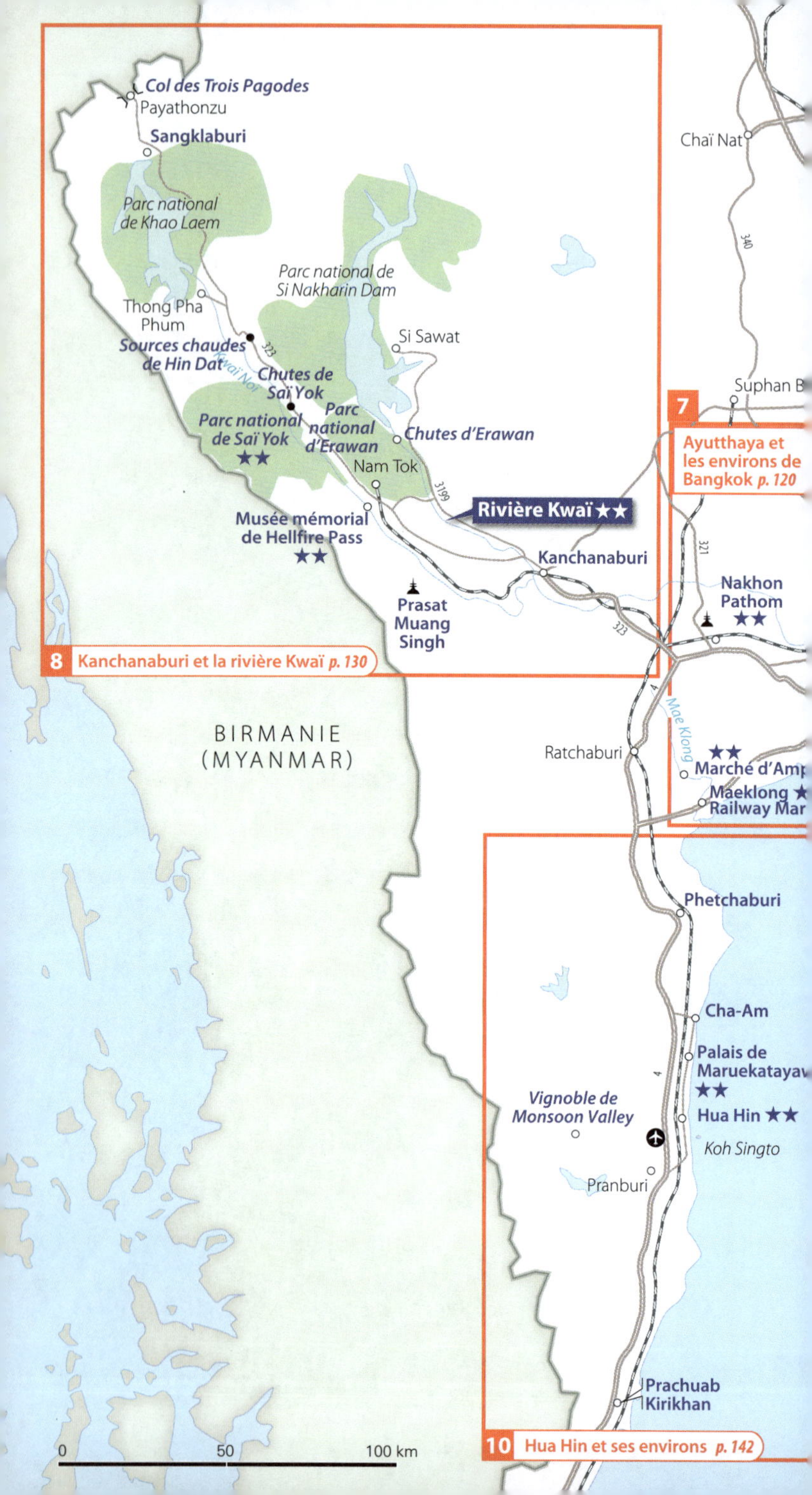

Col des Trois Pagodes
Payathonzu
Sangklaburi
Parc national de Khao Laem
Parc national de Si Nakharin Dam
Thong Pha Phum
Si Sawat
Sources chaudes de Hin Dat
323
Kwaï Noi
Chutes de Saï Yok
Parc national de Saï Yok ★★
Parc national d'Erawan
Chutes d'Erawan
Nam Tok
3199
Rivière Kwaï ★★
Musée mémorial de Hellfire Pass ★★
Kanchanaburi
Prasat Muang Singh
323
8 Kanchanaburi et la rivière Kwaï p. 130
Chaï Nat
340
Suphan B
7 Ayutthaya et les environs de Bangkok p. 120
321
Nakhon Pathom ★★
4
Mae Klong
BIRMANIE (MYANMAR)
Ratchaburi
★★ Marché d'Amp
Maeklong ★ Railway Mar
Phetchaburi
Cha-Am
Palais de Maruekatayav ★★
4
Vignoble de Monsoon Valley
Hua Hin ★★
Koh Singto
Pranburi
Prachuab Kirikhan
0
50
100 km
10 Hua Hin et ses environs p. 142

Excursions autour de Bangkok

7 AYUTTHAYA et les environs de Bangkok

À quelques minutes du chaos de Bangkok, quelques excursions passionnantes vous attendent: le site archéologique d'Ayutthaya déploie sa myriade de temples centenaires; le parc historique d'Ancient City et ses reconstitutions se parcourent agréablement à vélo; enfin la visite de Nakhon Pathom et de son *chedi* est un enchantement. Les week-ends, imprégnez-vous de l'ambiance du marché flottant d'Amphawa. Un dîner au coucher du soleil, un massage et une nuit sur place constitueront un souvenir mémorable.

PRATIQUE

- **Plan p. 118-119**
- **Nos adresses p. 128**

Accès

Depuis Bangkok: tous les taxis peuvent vous y emmener, sinon les agences de voyages locales. Minivans depuis la gare Nord (Mo Chit) 6h30-17h30. Trains à la gare Hua Lamphong 5h-22h45.

Adresse utile

TAT
Dans le parc historique 035.246.077. T.l.j. 8h30-16h30. Bureau très fourni, avec des brochures en anglais très pratiques.

Visites

Marché d'Amphawa : visitez-le de préférence en fin de journée, ven.-dim, les vendeurs cuisinent

Le marché flottant d'Amphawa

L'ESSENTIEL

À ne pas manquer

Les temples absolument éblouissants d'Ayutthaya.

Expériences

Parcourir à vélo Ancient City, pour voir en moins de 3h tous les principaux monuments – en version réduite – du pays. Regarder, émerveillé, les vendeurs retirer en quelques secondes leurs marchandises des rails, au Maeklong Railway Market, le temps de laisser passer le train.

alors à bord de leurs embarcations.

Ayutthaya : louer un vélo est une bonne option pour passer facilement d'un temple à un autre.

Ancient City ✧

Carte p. 118-119 – À 33 km S-E de Bangkok par la route 3 vers Pattaya. BTS Kheha, puis bus n° 36 (lun.-ven.), transfert gratuit (10 min) pour Ancient City (sam.-dim), www.muangboranmuseum.com. T.l.j. 9h-19h. Entrée : 700 THB (location de vélo incluse). Visite à vélo ou en tandem.

Appelé Muang Boran (« ville ancienne ») en thaï, cet **immense musée en plein air** est l'œuvre d'un millionnaire fasciné par la civilisation de son pays.

La visite est intéressante et agréable, surtout si vous n'avez pas le temps d'admirer les grands monuments de Thaïlande *in situ*. Dédié aux arts traditionnels et à l'architecture thaïe, ce **parc historique** couvre un peu plus de 1 km^2. C'est dire la minutie de son créateur, qui a inscrit les édifices dans un périmètre reproduisant la forme réelle du pays et reconstitué les caractères de la géographie locale. Sur les **60 bâtiments** (grandeur nature ou reproduits au tiers de leur dimension réelle), certains représentent des édifices existants, d'autres des monuments disparus, comme le Grand Palais d'Ayutthaya et sa chapelle royale. Le **village de bois**, au bord d'un petit *klong*, ainsi que les statues de personnages légendaires sont très appréciés des enfants. L'ensemble intègre un marché flottant et des reconstitutions d'habitations traditionnelles où des artisans travaillent selon les techniques anciennes. Un **Musée anthropologique** présente des objets usuels anciens et contemporains.

Nakhon Pathom ✧✧

Carte p. 118-119 – À 56 km O de Bangkok par la route 4 ; 1h30 de trajet. Bus depuis Bangkok : 83 et 997, ttes les 30 min 7h-22h et la gare routière Sud. Train : 1h de trajet depuis Bangkok à la gare Hua Lamphong ou Thonburi.

Grande foire populaire en sept.-oct., avec camelots et amuseurs publics, démonstrations d'art culinaire et floral.

Cité historique, centre culturel et universitaire, Nakhon Pathom doit sa célébrité à son *chedi*, le plus haut du monde bouddhique (127 m), entièrement recouvert de tuiles dorées. L'histoire de Nakhon Pathom remonte à 150 av. J.-C., et le site est considéré comme le berceau du bouddhisme thaïlandais. Le *chedi* Phra Pathom, qui signale de loin l'approche de la ville, fut édifié dans sa forme actuelle sous le roi Mongkut (1851-1868), fort pieux, et achevé sous son successeur Rama V. Il repose sur plusieurs **terrasses**, la plus élevée comportant 24 tours abritant des **cloches** que les fidèles font résonner pour acquérir des mérites. Un cloître circulaire entoure le ***chedi***, une **chapelle** marquant chacun des points cardinaux.

L'entrée de la chapelle nord est marquée par un bouddha doré debout, fait d'éléments rapportés dont certains proviennent de Sukhothaï. La chapelle ouest abrite un bouddha couché, la chapelle sud un bouddha assis sur un *naga*, et la chapelle est, un bouddha méditant sous l'arbre de l'Illumination.

Maeklong Railway Market ✧✧

Carte p. 118-119 – Le marché se trouve à Samut Songkhram, 66 km S-O de Bangkok. Durée du trajet: 1h15. Minibus depuis le Southern Bus Terminal (Sai Tai Mai), 8 Borommaratchachonnani Rd. BTS Wongwian Yaï, puis bateau pour Ban Laem, puis train de Ban Laem à Maeklong. Passage du train au cœur du marché t.l.j. 8h30, 11h10, 14h30 et 17h40.

Des fruits et des légumes. Des poissons séchés. Des aromates. Une ambiance moite. Des sourires. Des couleurs, des odeurs qui s'entremêlent. Ce marché ressemble à tous les autres marchés thaïs, à ceci près qu'il est situé sur les rails d'un chemin de fer! Quand la sonnerie du train résonne, une frénésie s'empare des vendeurs. En quelques secondes, ils mettent à l'abri leurs paniers de marchandises. Les wagons défilent alors, au ralenti, frôlant les stands et les passants. Les touristes se reconnaissent facilement: ce sont ceux qui se penchent dangereusement, pour tenter de prendre LE bon cliché. Une fois le train passé, les produits retrouvent presque instantanément leur place sur les rails.

⌄ Phra Pathom à Nakhon

< Phra Thinang Aisawan Thipya-art

Amphawa et son marché ✧✧

Carte p. 118-119 – À 70 km S-O de Bangkok par les routes 35 puis 325. Durée du trajet: 1h30 mais la circulation est très dense. Minivans depuis la gare routière Nord (Mochit) 5h20-18h. Poss. d'excursion organisée depuis Bangkok. À voir en fin de journée ven.-dim. Poss. de loger sur place, nombreuses chambres d'hôtes (*homestay*) mais rés. nécessaire.

Inutile d'aller au marché flottant de Damnoen Saduak (15 km au N): l'endroit n'a plus rien d'authentique. Mais si vous êtes dans la capitale en fin de semaine, rendez-vous au **marché d'Amphawa** pour passer une fin de journée mémorable. Dès 17h, la foule se presse autour du canal bordé de belles maisons en teck pour acheter friandises, boissons, souvenirs variés. Beaucoup de vendeurs viennent à bord de leurs embarcations, sur lesquelles ils cuisinent et les clients s'asseyent sur les marches qui bordent la voie d'eau ou autour de petites **tables** disposées à cet effet. Si vous êtes venu assez tôt, prenez l'un des bateaux qui proposent des croisières pour découvrir les temples des environs. Vous assisterez au coucher du soleil en voguant et vous pourrez vous faire masser à bord.

Bang Pa-In ✧✧

Carte p. 118-119 – À 61 km N de Bangkok par la route 1; 1h30. Minibus depuis Makkasan, Airport Rail Link à 8h30 et 9h15. Train depuis Bangkok: 10 fois/j. à la gare Hua Lamphong. Prévoyez bus et train + taxi car les gares sont excentrées. Bateau depuis Bangkok: poss. de louer un bateau privé, sinon excursion organisée. T.l.j. 8h30-15h30. Entrée du palais : 100 THB.

Élue **résidence d'été dès** le XVIIe s. par les souverains d'Ayutthaya, l'île de Bang Pa-In a connu des fortunes diverses, avant de recevoir les faveurs du **roi Chulalongkorn** (Rama V, 1868-1910), qui y fit édifier la plupart des bâtiments actuels. L'ensemble, popularisé par l'exquis pavillon royal au milieu d'un petit lac, est relativement disparate et reflète l'attrait qu'exerçait l'Occident sur les souverains de Thaïlande à la fin du XIXe s. Il ne reste rien des bâtiments d'origine, détruits par les Birmans lors du sac d'Ayutthaya en 1767. On sera parfois charmé, parfois surpris par la promenade dans le parc. Le Palais royal comporte cinq bâtiments importants, de styles divers. Dressé au milieu d'un petit lac, le **Phra Thinang Aisawan Thipya-art**, qui date de 1876, est un exemple unique de l'architecture thaïe classique au summum de sa préciosité. Le **pavillon chinois** (Vihat Chamroon, situé au centre du parc) fut offert par la communauté chinoise en remerciement des facilités d'installation qui lui étaient consenties au Siam. Il est somptueusement meublé et peut se visiter. Autre curiosité du parc, les **arbres taillés en forme d'animaux**, qui constituaient un décor très prisé au début du XXe s.

En suivant le cours de la rivière principale, vous arriverez à une église néogothique transformée en temple bouddhique, le **Wat Nivet Thammaprawat** (visite possible).

Ayutthaya ✧✧✧

Carte p. 118-119 ; plan p. 125 – À 86 km N de Bangkok par les routes 1 puis 32 ; env. 1h30. Minivans depuis la gare routière Nord (Mo Chit) de 6h30 à 17h30. Trains depuis Bangkok : fréquents de 5h à 22h45 à la gare Hua Lamphong ; sur place, dépliants indiquant les horaires ; 1h30 de trajet. Poss. d'affréter un bateau privé depuis Bangkok. Excursions depuis Bangkok : aller en bateau, retour en minibus ; croisières sur d'anciennes barges de transport de riz aménagées (nuit à bord) ; rens. auprès des agences de voyages ou de votre hôtel. Visite des temples : 8h-16h30 pour la plupart. Entrée payante. Audiotour.

Site archéologique majeur en Thaïlande, Ayutthaya a été fondée en 1350 et rasée par les Birmans en 1767. Soigneusement restaurée par le département des Beaux-Arts, l'ancienne capitale est devenue un **parc archéologique** et un site inscrit au patrimoine mondial de l'Unesco (1991). L'ancienne Ayutthaya est construite sur une île artificielle située au confluent de trois cours d'eau, Chao Phraya, Lopburi et Pa Sak. Elle est sillonnée par 140 km de canaux. Au fil des règnes de ses 33 rois, une quantité impressionnante de **temples** et de **palais** a été édifiée. Les ruines s'étendent sur 15 km^2.

SUR L'ÎLE

Musée national Chao Sam Phraya ✧✧

Plan p. 125 – 035.241.587. T.l.j. sf lun. 9h-16h. Entrée payante (150 THB).

Particulièrement intéressant car présentant tous les styles de l'art siamois, il montre la filiation d'Ayutthaya par rapport aux traditions antérieures. De ravissantes **pièces d'orfèvrerie** provenant du Wat Raj Burana (p. 125) sont exposées au 1er étage.

Ayutthaya Historical Study Center ✧

Plan p. 125 – www.ayutthaya-history.com. T.l.j. 9h-16h30. Entrée payante (220 THB).

Remarquable. Son prix d'entrée élevé se justifie. Maquettes de l'ancienne Ayutthaya, illustrations de scènes quotidiennes, reconstitution de fresques, bornes sonores diffusant des chants de marins, objets témoignant des anciennes routes commerciales... Tout concourt à dresser un décor évocateur et émouvant.

Viharn Phra Mongkol Bopitr ✧✧

Plan p. 125 – Entrée gratuite.

Reconstruit en 1951, ce sanctuaire abrite **le plus grand bouddha de Thaïlande** : une statue de bronze datant de la fin du XVe s., dans laquelle se retrouvent les influences des styles U Thong (p. 369) et Sukhothaï (p. 367).

Wat Lokkayasutharam

Plan p. 125.

Les pèlerins affluent ici pour se recueillir devant un immense bouddha couché, 42 m de la tête

HISTOIRE *Cruelle étiquette*

Ce n'est pas sans émotion que vous lirez cette épitaphe sur le mémorial situé derrière le pavillon chinois du parc de **Bang Pa-In** : « À la mémoire bien-aimée de Sa Majesté Sunandakumariratn, reine tant pleurée, qui passa ses moments les plus agréables et les plus heureux dans ce jardin entourée de ses proches les plus chers. »

Érigé en **1881** par le roi Chulalongkorn, bouleversé par la mort d'une de ses épouses préférées, ce monument rappelle les cruelles conséquences de l'étiquette, qui interdisait à quiconque de toucher physiquement une personne de sang royal. Victime d'un naufrage entre Bangkok et Ayutthaya, la reine périt noyée avec trois de ses enfants sous les yeux de ses courtisans, pétrifiés, qui n'osèrent pas se porter à son secours.

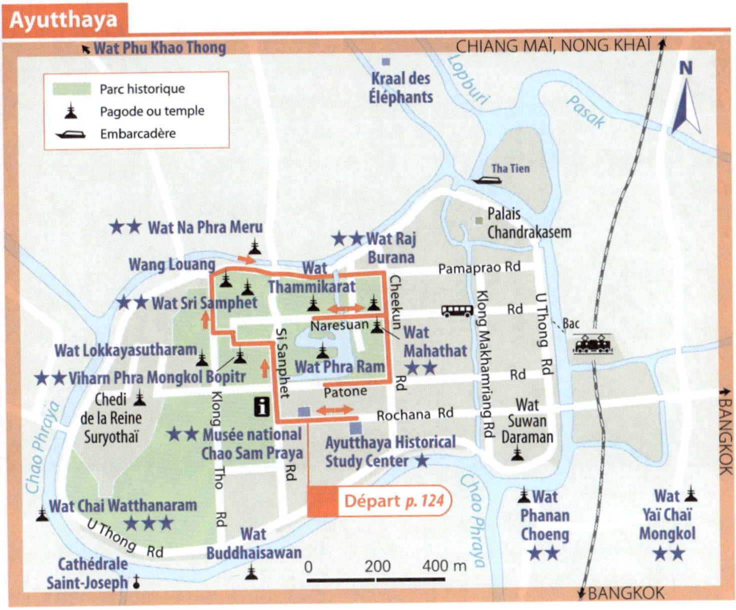

à la pointe des orteils. En guise d'oreiller, sa tête repose sur une fleur de lotus. Il est souvent drapé d'un tissu orange. Avec ses 8 m de haut, il domine largement les fidèles, qui lui offrent des fleurs ou allument des bâtons d'encens.

Wat Sri Samphet ✧✧

Plan p. **125.**

Fondé au XVe s., c'était le plus important temple royal d'Ayutthaya (les trois *chedi* représentent les trois premiers rois d'Ayutthaya). Il faisait partie du même ensemble que le Wang Louang, et abritait une statue de Bouddha recouverte d'or que les Birmans « épluchèrent » soigneusement.

Wang Louang

Plan p. **125.**

Il faut beaucoup d'imagination pour retrouver, dans les ruines du Wang Louang, la splendeur de l'ancien Palais royal. Mais elles nous renseignent sur l'architecture de l'époque.

Wat Raj Burana ✧✧

Plan p. **125.**

Construit en 1424, ce temple est dominé par un *prang* qui a miraculeusement échappé aux destructions. On peut y voir des peintures murales, en assez mauvais état, situées à l'intérieur du *chedi* principal (accès par des escaliers extérieurs puis un escalier intérieur très raide et très étroit, mal ventilé).

Wat Thammikarat

Plan p. **125.**

Une armée de coqs garde les lieux. Une entrée en matière insolite. Mais la fierté de ce temple tient dans son *chedi* octogonal, encerclé par de majestueux *singha*, lions en pierre.

^ Vue aérienne du Wat Chai Watthanaram

Wat Mahathat ✧✧

Plan p. 125 – T.l.j. 8h-18h. Entrée payante (50 THB).

Cet ensemble imposant, fort délabré, était dominé par un *chedi* de 46 m de hauteur dont il ne reste plus que la base. On y a découvert, il y a vingt ans, des **objets d'orfèvrerie**, désormais exposés au Musée national Chao Sam Phraya (p. 124). La **maquette de l'ancienne Ayutthaya** (à l'entrée du *wat*) éclaire sur l'ampleur initiale de la ville. À la chute d'Ayutthaya en 1767, les Birmans saccagent ce temple, et décapitent la plupart des statues de Bouddha se trouvant sur leur passage. La légende raconte que l'une de ces têtes roula au sol, et se retrouva au fil du temps emprisonnée entre les racines d'un banian. À quelques pas de l'entrée, une nuée de photographes amateurs se presse en permanence autour de cette tête en pierre, pour s'offrir un selfie avec la star des lieux.

Wat Phra Ram

Plan p. 125.

Les versions diffèrent sur la date de construction de ce temple. La plus répandue l'établit à 1369. Le roi Ramesuan l'aurait fait bâtir à l'endroit où son père avait été incinéré. Peu importent les querelles d'historiens ! Car ces ruines, situées face à un lac, dégagent un charme certain, surtout en fin de journée.

HORS DE L'ÎLE

Wat Na Phra Meru ✧✧

Plan p. 125 – T.l.j. 8h-17h. Entrée gratuite.

Ce temple a été restauré à l'époque Rattanakosin (p. 370). Un petit pavillon, fermé par de belles portes de bois sculpté, abrite un bouddha en pierre de style Dvaravati, assis à l'européenne, considéré comme une œuvre remarquable.

Wat Phu Khao Thong

Plan p. 125.

Le « temple de la montagne dorée » est en fait blanc comme neige. En revanche, sa forme évoque bien celle d'une montagne, avec une structure en escaliers massive, et un *chedi* élancé au sommet. Sa construction reflète l'histoire tourmentée d'Ayutthaya. Elle démarre sous les ordres du roi birman Bhureng Noung en 1569, qui vient alors de conquérir la cité. Quand les Siamois récupèrent le contrôle des lieux en 1590, ils hésitent sur la conduite à adopter, avant de poursuivre la construction, histoire de faire un pied de nez aux vaincus. D'où ce monument, qui mêle des éléments birmans et thaïs. À l'écart du centre, il jouit d'une vraie sérénité et offre, si l'on prend la peine de grimper en haut de ses escaliers, un panorama sur la campagne alentour.

Wat Chai Watthanaram ✧✧✧

Plan p. 125 – T.l.j. 8h-18h. Entrée payante (50 THB).

Construit en 1630 sous le règne de Prasat Thong, ce temple royal, sans doute le plus connu et le plus visité du site, n'est pas sans évoquer les constructions de style khmer d'Angkor. Le monument, qui repose sur une plate-forme rectangulaire, est dominé par un *prang* de 35 m entouré de huit *chedi* aux murs ornés de scènes de la vie de Bouddha. L'ensemble ne fut pas épargné lors de la destruction d'Ayutthaya par les Birmans, ses briques et ses statues furent l'objet de pillages; il n'a été restauré qu'à la fin des années 1980.

Cathédrale Saint-Joseph

Plan p. 125 – T.l.j. 8h30-20h.

Elle fut construite sous le règne du roi Naraï, à l'intention des catholiques portugais et français qui résidaient alors à Ayutthaya.

Wat Buddhaisawan

Plan p. 125.

Ce temple très endommagé date de 1353.

Wat Phanan Choeng ✧✧

Plan p. 125.

Antérieur à la fondation d'Ayutthaya, ce temple fut édifié en 1324 par un roi d'U Thong et abrite un bouddha assis de 14 m de hauteur.

Wat Yaï Chaï Mongkol ✧✧

Plan p. 125 – Au S-E de la ville. T.l.j. 8h-17h. Entrée payante (20 THB).

On y trouve l'un des plus hauts *chedi* d'Ayutthaya, édifié en 1360 par le roi Naresuan pour célébrer une de ses victoires contre les Birmans. Le temple a été reconstruit en 1982, selon les techniques anciennes.

Le kraal des Éléphants

Plan p. 125 – À 5 km au N.

On y domptait les éléphants sauvages pour en faire des montures de guerre ou de parade. Remarquez la reconstitution de l'imposante clôture de bois.

TRANSPORT — *Vélo, tuk-tuk ou bateau ?*

Pédaler d'une ruine à l'autre, voilà une excellente façon d'explorer Ayutthaya. D'une part, parce que les temples sont plutôt éparpillés, et que choisir l'option deux-roues vous permettra de couvrir une plus large distance. D'autre part, parce que les routes sont plates, et donc accessibles même aux débutants. Avec la chaleur, un tube de crème solaire, une casquette et une bouteille d'eau sont les accessoires indispensables. La plupart des *guesthouses* louent *(autour de 100 THB la journée)*, voire prêtent, des montures. Autre option : le tuk-tuk, qui vous permettra de ne rater aucun incontournable. Il faut alors négocier avec le chauffeur un forfait *(compter 600 THB pour 3h)*. En fin de journée, quand le soleil se couche, on peut prendre un *hang yao* sur le port en face du Chandrakasem National Museum (plan p. 125). Quelques temples bordent la rivière. Une fois les derniers rayons de soleil évaporés, leurs lumières les rendent encore plus photogéniques.

• NOS ADRESSES •

AMPHAWA

OÙ DORMIR

Quelques pensions de famille sont établies sur le canal et aux environs de la ville, mais il faut réserver pour s'y rendre le w.-e.

Chotika Riverfront

21/1 Moo 3, Bangchang 089.161.3483. Environ 50€.

Cet hôtel à l'ambiance familiale jouit d'une excellente situation juste au bord d'un canal et à 15 min de marche du marché flottant. Agréablement agencé, il bénéficie en outre d'un beau jardin. Des activités, notamment des excursions, peuvent être organisées. Idéal pour ceux qui ont besoin de calme.

Leelawadee Canal Home

101/1 Moo 4, Plaipongpang 081.944.2782 (portable). Environ 50€.

Une agréable pension, dans le même genre que le Chotika Riverfront (ci-dessus) ; toutes les chambres donnent sur le canal. Des maisons permettent d'accueillir les familles.

Baan Amphawa Resort & Spa,

22 Bangkapom-kaewfah 03.475.2222, www.baanamphawa.com. Service de navette au départ du marché Amphawa pour l'hôtel. Environ 70€.

Ce superbe complexe au bord de la rivière Mae Klong est niché dans un jardin luxuriant. Un soin particulier est apporté à la préservation de l'environnement: nettoyants écologiques, recyclage.... Ceux qui s'inquiètent de l'avenir de la planète apprécieront !

OÙ MANGER

Moins de 10€

Embarras du choix sur le **marché flottant** (p. 82): beaucoup de grillades et de fruits de mer dont du poulpe grillé.

AYUTTHAYA

OÙ DORMIR

Baan Thai House

Plan p. 125 – 199/19 Moo 4, Pailing, en dehors du parc historique 080.437.4555 (portable), www.baanthaihouse.com. De 60€ à 80€.

Une charmante adresse pour se poser une nuit au calme entre Bangkok et la suite de votre périple dans le Nord. L'hôtel organise des tours d'Ayutthaya en tuk-tuk (17 € pour 3h) ou en voiture (26 € pour 3h). Vous pourrez aussi profiter de la piscine et du Spa. Munissez-vous d'antimoustique le soir.

iuDia on the River

Plan p. 125 – 11-12 U-Tong Rd, dans le parc historique 035.323.208, www.iudia.com. Loc. de vélos. De 60€ à 80€.

Une adresse de charme au bord de la rivière, où chaque chambre offre une décoration différente : certaines sont inondées de soleil ! Jolie piscine pour se délasser après la visite des temples. Un établissement calme et beau où il fait bon se détendre.

OÙ MANGER

Malakor Kitchen and Cafe (thaï)

Plan p. 125 – Chikun Rd 091.779.6475. T.l.j. 8h-22h pour le café, 11h-21h pour le restaurant. Moins de 10€.

À deux pas du Wat Mahathat, ce restaurant sert une cuisine thaïe simple mais goûteuse. La terrasse en bois, sur deux niveaux, est située le long de la route.

Le soir, il y a peu de trafic, ce qui permet au lieu de rester relativement calme.

Tête de Bouddha emprisonnée entre des racines, Wat Mahathat d'Ayutthaya ›

Café et salon de thé

Busaba Cafe

Plan p. 125 – 56/2 U-Thong Road
☎081.751.1703. T.l.j. 9h-18h.

Un café qui donne envie de ralentir le tempo. On y savoure de délicieuses gaufres (coco, choco-banane, tous fruits...), des smoothies (70 THB) et avant d'en repartir, on jette un œil aux étagères débordant d'objets artisanaux pour remplir sa valise de petits cadeaux (porte-clés éléphant).

8 KANCHANABURI et la rivière Kwaï

Après la visite du musée mémorial de Hellfire Pass, la découverte de la voie du célèbre chemin de fer de la rivière Kwaï s'impose. Vous aimez marcher ? Vous n'aurez que l'embarras du choix pour des randonnées nature dans l'un des parcs nationaux de la province. Pour vivre une vraie expérience locale, choisissez de passer une nuit sur un hôtel flottant et pique-niquez avec les Bangkokiens le week-end.

PRATIQUE

- Plan p. 118-119
- Nos adresses p. 135

Accès

En bus

Depuis Bangkok : le n° 81, toutes les 20 min, 5h-22h à la gare routière Sud.

En minivan

Depuis Bangkok (gare routière Sud ou Mo Chit Bus Terminal, gare routière Nord) : toutes les heures, 5h30-20h.

En train

Depuis Bangkok : 2 fois/j. à la gare de Thonburi. Train spécial sam., dim. et fêtes à la gare de Hua Lamphong pour faire l'A/R dans la journée ; arrêts Nakhon Pathom, pont de la rivière Kwaï, et

Les chutes de Sai Yok à Kanchanaburi

L'ESSENTIEL

À ne pas manquer

Le pont de la rivière Kwaï, et l'excellent Thailand-Burma Railway Centre, pour en apprendre plus sur ce triste chapitre de la Seconde Guerre mondiale.

Expériences

S'oxygéner devant les cascades du parc national d'Erawan. Dormir dans un hôtel flottant de la rivière Kwaï.

Kanchanaburi

Carte p. 118-119.

La ville, qui se trouve dans la province qui porte le même nom, est située au confluent des deux **rivières Kwaï** (Noï et Yaï). Les Japonais, grisés par la chute de Singapour en février 1942, entreprirent la construction d'une ligne de chemin de fer stratégique de 415 km pour relier la Thaïlande et la Birmanie. Ils mirent au travail des prisonniers alliés, dans des conditions à la fois atroces et héroïques, admirablement romancées par Pierre Boulle (*Le Pont de la rivière Kwaï*, 1952).

Même si les horreurs de la guerre restent présentes, Kanchanaburi est une destination de week-end très prisée des Bangkokiens, pour des pique-niques et des balades dans la nature.

TÉMOIGNAGES DE LA SECONDE GUERRE MONDIALE ✧✧

Il est facile de se repérer sur place, les sites sont indiqués par des panneaux.

Cimetières alliés

Ils sont toujours un lieu de pèlerinage pour les familles dont les parents reposent à Kanchanaburi.

Nam Tok ; départ 6h30, retour à 20h.

En voiture

À 126 km O de Bangkok par les routes 4, puis 323, (env. 2h30).

Adresse utile

TAT

Saengshuto Rd
034.511.200.
T.l.j. 8h30-16h30.

Thailand-Burma Railway Centre

73 Jaokannun Rd. T.l.j. 9h-16h. Entrée payante (150 THB). Photos autorisées, vidéos interdites.

La vitesse vertigineuse à laquelle fut construite cette tristement célèbre ligne de chemin de fer – à peine un an et demi – eut des conséquences dramatiques. Affamés, maltraités par leurs gardes japonais et coréens, privés de repos, victimes de paludisme ou de choléra, près de 13 000 prisonniers de guerre, et 100 000 travailleurs asiatiques, finirent par succomber. Ce musée retrace sobrement ce chapitre de la Seconde Guerre mondiale, assez méconnu sous nos latitudes. Photos, vidéos, reconstitutions, comme celle d'un hôpital improvisé au milieu de la jungle, narrent les conditions de (sur)vie dans les camps. Les textes d'explication, en anglais, sont aussi clairs que glaçants.

Musée JEATH

034.511.263. T.l.j. 8h-17h. Entrée payante (50 THB).

Son nom est constitué des initiales des nations engagées dans la guerre : Japan, England, America, Australia, Thailand, Holland. Le musée, un peu vieillot, évoque la construction du « **chemin de fer de la mort** », dans le décor d'un camp de prisonniers.

Pont

Celui que vous verrez fut construit après la guerre (le pont initial, en bambou, essuya les bombardements en 1945). Il n'a plus rien à voir avec le premier pont mais c'est un site incontournable.

Train

Trois départs t.l.j. de chaque côté de la ligne : 5h57, 10h45 et 16h19 dans le sens Kanchanaburi-Nam Tok, 5h20, 12h50 et 15h15 dans le sens Nam Tok-Kanchanaburi. La ponctualité est rarement la règle. L'expérience est encore plus sympa très tôt le matin, quand la chaleur est supportable, et que la plupart des touristes dorment encore.

Ceux qui souhaitent prolonger l'expérience peuvent prendre le train. Une portion de la célèbre ligne a été conservée. Entre Kanchanaburi et Nam Tok, le terminus, les 60 kilomètres sont parcourus – très – lentement, en plus de 2h. Quelques minutes après le signal du départ, la machine traverse au ralenti le pont. Puis on peut se laisser aller à la contemplation de la campagne thaïlandaise et de la rivière Kwaï, se faire peur en passant sur des

Le pont de la rivière Kwaï

ponts en bois d'un autre âge, ou en narguant les précipices du haut de falaises. Les wagons en eux-mêmes sont rustiques : banquettes en bois, fenêtres grandes ouvertes, absence de climatisation, et marchands qui entrent à chaque arrêt pour vendre petits gâteaux, noix de coco séchée et boissons rafraîchissantes. Ce n'est pas très confortable, mais l'escapade offre un indélébile témoignage du passé.

Au départ de Kanchanaburi

Au nord de Kanchanaburi s'étend la plus grande zone forestière protégée du pays. Échappez-vous dans la nature pour découvrir grottes, chutes d'eau et bourgades isolées.

PRASAT MUANG SINGH ✧

Carte p. 118-119 – À 43 km O de Kanchanaburi par la route 323, le long de la voie ferrée qui va vers Nam Tok. T.l.j. 8h-16h30. Entrée payante (100 THB).

Il s'agit d'un **temple khmer** remontant au XIIIe s., ancien avant-poste de l'Empire angkorien. Très bien restauré, il est pourtant peu visité, ce qui rend la promenade d'autant plus agréable. Mouang Singh (ou « ville du Lion ») est formée d'un vaste quadrilatère entouré de murailles dont il ne reste que des monticules. Mais le sanctuaire principal, en latérite, a conservé sa majesté. Un petit **musée** présente des copies de statues (notamment des représentations du bodhisattva Avalokiteshvara remarquables, en dépit de leurs grands pieds) et d'éléments architecturaux trouvés sur place, ainsi que des objets provenant d'un site néolithique découvert dans le périmètre. Une **tombe préhistorique** peut également être visitée (au bord de la rivière).

MUSÉE MÉMORIAL DE HELLFIRE PASS ✧✧

Carte p. 118-119 – À 80 km O de Kanchanaburi par la route 323. Le musée est situé sur un terrain appartenant à l'armée de l'air, allez-y en taxi ou en excursion organisée par le musée ☎ 081.308.2300 (portable), www.hellfirepass.com. T.l.j. 9h-16h. Entrée gratuite (don suggéré).

Créé à l'initiative du gouvernement australien, ce petit musée très bien conçu retrace les terribles conditions de la construction du chemin de fer à travers un film d'archives, des cartes, des objets. Il porte le nom d'une section particulièrement difficile de la ligne, longue de 500 m et profonde de 26 m, que les prisonniers dégagèrent quasiment à mains nues en trois mois et au prix de la vie de 700 d'entre eux...

En contrebas, il est possible de longer la voie ferrée sur 4 km (comptez 3h A/R pour la totalité ; prévoyez de bonnes chaussures).

PARC NATIONAL D'ERAWAN ✧

Carte p. 118-119 – À 55 km N de Kanchanaburi par les routes 323 puis 3199, sur la rivière Kwaï Yaï. Bus depuis Kanchanaburi, www.dnp.go.th. Durée : au moins 1/2 j. T.l.j. 8h-16h30. Entrée payante (300 THB). Poss. d'hébergement sur place (voir site Internet du parc, rés. en ligne), et de restauration.

Ce beau parc qui couvre quelque 550 km^{2} de montagnes et de vallées est surtout connu pour ses splendides **chutes d'eau**, particulièrement spectaculaires à la fin de la saison des pluies. Elles comptent sept cascades (2h de marche) agrémentées de pièces d'eau étagées qui, de loin, évoquent un éléphant blanc tricéphale (d'où leur nom d'Erawan, « l'éléphant sacré à trois têtes »).

À une dizaine de kilomètres (même billet d'entrée, valable le même j.), on peut visiter la **grotte de Phra That**, ornée de stalactites.

^ Hôtel flottant sur la rivière Kwaï

PARC NATIONAL DE SAÏ YOK ✧✧

Carte p. 118-119 – À 98 km N-O de Kanchanaburi par la route 323, en amont de la rivière Kwaï Noï, www.dnp.go.th. Durée : au moins 1/2 j. T.l.j. 7h-18h. Entrée payante (300 THB). Poss. d'hébergement sur place (voir site Internet du parc, rés. en ligne), et de restauration. Produits antimoustiques et lampe de poche recommandés.

Dans ce parc national, vous pourrez visiter plusieurs **grottes**, vous baigner dans les **sources chaudes de Hin Dat** (les hommes uniquement, car le site se trouve sur le périmètre d'un monastère bouddhique), admirer les **chutes de Saï Yok** et découvrir les **vestiges du « chemin de fer de la mort »**. Le parc est habité par des singes, des chevreuils, des chauves-souris, des éléphants sauvages...

COL DES TROIS PAGODES ✧

Carte p. 118-119 – À 230 km N-O de Kanchanaburi par la route 323. Bus régulier (5h) et minibus (3h) jusqu'à Sangkhlaburi. De là, vous êtes à 22 km du col (excursions ou minibus). Excursions de 1 ou 2 j.

La route est bonne, sinueuse et particulièrement spectaculaire. La ville de **Sangkhlaburi** compte plus de 10 000 habitants, en grande partie des réfugiés karens, môns et birmans. La ville, récente, n'a pas de cachet mais on peut visiter les **marchés** et faire des **balades en bateau** sur la rivière. Situé sur une colline, à quelques kilomètres du centre-ville, le temple môn **Wat Wang Wiwekaram** abrite une colossale statue de marbre. Les trois pagodes qui ont donné son nom au col marquent la frontière avec la Birmanie et le terminus du triste « chemin de fer de la mort ».

• NOS ADRESSES •

KANCHANABURI ET LA RIVIÈRE KWAÏ

OÙ DORMIR

La rivière Kwaï est connue pour ses hôtels flottants. Une expérience à tenter (anti-moustiques fournis)...

Kasem Island Resort

Accès depuis Chukadon Pier ☎081.499. 4941 (portable). Environ 40 €.

Un petit hôtel flottant sympathique situé sur une île, près du centre. Il dispose d'une piscine et propose des dîners romantiques à souhait, sur des embarcations au fil de l'eau. Le prix des chambres varie en fonction du confort: eau chaude, air cond., etc.

Chez Bure – Bure Homestay

11/5 Singapore Rd, Kanchanaburi ☎081.561. 5055, https://burehomestay.wixsite.com/chezbure. Environ 40 €.

À 15 minutes à pied du pont de la rivière Kwaï, 21 chambres confortables et lumineuses, aux lits *king size*. L'hôtel loue des vélos: parfait pour aller explorer les environs. Le plus ? La grande gentillesse du personnel.

U Inchantree Kanchanaburi

443 Mae Nam Kwai Rd ☎034.521.584, www.uhotelsresorts.com/uinchantreekanchanaburi. De 60 à 80 €.

Ce boutique-hôtel bénéficie d'un bel emplacement au bord de la rivière, pas loin du fameux pont! Son design contemporain, son jardin et sa piscine en font une halte agréable.

Hintok River Camp @ Hellfire Pass

À 80 km de Kanchanaburi, après le musée mémorial ☎081.754.3898, www.hintokrivercamp.com. Prix/pers. en pens. complète. De 60 à 80 €.

♥ Un camp de tentes en semi-dur tout confort, surplombant la rivière où a été aménagée une petite piscine alimentée par une source. Ambiance décontractée et nombreuses possibilités d'activités.

River Kwai Jungle Rafts

Ancré à Tambon Tha Sao (à 8 km au N de la station de train de Nam Tok) ☎02.642.5497, www.riverkwaijunglerafts.com. Prix/pers. en pension complète, transferts compris. De 60 à 80 €.

Un des plus anciens hôtels flottants sur la rivière Kwaï (1976), au confort volontairement rustique (pas d'électricité, ni d'eau chaude), idéal pour une cure de nature. Nombreuses possibilités d'activités. L'établissement est géré par des Môns, originaires de Birmanie, qui vivent dans un village aux environs immédiats. Une grande attention est apportée à l'environnement.

OÙ MANGER

Spécialités de champignons salés, de pousses de bambous et de nouilles.

On's Thai Issan (thaï)

79 Maenam Kwai Rd ☎087.364.2264. T.l.j. 10h-21h. De 10 à 20 €.

Currys, pad thaï... Ici, tous les plats sont végétariens, et à 80 THB. La maîtresse de maison cuisine dans son large wok, devant les clients. Ceux qui voudraient connaître les secrets de fabrication peuvent prendre des cours de cuisine (600 THB par pers. pour 2h de cours).

Des **restaurants flottants** qui se valent plus ou moins. En ville, plusieurs bons restaurants peu chers dans **Mae Nam Kwai Rd**, notamment **Good Times restaurant** *(☎087.162.4949, t.l.j. 7h-22h)* qui propose des spécialités de l'I-San...

SHOPPING

Kanchanaburi est la ville des saphirs (mines proches). Les pierres de qualité étant réservées à des circuits professionnels pour alimenter les marchés d'exportation, n'espérez pas faire de bonnes affaires.

SPORTS ET LOISIRS

Excursions et activités

Comme partout en Thaïlande, les agences de voyages sont nombreuses à Kanchanaburi et leurs prestations quasiment identiques. Elles permettent notamment de découvrir les parcs nationaux d'Erawan et de Saï Yok, mais aussi de faire des balades à vélo, etc. N'hésitez pas à solliciter votre hôtel : il pourra organiser pour vous excursions, trekkings et transferts.

Golf

River Kwai Golf & Country Club

Saï Yok ☎ 097.018.4415. T.l.j. 6h-18h.

Beaucoup de Bangkokiens viennent jouer au golf le w.-e. dans la région. Un très beau parcours 18 trous.

Chutes d'eau au parc national d'Erawan

9 LE PARC de Khao Yaï

Le parc national de la « Grande Montagne » (Khao Yaï) est classé au patrimoine mondial de l'Unesco. Il couvre plus de 2000 km², étendant son territoire sur quatre provinces : Nakhon Ratchasima, Nakhon Nayok, Saraburi et Prachinburi. C'est un endroit très apprécié des citadins, qui viennent y passer le week-end pour renouer avec la nature. Le mieux est de faire appel à un guide. Vous emprunterez les sentiers de randonnée, découvrirez la faune, la flore, les chutes d'eau et vous savourerez la vue depuis les sites d'observation.

PRATIQUE

- Plan p. 118-119
- Nos adresses p. 141

Accès

En bus

Depuis Bangkok : pour Pakchong toutes les heures à la gare N-E (Mo Chit), puis *songthaew* ou taxi jusqu'à Khao Yaï (26 km).

En voiture

À 205 km N-E de Bangkok par la route 2 en direction de Pakchong ; 5 km avant Pakchong, continuez sur la route 2090, ou prenez un taxi depuis Bangkok.

Adresse utile

National Park Division

Royal Forestry Department, Phaholyothin Rd, Bangkok. Rés. et info au 02.561.0777, www.dnp.go.th.

Un pont suspendu dans le parc de Khao Yaï

L'ESSENTIEL

À ne pas manquer

Les randonnées à travers la jungle.

Expériences

Croiser un (et même souvent plusieurs) éléphant(s) sur sa route. Participer à une sortie nocturne, pour observer la faune et la flore dans une ambiance un peu irréelle.

Parc national de Khao Yaï ✧✧

Carte p. 118-119 – À 205 km N-E de Bangkok par la route 2 en dir. de Pak Chong ; 5 km avt Pak Chong prenez la route 2090 📞 086.092.6527, www.dnp.go.th. T.l.j. 6h-18h. Entrée payante (400 THB). Privilégiez juin-nov. pour les cascades ou avr.-mai pour la faune.

Le parc fut créé en 1959, après avoir servi de repaire à des brigands qui préféraient laisser une certaine épaisseur de jungle entre eux et la police. Depuis, on s'efforce de ne pas troubler la quiétude des éléphants (qui seraient 200 à 300), des gaurs (bœufs sauvages), des cerfs, des singes, des chevreuils, des oiseaux et des nombreux autres animaux laissés à la vie sauvage. On y dénombre 67 espèces de mammifères, 200 variétés de papillons et 340 d'oiseaux. En matière de grand spectacle, la nature tient ses promesses : montagnes (elles culminent à 1320 m), cascades (plus impressionnantes en saison des pluies), forêts, pièces d'eau, grandes rivières et des centaines d'espèces de plantes…

Les marcheurs s'en donneront à cœur joie sur les nombreux **sentiers balisés** (une douzaine de sentiers de 2 à 8 km), s'enivrant des senteurs de fleurs et d'humus, franchissant les torrents

Bon à savoir

Visite du parc Khao Yaï: il est conseillé de le visiter en juin-nov. pour les cascades ; en avr.-mai pour la faune.

Lors de la saison des pluies (mai-oct.), il est recommandé de porter pantalon, chaussures et surchaussettes (vendues dans le parc) pour éviter les sangsues.

sur des ponts de lianes et écoutant les bruits assourdissants des insectes et des oiseaux…

Les **randonnées pédestres** à travers la jungle permettent d'observer les plus belles orchidées du monde. Les nombreux hôtels des environs proposent tous des excursions dans le parc.

À CHACUN SON PARCOURS

Choisissez votre promenade en fonction de vos aptitudes physiques, mais aussi de votre capacité à supporter de vous retrouver en pleine jungle…

FAUNE

Sorties nocturnes

Des sorties nocturnes sont organisées dans des camions équipés de projecteurs qui permettent d'observer principalement des cervidés et des éléphants.

Petites balades…

Les petits sentiers balisés d'une heure ou deux ne présentent pas de difficulté particulière et permettent déjà une belle immersion dans la jungle. Pas besoin de prendre un guide, vous pouvez les parcourir seul.

… ou grandes randonnées

En revanche, vous devez impérativement partir avec un guide si vous souhaitez sortir des chemins balisés. Au-delà du chemin, il saura vous montrer la faune qui vous entoure, pas toujours visible pour les non-initiés (gibbons, mille-pattes, serpents…). En saison des pluies (de mai à octobre), il est recommandé de porter un pantalon, des chaussures montantes et des surchaussettes (vendues dans le parc) pour éviter les sangsues. Ces petites bêtes ne transmettent pas de maladie, mais c'est assez désagréable de les voir se coller à ses jambes. Cela dit, leur présence sur les chemins est le signe que la forêt est en bonne santé !

Famille d'éléphants en liberté dans le parc Khao

• NOS ADRESSES •

LE PARC DE KHAO YAÏ

OÙ DORMIR

Nombreuses possibilités d'hébergement dans le parc, rés. en ligne sur le site du National Park Division, à partir de 60 j. avant la date choisie (à partir de 20 €).

Greenleaf Guesthouse and Tour

52 Moo 6, Thanarat Road ☎04.493.6361, www.greenleaftour.com. Moins de 10 €.

Ce petit établissement propose des excursions d'une journée ou d'une demi-journée dans le parc. Le confort des chambres est très spartiate, mais le prix imbattable. Restaurant très bon marché également. Possibilité d'organiser une excursion en forêt pendant un jour et demi (compter 45 €).

Valley Garden Resort

93 Moo 4, Tumbol Mitraphap Muaklek Amphur ☎03.672.0024, www.thevalleygardenresort.com. De 80 à 120 €.

L'accueil est très sympathique et les chambres sont jolies et propres. De plus, l'établissement est un bon point de départ pour partir découvrir le parc national.

Kirimaya

1/3 Moo 6, Thanarat Rd ☎044.426.000, www.kirimaya.com. De 80 à 120 €.

Vous dormirez bercé par le chant des oiseaux dans l'une des quatre vastes tentes luxueuses dans le style lodge africain, ou dans une confortable chambre à la décoration très nature (lit en bambou). Très agréable piscine avec vue sur la montagne et golf 18 trous. L'une des plus belles adresses de Khao Yaï.

OÙ MANGER

Les hôtels à l'extérieur du parc ont tous leur restaurant. Les prix des plats varient en fonction du standing de l'établissement. L'une des spécialités de la région est le steak de bœuf. Certains vignobles offrent de bonnes tables et des dégustations de vin, notamment chez **GranMonte** *(☎04.400.9543, www.granmonte.com. T.l.j. 8h-20h. Veau braisé au vin rouge : 450 THB).*

SPORTS ET LOISIRS

Les possibilités d'activités dans le parc national de Khao Yaï sont nombreuses. La plupart des randonnées s'effectuent avec un guide ; sollicitez le centre d'information du parc ou votre hôtel : tous les hôtels sont habilités à organiser excursions, trekkings et transferts, pour vous permettre de découvrir la richesse de la faune et de la flore, le tout dans des paysages somptueux de forêt luxuriante...

10 HUA HIN et ses environs

Le nom de Hua Hin (tête de pierre) provient d'un rocher qui garde la baie, superbe et largement échancrée.

Comme les Bangkokiens, qui viennent ici tous les week-ends, vous profiterez de la plage à peu de distance de la capitale. Admirez la très belle gare de Hua Hin avant de visiter le palais de Maruekatayawan, l'un des plus grands palais en teck du pays. Les amateurs de vin se baladeront dans les vignobles à dos d'éléphant, avec en point final une dégustation.

PRATIQUE

- **Plan p. 118-119**
- **Nos adresses p. 147**

Accès

En bus

Depuis Bangkok : toutes les 30 min, 6h-22h à la gare routière Sud.

En minivan

Depuis Bangkok (gare routière sud) : à 200 km S-O de Bangkok par la route 35 vers Samut Songkram puis route 4 vers Phetchaburi et Hua Hin.

En train

Depuis Bangkok : 13 départs/j. à la gare Hua Lamphong, de 8h05 à 22h50. Comptez 4h.

En voiture

À 200 km S-O de Bangkok par la route 35 vers Samut Songkram ; 25 km après Samut Songkram.

La gare de Hua Hin

L'ESSENTIEL

À ne pas manquer

La plage pour paresser, la gare à admirer, le Cicada Market à explorer (en fin de journée).

Expériences

S'échapper quelques heures pour aller visiter le superbe palais de Maruekatayawan, ou déjeuner, et trinquer – avec modération bien sûr – dans le vignoble de Monsoon Valley.

Hua Hin ✧✧

Carte p. 118-119.

Que faire à Hua Hin ? Profiter ! Tout d'abord, profiter de la plage (5 km de sable) pour marcher et galoper, puis profiter des sports nautiques organisés par les hôtels ou musarder en cyclo-pousse.

COLLINE TAKIAB

Khao Takiab

Du sommet, la **vue** est magnifique. Celui qui en profite le plus est un bouddha de 15 m de haut visible de loin. Un petit temple, le **Wat Takiab**, est gardé par une **colonie de singes**, des petits macaques sournois qui rêvent de vous faucher vos lunettes ! Ils sont un peu agressifs mais se laissent dresser à pêcher des crabes destinés à la consommation locale... On les appelle « singes crabiers ».

MARCHÉ CHATCHAÏ

T.l.j., dans le centre-ville.

On y trouve toutes les spécialités alimentaires locales et des objets touristiques à des prix très raisonnables.

continuez sur la route 4 vers Phetchaburi et Hua Hin.

Adresses utiles

TAT
À l'angle Phetkasem Rd/ Damnoen Kasem Rd
☎ 032.512.798, t.l.j. 8h30-16h30.

Informations touristiques
www.hua-hin.com.

Police touristique
Queen Park 19 rai
☎ 1155.

^ Phetchaburi

GARE ✧

Si vous n'êtes pas venu en train, allez admirer la **salle d'attente royale**. Ce petit bijou construit pour abriter les hôtes de marque dans les années 1920 est dans un bâtiment mitoyen de la gare.

CICADA MARKET ✧

À l'angle de soï Moo Ban Nong Kae et de Khao Takiab Rd. Ven.-dim. 16h-23h.

Un des plus beaux marchés du pays, où passer une excellente soirée entre amis ou en famille. Pour acheter des vêtements, de l'artisanat de qualité *made in* Thaïlande, mais aussi écouter de la bonne musique, regarder un spectacle de magie d'artistes du coin et, bien sûr, se régaler grâce aux nombreux stands de nourriture.

PALAIS DE KLAÏ KANGWON ✧

Sur Phetkasem Rd, face à PlearnWan. Fermé au public.

Construit en 1927 sous le règne de Rama VII (p. 362), ce joli palais d'été de style hispanisant est entouré d'impeccables jardins. Il a servi de cadre à la lune de miel de Rama IX (p. 365), le précédent souverain, et de son épouse Sirikit en 1950. Ces derniers y ont séjourné à de nombreuses reprises. Il a subi des rénovations dans les dernières années.

Excursions aux alentours

PALAIS DE MARUEKATAYAWAN ✧✧

Carte p. 118-119 – À 15 km N de Hua Hin, route 4 ☎ 032.508.444. T.l.j. sf mer. 8h30-16h. Entrée payante (30 THB) ; réduc.

Ce magnifique palais a été construit en 1924 pour servir de résidence estivale à Rama VI (p. 362), qui n'y vint que deux ou trois fois. « Le palais de l'Amour et de l'Espoir » a conservé son mobilier ancien que l'on découvre au fil des salles. Admirablement situé face à la mer, c'est le plus grand palais de teck au monde.

BALADE

À la plage

De nombreuses îles environnantes, aux plages encore plus sauvages (Koh Singto, notamment), peuvent faire l'objet d'une excursion d'une journée (à négocier avec les pêcheurs).

CHA-AM

Carte p. 118-119 – À 20 km N de Hua Hin, route 4.

Née dans les années 1960, cette station balnéaire se développe rapidement, offrant un mélange de petits hôtels populaires à usage exclusivement local, de condominiums à l'architecture désastreuse et d'hôtels luxueux dont les clients ne sortent que rarement. La plage est étroite mais sympathique, colonisée par les chaises longues et les vendeurs de coupe-faim en tout genre.

Springfield Royal Country Club

Carte p. 118-119 – Au km 210, Phetkasem Highway ☎ 032.709.222, www.springfieldresort.com. Forfaits hébergement compris (à partir de 4 400 THB pour une ch. pour deux personnes avec petit déjeuner et un parcours de golf).

Ce golf dessiné par le grand champion américain Jack Nicklaus est particulièrement réputé.

PHETCHABURI ✧

Carte p. 118-119 – À 60 km N de Hua Hin, route 4.

Elle est survolée par les touristes, pressés de rejoindre sa voisine Hua Hin, quelques kilomètres plus bas. Pourtant, ceux qui posent leurs valises à Phetchaburi tombent sous le charme d'une ville où il fait bon vivre. Elle tire son nom – « cité de diamant » – de la rivière qui la traverse, où l'on trouvait autrefois des pierres précieuses. Rien de tel aujourd'hui, mais de vieilles et charmantes maisons en bois, le long desquelles il est agréable de se promener. Malgré ses 20 000 habitants, la ville semble assoupie. Les amateurs de culture y trouveront de jolis temples, un palais haut perché ou une grotte bouddhique.

Palais du roi Rama IV ✧

Phra Nakhon Khiri. Ratwithi Rd ☎ 032.425.600. T.l.j. 9h-16h. Entrée payante (150 THB).

Construit au début du XIXe s. dans un style hybride à dominante thaïe, ce palais comporte plusieurs bâtiments, dont un observatoire. Relativement modeste, il est meublé de nombreux objets européens. Cet observatoire est le témoignage de la passion du roi Mongkut, alias Rama IV, pour l'astronomie. C'est lui qui ordonna la construction de ce palais d'été. Un musée expose des meubles et céramiques lui ayant appartenu. L'ensemble est niché dans la verdure, et offre un superbe panorama à 360° sur la vallée. Des singes vous suivront tout au long de la visite. Pensez à

⌄ Des pêcheurs dans la baie de Prachuab

dissimuler les objets qui pourraient attirer leur attention, car ils sont aussi kleptomanes...

Vous pourrez visiter deux temples : le **Wat Mahathat**, signalé de loin par son *prang* d'inspiration khmère, et le **Wat Yaï Suwannaram**, dont le *bot* est orné de belles fresques du XVIIIe s., bien conservées.

Wat Mahathat

3/1 Pho Karong Rd. T.l.j. 6h-18h. Entrée libre.

Un joli temple comprenant cinq *prangs* (hautes tours sanctuaires) d'une blancheur immaculée, à la silhouette longiligne. À l'intérieur, des fresques raffinées et une atmosphère de recueillement, entre les fidèles qui viennent recouvrir de feuilles d'or une statue de Bouddha et des nuages d'encens. En sortant du temple, une balade dans le quartier, notamment sur Khlong Krachaeng Rd, est très agréable, au milieu des vieilles maisons en bois.

Khao Luang cave

Khao Wang Rd. À 4 km N du centre-ville. Y aller à vélo ou en tuk-tuk. Entrée payante (25 THB).

Une grotte en trois parties. Dans la première, une grande sculpture du Bouddha et l'empreinte de son pied. Dans les deux autres, des bouddhas plus petits. Quand le soleil joue à cache-cache à travers les espaces percés dans la pierre, le résultat est onirique.

VIGNOBLE DE MONSOON VALLEY ✧

Monsoon Valley Vineyard

Carte p. 118-119 – À 35 km O de Hua Hin 📞081.701.0222 (portable). Un minibus part t.l.j. du centre de Hua Hin à 10h30 et 15h. Rés. sur le site Internet : www.monsoonvalley.com. T.l.j. 9h-18h30. Visites avec dégustation et balade à dos d'éléphant : 1400 THB.

Un site magnifique, des vendanges qui ont lieu en mars, des vignes à découvrir à dos d'éléphant : c'est ce qui vous attend si vous décidez de découvrir ce vignoble né en 2007 et dont les productions ont été récompensées à plusieurs reprises.

Rama IX, à la pointe de la recherche en agronomie tout au long de son règne, a largement favorisé le développement du – petit – vignoble thaïlandais. Bonne surprise !

PRACHUAB KIRIKHAN

Carte p. 118-119 – À 89 km S de Hua Hin, route 4.

Rustique et spectaculaire, Prachuab ferme la partie la plus étroite de la Thaïlande, puisqu'il n'y a que 15 km, à cet endroit, entre le golfe de Thaïlande et la frontière birmane. C'est un **petit port de pêche** et une **station balnéaire** fréquentée par les Thaïs qui trouvent Hua Hin trop sophistiquée. Gardée par des îlots aux formes étranges, la **baie de Prachuab** est un site vraiment spectaculaire : plages, lagunes et pitons calcaires forment un paysage enchanteur.

• NOS ADRESSES •

HUA HIN ET SES ENVIRONS

OÙ DORMIR

Attention, les prix grimpent en haute saison mais aussi le week-end.

La Maison Hua Hin

172/6 Neresdamri Rd ☎032.533.007, www.lamaison-huahin.com. Environ 60 €.

Un charmant petit hôtel de ville dans une rue parallèle à la plage, derrière le Sofitel. L'établissement compte 19 chambres très confortables et une petite piscine bien agréable. Un bon choix pour les budgets moyens.

Dolphin Bay Resort

227 Moo 4, Tambon Sam Roi Yot ☎03.282.5190, www.dolphinbayresort.com. Environ 60 €.

À 30 min de voiture au sud de Hua Hin, au cœur du parc national de Sam Roi Yot et au bord d'une plage encore très sauvage, ce *resort* est idéal pour les familles. Aire de jeux, piscines et jardin. Sympathique accueil des propriétaires français.

Baan Talay Dao

2/10 soï Takiab Village, Phetkasem Beach Rd ☎032.536.024, www.baantalaydao.com. De 100 à 170 €.

Donnant sur la plage, cette maison de teck centenaire a été transformée en charmant boutique-hôtel à l'ambiance feutrée. Les chambres spacieuses mêlent mobilier moderne et bois de teck, la piscine à débordement incite à la rêverie... Des efforts particuliers sont faits en matière d'environnement.

Putahracsa

22/65 Nahb Kaehat Rd ☎032.531.470, www.putahracsa.com. De 100 à 170 €.

Luxe, calme et volupté... Ce superbe hôtel à l'architecture moderne et à l'ambiance zen a été pensé dans les moindres détails pour offrir à ses hôtes ce qui se fait de mieux. Très bon restaurant. Accès direct à la plage pour une partie de l'établissement.

Veranda

737/12 Muang Talay Rd, entre Hua Hin et Cha Am ☎032.709.000, www.verandaresort.com. Environ 170 € (double standard).

Un très beau complexe avec accès direct à la plage, qui offre plusieurs catégories de chambres. Vous pourrez choisir celle donnant sur le jardin ou, comble du luxe, la *pool villa* (avec piscine privée).Tarifs préférentiels pour les familles et aménagements destinés aux enfants.

OÙ MANGER

Les grands hôtels sont tous dotés d'excellents restaurants. Les restaurants installés sur la jetée, autour du marché aux poissons, servent tous plus ou moins la même chose et se valent. Il n'est pas nécessaire de réserver.

Un petit goût de luxe

Le **Centara Grand Beach Resort** tient autant du monument historique que de l'hôtel : il s'agit sans doute du seul hôtel « colonial » de Thaïlande. Construit en 1921 par le prince Purachatra, alors directeur des chemins de fer, il devint l'hôtel Railway et la coqueluche des élégantes. Rénové et rebaptisé, il n'a rien perdu de son charme. Avantage : il est situé à la fois en ville et sur la plage. Pour votre budget, ce serait une folie d'y passer la nuit ? Faites-vous plaisir en allant boire un verre dans l'un de ses bars ou en passant un moment au salon de thé, **The Museum**.

> 1 Damnoen Kasem Rd, Hua Hin ☎03.251.2021, www.centarahotelsresorts.com. À partir de 150 €.

De 5 à 20€

Les cuisines de rue du **marché Chatchaï** (env. 5€) vous feront découvrir de 6h à 16h les spécialités de la gastronomie locale. Vous trouverez également des restaurants de spécialités internationales dans **Naresdamri Rd** (env. 20€): italien, français, indien, et bien sûr thaï...

SHOPPING

En dehors des marchés traditionnels, jetez un œil au **marché Cicada** *(www.cicada-market.net, p. 144)*

SPORTS ET LOISIRS

Cours de cuisine

Thai Cooking Course Hua Hin

19/95 Petchkasem Rd, soï Hua Hin 19 ☎081.572.3805, www.thai-cookingcourse.com. T.l.j. 9h-14h. 45 € la journée.

Après une visite du marché, préparation d'un curry vert et d'un pad thaï.
Les instructions sont simples à suivre, le résultat savoureux. Chaque élève d'un jour repart avec le livret de recettes. De quoi épater ses proches de retour à la maison...

Golf

Pas moins de **8 golfs** à Hua Hin, dont un conçu par le célèbre Jack Nicklaus *(Springfield Royal Country Club)*. La station s'est taillé une solide réputation en la matière.

Parc aquatique

Black Mountain Water Park

1, Moo 2 Tambon, Hin Lek Fai 2, 15 km N de Hua Hin. Minibus depuis Market Village Hua Hin, également minibus du parc à Huahin à 15h et 17h. T.l.j. 9h30 et 11h ☎03.261.8444, www.blackmountainwaterpark.com. T.l.j. 10h-17h.

PHETCHABURI

La cité, pas encore trop touristique, possède toutefois quelques bonnes *guest houses* de type familial. Certaines prêtent des vélos, bien pratiques pour se déplacer.

OÙ DORMIR

White Monkey Guesthouse

78/7 Khlong Krachaeng Rd ☎090.325.3885. De 10 à 15€.

Une *guesthouse* qui pratique des petits prix, pour des chambres simples mais grandes et confortables, et de nombreux services. Prêt de vélos, location de scooters, etc. La rue est calme et non passante, l'accueil agréable.

Fisherman's Resort

170 Moo 1, Hadd Chao Samran ; l'hôtel est situé sur la plage, à une quinzaine de kilomètres de la ville, www.thefishermansresort.com. À partir de 75€.

De jolis bungalows au calme, parfois troublé par le chant des oiseaux. Petit déjeuner les pieds dans l'eau, en regardant les pêcheurs de retour de leur sortie matinale, massage au Spa (840 THB pour 2h)...

OÙ MANGER

Luna Lanai Restaurant

1573 Petchkasem Rd, Sheraton Hua Hin Resort & Spa ☎032.708.000. Dim. et mer. 10h-17h, le reste de la semaine 10h-22h30.

Une table les pieds dans le sable de Cha-Am, qui sert des plats occidentaux comme thaïs. Le must ? Y siroter un cocktail au coucher du soleil.

Vignoble dans la Monsoon Valley

11 RAYONG et Koh Samet

La province de Rayong, à l'est de Pattaya, dispose de tous les atouts : belles plages de sable fin, eaux claires, vie locale plutôt préservée. Détente et plongée seront donc au rendez-vous, avec une petite préférence pour les plages de Koh Samet, ses baies protégées et ses coins de tranquillité.

PRATIQUE

• Plan p. 118-119
• Nos adresses p. 153

Accès à Rayong

En bus

Depuis Bangkok : toutes les heures, 5h30-20h30 à la gare routière E (Ekkamai).

En voiture

220 km S-E de Bangkok par la route côtière 3 ; ou coupez par la route 36 à l'embranchement de Bang Lamung, à 185 km.

Accès à Koh Samet

En bateau

5 km E de Rayong.

Depuis Ban Phe : toutes les heures, 7h-17h30 (30 min). Accès payant au parc national.

Un bateau de pêche à Koh Samet

L'ESSENTIEL

À ne pas manquer
Les très belles plages de Koh Samet, qui font l'éloge du farniente.

Expériences
Plonger, ou faire du *snorkeling*, au milieu des coraux, des poissons multicolores et des tortues. Dîner les pieds dans le sable.

Les plus belles plages
La sereine Ao Phrao.

Rayong

Carte p. 118-119 – À 220 km S-E de Bangkok par la route côtière 3.

Du fait de la beauté de sa côte et de sa relative proximité avec Bangkok, la province de Rayong est inscrite dans le plan de développement du tourisme balnéaire thaïlandais. Les hôtels internationaux s'implantent à côté des petits hôtels locaux qui accueillent, depuis des décennies, les familles thaïes de la classe moyenne. Les amateurs de tranquillité préféreront les hôtels situés sur la plage, ils sont plus isolés de Rim Pae et offrent un accès direct sur la mer.

Koh Samet ✧

Carte p. 118-119 – À 15 km E de Rayong ; prenez le bateau depuis Ban Phe, ttes les heures 7h30-17h30. Entrée payante (200 THB).

L'île la plus fréquentée de la province de Rayong possède les **plus belles plages de la région**. Elle a, malgré son succès croissant, conservé une atmosphère bon enfant et son public thaïlandais. Originellement appréciée des routards, Koh Samet

Se déplacer dans Koh Samet
L'île n'est pas grande (7,5 km de long sur 3 km de large). On peut marcher, faire du stop ou encore prendre un *songthaew*.

Adresses utiles

À Rayong

TAT

153/4 Sukhumvit Rd, Rayong ☎ 038.655.420, t.l.j. 8h30-16h30.

À Koh Samet

Police touristique

Sur le front de mer ☎ 1155.

À Pattaya

TAT

609 Moo 10, Prathamnak Rd ☎ 038.427.667, t.l.j. 8h30-16h30.

^ Deux statues sur Koh Samet

a vu se multiplier des bungalows construits à la va-vite et peut parfois donner une impression de négligé. Profitant de la **proximité de Bangkok** (2h), quelques hôtels soignés ont pourtant ouvert sur des sites qu'ils ont à cœur de bien tenir.

LES PLAGES

Sur la côte ouest encore vide, vous ne trouverez qu'**Ao Phrao** (au N-O), une petite baie préservée mais dévolue à quelques hôtels de luxe. À la pointe nord, **Ao Noina** est un coin de paradis. Le développement se concentre sur la côte est. **Ao Phutsa** et **Ao Tubtim**, des plages voisines (N-E), sont relativement tranquilles, contrairement à **Ao Cho** et **Ao Wong Duan** (centre E). Ao Waï (S-E) offre une belle crique isolée. La plage paradisiaque d'**Ao Kiu Na Nok** (S-E) est occupée par un hôtel de luxe.

Pattaya

Carte p. 118-119 – À 147 km S-E de Bangkok par l'autoroute 34, puis la route 3 (beaucoup de trafic sur la route côtière); ou par l'autoroute 7 (peu fréquentée mais autoroute jusqu'à Chonburi seulement).

La **star de la Riviera siamoise** inspire des sentiments mitigés. Pattaya fut « découverte » par les G.I. américains en 1961. Basés à Nakhon Ratchasima, ils avaient grand besoin de distractions et tombèrent amoureux de cette **jolie baie bordée de cocotiers** où tout incitait au bonheur et à l'abandon. On commença à construire des bungalows, puis les premiers hôtels en dur se mirent à pousser le long du boulevard qui longe la plage: une station balnéaire à la réputation sulfureuse était née...

Malheureusement, Pattaya a été défigurée par une architecture anarchique et offre un visage peu reluisant du pays: prostitution, salons de massage douteux, *go-go bars*...

D'autre part, son immense choix en matière d'hébergement, ses nombreuses activités sportives, les îles coralliennes qui l'entourent (Koh Larn, Koh Sak, Koh Khrok, Koh Lin, Koh Paï), facilement accessibles, en font aussi une station agréable, même pour les familles, qui s'installeront à 4 km à l'est sur la plage de Na Jomthien, plus calme et familiale.

PRATIQUE (SUITE)

Police touristique

609/1 Moo 10, Prathamnak Rd ☎ 1155.

Consulat de France

☎ 026.575.100.

Permanence toutes les 4 semaines au consulat d'Autriche, 179/168 Moo 5, Rd 2, North Pattaya-Road. Voir le calendrier sur www.ambafrance-th.org.

• NOS ADRESSES •

KOH SAMET

OÙ DORMIR

Les hôtels peuvent généralement assurer des transferts depuis Ban Phe ou Bangkok.

Lima Coco

Plage de Prao (côte O), https://limacoco.business.site. De 75 à 120 €.

Un hôtel abordable et paisible sur l'une des plages les plus préservées de l'île. Attention, la plupart des chambres n'offrent pas de vue sur la mer ; pensez à vous faire préciser ce point au moment de la réservation.

Samed Club

Plage de Noï Na ☎ 038.644.341 ou 02.438.9771, www.samedresorts.com/samedclub/index.html. De 75 à 120 €.

Les chambres sont simples mais élégantes grâce à leur décoration épurée. Bénéficiant d'un balcon ou d'une terrasse, elles offrent une vue sur la plage ou sur le jardin entourant la piscine.

OÙ MANGER

Le plaisir, c'est de manger sur la plage, dans un restaurant d'hôtel (menus plus intéressants au déj. dans les établissements de standing) ou dans un petit restaurant indépendant (généralement bon marché), ce qui est possible midi et soir.

SPORTS ET LOISIRS

Plongée

Tous les hôtels cités proposent initiations et sorties (voir aussi « Sports » p. 154).

PATTAYA

OÙ DORMIR

Équipement hôtelier extrêmement varié, réparti entre la ville (North, Central, South Pattaya) et les plages (Naklua, Jomthien, Cliff).

A-One The Royal Cruise Hotel

499 Beach Rd, North Pattaya ☎ 03.825.9555, www.a-oneroyalcruisehotel.com. Environ 75 €.

Vous ne pourrez pas manquer ce bâtiment extravagant, en forme de bateau de croisière, situé sur le front de mer. Les chambres sont agréables et l'hôtel dispose d'une belle piscine.

Rabbit Resort

Plage de Dongtan (Jomthien) ☎ 03.825.1730, www.rabbitresort.com. Environ 100 €.

♥ Ce très joli hôtel familial de style thaï est lové au cœur d'un jardin luxuriant. À 100 m de la mer, il dispose d'une piscine. Un charme rare à Pattaya !

OÙ MANGER

Multiples restaurants, de la taverne bavaroise à la pizzeria version thaïe. C'est le paradis des fruits de mer, mais les prix sont souvent exagérés. Les grands hôtels ont quelques restaurants excellents (Royal Cliff, Dusit, Amari), mais, là encore chers. Baraques à nouilles et cuisines ambulantes aux saveurs exotiques autour de la gare routière.

Bang Saray Seafood

Bang Saray ☎ 061.359.9329. T.l.j. 10h-21h. Moins de 5 €.

Un resto populaire tenu par une coopérative de pêcheurs qui sert une cuisine locale, excellente et sans fioritures. La salade de moules épicées et frites est à 250 THB.

Toscana Trattoria & Pizzeria (italien)

Beach Rd, partie nord 038.362.370 ou 081.861.3446 (portable). T.l.j. 10h-minuit. De 10 à 25 €.

Une belle terrasse en retrait de l'agitation de Beach Rd pour manger italien, mais aussi thaï et occidental. La variété des cuisines est ici bien maîtrisée et la plupart des produits sont bio.

Café des Amis (français)

Au bout du soï 11, Thap Phraya Rd 084.026.4989, www.cafe-des-amis.com. T.l.j. sf dim. 17h-22h. Autour de 50 €.

Ce restaurant joue presque tous les soirs à guichets fermés. Est-ce dû à la cuisine, raffinée d'inspiration française et aux ingrédients nobles (foie gras, homard, truffe...) ? Au service impeccable et au cadre chaleureux et romantique ? Un peu de tout ça à la fois !

SHOPPING

Royal Garden Plaza Shopping Mall

Une annexe du Royal Garden Plaza, entre Rd 2 et Beach Rd, avec 200 boutiques sur quatre niveaux.

SPORTS ET LOISIRS

Excursions

Îles coralliennes

Bateaux quotidiens vers les îles coralliennes ttes les heures (8h-18h) ; départs de l'embarcadère South Pattaya, Bali Hai Pier, à l'extrémité S de la baie. Prix : 30 THB.

On les explore sous l'eau ou en bateau à fond de verre : Koh Larn (20 min en vedette rapide), Koh Sak, Koh Khrok, Koh Lin et Koh Paï.

Plongée

Real Divers

334/117 Moo 12, soï Welcome Town Pattaya City, Chon Buri 038 232 476. www.real-divers.com. Env. 80 € la sortie plongée.

Plongée et *snorkeling* en toute sécurité, avec une équipe aussi pro que sympathique.

Spectacles

Ces deux cabarets présentent avec un égal succès d'étonnants spectacles de *kathoeys* (travestis).

Tiffany's

464 Moo 9, Rd 2 038.421.700, www.tiffany-show.co.th. 3 spectacles/j.

Alcazar

78/14 Moo 9, Rd 2 038.410.224 ou 081.781.1703 (portable), www.alcazarthailand.com. Rés. conseillée. 4 spectacles/j. : 17h, 18h, 20h et 21h. Billets : 17-29 €.

RAYONG

OÙ DORMIR

La zone balnéaire est très étendue. Les hôtels sont dispersés, avec une plus forte concentration sur la belle plage de Rim Phae (continent). Samet dispose de nombreux hôtels de bonne catégorie, et de *guesthouses*. Deux adresses sur la plage de Rim, au bout de la route 3192.

Makmai Villa

87/9 Had Mae Rumpueng beach Rd 089.609.4400, www.makmai.com. Environ 30 €.

Chambres et bungalows à 2 min à pied d'une plage familiale et calme. Piscine, service chaleureux et disponible, prêt de vélos.

Novotel Rayong Rim Pae Resort

03.301.0100, www.novotel.com. Environ 100 €.

La piscine et une belle plage font de cet hôtel un lieu de séjour agréable et soigné, dans une ambiance familiale. Les plus jeunes profiteront de l'aire de jeux et des activités qui leur sont dédiées.

OÙ MANGER

De 5 à 10 €

Ban Phe (marché central et arrêt des bus desservant Bangkok) est célèbre pour ses fruits de mer, de même que l'embouchure de la rivière de Rayong (Pak Ménam Rayong ; à 4 ou 5 km S de la capitale provinciale). Sympathiques petits restaurants de fruits de mer sur la **plage de Rim Pae**, avec spectacle de cracheurs de feu le soir.

Plage de Na Jomthien à Pattaya

12 KOH CHANG et ses environs

Sur Koh Chang, alternez farniente à la plage et marche dans la montagne, avec baignade dans une cascade.

À moins que vous ne préfériez faire le tour de l'île en kayak ? Ensuite, il sera temps de dîner les pieds dans le sable, d'un barbecue de poissons et de fruits de mer. Organisez une escapade à Koh Kood, l'île la plus éloignée du continent, ou séjournez-y quelques jours pour profiter de son charme isolé.

PRATIQUE

- **Plan p. 118-119**
- **Nos adresses p. 161**

Accès

En avion

Depuis Bangkok: en avion avec Bangkok Airways (2-4 vols/j.), vous arrivez à l'aéroport de Trat. Un minibus affrété par l'aéroport de Trat conduit sur l'île (900 THB, aller-retour).

En bus

Depuis Bangkok: départ toutes les heures depuis la gare routière Nord de Mo Chit, et la gare routière Est d'Ekkamaï (5h env.) Env. 8 bus/j. directs, de 8h30-17h30 (env. 250 THB/aller, et 470 THB, A/R).

En voiture

Par la route 3 ou 344, embranchement à Chonburi pour Trat.

Maisons sur pilotis à Bang Bao

L'ESSENTIEL

À ne pas manquer

Les plages de Koh Chang, naturellement, sa montagne et ses cascades.

Expériences

Faire le tour de Koh Chang en kayak. S'offrir une escapade façon Robinson Crusoé, en totale déconnexion, sur Koh Kood.

La plus belle plage

Kaï Bae, sublime.

Koh Chang ✧✧

Carte p. 118-119.

Encore très nature, Koh Chang («l'île de l'Éléphant»), la plus grande île de Thaïlande après Phuket, fait partie d'un archipel de 52 îles. Très verte, sa superficie est couverte par 70 % de forêt. Elle n'a été peuplée qu'au XIXe s. par des familles sino-thaïes cultivant le coco et l'hévéa. Mieux vaut éviter de s'y rendre entre août et novembre, car il y pleut beaucoup. Comme les autres « paradis », l'île connaît un développement parfois anarchique et souvent inquiétant mais reste une **destination plutôt familiale et très thaïe**, même si des hôtels haut de gamme s'implantent de plus en plus sur ses plages.

LES PLAGES

Elles s'égrènent le long de la côte ouest. La route côtière ne fait pas tout à fait le tour de l'île, et certains passages sont très escarpés (beaucoup d'accidents de moto).

La côte sud-est est peu développée : on peut se rendre au **village de pêcheurs de Ban Salak Phet** et découvrir les criques qui se nichent au-delà de

Depuis Trat: possibilité d'organiser un transfert privé (Bangkok-Koh Chang, ferry inclus) en voiture ou minibus via votre hôtel de Koh Chang ou des agences de taxi.

En *songthaew*

Depuis Trat: service continu de *songthaew* (env. 30 min). Tarif selon le nombre de passagers (80-180 THB).

En bateau

Depuis Laem Ngop: taxi ou *songthaew* jusqu'à Laem Ngop (20 km env.); puis bateau et ferry (transportant les voitures) vers Dan Kao.

Depuis Ao Thammachat: 6h30-19h, liaisons vers Ao Sapparod. Bateaux et ferrys toutes les heures.

Adresses utiles

TAT

100 Moo 1, Trat-Laem Ngob Rd, Trat ☎ 039.597.259, t.l.j. 8h30-16h30.

→

la baie mais attention, la route n'est pas bitumée jusqu'au bout!

Plage de Saï Khao

C'est la plus anciennement aménagée, la plus grande et la plus animée. À marée basse, la mer se retire très loin, laissant la place à de multiples activités, notamment les **barbecues** organisés par les hôtels.

Plage de Klong Phrao

Cette longue plage de sable est fermée par le cap Chaiyachet et sa jetée pour bateaux de pêche. Beaucoup d'hôtels récents, pour budgets variés, s'y sont installés.

Plage de Kaï Bae

Une très belle plage, gardée par quelques îlots où l'on peut se rendre en canoë. À marée basse, on peut aller à pied sur l'îlot de Koh Man Naï. On y trouve un grand choix d'hébergement pour tous budgets. Les bungalows avec vue sur mer ne sont pas nombreux.

Plage de Lonely Beach

Moins isolée que son nom l'indique, cette bande de sable reste un coin très paisible de l'île – sauf quand l'un de ses restaurants y organise une fête...

Bang Bao

Accessible depuis Kaï Bae (à pied, à moto, en voiture) par une route très escarpée.

Un bel endroit pour se baigner parmi les récifs coralliens. Ne manquez pas le **village de pêcheurs**, construit sur pilotis, où les maisons sont reliées entre elles par des passerelles (poss. de loger chez l'habitant).

LES CASCADES

En thaï: Nam Tok, « eau qui tombe ».

Dans la moitié sud de l'île, **Kiri Phet** est nichée au fin fond d'une plantation d'hévéas ; au centre, **Klong Phlu** est une jolie cascade à trois niveaux ; enfin **Than Mayom**, située sur la côte est mais accessible depuis la côte ouest, est plus sauvage et beaucoup moins fréquentée.

Les autres îles

Plusieurs îles de l'archipel sont desservies par des bateaux réguliers, au départ de Laem Ngop (continent) et de Laem Sok ou de Koh Chang (Bang Bao). En basse saison, le service est minimal, voire inexistant s'il pleut trop. Les deux îles les plus fréquentées sont Koh Mak et Koh Kood. Il existe des îles plus petites où l'on peut se rendre pour la journée.

KOH MAK

Carte p. 118-119 – Entre Koh Chang et Koh Kood.

Elle fait partie d'un petit groupe de neuf îles dont quatre seulement sont habitées. Avec ses 27 km de côtes, elle offre de belles opportunités de **plongée** et de **balades en mer**. C'est une île assez plate où l'on cultive l'hévéa et la noix de coco. Les plus **belles plages** sont concentrées au sud et à l'extrême nord.

PRATIQUE (SUITE)

Internet
www.ko-chang.info, www.koh-chang-guide.com. Cartes de l'île distribuées dans les hôtels et les agences pour touristes.

Police touristique
23/6 Moo, Koh Chang
📞 1155.

Koh Chang et ses environs

^ Le phare de Bang Bao

Koh Kood

(Kut ou Kud)

Carte p. 118-119 – Env. 1h de traversée en *speed boat* depuis le continent.

C'est l'île la plus éloignée du continent et la plus grande (129 km²) après Phuket et Koh Chang, dont elle présente d'ailleurs le même profil topographique. Elle compte environ 1500 habitants, dont beaucoup sont d'origine cambodgienne, et possède son hôpital, son poste de police et ses écoles. Son charme solitaire n'a pas échappé aux bâtisseurs de bungalows qui ne sont pas tous bon marché (qualité et tranquillité obligent).

On peut y jouir tranquillement des eaux cristallines et des plages de sable blanc.

HISTOIRE

Bataille navale franco-siamoise

Les Français n'ont pas laissé que de bons souvenirs dans la province de Trat, qu'ils reçurent en 1893 du roi Rama V en échange de l'évacuation de Chanthaburi. Le souverain siamois se ravisa rapidement et récupéra Trat en 1906, offrant en contrepartie aux Français qui occupaient le Cambodge le magnifique cadeau de Siem Reap (et des ruines d'Angkor).

Durant la guerre d'Indochine, en janvier 1941, une bataille navale connue sous le nom de « bataille de Koh Chang », opposa la marine siamoise à une unité française qui dut battre en retraite. L'épisode vaut au port de Laem Ngop un curieux monument commémoratif.

• NOS ADRESSES •

KOH CHANG ET SES ENVIRONS

OÙ DORMIR

De nombreux bungalows (de qualité inégale) offrent des possibilités d'hébergement bon marché. Quelques hôtels de bon standing proposent des activités nautiques. La plus forte concentration hôtelière se trouve sur la côte ouest, le long de la plage de Saï Khao (White Sand Beach). L'architecture des bungalows, souvent décevante, est compensée par le charme de l'environnement: accès direct à la plage et à la cocoteraie. À savoir: la plupart des hôtels peuvent organiser votre transfert sur l'île.

Blue Lagoon

Plage de Klong Phrao ☎ 089.515.4617, www.kohchang-bungalows-bluelagoon.com. 20 ch. et 2 maisons familiales. Environ 25 €.

Choisissez un bungalow sur pilotis plantés dans la mangrove. Le confort est spartiate, mais le cadre est bucolique et charmant. La plage est à 2 min à pied et le restaurant, également sur pilotis, est excellent. Cours de cuisine réputé. Le petit déjeuner n'est pas compris, mais très bon marché (80-200 THB).

Warapura Resort

Près de Lonely beach ☎ 089.696.0966. Environ 50 €.

Les bungalows avec terrasse sur la mer sont spacieux et lumineux. Le restaurant semble posé sur l'eau. Seul bémol, il faut marcher quelques minutes sur la route pour rejoindre le sable de Lonely Beach, mais on peut piquer une tête dans la piscine. En revanche, il est déconseillé de séjourner dans cet hôtel si vous avez de jeunes enfants car les terrasses n'ont pas de barrière.

Serenity Resort

51/4 Moo 2 Tambon Dan Kao ☎ 088.092.4452, www.serenity-koh-chang.com. Environ 50 €.

Que faire dans cet hôtel, qui porte bien son nom ? Oser le paddle, pour travailler son équilibre dans un cadre féerique. Partir à vélo explorer les environs. Se régaler, au petit déjeuner comme le reste de la journée. Paresser au bord de la piscine en dévorant un bon roman. Ou tout simplement ne rien faire, en écoutant le bruit des vagues ou le chant des oiseaux. En bref, profiter des petites choses qui font le bonheur de la vie.

Centara Koh Chang Bhumiyama Beach Resort

Plage de Lonely Beach ☎ 097.060.4623, https://bhumiyamabeachresort.th-thailand.com. Bungalows et hôtel classique. De 70 à 90 €.

Cet établissement intime et ravissant offre tout ce que l'on peut espérer pour se détendre en vacances: des chambres confortables, une petite plage de carte postale, un jardin tropical et deux grandes piscines avec Jacuzzi.

Tropicana Resort

Plage de Klong Phrao ☎ 039.557.122, www.centarahotelsresorts.com/ckc. De 70 à 90 €.

Les pavillons qui composent ce *resort* sont noyés dans la végétation tropicale, en bordure de la plage. La sobriété des lieux ne retire rien au très grand confort de l'hôtel. Optez pour les bungalows Cabanas, plus proche de la plage que les chambres d'hôtels (Superior et Deluxe), plus classiques et moyennement insonorisés. Des activités sont proposées aux enfants et l'établissement dispose de deux belles piscines dont l'une avec un toboggan.

Santhiya Tree Koh Chang Resort

8/15 Moo 4 Khlong Prao beach ☎ 039.619.040, www.santhiya.com. Environ 75 €.

L'expression «havre de paix» pourrait avoir été inventée pour ce *resort*, tant tout, ici, exhale la sérénité. Des sublimes chambres avec piscine privée jusqu'à la plage de sable fin, en passant par le restaurant ou les massages, exceptionnels, ce lieu n'a qu'un seul défaut: quand on y pose ses valises, on ne veut plus repartir.

Sur Koh Mak

Cococape Resort

081.810.2679 (portable), www.kohmakcococape.com. Rés. min. pour 2 nuits. Environ 40 €.

Sympathique petit hôtel qui propose des forfaits hébergement avec sorties de pêche et plongée. Plusieurs catégories de bungalows sont disponibles, pour un séjour au calme, dans une ambiance très agréable. Attention, les prix sont multipliés par deux en saison haute.

Sur Koh Kood

Bann Makok

081.643.9488, www.bannmakok.com. 8 bungalows. Environ 100 €.

Vous dormirez sur l'eau dans une ambiance de village de pêcheurs. Les bungalows sur pilotis sont reliés par une passerelle de bois au-dessus de l'eau. Pour aller à la plage, vous emprunterez votre kayak amarré au petit port. Pour les amoureux de calme et de nature.

Away Resort

book.akk@awayresorts.com. Environ 100 €.

Au bord de l'eau, dans un jardin tropical très bien entretenu, les trois rangées de 10 bungalows offrent le calme et de belles vues sur la mer. La plupart peuvent accueillir 4 pers. sans suppl. L'accès à une belle langue de sable blanc entre mangrove et mer se fait en 2 min de kayak (mis à disposition par l'hôtel). Le restaurant est excellent.

OÙ MANGER

Moins de 10 €

Vous trouverez une multitude d'endroits pour vous restaurer, que ce soit dans les hôtels de bord de mer ou le long de la route (à chaque plage correspond un petit bourg avec restos, cafés, boulangeries, boutiques de souvenirs et pharmacies). Sur la plage de Saï Khao (White Sand Beach), des barbecues de poissons et de fruits de mer sont organisés tous les soirs. Côté route, au niveau de la plage de Klong Phrao, **Ka-Ti Culinary** *(www.facebook.com/kati-culinary, lun.-sam. 11h-16h et 18h-22h, dim. 17h-22h)* propose une très bonne nourriture thaïe et des cours de cuisine (4 h : 1500 THB).

SPORTS ET LOISIRS

Voir aussi nos rubriques et « Sports et loisirs » p. 436 et « Organiser ses excursions » p. 437.

Bateau

Location de *hang yao* à la journée. Vedettes rapides pour sorties pêche ou pique-nique. Rens. auprès de votre hôtel.

Plongée

Poissons et récifs (surtout à l'O de l'île) à admirer avec un simple masque. Deux épaves englouties sont un terrain de jeux idéal pour des plongeurs chevronnés.

Koh Kood

LA PLAINE centrale

La plaine centrale n'est pas seulement le grenier à riz de la Thaïlande, c'est aussi le cœur historique de l'ancien Siam, où s'égrènent des lieux de mémoire comme Lopburi, Sukhothaï, Si Satchanalaï ou Kamphaeng Phet... Les guerriers à dos d'éléphant ont laissé la place au paysan et à son buffle, harassant la rizière, comme une discrète incarnation de l'éternité. Restent des sites impressionnants où palais en ruine, temples, *chedi* et bouddhas racontent l'histoire des anciens rois et de leurs batailles.

PRATIQUE

Se déplacer

Sur place : circuler en voiture, en minibus avec chauffeur ou en *songthaew*, qui stationnent autour des gares routière et ferroviaire et dans les rues Vichayen et Phra Naraï de Lopburi (voir p. 167).

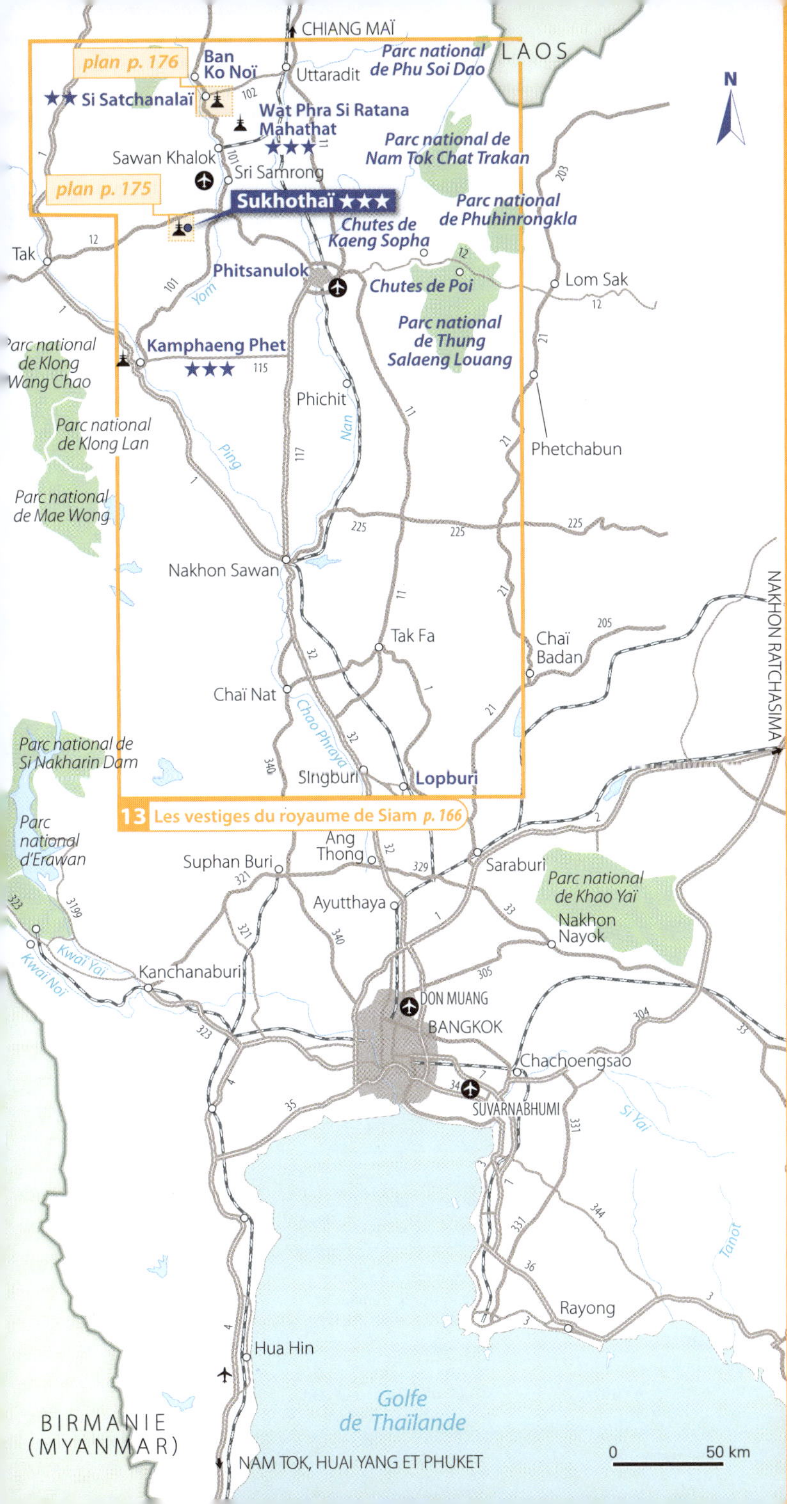

CHIANG MAÏ
LAOS
plan p. 176
Ban Ko Noï
Uttaradit
Parc national de Phu Soi Dao
★★ Si Satchanalaï
Wat Phra Si Ratana Mahathat ★★★
Parc national de Nam Tok Chat Trakan
Sawan Khalok
Sri Samrong
plan p. 175
Sukhothaï ★★★
Parc national de Phuhinrongkla
Chutes de Kaeng Sopha
Tak
Phitsanulok
Chutes de Poi
Lom Sak
Yom
Parc national de Thung Salaeng Louang
Parc national de Klong Wang Chao
Kamphaeng Phet ★★★
Phichit
Nan
Parc national de Klong Lan
Ping
Phetchabun
Parc national de Mae Wong
Nakhon Sawan
NAKHON RATCHASIMA
Tak Fa
Chaï Badan
Chaï Nat
Chao Phraya
Parc national de Si Nakharin Dam
Singburi
Lopburi
13 Les vestiges du royaume de Siam p. 166
Parc national d'Erawan
Ang Thong
Suphan Buri
Saraburi
Parc national de Khao Yaï
Ayutthaya
Nakhon Nayok
Kwaï Yai
Kwaï Noï
Kanchanaburi
DON MUANG
BANGKOK
Chachoengsao
SUVARNABHUMI
Si Yai
Tanot
Rayong
Hua Hin
Golfe de Thaïlande
BIRMANIE (MYANMAR)
NAM TOK, HUAI YANG ET PHUKET
0 50 km
N

13 LES VESTIGES du royaume de Siam

Avant d'arriver à Bangkok et de se jeter dans le golfe de Thaïlande, le fleuve Chao Phraya coule le long de la plaine centrale, irriguant les terres et les canaux, alimentant les rizières. Les anciens rois du royaume de Siam avaient choisi cette plaine prospère pour établir leurs capitales et leurs villes. On y découvre des temples, d'anciens palais et des vestiges de cette époque lointaine. Pour les découvrir, louez un vélo et partez vers les 37 temples de Kamphaeng Phet et, le soir, dormez dans une maison flottante.

PRATIQUE

- **Plan p. 165**
- **Nos adresses p. 178**

Accès à Lopburi

En train

Depuis Bangkok: 16 trains/j. à la gare Hua Lamphong, de 4h20-22h (3h).

Depuis Chiang Maï: 5 trains/j., 2 de jour et 3 de nuits (env. 10-12h).

En minivan

Depuis Bangkok: toutes les 30-40 min de 4h30-20h à la gare routière Nord (env. 3h, 120 THB).

En voiture

Trois itinéraires possibles: route 1 (Phaholyothin Rd) via Saraburi; route 1 jusqu'à Bang Pa-In, 32 jusqu'à Ang Thong, puis 3267 et 3196 (à g.); routes 1 et 32 jusqu'à Singburi, puis 311. L'itinéraire 1 passe par Phra Putthapat.

Wat Chang Lom, à Si Satchanalaï

L'ESSENTIEL

À ne pas manquer

Kamphaeng Phet et ses superbes temples, à l'image du Wat Chang Rob. Le parc historique de Sukhothaï, une pure merveille.

Expériences

Explorer à vélo les temples de Sukhotaï. Se rafraîchir à la cascade de Poi.

Lopburi ✧✧

Carte p. 165 – À 154 km N de Bangkok.

Lopburi connut deux fois la gloire : sous l'Empire khmer (du Xe au XIIe s.) et sous le règne de Naraï, le contemporain siamois de Louis XIV. Vestiges de l'époque où la ville était une **capitale khmère**, de nombreuses ruines sont désormais le domaine de hordes de singes, incarnations démoniaques du brave Hanuman *(attention aux appareils photo, bijoux, objets tentateurs)*...

Mais Lopburi, c'est aussi l'**ancienne Louvo** dont le faste sut éblouir des familiers du Roi-Soleil, venus en ambassade dans le sillage du chevalier de Chaumont (encadré p. 169).

La Lopburi moderne est une ville de garnison, dénuée de charme particulier, qui s'est développée sans se soucier outre mesure de la valeur de ses trésors historiques, sinon par un penchant pour les locomotives rétros (un spécimen est exposé à la sortie de la gare). Les vestiges khmers étant loin d'égaler ceux que l'on admire dans le Nord-Est, on cherchera plutôt, dans la visite de Lopburi, une évocation du siècle de Louis XIV, version siamoise.

Accès à Phitsanulok

En avion

Depuis Bangkok : 4 vols/j. (Nok Air).

En train

Depuis Bangkok : 10 départs/j. (env. 6h).

Depuis Chiang Maï : 6 trains/j. (env. 8h).

Depuis Lopburi : 11 trains/j. minimum (env. 4h) + trains de nuit.

En bus

Depuis Bangkok : 15 bus/j. (6h).

En voiture

À 223 km au N de Lopburi par route 117.

Adresses utiles

À Lopburi

TAT

Narai Maharach Rd
☎ 036.770.097.

À Phitsanulok

TAT

Boroma Trailokanat Rd
☎ 055.252.743.

PALAIS DU ROI NARAÏ ✧✧

Entre Ratchadamnoen Rd et Pratoo Chai Rd. Mer.-dim. 8h-16h30, enceinte 9h-16h. Entrée payante (150 THB).

Construit entre 1665 et 1677 par le roi Naraï d'Ayutthaya, ce palais, qui servait de résidence d'été, fut partiellement réalisé par un architecte français. Une partie était réservée aux audiences, une autre à la vie privée du roi. Le chevalier de Chaumont fut le premier hôte du **Dusit Maha Prasat** (la salle d'audience) doté, grâce à Louis XIV, d'une très exotique galerie des glaces (l'emplacement des miroirs est encore visible).

Le palais était entouré d'une muraille percée de portes. Il comportait de nombreux aménagements et pavillons dont on peut voir les vestiges : le grand réservoir, les écuries royales (pour chevaux et éléphants), la salle des banquets, la maison des trésors... Le roi Naraï, novateur, avait fait installer des canalisations en céramique pour alimenter la région en eau potable.

Un **musée** *(même billet)* a été installé dans deux pavillons plus récents, dont l'un fut habité par le roi Rama IV. On peut y admirer de belles sculptures de styles Lopburi et Dvaravati, du mobilier et des poteries.

LES PAGODES

Prang Sam Yod

Pagode aux Trois Flèches

À 200 m de la gare.

Ce très bel exemple d'**architecture khmère** illustre le style du Bayon (début du XIIIe s.). Il se caractérise par trois *prang* en latérite édifiés sur une esplanade et dédiés à la trinité hindouiste – Brahma, Shiva et Vishnou. Devenu le symbole de Lopburi, il fut probablement restauré au XVIIe s. à l'initiative du roi Naraï, qui le convertit en sanctuaire bouddhique. Attention aux singes : ils peuvent se montrer entreprenants !

Wat Phra Si Ratana Mahathat

Derrière la gare.

L'édifice initial remonte vraisemblablement au XIIe s. Il a fait l'objet de nombreuses restaurations à l'époque d'Ayutthaya, comme en témoigne la **juxtaposition des styles**. Le cloître qui l'entourait a disparu, mais l'agencement des différentes constructions reste visible.

Prang Khaek

Place du marché, Vichayen Rd, près du Palais royal.

C'est un charmant petit **temple khmer** dédié à l'hindouisme et au culte de Shiva. Son *prang* central renferme un phallus sacré. C'est probablement le monument le plus ancien de Lopburi.

San Phra Kan

Temple aux Singes

Au rond-point sur Phra Narai Maharat Rd, à 100 m à l'E du prang Sam Yod.

Désigné localement sous l'appellation de temple Kala, ses ruines, de

PRATIQUE (SUITE)

Police touristique

11 Moo Tambol Hua Rd
☎1155.

À Kamphaeng Phet

Pas de représentation TAT, vous trouverez juste un petit bureau de la Chambre de commerce (Thesa Rd), qui fait office de bureau de tourisme.

À Sukhothaï

TAT

200 Charod Withitong Rd, dans la nouvelle ville
☎055.616.228.

Police touristique

Face au musée Rama Khamhaeng (parc historique) ☎1155.

Visites

Sukhotaï

On vous conseille de visiter Sukhotaï tôt le matin. Le site ouvre à 6h.

style khmer, sont envahies de racines de banian où se sont installées des colonies de singes, qui partagent leur temps entre le San Phra Kan et le **prang Sam Yod** *(si vous êtes en voiture, fermez portières et vitres)*. Un petit sanctuaire moderne abrite une divinité hindoue.

HISTOIRE

Un ambassadeur à Lopburi

Il faut imaginer l'arrivée de l'ambassadeur du Roi-Soleil, le chevalier de Chaumont (p. 168), sur les barges royales, débarquant par l'escalier majestueux qui donnait accès au palais du roi Naraï à Lopburi. Dans l'état actuel des ruines, on mesure difficilement l'admiration et la surprise des Français accueillis avec un faste inouï. On sait que le roi Naraï consentit à s'incliner (attitude réprouvée par le protocole siamois) pour prendre la lettre de Louis XIV tendue par le chevalier de Chaumont qui, pour sa part, avait obstinément refusé de s'agenouiller devant le souverain.

Phitsanulok ✧

Carte p. 165 – À 223 km N de Lopburi par la route 117.

Phitsanulok marque le passage de la région centrale à la région Nord. Une situation qui est à l'origine de sa vocation historique, puisqu'elle fut capitale durant vingt-cinq ans, sous le règne de **Boroma Trailokanat**, roi centralisateur d'Ayutthaya (fin XIVe s.). Sa population fut sollicitée par les princes d'Ayutthaya pour aller combattre les Birmans. Ville natale du grand roi **Naresuan**, elle a gardé un aspect pittoresque, avec ses maisons flottantes romantiques sur la rivière Nan. Phitsanulok permet un accès facile aux anciennes capitales de la plaine centrale.

WAT PHRA SI RATANA MAHATHAT

Carte p. 165 – À dr. du pont sur la rivière Nan. T.l.j. 6h30-18h. Entrée payante (50 THB).

Situé à la lisière de la ville, ce temple, qui a miraculeusement échappé au gigantesque incendie qui ravagea la ville en 1960, fut fondé en 1357. Il est désigné localement sous le nom de **Wat Yaï** (« **le Grand Temple** »).

Il abrite une statue particulièrement vénérée, le **Phra Bouddha Chinarat**, de style Sukhothaï tardif (milieu du XIVe s.) : elle représente un Bouddha assis, en bronze poli (notez ses doigts, qui sont curieusement de la même longueur). Elle est située dans le bot principal, gardé par des portes sculptées, incrustées de nacre, datant de la fin du XVIIIe s. Le roi Rama V souhaita l'installer à Bangkok dans le temple de Marbre, mais les habitants de la ville s'y opposèrent. Le souverain fit donc exécuter une copie pour le temple de Bangkok et manifesta sa vénération à l'image de Phitsanulok en la recouvrant d'or. Un ***prang*** doré de style khmer, construit à l'époque d'Ayutthaya, domine l'ensemble. Il est entouré de cloîtres où sont disposées des statues de différents styles.

Si Satchnalaï

On peut visiter Si Satchnalaï au départ de Sukhothaï (taxi, bus et *songthaew*). Il y a bien plus de choix d'hôtels à Sukhothaï.

Loc de vélos

Le vélo est le meilleur moyen pour parcourir Sukhotaï et Si Satchnalaï ; loc possible à l'entrée des parcs.

MUSÉE DU FOLKLORE ✧✧

Sergent Thawee Folk Museum

Visutkhasat Rd ☎ 055.212.749. T.l.j. 8h30-16h30. Entrée payante (50 THB).

Ce musée privé est l'œuvre d'un ancien sergent-major de l'armée thaïlandaise, peintre et fondeur de statues en bronze. Ce fils d'une famille pauvre de 12 enfants a su

^ Prang Sam Yod, Lopburi

GASTRONOMIE

Le poisson séché

Vous vous livrerez à une expérience olfactive inédite en visitant les **conserveries artisanales de poisson** fumé ou séché au soleil.

> À la sortie N de la ville.

évaluer à sa juste valeur un patrimoine menacé de dispersion et d'oubli. Il a rassemblé quantité d'**objets de la vie quotidienne** (jeux, instruments agricoles, textiles, produits pharmaceutiques, ustensiles de cuisine, moyens de locomotion...), le tout illustré de photos, soigneusement présenté et étiqueté.

On peut visiter la **fonderie** de ce même M. Thawee (un peu plus loin dans la même rue, sur le trottoir d'en face), et y observer certaines étapes du procédé de fonte à cire perdue (bien expliqué par des illustrations). Très éclectique, le sergent-major se consacre également à l'élevage et à l'entraînement de **coqs de combat** et de **tourterelles chanteuses** (coqs en cage et en liberté ; pas de combats sur place), comme vous le constaterez, au vu des trophées.

Kamphaeng Phet ✧✧✧

Carte p. 165 – À 108 km O de Phitsanulok par la route 117 vers le S, puis route 115 vers l'O. Bus réguliers depuis Sukhothaï, Tak et Phitsanulok. *Samlo* et *songthaew* sont commodes pour aller et venir entre la ville moderne et le site historique.

Construite au XIVe s. par le roi Li Taï (1347-1368), Kamphaeng Phet (« muraille de Diamant ») fut l'une des trois capitales du royaume de Sukhothaï (p. 172). C'est dans ses murs que se réfugia le dernier roi de ce royaume et qu'il se soumit à son rival d'Ayutthaya en 1378. Avant de constituer le dernier bastion de Sukhothaï face à la puissance montante d'Ayutthaya, Kamphaeng Phet fut utilisée comme **centre de commerce de céramiques** avec la Chine.

La cité ancienne se trouve sur la rive gauche de la rivière Ping. Ses vestiges, éparpillés sur 16 km^2, ont été abandonnés à la jungle jusqu'à la fin des années 1970, bien que le site ait été protégé depuis les années 1950.

Sur les 37 temples répertoriés, seuls quelques-uns ont été dégagés ; les archéologues poursuivent leur travail de restauration. Dépouillés de leur couche de stuc, les bouddhas se sont usés jusqu'à devenir des silhouettes informes et fantomatiques, évoquant les statues épurées et minimalistes produites par l'art moderne.

Une partie des édifices intéressants se trouve à l'intérieur des remparts, une autre à l'extérieur.

À L'INTÉRIEUR DES REMPARTS

T.l.j. 8h-18h. Entrée : 100 THB (intérieur et extérieur : 150 THB).

Musée national de Kamphaeng Phet

Mer.-dim. 9h-16h. Entrée payante (100 THB).

Situé derrière le Wat Phra Kéo, il présente des objets préhistoriques et historiques de toute la Thaïlande, en plus de ceux qui ont été découverts sur place. On peut y voir un bouddha assis considéré comme l'**une des pièces maîtresses de l'époque U Thong** (p. 369).

Wat Phra Kéo

Au cœur de la cité.

Ce temple important est construit en grès. Il se singularise par trois statues de Bouddha restaurées à l'excès (deux assises, une couchée), dont les disproportions amplifient l'étrangeté et l'élégance. Plusieurs statues squelettiques rappellent l'emplacement de bouddhas assis. Un *chedi* bien conservé, de style cinghalais, était soutenu par des éléphants dont on distingue les vestiges.

Wat Phra That

À l'E du Wat Phra Kéo.

Illustration du style classique de Kamphaeng Phet, c'est le deuxième monument de la cité par sa taille.

À L'EXTÉRIEUR DES REMPARTS

Parc historique, 2 km N-O de la ville moderne. T.l.j. 8h-18h. Entrée : 100 THB (intérieur et extérieur : 150 THB).

Wat Chang Rob

Attention, l'ascension des escaliers est périlleuse !

C'est le temple le plus spectaculaire de Kamphaeng Phet, avec son *chedi* reposant sur une plateforme soutenue par 68 demi-éléphants (tête et pattes avant). Bien que construits en stuc et en latérite, certains sont bien conservés.

HISTOIRE *Les tigres sauvages*

En 1564, Naret, prince thaï de 9 ans, découvrait la cour de Pegu, en Birmanie : ayant fait plier Ayutthaya, le vainqueur birman Bayinnaung avait pris soin d'y emmener l'héritier du trône en otage. Il voulait faire de Naret un vrai Birman, pour mieux assurer son pouvoir. Le prince apprit ainsi la langue, l'art de la guerre, les intrigues et les inimitiés. Naret, devenu par la suite Naresuan, était en effet un guerrier exemplaire lorsque ses « parents adoptifs » le rendirent à son Siam natal. Envoyé à Phitsanulok, il créa un mouvement de résistance clandestine, les « *Tigres sauvages* », et n'eut de cesse de combattre l'oppression birmane pour rendre son honneur à son pays. Naresuan, qui régna de 1590 à 1605, restaura la puissance d'Ayutthaya ; il fait toujours figure de héros national.

NATURE

Balades au vert

Plusieurs parcs nationaux ont été aménagés dans la province de Phitsanulok: **Phuhinrongkla, Nam Tok Chat Trakan, Thung Salaeng Louang et Phu Soi Dao**. Les Thaïlandais apprécient d'y passer des vacances en contact avec la nature. De nombreuses cascades peuvent aussi faire l'objet d'excursions comme **Poi** *(61km E de Phitsanulok)* ou **Kaeng Sopha** *(70km N-E)*.

> Rens. sur www.dnp.go.th.

Ce motif n'est pas rare; on le retrouve notamment au Wat Chang Lom de Si Satchanalaï (p. 176).

Wat Phra Si Ariyabot

Wat Phra Yuen

Ce temple tient son nom des quatre statues de Bouddha qui étaient nichées autour d'un bâtiment en forme de quadrilatère. On devine encore le bouddha assis, le bouddha couché et le bouddha en marche. Seul le bouddha debout a été refait, et il est impressionnant (on ne le voit pas de l'entrée principale du temple: il est caché derrière le grand pan de latérite).

Sukhothaï ✧✧✧

Carte p. 165, plan p. 175 – À 77 km N de Kamphaeng Phet par la route 101. Parc historique à 14 km O de la Sukhothaï moderne, sur la route de Tak, liaisons en taxi, en bus et *songthaew*.

Première capitale du Siam, de 1257 à 1379, Sukhothaï est **l'un des plus beaux sites historiques** du royaume. Implantée dans une ample vallée gardée à l'ouest par des collines boisées, elle illustre symboliquement, pour le peuple thaïlandais, l'émergence de la nation siamoise. Parmi les huit rois qui présidèrent à son destin, **Rama Khamhaeng** (1277-1317, p. 357) fut une sorte de Saint Louis, juste et compatissant. Une remarquable prospérité économique associée à une formidable vitalité artistique valut à Sukhothaï le titre de «**Cité du bonheur**» (encadré p. 174).

MUSÉE RAMKHAMHAENG

Plan p. 175 – À l'entrée du parc. T.l.j. 9h-16h. Entrée payante (150 THB).

Il rassemble de nombreux objets trouvés à Sukhothaï, mais aussi à Si Satchanalaï et à Kamphaeng Phet. Dans la salle du bas est exposé l'un des plus beaux exemples de **bouddha en marche**, attitude représentant l'Éveillé qui entre dans le monde des hommes pour leur montrer la voie. Dans la galerie du 1er étage, on peut admirer des **sculptures de Chiang Saen et Lopburi**, ainsi que des céramiques.

PARC HISTORIQUE

Plan p. 175 - T.l.j. 6h30-19h (caisse ferme 1h avant), jusqu'à 22h30 sam. Entrée payante (100 THB). Les temples sont bien signalés par des flèches. Panneaux explicatifs en anglais. Évitez la visite en milieu de journée; en se levant tôt (le parc ouvre à 6h), fraîcheur

Vue du parc historique de Sukhothaï >

et tranquillité sont garanties ! En se limitant aux ruines les plus spectaculaires (celles des 20 *wat* situés à l'intérieur de l'enceinte), 1/2 j. suffit. Mais il n'y a pas moins de 193 édifices répertoriés. Un **petit train** (60 THB) et des *samlo* électriques pour 4-5 pers. (200 THB/h) desservent les principaux monuments, mais il est beaucoup plus prisé de louer des **vélos** (loc. à l'entrée du parc ou en ville, pour les plus courageux : 30 THB). Pour les liaisons ville-parc historique, de nombreux *samlo* et *songthaew* proposent leurs services.

Le site archéologique de Sukhothaï s'étend sur environ 10 km d'est en ouest et autant du nord au sud. Une grande partie (à l'intérieur de l'enceinte) a été aménagée en **parc historique** ; on peut pousser jusqu'aux édifices situés à l'extérieur de l'enceinte pour y savourer la solitude.

À L'INTÉRIEUR DE L'ENCEINTE

Wat Mahathat

Plan p. 175.

Ce vaste édifice était jadis entouré de près d'un kilomètre de douves. Au centre se trouve un grand *chedi*, décoré à sa base de bas-reliefs en stuc où l'on distingue une procession de moines restaurée avec excès. Quatre tours de style khmer sont disposées en angle. **Deux bouddhas debout monumentaux**, également très restaurés, sont disposés symétriquement, et enfermés dans une sorte de sarcophage (leur posture initiale) en brique laissant dépasser la tête, ce qui donne au *wat* un aspect étrange. Avec ses **185 *chedi*** et ses **très nombreux sanctuaires**, ce temple était le plus important de Sukhothaï. Réservé aux dévotions de la famille royale, il est à l'origine de la tradition siamoise du « *wat* royal », perpétuée à Bangkok par le Wat Phra Kéo (p. 171), édifié à côté du Grand Palais.

Wat Si Sawaï

Plan ci-contre. À 300 m S-O du Wat Mahathat.

Fondé à l'époque où la région était sous domination khmère, il se rattache au **style Lopburi**. Il s'agissait à l'origine, d'un temple brahmane, et les décorations en stuc de ses trois *prang* (oiseaux mythiques et divinités) ont été ajoutées au XVe s.

Wat Sra Si

Plan ci-contre.

Entouré d'eau (d'où son nom de « temple de l'Étang sacré ») et accessible grâce à des ponts en bois, il se distingue par un **beau bouddha** monumental assis sur une plate-forme rythmée par six rangées de colonnes et tournant le dos à un stupa à la flèche effilée.

À L'EXTÉRIEUR DE L'ENCEINTE

Wat Phra Paï Louang

Plan ci-contre. Au N de la ville.

Vestige de l'époque khmère, il se trouvait au centre de la ville. L'édifice principal est un *chedi* pyramidal dans lequel furent murées de nombreuses statues de Bouddha. Les trafiquants d'antiquités ont fait preuve de plus de vivacité que le département des Beaux-Arts dans la chasse aux trésors, ce qui a contribué à enrichir quelques collections privées...

Wat Si Chum

Plan ci-contre. Au N de la ville. Entrée payante (40 THB).

Il est célèbre pour son **bouddha assis de 15 m de hauteur**. L'escalier dissimulé dans le mur, donnant accès à la tête de la statue, pourrait s'interpréter comme une représentation symbolique de l'accès au nirvana. Cet **escalier** permit à un roi de Sukhothaï d'insuffler une énergie surnaturelle à son armée en lui faisant croire que la statue parlait. Par chance, la victoire fut au rendez-vous, ce qui accrut le prestige du bouddha du Wat Si Chum.

Wat Saphan Hin

Plan ci-contre. À 2 km O. Entrée payante (100 THB).

On accède au *wat* par une chaussée constituée de dalles qui, probablement, était jadis un escalier. L'escalade (200 m de dénivelé) vous vaudra de nombreux mérites pour votre vie future, surtout si vous la faites en milieu de journée lorsqu'il fait chaud... Dominé par un bouddha debout de 12,5 m de haut, ce temple en ruine offre sur le site un **panorama** quelque peu escamoté par la végétation dense.

HISTOIRE La cité du bonheur

« Bienheureuse est la cité de Sukhothaï : l'eau regorge de poissons, le riz abonde dans les champs. Aucun droit n'est prélevé sur ceux qui empruntent les routes [...]. Libre à tous de faire le commerce des éléphants. Libre à tous de faire le commerce des chevaux. Libre à tous de faire le commerce de l'or et de l'argent [...]. Quand un différend surgit parmi les gens du peuple, les nobles ou les princes de sang, le roi ordonne une enquête loyale et tranche de sa haute autorité sans prendre le parti du voleur, sans témoigner non plus d'indulgence envers le simulateur. Car il n'éprouve aucune convoitise pour le riz appartenant à son prochain. Le roi Rama Khamhaeng entend l'appel de celui qui le sollicite, l'interroge alors et lui prête une oreille juste et attentive. » Inscription gravée sur la stèle de Rama Khamhaeng, au **musée Ramkhamhaeng** (XIIIe s. ; p. 172).

Le parc historique de Sukhothaï

Wat Chetupon

Plan ci-dessus. À 1,5 km S.

Construit entre 1292 et 1412, il est entouré d'une enceinte en schiste. Les larges murs de pierre du *mondop* sont travaillés à la façon du bois. L'***ubosot***, hall consacré (hors de l'enceinte), regarde vers le sud ; il est situé sur une élévation, et la zone sacrée est délimitée par **huit pierres orientées vers les points cardinaux**. Son *chedi* était autrefois gardé par quatre bouddhas illustrant chacun une attitude différente (debout, assis, couché, en marche). Bien qu'ayant perdu sa tête, le bouddha en marche est considéré comme un modèle du genre. La courbe de son épaule lui confère une majesté restée intacte.

Si Satchanalaï ✧✧

Carte p. 165, plan p. 176 – À 58 km au N de Sukhothaï par la route 101. Accès : le parc historique est situé à 15 km S de la ville moderne de Si Satchanalaï. On peut visiter le parc au départ de Sukhothaï (en taxi, bus et *songthaew*). Les édifices de Si Satchanalaï (204 monuments répertoriés) sont éparpillés sur un vaste espace. La visite peut se révéler fatigante, notamment si l'on veut se rendre jusqu'aux sanctuaires perchés sur les collines (attention aux serpents dans les herbes). Vous pourrez louer des vélos à l'entrée du parc ou faire la visite à moto-taxi. Rens. à votre hôtel ou à l'office de tourisme. T.l.j. 8h-16h30. Entrée payante (40 THB).

Moins connue que sa contemporaine Sukhothaï, Si Satchanalaï fut fondée au XIIIe s. par les vice-rois de Sukhothaï, au bord de la rivière Yom, et abandonnée sous le règne

Le parc historique de Si Satchanalaï et ses environs

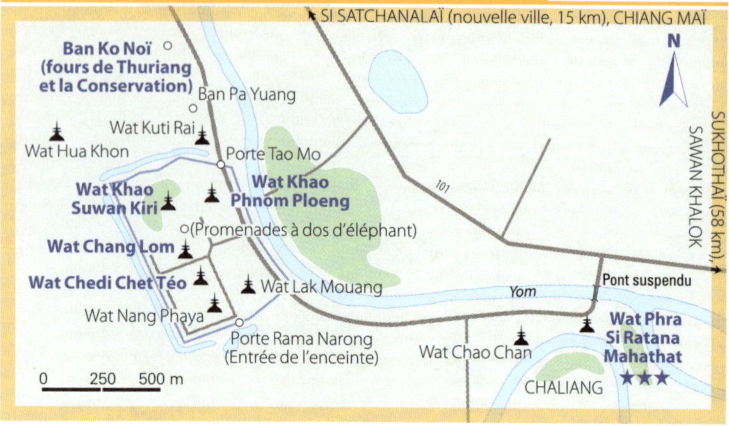

de Rama Ier (XVIIIe s.) au profit de Sawan Khalok, qui offrait davantage de protection contre les Birmans. À part quelques maisons de bois, la cité ne comprenait que des édifices sacrés, dédiés à Bouddha. Les **collines** et la **rivière** constituent le cadre naturel d'un décor étonnant hérissé de ***chedi*** élancés.

Le département des Beaux-Arts, qui a, heureusement protégé le site dès 1953, a effectué les travaux de restauration en plusieurs étapes. Le parc historique a été inauguré solennellement en 1990, et dédié à la mère du roi à l'occasion de son 90e anniversaire. Le vieux passeur a rangé sa barque qui permettait de traverser la rivière Yom : un pont permet désormais un accès par la route.

Wat Chang Lom

Plan ci-dessus – Au centre de l'enceinte.

Le « temple entouré d'éléphants » fut construit de 1285 à 1291, à l'initiative de Rama Khamhaeng, roi de Sukhothaï. La base de son stupa, en stuc et latérite, est décorée de **39 têtes d'éléphants** auxquelles le *wat* doit son nom. La terrasse supérieure supportait des statues de Bouddha méditant dans leurs niches, dont certaines ont été restaurées.

Wat Chedi Chet Téo

Plan ci-dessus – En face du Wat Chang Lom.

Ce temple doit son nom à **sept rangées de *chedi***, la plupart très endommagés. Plusieurs styles provenant du Sri Lanka, de Srivijaya et de Pagan y sont représentés. On remarquera **un beau bouddha bien restauré**, assis sous un *naga*, inscrit dans une niche face à l'entrée du sanctuaire, trahissant une influence khmère.

Wat Khao Phnom Ploeng

Temple de la Montagne du feu

Plan ci-dessus – Sur les collines, au N des temples principaux.

Ce temple est le plus proche de la rivière. Il vous faudra escalader la colline, mais votre effort sera récompensé si vous effectuez cette balade le matin : le soleil éclairant de face la calme méditation d'un grand bouddha assis en *Bhumisparsa mudrâ* (« prenant la terre à témoin de son illumination »).

Wat Khao Suwan Kiri

Temple de la Colline d'or

Plan ci-contre – À l'O du Wat Khao Phnom Ploeng.

Ce temple est dominé par un imposant *chedi* aux proportions harmonieuses.

DANS LES ENVIRONS DU PARC HISTORIQUE

Plan ci-contre – À quelques kilomètres du parc de Si Satchanalaï.

Wat Phra Si Ratana Mahathat ✧✧✧

Plan ci-contre – À Chaliang. À 2 km S-E du parc historique de Si Satchanalaï. Entrée payante. Visitez le site plutôt le matin, pour la lumière.

Le temple est construit sur une sorte de presqu'île formée par une boucle de la rivière Yom. Ses deux bâtiments principaux sont séparés par une plate-forme sur laquelle reposent un *chedi* circulaire de style cinghalais et un *prang* de style khmer. Devant le *prang* éclairé par le soleil levant, un grand bouddha assis (restauré) est flanqué à sa gauche d'un bouddha en marche, endommagé mais très expressif.

L'intérêt de ce temple provient aussi de ses deux bouddhas assis. Les deux statues sont drapées d'étoffe jaune. Vous remarquerez, à l'entrée du sanctuaire principal, deux linteaux bas dominés par une borne khmère décorée de quatre visages. Un joli petit **pont suspendu** enjambe la rivière Yom.

Ban Ko Noï et les fours de Thuriang

Plan ci-contre – À 6 km au N du parc historique de Si Satchanalaï. Quittez l'enceinte du côté opposé à l'entrée principale, vers le N, et traversez le petit village de Ban Ko Noï.

On a retrouvé autour de ce village environ 200 fours et plus de 500 pièces de céramique, dont un grand nombre était dans un excellent état de conservation.

Conservation

Plan ci-contre – T.l.j. 8h30-16h30. Entrée payante (100 THB).

On peut visiter ce centre, où sont exposées des poteries et où sont expliquées les techniques de fabrication traditionnelles. Des vendeurs vous proposent les fameuses **céramiques de Sawan Khalok**, généralement authentiques, puisque trouvées sur place. Pour en acquérir une, il faut se préparer à marchander avec grande détermination...

⌄ Wat Phra Si Ratana Mahathat

• NOS ADRESSES •

LOPBURI

OÙ DORMIR

Lopburi Inn

28/9 Narai Maharat Rd ☎03.641.2300. Environ 20€.

Situé dans la partie moderne de la ville, cet hôtel vieillot est très propre et bon marché... Un point de chute simple mais tout à fait honnête.

Lopburi Inn Resort

144 Tambon Tha Sala Rd ☎03.642.0777. Environ 50€.

Un hôtel moderne envahi par des singes décoratifs inoffensifs, en référence à la coutume locale. Une étape très acceptable et confortable où vous pourrez profiter de la belle piscine.

OÙ MANGER

De 10 à 15€

On peut préférer aux restos sino-thaïs de la rue Na Prakan le **White House Garden** (même rue), qui sert une excellente cuisine thaïe dans un cadre agréable.

PHITSANULOK

OÙ DORMIR

Pailyn

38 Boroma Trailokanat Rd ☎05.525.2411/5. Moins de 20€.

Cet hôtel moderne et très confortable n'a pas de cachet particulier mais il présente l'avantage d'être bon marché pour une étape d'une nuit.

Mayflower Grand Hotel Phitsanulok

39 Sanambin Rd, www.mayflowerphitsanulok.com. Environ 20€.

Cet hôtel aux prestations très correctes est situé sur la route de l'aéroport.

OÙ MANGER

De 10 à 20€

Au lieu de dîner en ville, optez pour l'un des pittoresques restaurants flottants de la rivière Nan. Sur le quai, on vous proposera d'embarquer pour un dîner-croisière et vous découvrirez le marché de nuit.

SPORTS ET LOISIRS

Activités

L'offre est variée en matière d'activités dans les différents parcs nationaux de la région de Phitsanulok *(rens. sur www.dnp.go.th)*. Des cascades peuvent faire l'objet d'excursions comme Poi (à 61 km E de Phitsanulok) ou Kaeng Sopha (à 70 km N-E). N'hésitez pas à faire appel à un guide, à solliciter le centre d'information des parcs ou encore votre hôtel : tous les hôtels sont habilités à organiser des excursions et des trekkings.

KAMPHAENG PHET

OÙ DORMIR

Il n'y a guère de choix pour l'hébergement, les touristes étant peu nombreux à visiter Kamphaeng Phet.

Phet Hotel

189 Bamrungrad Rd ☎ 05.571.2810, www.phethotel.com. Moins de 20 €.

Cet hôtel de centre-ville est très simple et un peu vieillot mais il présente un bon rapport qualité/prix.

Chakungrao Riverview

River View, Thesa Rd ☎ 05.571.4900, www.chakungraoriverview.com. Environ 30 €.

Sans charme aucun, cet hôtel du centre est néanmoins moderne et très confortable... Une étape correcte dans une ville où on manque un peu de choix.

OÙ MANGER

Moins de 5 €

Marché de nuit sur Thesa Rd. Voir également le marché central (intersection Vijit/Bantungjit Rd).

De 5 à 10 €

Vous trouverez plusieurs restaurants locaux et sympathiques sur la rivière, de l'autre côté du pont.

SUKHOTHAÏ

OÙ DORMIR

Vous pouvez loger dans la ville ancienne (en thaï : *Mouang Khao*), près du parc historique, ou dans la nouvelle ville (Sukhothaï).

Thai Thai Sukhothai Resort

95/8 Moo 3 Napho-Khirimas Rd Historical Park Mueang Kao ☎ 084.932.1006, https://thaithaisukhothairesort.business.site. Environ 25 €.

Un excellent rapport qualité-prix pour cet hôtel à la déco traditionnelle. Belle piscine, et excellent petit déjeuner.

Pailyn Sukhothaï

Sur la route principale qui mène au parc historique (à 4 km) ☎ 05.561.3310. Environ 30 €.

Cet hôtel classique, un peu vieillot est bien situé et dispose d'une piscine. On peut commander un tuk-tuk pour le parc historique.

The Legendha Sukhothai Resort

Près du parc historique ☎ 055.697.214, www.legendhasukhothai.com. Environ 75 €.

Idéal pour partir à vélo explorer les temples de Sukhothaï. Aux heures chaudes, dans un cadre de village thaï, vous profiterez de la piscine, à moins que vous ne préfériez le Spa ou les massages de pieds (400 THB)...

OÙ MANGER

De 10 à 20 €

Petits restos locaux à l'entrée du parc historique. En ville, le **Dream Café** *(Singhawat Rd ☎ 055.612.081. T.l.j. 17h30-23h)* est à recommander pour son ambiance originale, sinon pour sa cuisine.

‹ Cascade Poi

LA RÉGION Nord

Montagnes boisées, hautes vallées, rivières, jungle dense ou cascades... Le Nord, volontiers sauvage, est un pays de confins où se croisent Thaïlande, Laos et Birmanie, un carrefour de migrations, avec ses populations montagnardes. À Chiang Maï, capitale régionale, le plaisir de la découverte s'allie à ceux du sport et des loisirs en tout genre : trekking, descente de rivière en pirogue, promenade à dos d'éléphant, stage de cuisine thaïe ou de méditation... En remontant vers Chiang Raï, on croise de vieilles capitales assoupies au bord du Mékong, des villages de bambou où rampent les cochons noirs. L'ouest de la région, où les *chedi* de la colline de Mae Hong Son veillent sur la jungle birmane, reste à découvrir.

Mae Hong Son

La région Nord

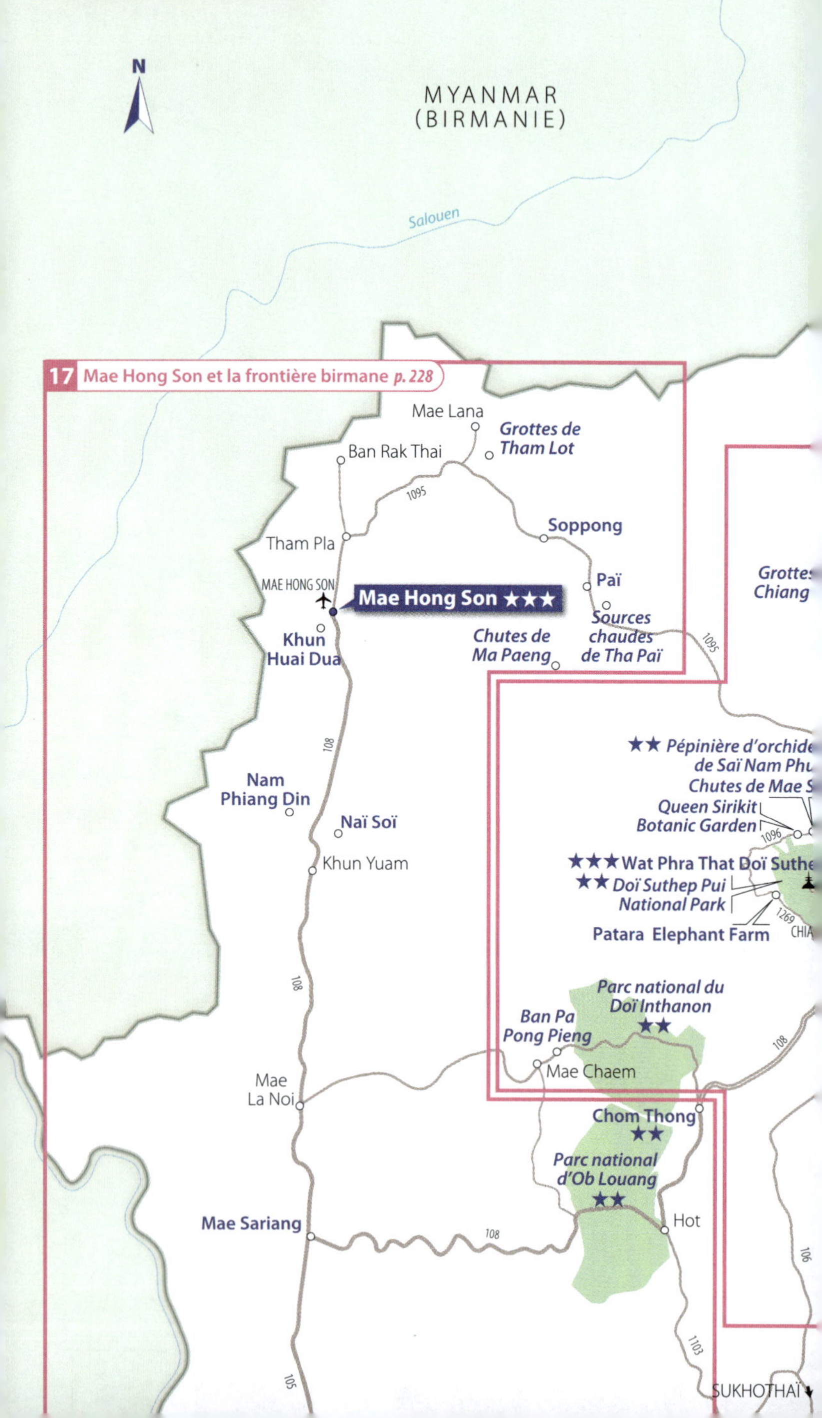

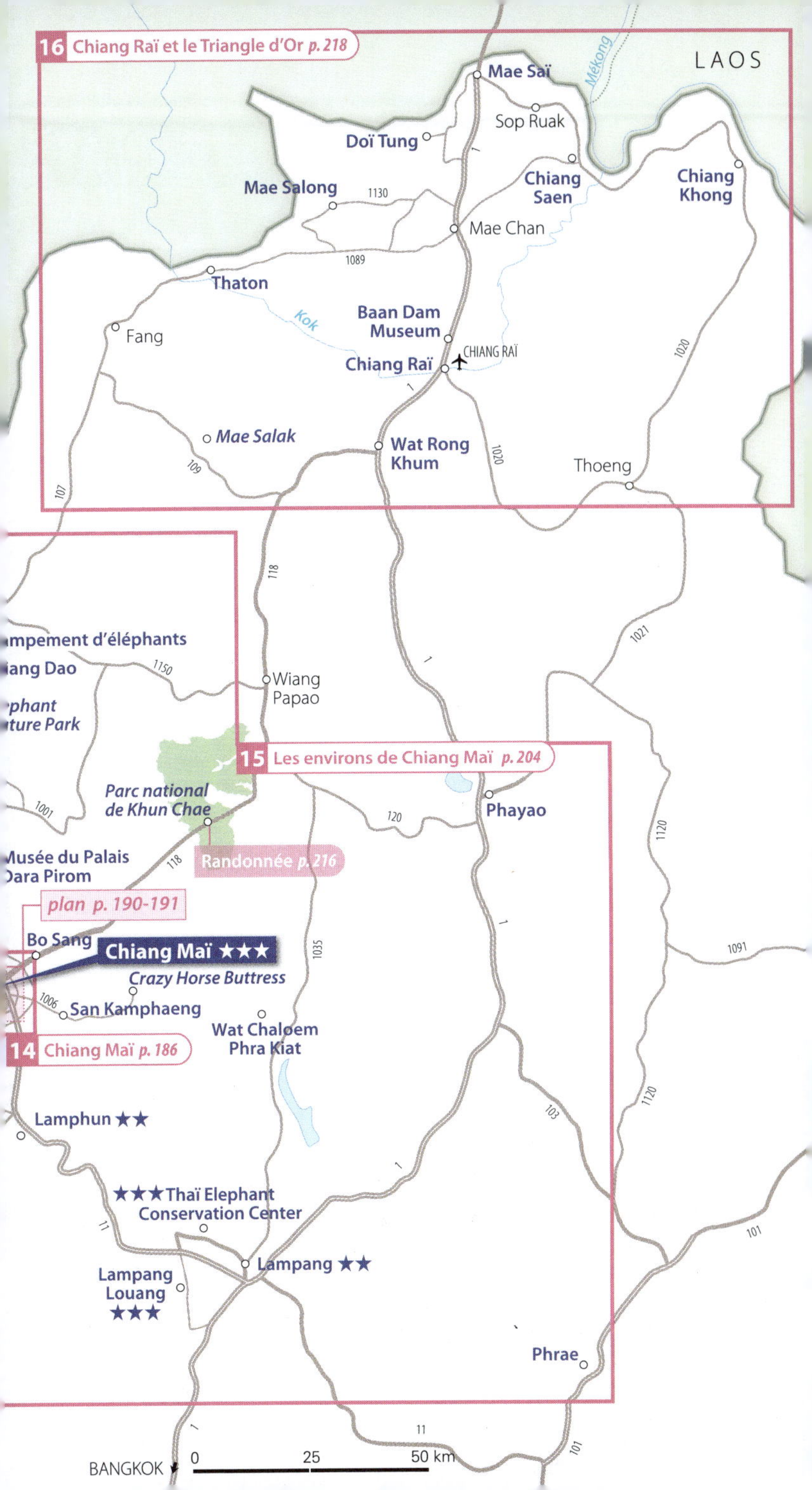
16 Chiang Raï et le Triangle d'Or p. 218
LAOS
Mae Saï
Mékong
Sop Ruak
Doï Tung
Chiang Saen
Chiang Khong
Mae Salong
1130
Mae Chan
1089
Thaton
Kok
Baan Dam Museum
Fang
Chiang Raï
CHIANG RAÏ
1020
Mae Salak
Wat Rong Khum
Thoeng
109
107
118
1021
ampement d'éléphants
iang Dao
1150
Wiang Papao
phant
ture Park
15 Les environs de Chiang Maï p. 204
Parc national de Khun Chae
Phayao
1001
120
Randonnée p. 216
1120
Musée du Palais
Dara Pirom
plan p. 190-191
Bo Sang
Chiang Maï ★★★
1035
1091
Crazy Horse Buttress
1006
San Kamphaeng
Wat Chaloem Phra Kiat
14 Chiang Maï p. 186
103
Lamphun ★★
★★★Thaï Elephant Conservation Center
11
101
Lampang ★★
Lampang Louang ★★★
Phrae
11
BANGKOK
0
25
50 km

PRATIQUE

Carte p. 182-183
Nos adresses p. 185

Accès à Chiang Maï

En avion

Aéroport

Plan p. 190-191 / HP par A3, à env. 3 km S-O de la ville ☎053.922.000, www.airportthai.co.th.

Depuis Bangkok: nombreux vols quotidiens avec les compagnies citées ci-contre. Pour rejoindre le centre-ville, le mieux est de prendre le taxi avec un *airport taxi* (env. 150 THB); vous pouvez vous procurer le ticket dans l'enceinte de l'aéroport.

Bangkok Airways
☎1771.

Nok Air
☎053.922.000.

Thaï Airways
☎02.356.1111 ou 053.922.150 (aéroport).

En train

Gare ferroviaire

Plan p. 190-191 / D3, Charoen Mouang Rd.

Depuis Bangkok: 5 trains/j. dont 2 express avec couchettes, (env. 14h).

En bus

Gares routières

Chiang Maï Arcade Bus Station

Plan p. 190-191 / D1. Trajets hors de la province, Kaeo Nawarat Rd.

Chang Phuak Bus Station

Plan p. 190-191 / B1. Trajets dans la province, Chang Phuak Rd.

Depuis Bangkok: comptez env. 10 bus/j. (env. 10h).

Se déplacer dans Chiang Maï

La vieille ville se découvre facilement à pied. Vous pouvez louer un vélo mais évitez de circuler avec hors des remparts! Pour se déplacer dans la ville moderne, rejoindre les musées ou les marchés, on utilise les tuk-tuks (marchandage impératif) et les *songthaew*, qui circulent sur des itinéraires fixes, et qu'il suffit d'arrêter au passage (très bon marché).
En revanche, les taxis sont beaucoup plus rares.

Informations touristiques

Alliance française
Plan p. 190-191 / C3, 179 Witthayu Rd ☎053.275.277, www.afthailande.org. Lun.-ven. 9h30-12h et 14h-18h30, sam. 9h-12h. De nombreuses projections de films français, des expositions, des conférences et une bibliothèque.

Internet
- www.chiangmai-online.com : adresses, suggestions de visites et d'activités, articles.
- www.chiangmai-news.com : généralités et infos pratiques, pages thématiques (tribus montagnardes, bouddhisme, etc.), calendrier des manifestations, liste de beaux livres sur l'artisanat local.

Police touristique
Plan p. 190-191 / C3. Un bureau à l'aéroport, un autre en ville, à côté du zoo de Chiang Maï, Srivichai Rd ☎1155.

TAT
Plan p. 190-191 / C2, 105/1 Lamphun Rd ☎053.248.604. T.l.j. 8h30-16h30. Dans une belle maison en bois de style thaï. L'accueil est sympathique et l'on peut y glaner beaucoup d'infos locales intéressantes.

Adresses utiles

Consulat

Agence consulaire de Chiang Maï
Plan p. 190-191 / C3 ☎053.281.466. Permanences à l'Alliance française (ci-dessus). Lun., mer., jeu et ven. 10h-12h.

Santé

Chiang Maï Ram hospital
Plan p. 190-191 / A2, 8 Boonreungrit Rd ☎053.920.300. Toutes les spécialités, dont pédiatrie et soins dentaires.

Central Chiang Maï Memorial Hospital
Plan p. 190-191 / C3, 186/2 Changklan Rd ☎053.819.333.

Lanna Hospital
Plan p. 190-191 / C1, 1. Sookkasam Rd ☎052.134.777.

Circulation à Chiang Maï

14

CHIANG MAÏ

Aujourd'hui, Chiang Maï est une ville aérée, assez étendue. Autour des vieux quartiers cernés par les douves se sont développés des quartiers modernes. Dans l'ancienne ville, vous pourrez assister au défilé de moines demandant l'aumône, flâner de temple en temple, à pied ou à vélo, visiter le Wat Phra Singh et découvrir l'histoire de la ville au Centre des arts et de la culture. Vous pourrez vous balader dans la rue Tha Phae pour faire un peu de shopping ou prendre un tuk-tuk pour découvrir le quartier branché de Nimmanhemin. En fin de journée, regardez le soleil se coucher depuis l'un des cafés de la rivière Ping.

PRATIQUE

- **Plan p. 190-191**
- **Nos adresses p. 195**

Visites

Chiang Mai Street food tours vous fera découvrir la richesse culinaire des marchés.
www.chiangmaistreet foodtours.com.
08.50.33.8161 (1200 THB / pers).

Des moines en procession devant le Wat Phra Singh

L'ESSENTIEL

À ne pas manquer

La vieille ville de Chiang Maï, ses temples charmants comme le Wat Chiang Man, son très beau Lanna Folklife museum.

Expériences

Commencer sa journée avec un très bon café au Ristr8to. Faire du shopping : vaisselle en céramique (Raming Tea House Siam Celadon), bijoux (Metta Craft)... Apprendre les secrets du pad thaï à la Thai Farm Cooking School.

Chiang Maï ✧✧✧

Avec ses maisons de teck enfouies sous la végétation et ses cyclo-pousses nonchalants, la « capitale du Nord » est restée longtemps une belle au bois dormant, au bord de la rivière Ping.

Située à 300 m d'altitude, celle que l'on appelle encore la « Rose du Nord » jouit d'un climat plaisant toute l'année. Sa population n'excède pas 200 000 habitants intra-muros, mais la croissance et l'extravagance ne l'ont pas épargnée au cours des dernières années. Cependant, l'effet de grâce perdure car la « Rose du Nord » symbolise pour beaucoup d'amoureux de la Thaïlande la quintessence de sa beauté, une sorte de ***shangri-la*** (« paradis ») où l'air est plus pur, les fruits plus doux, les temples plus gracieux...

Sur le plan artistique, le **style Lan Na** s'est trouvé profondément influencé par ses voisins birman et laotien (p. 368). Sa personnalité a pu s'épanouir à l'écart des autres royaumes dominants (Sukhothaï, Ayutthaya) en raison d'un isolement qui ne s'est trouvé rompu qu'au début du XXe s. : jusqu'en 1920, on ne pouvait en effet gagner Chiang Maï que par la rivière ou à dos d'éléphant !

Le centre touristique est à **Chang Klan Rd** (C3), où sont concentrés hôtels, commerces et marché de nuit *(entre la douve est et la rivière Ping)*. Quelques hôtels sont aussi implantés dans le quartier résidentiel de **Huey Kaeo Rd** (A1-A2), au nord-ouest. Parmi les très prestigieux hôtels de la vieille ville, on notera le **Rachamankha** dans la rue du même nom (A2).

Chiang Maï est la **capitale de l'artisanat thaïlandais**. C'est dans sa région que se fabrique la plus grande variété d'objets (bois, argenterie, tissages, laques). Le développement du tourisme a eu deux effets contraires : d'un côté, une dégradation de la qualité avec des fabrications en série, de l'autre une démarche créative consistant à revisiter la tradition en produisant des objets adaptés au marché international. Vos promenades en ville et dans les environs vous confronteront à ces deux visages de l'artisanat actuel.

LA VIEILLE VILLE, À L'INTÉRIEUR DES REMPARTS

Plan p. 190-191 / AB-2-3 – La vieille ville est enserrée dans un quadrilatère de douves d'environ 1,5 km de côté.

Ancienne capitale du **Lan Na Thaï**, royaume du « Million de Rizières », Chiang Maï fut la capitale du premier royaume indépendant établi dans le Triangle d'Or. Sa fondation remonte à 1296, à l'initiative du **roi Mengraï**, contemporain du grand Rama Khamhaeng de Sukhothaï dont il sollicita la protection. Près de 100 000 hommes furent mobilisés pour construire la place forte en forme de quadrilatère dont les remparts et les douves sont encore visibles et partiellement restaurés. De gré ou de force, la ville a entretenu des liens étroits avec le royaume de Louang Prabang (Laos) au cours de son histoire. Elle s'est aussi trouvée sous domination birmane pendant plus de deux siècles, de 1556 à 1775, date à laquelle le roi Taksin (Rama Ier) l'a récupérée **manu militari**.

Wat Chiang Man

Plan p. 190-191 / B2 – Rachaphakinai Rd.

Attribué à Mengraï, le fondateur de Chiang Maï, le Wat Chiang Man est le plus ancien temple de la ville. C'est aussi l'un des plus charmants, avec ses pavillons ornés de **statues en bois** et son *chedi* cerné par 15 éléphants sculptés. L'un des pavillons (dim. et fêtes bouddhiques) abrite

SHOPPING

Attention aux antiquités

La plupart des antiquités vendues à Chiang Maï arrivent en fraude de Birmanie, par les méandres d'un trafic lucratif. Troquées auprès d'un caravanier shan contre du sel ou des médicaments, elles se retrouvent chez les antiquaires au juste prix, c'est-à-dire cher.

Parallèlement à cette source miraculeuse, qui finira bien par se tarir, des « usines d'antiquités » fonctionnent à plein rendement, inventant les procédés les plus sophistiqués pour faire du vieux avec du neuf en un temps record...

˅ Night Bazaar

un **bouddha en cristal de roche**, qui a été apporté de Lamphun par le roi Mengraï, et qui a la réputation de provoquer la pluie. On le promène dans la ville tous les ans, au début de la saison des pluies. À voir : un **bouddha de marbre** qui aurait 2 500 ans.

Centre des arts et de la culture

Plan p. 190-191 / B2 – Vieille ville, Phra Pokklao Rd. Mar.-dim. 9h-17h. Entrée payante (180 THB), comprenant l'entrée au Lanna Folklife Museum et au Chiang Mai Historical Center.

Installé dans un ancien bâtiment de l'administration (1924), agréable construction avec ses patios et ses galeries intérieures, ce musée présente l'**histoire de la ville et de la région** à travers plusieurs salles thématiques, des dioramas bien conçus et de courts films. Le centre compte une importante bibliothèque et accueille des expositions temporaires.

Lanna Folklife Museum

Plan p. 190-191 / B2 – Phra Pokklao Rd. Mar.-dim. 8h30-17h. Entrée payante (90 THB).

Derrière la façade jaune pâle de l'ancien tribunal de la ville, un musée qui, sur deux étages, propose une immersion au cœur des arts et traditions du peuple Lanna. Un héritage multicentenaire, valorisé par des reconstitutions bien faites. Chiang Maï fut longtemps la capitale du royaume Lanna. De l'architecture des temples aux costumes, des croyances bouddhiques à la musique, des poteries et peintures aux rituels mystiques, tout ce qui faisait le quotidien du peuple Lanna est joliment mis en scène au fil des 18 salles.

> **GASTRONOMIE**
>
> *Chiang Mai street food tours*
>
> La visite nocturne de marchés pour découvrir que la cuisine thaïlandaise ne se résume pas au pad thaï ou au *pineapple fried rice*.
>
> > www.chiangmaistreetfoodtours.com
> ☎ 08.50.33.8161
> (1200 THB/pers).

Wat Phra Singh

Plan p. 190-191 / A2 – Singh Harat Rd.

Fondé en 1345, le « temple du Bouddha Lion » est le plus important de la ville. La statue à laquelle il doit son nom serait d'origine cinghalaise et se trouve dans un pavillon raffiné aux murs ornés de **fresques** du XVIe s. La **bibliothèque**, d'origine, présente des décorations remarquables en bois sculpté. Une récente restauration a redonné les couleurs du neuf aux édifices de ce temple.

Marché de Ratchadamnoen Rd

Plan p. 190-191 / B2 – Vieille ville, Ratchadamnoen Rd, entre Tha Phae Gate et Chaban Rd. Tous les dim. 17h-22h30.

Né dans les années 2000, ce petit marché est devenu très populaire. Il avait, à l'origine, une vocation exclusivement artisanale, mais la liste des produits et des activités n'a fait que s'allonger au fil des ans. On y voit donc aussi des musiciens, des spectacles de rue et des animations improvisées par des étudiants ou, parfois, par des *kathoeys* (p. 373). L'ambiance est très sympathique.

Wat Phan Tao

Plan p. 190-191 / B2 – Phra Pokklao Rd.

C'est un merveilleux et paisible petit temple tout en teck qui était à l'origine, lors de sa construction en 1846, la salle du trône d'un roi de la ville.

Chiang Maï

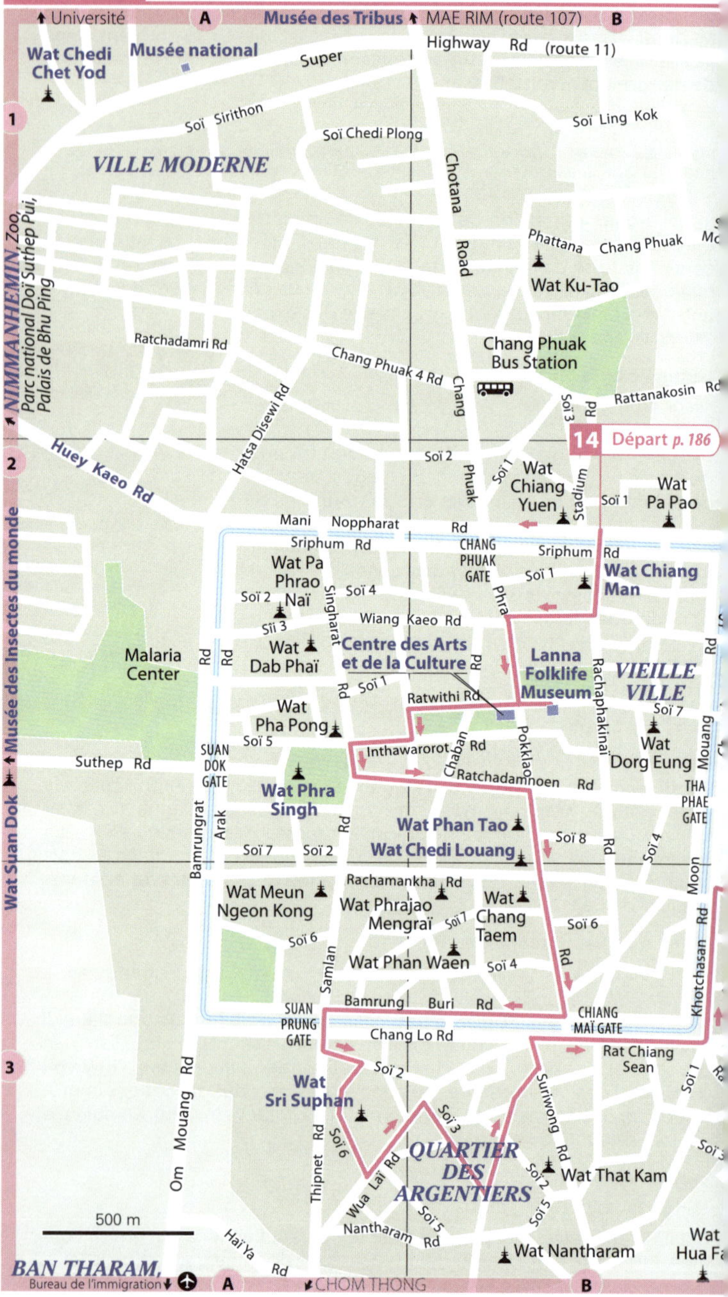
Université
A
Musée des Tribus
MAE RIM (route 107)
B
Wat Chedi Chet Yod
Musée national
Super Highway Rd (route 11)
Soï Sirithon
Soï Chedi Plong
Soï Ling Kok
VILLE MODERNE
Chotana Road
NIMMANHEMIN, Zoo, Parc national Doï Suthep Pui, Palais de Bhu Ping
Phattana
Chang Phuak
Wat Ku-Tao
Ratchadamri Rd
Chang Phuak 4 Rd
Chang Phuak Bus Station
Rattanakosin Rd
Hatsa Disewi Rd
Huey Kaeo Rd
Soï 3
Soï 2
Soï 1
Stadium Rd
14 Départ p. 186
Wat Chiang Yuen
Wat Pa Pao
Mani Noppharat Rd
Sriphum Rd
CHANG PHUAK GATE
Wat Pa Phrao Naï
Soï 4
Wat Chiang Man
Wiang Kaeo Rd
Singharat Rd
Wat Dab Phaï
Centre des Arts et de la Culture
Lanna Folklife Museum
Rachaphakinaï Rd
VIEILLE VILLE
Malaria Center
Ratwithi Rd
Wat Pha Pong
Soï 5
Soï 7
Wat Dorg Eung
Musée des Insectes du monde
Wat Suan Dok
Suthep Rd
SUAN DOK GATE
Inthawarorot Rd
Chaban Rd
Pokklao
Ratchadamnoen Rd
Mouang
THA PHAE GATE
Wat Phra Singh
Wat Phan Tao
Wat Chedi Louang
Soï 8
Arak
Bamrungrat
Soï 7
Soï 2
Rachamankha Rd
Wat Meun Ngeon Kong
Wat Phrajao Mengraï
Wat Chang Taem
Soï 6
Moon Rd
Khotchasan
Wat Phan Waen
Samlan
Bamrung Buri Rd
SUAN PRUNG GATE
CHIANG MAÏ GATE
Chang Lo Rd
Rat Chiang Sean
Soï 2
Wat Sri Suphan
Soï 3
Suriwong Rd
Om Mouang Rd
Thipnet Rd
Soï 6
Wua Laï Rd
QUARTIER DES ARGENTIERS
Wat That Kam
Soï 5
Nantharam Rd
Wat Nantharam
500 m
Haï Ya Rd
BAN THARAM, Bureau de l'immigration
CHOM THONG
1
2
3

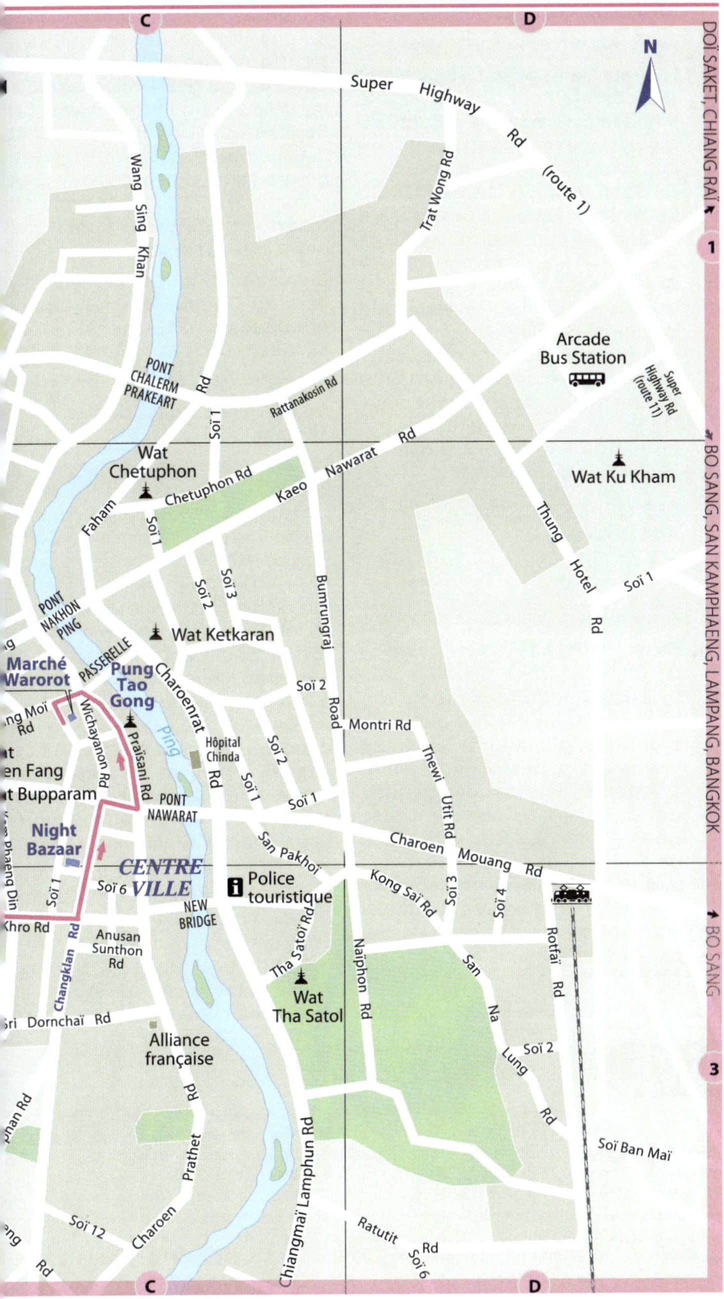
C
D
N
Super Highway Rd (route 1)
DOÏ SAKET, CHIANG RAÏ
Wang Sing Khan
Trat Wong Rd
1
Arcade
Bus Station
Super Highway Rd (route 11)
PONT CHALERM PRAKEART
Rd
Rattanakosin Rd
Soï 1
Wat
Chetuphon
Chetuphon Rd
Kaeo Nawarat Rd
Faham
Soï 1
Wat Ku Kham
BO SANG, SAN KAMPHAENG, LAMPANG, BANGKOK
Thung Hotel Rd
Soï 1
Soï 2
Soï 3
Bumrungraj Road
PONT NAKHON PING
Wat Ketkaran
Marché
Warorot
PASSERELLE
Pung
Tao
Gong
Charoenrat Rd
Soï 2
Wichayanon Rd
Praïsani Rd
Ping
Hôpital
Chinda
Soï 2
Soï 1
Soï 1
Montri Rd
Thewi Utit Rd
en Fang
t Bupparam
PONT NAWARAT
Night
Bazaar
CENTRE
VILLE
San Pakhoï
Charoen Mouang Rd
Police
touristique
Kong Saï Rd
Soï 3
Soï 4
Soï 1
Soï 6
NEW BRIDGE
Khro Rd
Changklan Rd
Anusan
Sunthon
Rd
Tha Satoï Rd
Wat
Tha Satol
Naïphon Rd
San Na Lung Rd
Rotfaï Rd
BO SANG
Sri Dornchaï Rd
Alliance
française
Soï 2
3
Prathet Rd
Chiangmaï Lamphun Rd
Soï Ban Maï
Soï 12
Charoen
Ratutit Rd
Soï 6

Wat Chedi Louang

Plan p. 190-191 / B2 – Phra Pokklao Rd.

Le Wat Chedi Louang a une valeur symbolique pour Chiang Maï : la légende assure que la sécurité de la ville dépend de la qualité de son entretien ! Il fut édifié en 1391 par le roi Saen Mouang Ma. En 1454, le roi Tilokaraj y apporta des transformations, élevant son *chedi* à 86 m. C'est aussi sous son règne que le Bouddha d'Émeraude (p. 401) fut enchâssé dans la niche orientale du *chedi*. Un siècle plus tard, un tremblement de terre endommagea le *chedi*, et ce n'est qu'en 1990 qu'une restauration fut entreprise. On verra aussi, dans l'enceinte du temple, deux jolis **pavillons** anciens en bois.

LES QUARTIERS DES ARTISANS

Au S et à l'O de la vieille ville se trouvent les artisans et boutiques spécialisées.

Argentiers de Wua Laï

Plan p. 190-191 / B3 – Quartier sud, sur Wua Laï Rd, entre les soï 3 et 5.

La communauté des argentiers est constituée surtout des descendants d'immigrés birmans provenant du bassin de la rivière Salouen et installés dans ce quartier depuis deux siècles. Cette origine *shan* (ou *thaï yaï*) transparaît dans les techniques et les motifs. Les objets le plus souvent exécutés, toujours très ouvragés, sont des bijoux, des coupes, des boucles de ceinture, des services à bétel.

En dépit de la modernisation du quartier, de vieilles maisons-boutiques en bois subsistent encore. Une petite allée du *soï* 2 de Wua Laï Rd cache le **Wat Sri Suphan**, un ancien monastère dont le Vénérable s'est érigé en gardien des traditions argentières : on peut y voir une forge à l'ancienne où œuvrent des artisans formés par des maîtres shans.

Bien que fabriqués hors des ateliers de **Chiang Maï**, les **bijoux ethniques** (p. 411) retiennent tout particulièrement l'attention par leur beauté et leur originalité.

Boutiques de laques de Ban Tharam

Plan p. 190-191 / HP par A3 – Quartier Ban Tharam, au S, route de Chom Thong.

La fabrication des laques est une illustration de la patience asiatique puisqu'il faut plusieurs mois pour réaliser un objet selon les techniques traditionnelles encore en usage. La matière première est une résine recueillie dans la forêt par les Karens. Elle est appliquée par couches successives sur un objet en bois ou en vannerie. Polies avec un mélange d'argile et de cendre, les neuf ou dix couches de laque mettent environ trois mois à sécher, dans une atmosphère entretenant une humidité optimale.

Les techniques évoluent sans sacrifier à la facilité : les laques à base de coquille d'œuf (p. 410) concurrencent désormais les objets dorés à la feuille. Cet artisanat délicat emprunte à la technique

GALERIES *Art and the city*

La ville a su attirer nombre d'artistes et de créatifs ces dernières années. On file à la **Suvannabhumi Art Gallery** *(116 Chareonrat Rd, **plan p. 190-191 / C2**)* pour découvrir des artistes exclusivement birmans, et leurs toiles évoquant un bonheur bucolique à la campagne. À la **Seescape Gallery** *(Nimmanhemin soï 1, **plan p. 190-191 / HP par A1**)*, on sera surpris par l'audace des artistes exposés, frôlant parfois la provocation. Sur place, on profitera du café à la déco très hétéroclite et de ses tables de pique-nique. Pour parachever cette parenthèse arty, on filera à quelques mètres de là se glisser dans de beaux draps à l'**Art Mai Gallery Hotel** *(21 Soï 3 Nimmanhemin Rd, voir p 196)*.

du batik, la colle remplaçant la cire qui s'utilise pour le tissu.

Dans le quartier de Ban Tharam, les boutiques spécialisées proposent de nombreux objets anciens en laque provenant surtout de Birmanie.

LE CENTRE-VILLE, À L'EXTÉRIEUR DES REMPARTS

Plan p. 190-191 / C2 – Le centre-ville est situé entre la douve E et la rivière Ping, avec Tha Phae Rd comme axe principal E-O et Chang Klan Rd comme axe N-S.

Night Bazaar

Plan p. 190-191 / C2 – Tous les soirs, sur Changklan Rd, entre Tha Phae et Loi Khro Rd. T.l.j. 17h-minuit.

Ce marché de nuit s'est développé sur l'emplacement d'un très vieux marché fréquenté par des caravaniers venus du Yunnan, à l'origine d'une communauté chinoise musulmane implantée à Chiang Maï depuis le XVe s. La municipalité a construit un édifice central en dur autour duquel vibrionnent d'innombrables marchands de rue, principalement sur Chang Klan Rd.

On y trouve pratiquement tout ce que l'on trouve à Bangkok, à l'exclusion des animaux vivants : vêtements, objets de décoration, bijoux, antiquités, vannerie, gadgets, tissus... Malheureusement, la qualité des articles proposés s'est dégradée au fil des ans. Méfiez-vous de la fausse soie, des fausses antiquités, des fausses bonnes affaires et, évidemment, des faux guides...

Une esplanade entière est dévolue à des restaurants populaires où l'on mange très correctement. Sur la rue principale, des femmes et des enfants appartenant à des minorités ethniques (Akhas, Lisus), en vrai ou faux costume, vendent des objets fabriqués à la va-vite par les grands-mères dans les villages montagnards. Certains travaux de broderie ou incrustations de tissus sont toutefois remarquables et très bon marché, eu égard au travail.

^ Marché Warorot

Temple Pung Tao Gong

Plan p. 190-191 / C2 – Entre la rivière et le marché.

Ce temple chinois, dédié aux ancêtres, a été édifié en 1876 (et refait en 1998).

Marché Warorot

Plan p. 190-191 / C2 – Angle Chang Moi Rd/Praisani Rd.

C'est le grand marché de jour de Chiang Maï, principalement à usage local. On y trouvera avant tout des produits alimentaires en quantités impressionnantes (thé, épices, fruits exotiques secs...), mais aussi des tissus, des vêtements, du matériel de cuisine et des objets d'artisanat moins chers qu'au marché de nuit, à condition de marchander. Les **restaurants de rue** sont nombreux et vous pourrez manger un snack. Allez ensuite flâner dans le grand **marché aux fleurs** le long de la rivière.

LA VILLE MODERNE

La ville moderne s'est développée en direction de l'université (N-O) et vers le N.

Musée national

Plan p.190-191 / A1 – Sur l'autoroute de Lampang, Super Highway, au N-O de la ville, à 400 m du Wat Chedi Chet Yod.

Mer.-dim. 9h-16h. Entrée payante (100 THB).

Témoignage de la richesse artistique de la région, ce vaste musée abrite de nombreux bouddhas et objets illustrant les styles des écoles de Chiang Saen, Sukhothaï, Lopburi, U Thong et Ayutthaya. Son département ethnologique présente des objets provenant des populations montagnardes. La visite est tout à fait intéressante.

Wat Chedi Chet Yod

Plan p. 190-191 / A1 – Sur l'autoroute de Lampang, Super Highway, à 400 m du Musée national.

Construit au XVe s. sur le modèle d'un temple de Bagan (Birmanie), lui-même inspiré d'un temple indien de Bodh-Gaya (où Bouddha connut l'illumination), il doit son nom à son *chedi* aux sept pointes (*chet yod* en thaï) effilées. Remarquez les beaux bas-reliefs figuratifs.

Musée des Tribus

Plan p. 190-191 / HP par A1-B1 – Ratchamangkla Park, Chotona Rd, sur la route 107 à 5 km N de la vieille ville. Lun.-ven. 9h-16h. Entrée libre.

Créé à l'initiative du Tribal Research Institute de l'université de Chiang Maï, le Tribal Museum présente de façon particulièrement attrayante la **vie quotidienne** et les **rituels des minorités de la région**. On y voit les costumes que chaque « tribu » arborait traditionnellement au quotidien. Présentes aussi, les réalisations de la famille royale en faveur des minorités. Vous pourrez consulter de nombreuses photos et vidéos.

Nimmanhemin, le coin des designers

Plan p. 190-191 / HP par A1 – Nimmanhemin Rd, près de l'hôtel Amari Rincome (route de l'université, au N-O de la vieille ville).

Depuis une dizaine d'années, des créateurs thaïlandais et étrangers ont investi un quartier périphérique pour y ouvrir **ateliers** et **boutiques** dédiés principalement à la **décoration** et à l'**art de vivre**. On y trouve des objets originaux et raffinés qui sont souvent inspirés de l'artisanat traditionnel et adaptés au goût et à la mode occidentaux. Une multitude de boutiques, de cafés et de restaurants se succèdent dans les rues perpendiculaires à **Nimmanhemin** (soï 1 à 11). On peut facilement passer l'après-midi dans ce quartier bobo thaï !

Musée des Insectes du monde

Plan p. 190-191 / HP par A2 – Siri Mankalajan Rd, soï 13 (route de l'université, au N-O de la vieille ville). T.l.j. 10h-15h. Entrée payante (200 THB).

Fondé en 2002 par Khun Manop (surnommé « monsieur Moustique ») et son épouse, tous deux entomologistes, ce musée présente toutes sortes de bestioles a priori peu fréquentables : cafards, moustiques, termites, scorpions, araignées...

Wat Suan Dok

Plan p. 190-191 / HP par A2 – Chern Doi Rd, en face de l'école dentaire.

Le « temple du Jardin fleuri » doit son nom à son origine : il s'agissait d'un jardin d'agrément dédié à la cour du Lan Na. Les restaurations successives ont quelque peu altéré le caractère originel du temple, qui abrite un très vieux bouddha de style Chiang Saen. Derrière le *chedi*, on peut voir des stupas renfermant les cendres de membres de la famille royale de Chiang Maï. L'endroit est devenu un lieu d'échange culturel et spirituel avec les ***monk chats*** (causeries) organisées depuis quelques années par l'université bouddhique de Chiang Maï.

Pour un peu de fraîcheur, faites une halte chez ***Pun Pun*** (p. 198) à l'ombre du banian, dans l'enceinte du temple.

• NOS ADRESSES •

CHIANG MAÏ

OÙ DORMIR

Une nouvelle génération d'hôtels de charme est apparue entre l'hôtellerie traditionnelle sans cachet et celle des *guesthouses*.

DANS LA VIEILLE VILLE

Bloomin' Moon Hostel

Plan p. 190-191 / A3 – 66/1 Samlarn Rd, Tambon Phra Sing 065.497.4163. Moins de 25 €.

Au rez-de-chaussée, c'est d'abord un café au bon parfum de gaufres qui accueille les visiteurs. À l'étage, des dortoirs et chambres privées impeccables, à prix tout doux.

The Buri

Plan p. 190-1910 / B2 – 102 Ratcha-damnoen Rd 05.341.6500, www.burigallery.com. De 25 à 50 €.

Cet hôtel à l'emplacement idéal réserve un accueil charmant et efficace ainsi que de nombreux services (piscine, restaurant, agence de voyages...), le tout avec un très bon rapport qualité/prix. Les chambres les plus simples ne sont pas immenses mais sont très joliment décorées, dans un style Lan Na modernisé. Une très bonne étape. Promotions et forfaits intéressants à découvrir sur le site Internet.

Villa Duang Champa

Plan p. 190-191 / B2 – 82 Ratchadamnoen Rd 05.332.7199, www.villaduangchampa.today. De 25 à 50 €.

Cet hôtel de charme propose des chambres toutes différentes, à l'ambiance un peu surannée. Concert dim. (17h-23h) et lun. (19h-23h) en terrasse. Petit déjeuner simple, mais vous aurez le plaisir de déguster du vrai café !

Bodhi Serene

Plan p. 190-191 / B3 – 110 Ratchaphakhinai Rd 05.390.3900, www.bodhiserene.com. Environ 80 €.

Séjourner dans cet hôtel permet d'explorer facilement la vieille ville à pied ou à vélo (50 THB par j.). Les chambres, dotées de balcon, sont confortables et joliment décorées dans un mélange de style Lan Na et chinois. Agréable piscine pour se rafraîchir entre deux visites. Du lun. au ven. à 19h, une navette gratuite vous emmène au marché de nuit.

The Rim

Plan p. 190-191 / A2 – 51/2 Arak Rd 05.390.3999, www.therimchiangmai.com. De 110 à 130 €.

Installé dans une superbe et ancienne maison en teck de style Lan Na enfouie dans un jardin luxuriant, cet hôtel recèle des chambres décorées et meublées avec goût et sobriété d'objets et de tissus traditionnels. Les balcons donnent sur une belle piscine. L'ambiance est calme et raffinée. Goûtez la bonne cuisine thaïe du restaurant **The Canal**.

U Chiang Maï

Plan p. 190-191 / B2 – 70 Ratchadamnoen Rd 05.332.7000, www.uhotelsresorts.com. De 110 à 130 €.

Ce bel hôtel se compose de trois bâtiments, dont l'un (réception, Spa, bibliothèque) était autrefois la résidence du gouverneur de la ville. L'aile contemporaine qui abrite les chambres est organisée en U autour d'une agréable piscine – les chambres du r.-d.-c. y accèdent directement. La décoration, sobre et moderne, est très réussie.

Tamarind Village

Plan p. 190-191 / B2 – 250/1 Ratchadamnoen Rd 05.341.8898, www.tamarindvillage.com. Environ 180 €.

Construite autour d'un tamarinier bicentenaire, cette oasis de calme et de sérénité offre une élégance dénuée de sophistication. Tout en simplicité, les chambres sont d'un confort extrême. Spa, piscine, agence de voyages et un excellent restaurant de cuisine traditionnelle, bref, un hôtel charmant, intime et raffiné où l'on a envie de s'installer. Attention en saison haute, le prix des chambres s'envole : compter 223 € pour une chambre pour deux, petit déjeuner compris.

CENTRE-VILLE ET RIVIÈRE

Sleep Guesthouse

Plan p. 190-191 / B2 – 26/1 Moon Muang Rd Soï 7 Tambon Sripoom Ampur Muang ☎089. 635.9750. De 50 à 70 €.

Des chambres dotées de lits très confortables, dans lesquels il est facile de faire de beaux rêves. Les hôtes ne sont pas avares en bons conseils pour explorer la ville.

Rimping Village

Plan p. 190-191 / C2-3 – 13/1 soï 2, Chiang Mai-Lamphum Rd ☎05.324.3915, www.rimpingvillage.com. De 50 à 80€.

Les chambres de ce boutique-hotel très zen offrent un confort agréable, sans ostentation. Le copieux petit déjeuner se prend au bord de la piscine, à l'ombre d'un arbre tropical monumental. Enfin le prêt de vélos permet de se déplacer facilement.

The Empress

Plan p. 190-191 / C3 – 199/42 Changklan Rd ☎05.325.3199, www.empresshotels.com. De 50 à 80€.

Proche du Night Bazaar, ce grand établissement moderne n'est pas précisément un hôtel de charme mais il offre un confort remarquable à un prix exceptionnel. Les chambres sont dignes d'un 4-étoiles, tout comme les équipements. Chambres familiales, baby-sitting, piscine, trois restaurants, agence de voyage. Transfert de l'aéroport : 100 THB par pers.

Amata Lanna Village

Plan p. 190-191 /HP par C3 – 8 Jai Kaeo Rd ☎053.141.991, www.amatalanna.com. De 80 à 100€.

♥ 14 chambres parsemées de teck, décorées avec beaucoup de goût dans le style Lanna, où l'on sent que le moindre détail a été choisi avec soin. Autres très bons points : la piscine pour se rafraîchir entre deux visites, le petit déjeuner délicieux, et bien sûr la grande gentillesse du personnel.

DU CÔTÉ DE NIMMANHEMIN

Art Mai Gallery Hotel

Plan p. 190-191 / HP par A1 – 21 soï 3, Nimmanhemin Rd ☎05.389.4888, www.artmaigalleryhotel.com.

Sur chacun des sept étages, la décoration d'une chambre a été confiée à un artiste thaï. Impressionniste, surréaliste, pop... L'hôtel met un point d'honneur à nourrir «l'art-spiration» de ses hôtes. Il y a une piscine au dernier étage.

OÙ MANGER

Il y a un grand choix de restaurants à Chiang Maï, où les cours de cuisine abondent également, signe que la nourriture est un sujet pris au sérieux! Les restaurants de rue dans les marchés sont nombreux. N'oubliez pas non plus les restaurants des grands hôtels, qui servent pour la plupart une excellente cuisine dans un cadre remarquable.

DANS LA VIEILLE VILLE

Au niveau de Chiang Maï Gate, les restaurants de rue s'installent à partir de 17h : l'endroit est idéal pour grignoter un riz frit ou un plat de nouilles dans une ambiance vraiment locale.

Ginger & Kafe (thaï, fusion)

Plan p. 190-191 / B2 – 199 Moonmuang Rd ☎053.287.681, www.thehousebygingercm.com. T.l.j. 10h-23h. Moins de 10€.

Une adresse où la déco comme la cuisine aiment bousculer les idées reçues. C'est inattendu, mais délicieux, avec de bons produits. Et, ce qui ne gâche rien, les fauteuils sont très confortables.

Chez Marco (français)

Plan p. 190-191 / B3 – 15/7 Loi Kroh Rd ☎05.320.7032. T.l.j. sf dim. 11h30-14h30 et 17h30-minuit. De 10 à 25€.

Très bon restaurant de cuisine méditerranéenne et française. Steak au poivre (790 THB), ratatouille (125 THB), carpaccio (295 THB), crème brûlée (125 THB)... à déguster de préférence en terrasse, pour observer l'animation sur Loi Kroh. Bon choix de vin.

Favola (italien)

Plan p. 190-191 / C3 – Le Méridien, 108 Chang Klan Rd ☎05.325.3299, www.lemeridienchiangmai.com/favola. T.l.j. 11h-23h. De 10 à 25€.

Des pizzas (à partir de 290 THB) cuites au four à bois, d'excellentes pâtes (à partir de 330 THB) servies dans des poêles en fonte, une cuisine ouverte, un personnel très attentionné et un cadre contemporain chic font de cette adresse un des meilleurs italiens de la ville.

B Samcook Home 16

Plan p. 190-191 / B3 – 5 Kampaengdin Rd, soï 3 📞091.854.5391. T.l.j. 8h30-17h. De 25 à 40 €.

C'est bien connu, on mange d'abord avec les yeux. Et assurément, dans ce restaurant, les papilles se régalent à parité avec les pupilles. De l'entrée au dessert, le chef cuisine divinement bien et ne rechigne jamais à venir à table raconter l'histoire de ses plats. Au besoin, le retour jusqu'à votre hôtel est offert par le restaurant. Un sans-faute !

The House (thaï, fusion)

Plan p. 190-191 / B2 – 199 Moon Mouang Rd 📞053.287.681, www.thehousebygingercm.com. De 25 à 40 €.

Bar à tapas, bar à vin, cuisine thaïe et de style *fusion*. Plusieurs espaces de restauration, intérieurs et extérieurs, sont aménagés dans une belle maison où s'est aussi installée une jolie boutique de créateur. Un établissement très fréquentable aussi bien pour le thé, le café ou l'apéritif, que pour un dîner léger ou gastronomique. C'est également un lieu de shopping réputé et original (p. 199).

AU CENTRE-VILLE

Mustafa Rotee

Plan p. 190-191 / C2 – Au r.-d.-c. du Night Charoen Prathet Rd, en face de Chiang Mai Mansion 2, Tambon Chang Khlan. T.l.j. 17h-22h. Moins de 10 €.

Préparées devant les clients, les galettes garnies (à l'œuf, au poulet, au bœuf... et même à la banane et au chocolat) et bien croustillantes de Mustafa sont aussi copieuses que savoureuses. Ne vous attendez pas à une décoration particulièrement soignée – le lieu est tout ce qu'il y a de plus basique. Mais une chose est sûre, vous vous régalerez pour une poignée de bahts.

Aroon Raï (Lan Na)

Plan p. 190-191 / B2 – 45 Khotchasan Rd 📞053.276.947. T.l.j. 10h-20h30. De 10 à 25 €.

Ce restaurant qui ne paie pas de mine est une véritable institution. Attention l'endroit ferme tôt le soir, ne venez pas après 20h.

AU BORD DE LA RIVIÈRE

Deck 1 (fusion)

Plan p. 190-191 / C2 – 1/14 Charoenrat Rd 📞053.302.788, www.thedeck1.com. T.l.j. 7h-22h. De 10 à 25 €.

♥ Un lieu où l'on peut venir du matin au soir, du petit déjeuner au dîner déguster des plats thaïs et occidentaux raffinés. La décoration moderne est très réussie, tout comme la belle terrasse donnant sur la rivière, avec ses canapés garnis de coussins moelleux... Un lieu vraiment très agréable.

Rak Tha Nam Restaurant (thaï)

Plan p. 190-191 / HP par C3 – 168 Moo 3, Phadad Rd 📞053.275.125. T.l.j. 11h-22h. De 10 à 25 €.

♥ Installé dans une magnifique maison en teck moderne sur la rive ouest de la rivière Ping, cet établissement à l'ambiance très agréable propose une carte limitée mais sert une cuisine savoureuse.

Hôtel Rachamankha

Seul Relais & Châteaux du nord du pays, cet hôtel de Chiang Maï est remarquable à plus d'un titre. Les architectes thaïs qui l'ont construit peuvent être considérés comme étant à l'origine du renouveau du style Lan Na en Thaïlande. Pour bâtir ce splendide ensemble de galeries et de cours intérieures, qui n'est pas sans rappeler le grand temple de Lampang Louang (p. 213), ils ont patiemment rassemblé de nombreux éléments architecturaux de la région et chiné des pièces de collection qui meublent et décorent les 25 chambres. Rien ne manque pour garantir un séjour parfait dans une ambiance raffinée...

À défaut d'y séjourner, on peut dîner à l'excellent restaurant (20-40 €) réputé notamment pour sa cuisine d'inspiration birmane.

> **Plan p. 190-191 / A2** - 6 Rachamankha Rd 📞05.390.4111, www.rachamankha.com. Env. 325 €.

Hôtel 137 pillars

Avec ses 30 suites de 70 m2 minimum, cet hôtel, ouvert en 2011, offre calme, luxe et repos. Une maison en teck centenaire abrite le restaurant et des salons cosy. La piscine est mise en beauté par un mur végétal. Les chambres sont confortables et raffinées. Si c'est une folie d'y passer la nuit, vous pouvez profiter de l'happy hour de 16h à 19h.

> **Plan p.190-191 / C2** - 2 soï 1, Nawatgate Rd 📞 05.324.7788, www.137pillarshouse.com. Env. 380 €.

EN PÉRIPHÉRIE

Pun Pun (végétarien)

Plan p. 190-191 / HP par A2 – Dans l'enceinte du temple Wat Suan Dok. T.l.j. 8h-16h. Moins de 5 €.

♥ Au menu, salade de fleurs (70 THB), jus de fruits frais et plats de légumes thaïs... Dans ce restaurant végétarien, on cuisine les produits bio de cultivateurs locaux.

Houn Soontaree Vechanont (thaï)

Plan p. 190-191 / HP par B1 – 208 Pa Tan Rd (à 2 km N de la Super Highway) 📞 083. 860.8196. Oct.-mars : t.l.j., avr.-sept. t.l.j. sf lun. De 10 à 25 €.

♥ Ce restaurant thaï, qui appartient à une chanteuse de variétés très populaire, est un petit bijou et un secret bien gardé. Très joliment décoré d'objets antiques et traditionnels, il est niché dans une maison ancienne au sein d'un jardin, non loin de la rivière. La carte est immense, la cuisine succulente, et la maîtresse des lieux est très souvent au micro. Seul inconvénient: il faut y aller en taxi, ce qui tend à faire augmenter le prix du repas...

Old Chiang Maï

Plan p. 190-191 / A3 – 185/3 Wua Lai Rd 📞 053.202.993, www.oldchiangmai.com. T.l.j. 19h-21h30. Spectacle à 20h. De 10 à 25 €.

Plusieurs restaurants dépendent du **Old Chiang Maï Cultural Center**, musée vivant des minorités. On y donne des spectacles de danse et de musique, et des dîners *khantoke* (servi sur un plateau en bois), à partir de 570 THB, hors boisson.

Baan Suan (thaï)

Plan p. 190-191 / HP par B1 – 25 Moo3, San Phi Sua. De 25 à 40 €.

♥ C'est l'un des meilleurs restaurants hors de la ville. Installé dans plusieurs maisons en teck, il offre la possibilité de manger à l'intérieur ou dans le jardin.

CAFÉS, SALONS DE THÉ

DANS LA VIEILLE VILLE

Fern Forest

Plan p. 190-191 / A2 – 54/1 Singharak Rd 📞 053.416.204. T.l.j. 8h30-18h15.

Charmant jardin pour siroter un jus de carotte ou boire un café. Également un bon choix de gâteaux et de sandwichs.

CENTRE-VILLE

Raming Tea House Siam Celadon

Plan p. 190-191 / C2 – 158 Tha Phae Rd 📞 053.234.518, www.facebook.com/Raming-Tea-House-Siam-Celadon. T.l.j. 8h30-17h30.

♥ Cette superbe maison en teck du début du XXe s. abrite un salon de thé avec un jardin plein de charme pour une pause bienvenue. On peut y goûter (et y acheter) le thé maison (à partir de 40 THB la tasse), des spécialités légères, voire y acheter de beaux objets en céladon (à partir de 40 THB) exposés dans la boutique.

EN PÉRIPHÉRIE

Ristr8to

Plan p. 190-191 / HP par A1 – 15/3 Nimmanhemin (entre soï 3 et soï 5) ☎053.215.278, www.ristr8to.com. T.l.j. 7h-17h.

Un très bon café (88 THB) dans un sympathique quartier bobo.

CLUBS

Beaucoup d'animation le long de la rivière, sur Charoenrat Rd. Dans la vieille ville, l'ambiance est plus « routard ».

The Riverside Bar & Restaurant

Plan p. 190-191 / C2 – 9-11 Charoenrat Rd ☎053.243.239, www.theriversidechiangmai.com. Rés. recommandée.

Le succès est bien mérité pour ce bistro ouvert dans les années 1970 par des Hollandais. Cuisine thaïe et internationale et musique live à partir de 19h45. Chaque soir, le restaurant organise un dîner-croisière (prix du bateau : 180 THB, plats à partir de 300-600 THB) sur la rivière Ping.

Bars

De nombreux bars se trouvent sur Loi Khro Rd, à l'intersection de Khotchasan Rd (plan p. 190-191 / B2).

The Service 1921 Restaurant & Bar

Plan p. 190-191 / C3 – 123 Charoen Prathet Rd ☎053.253.333. T.l.j. 12h-00h30.

Un bar à cigares très chic.

Jazz

The Empress

Plan p. 190-191 / C3 – (voir l'Hôtel Empress, p. 196). T.l.j. 20h-minuit.

Discothèques

Dans les grands hôtels. Pour repérer les établissements les plus en vogue de Chiang Maï, il suffit de compter le nombre de motos stationnant sur le parking !

SHOPPING

Beaucoup de tentations dans la grande ville du Nord d'où provient l'essentiel de l'artisanat du pays. Des affaires au marché du dim. dans une ambiance sympathique. Une succession de jolies boutiques sur **Tha Phae Rd** *(plan p. 190-191 / B-C2)*. Pour des détails sur le marché de nuit, **Night Bazaar** et les artisans, reportez-vous aux visites p. 193.

Art de vivre et épicerie fine

The House

Plan p. 190-191 / B2 – www.thehousebygingercm.com (voir le restaurant The House, p. 197). T.l.j. 10h30-22h30.

♥ Trois boutiques (Ginger, The House Shop et Nomad) dans ce restaurant proposant vaisselle colorée en mélamine, coussins, sacs, vêtements, bijoux, etc. **Raming Tea House Siam Celadon** (p. 198), pour les porcelaines et le thé !

Bijoux

Nova

Plan p. 190-191 / C2 – 179 Tha Phae Rd ☎05.327.3058, www.nova-collection.com. Lun.-sam. 9 h-19h, dim. 10h-18h.

De très belles créations contemporaines pour changer des bijoux ethniques (à partir de 3500 THB). Également, cours d'initiation à la joaillerie : 1750 THB pour 5h.

Metta Craft

Plan p. 190-191 / C2 – 33 Tha Phae Rd ☎086.431.3168 et 053.818.148. T.l.j. 10h-22h.

De jolis bijoux modernes et bon marché par une créatrice thaïlandaise qui utilise des pierres semi-précieuses.

Commerce équitable

Heritage Silk and Cotton by Decha

Plan p. 190-191 / C2 – 23/6 Charoen Prathet Rd ☎081.681.3166, www.facebook.com/heritagechiangmaibydecha. T.l.j. sf dim. 9h30-17h.

Par une jeune créatrice locale, des robes en soie (2000 THB), des foulards en soie (700 THB), en coton (450 THB), des chemisiers en soie ou en coton. Des

^ Tuk-tuk près des remparts

teintures végétales sont utilisées pour certains articles.

Thaï Tribal Crafts

Plan p. 190-191 / C2 – 208 Bamrungrat Rd ☎053.241.043, www.ttcrafts.co.th. T.l.j. sf dim. 9h-17h.

Beaucoup de belles choses très bon marché dans cette boutique qui promeut de longue date le commerce équitable avec les tribus montagnardes. Par exemple, on trouve de jolis foulards très colorés à partir de 500 THB. C'est un endroit pour faire le plein de souvenirs avant le retour.

Elephant Parade House

Plan p. 190-191 / C2 – 154-156 Charoenrat Rd ☎05.324.6448., www.elephantparade.com. T.l.j. 10h-20h.

À l'origine, des artistes qui décident de customiser des sculptures d'éléphants, et de reverser les profits à des associations de protection des pachydermes. L'initiative a si bien fonctionné qu'elle a été pérennisée. On vient dans cette boutique acheter une sculpture très colorée, ou prendre les pinceaux pour créer son œuvre (compter 600 THB pour peindre un éléphant de 10 cm, 1000 THB, pour un éléphant de 15 cm). Les enfants adorent.

SPORTS ET LOISIRS

Chiang Maï compte un grand nombre d'agences de voyages et de bureaux de tourisme offrant toutes sortes de prestations, de la location de voiture au trek de 5 j. en passant par la visite du Doï Suthep et les cours de cuisine. La plupart des hôtels et des *guesthouses* remplissent aussi ces fonctions.

Écoles de cuisine

Chiang Maï Thaï Cookery School

Plan p. 190-191 / B2 – 47/2 Moon Mouang Rd (en face de Tha Phae Gate) ☎053.206.388 ou 053.206.833, www.thaicookeryschool.com. T.l.j. 10h-16h. Rés. conseillée. Cours : 40 €.

La première école du genre.

Gap's Thaï Culinary Art School

Plan p. 190-191 / B2 – 3 Ratchadamnoen Rd, soï 4 ☎053.278.140, www.gaps-house.com. À partir de 20 €/pers. Rés. par tél.

Également *guesthouse* et agence de voyages...

Siam Thaï Cookery School

Plan p. 190-191 / C2 – 211 Moo 13, soï 5, Canal Rd 085.038.8600 (portable), www.siamricethaicookery.com.

Thai Farm Cooking School

087.174.92.85, www.thaifarmcooking.net.

Une journée à la campagne pour apprendre à cuisiner thaï et bio. Compter 35 € pour une demi-journée et 45 € pour une journée.

Écotourisme

DJ Paradise Tour

077.920.038. http://djparadisetour.fr/eco-tourisme-thailande.

Cette agence francophone propose d'excellents trekkings dans la région.

Pooh Eco Trekking

Plan p. 190-191 / B2 – 59 Rachaphakinai Rd 085.0414.971, www.pooh-ecotrekking.com. L'entreprise risque de déménager, renseignez-vous : info@pooh-ecotrekking.com.

Excellentes prestations et une devise: « Ne rien laisser d'autre derrière soi que des empreintes de pas; ne prendre qu'une chose: des photos; ne tuer rien d'autre que le temps. »

The Wild Planet Adventure

www.wildplanetadventures.com.

Des sorties plus orientées vers la découverte de la faune.

Méditation, massages, Spas

Northern Insight Meditation Center (Vipassana)

Plan p. 190-191 / HP par A2 – Wat Ram Poeng 053.278.620, www.palikanon.com/vipassana/tapotaram/tapotaram.htm.

Oasis Spa

Plan p. 190-191 / HP par A2 – 102 Siri Mankalajan Rd, www.oasisspa.net. T.l.j. 10h-22h. Compter 60 € pour un massage thaï de 2h.

Fah Lanna Spa

Plan p. 190-191 / A2 – 57/1 Wiang Kaew Rd 053.416.191, www.fahlanna.com. T.l.j. 10h-22h. Massage thaï et massage aux compresses d'herbes : 62 € pour 2h.

Lanna Come Spa

Plan p. 190-191 / B3 – 88 Sri Dornchai Rd 053.274.377, www.lannacomespa.com. T.l.j. sf dim. 10h-22h.

Lila Thaï Massage

Plan p. 190-191 / B2 – 86-88 Ratchadamnoen Rd 053.327.243, www.chiangmaithaimassage.com. T.l.j. 10h-22h.

Ici, les masseuses sont d'anciennes prisonnières en cours de réinsertion et les tarifs particulièrement raisonnables. Massage thaï : 7 €.

Thaï Massage Conservation Club

Plan p. 190-191 / A1 – 9 Ratchadamri Rd 053.406.017. T.l.j. 8h-22h.

Masseuses non voyantes. Massage de relaxation : 4 € pour 1h.

LAMPANG

OÙ DORMIR

Vous avez le choix entre les *guesthouses* et quelques établissements de moyenne catégorie.

Asia Lampang

299 Boonyawat Rd 054.227.844, www.asialampanghotel.com. Moins de 20 €.

Cet hôtel central a l'avantage d'afficher des tarifs plus que raisonnables. S'il n'a pas beaucoup de charme, il est toutefois agréable de profiter de l'atmosphère des lieux, attablé au café ouvert sur la rue.

Lampang River Lodge

330 Moo 11, Tambon Chomphoo (6 km S de Lampang) 054.209.778, www.lampangriverlodge.com. Environ 90 €.

Dans ce très agréable petit lodge construit dans le style Lan Na avec des matériaux de la région, les chambres ont un beau parquet en teck et des terrasses pour profiter de la vue. Aux environs, vous pourrez profiter de nombreuses possibilités d'excursion. Et pour ne rien gâcher, des efforts y sont faits en matière de préservation de l'environnement.

OÙ MANGER

The Riverside Restaurant

328 Thanon Tipchang Rd, le deuxième env. 100 m en amont ☎ 053.243.239. T.l.j. 10h-minuit. De 10 à 20 €.

Ces deux jolis restaurants au bord de la rivière vous accueillent dans des maisons traditionnelles en teck.

BAN PA PONG PIENG (MAE CHAM)

OÙ DORMIR

Kowit Maecham Farmhouse

98 Moo 1, Ban Samsob ☎ 091.858.4546. Environ 50 €.

Une *guesthouse* rustique, mais qui jouit d'un superbe panorama sur les rizières. Petit déjeuner et dîner possibles sur place. Le lieu est difficile à trouver, mais le propriétaire viendra vous récupérer avec le sourire si vous le lui demandez.

PHAYAO

OÙ DORMIR

M2 Hotel

23/3 Pratuklong 1 Rd ☎ 05.448.0962. Environ 20 €.

Un hôtel récent, aux chambres spacieuses, simples et confortables. L'accueil est souriant et le personnel efficace. Seul bémol pour ceux qui aiment faire la grasse matinée : le réveil par le chant des coqs, qui dorment dans un jardin au pied de l'hôtel.

OÙ MANGER

Cupcake at Phayao (pâtisseries)

Chaykwan Rd ☎ 086.446.8885. T.l.j. 9h-20h. De 10 à 25 €.

Situé le long du lac, dans un joli jardin, on vient ici prendre un copieux petit déjeuner, avec un très bon café et de savoureuses pâtisseries maison (40 THB), ou se rafraîchir l'après-midi avec une glace (20 THB) Les propriétaires parlent l'anglais.

PHRAE

OÙ DORMIR

Come Moon Loft Hotel

7 Chetawan soï 1 ☎ 090.328.3203. Environ 20 €.

Un hôtel tout en béton brut, basique, mais plutôt confortable. Les chambres possèdent toutes une terrasse, avec vue sur de la verdure. Prêt de vélos à ceux qui voudraient partir explorer les environs.

CAFÉ, SALON DE THÉ

Gingerbread House Gallery and Cafe

94/1 Charoen Muang Rd ☎ 05.452.3671 T.l.j. 8h-17h. Moins de 10 €.

De pain d'épices, ce café n'en a que le nom. Mais ses gaufres (80 THB) sauront rassasier la gourmandise des petits et des grands. Les grains de café, eux, viennent du nord de la Thaïlande. Quant à l'atmosphère, elle est très accueillante, entre bois, briques et bouquets de fleurs. De quoi bien démarrer la journée !

Wat Chedi Louang

15 LES ENVIRONS de Chiang Maï

Aux portes de Chiang Maï, il est possible de vivre une journée inoubliable : auprès d'éléphants dans l'un des centres de protection et de conservation des pachydermes ; lors d'un bain de nature dans le parc du Doï Inthanon, ou au temple du Wat Phra That Lampang Louang, au cœur d'une splendide campagne. Si vous avez un peu de temps, poussez jusqu'à Phrae et Phayao, deux jolies villes historiques qui possèdent une atmosphère authentique.

PRATIQUE

• Plan p. 182-183
• Nos adresses p. 195

↓ Accès

Depuis Chiang Maï : il est facile d'organiser des excursions et des treks depuis Chiang Maï, en vous adressant à votre hôtel ou à une agence locale. Les agences proposent de venir chercher leurs clients en minibus ou en voiture privée à l'hôtel et de les ramener en fin de journée.

Peinture sur ombrelle à Bo Sang

L'ESSENTIEL

À ne pas manquer

Le Wat Phra That Doï Suthep. La faune et la flore du parc national du Doï Inthanon.

Expériences

Escalader l'une des falaises du Crazy Horse Buttress. Méditer à l'International Buddhism Center. Assister au bain des pachydermes à l'Elephant Nature Park, une expérience indélébile.

Les anciens villages d'artisans

Carte p. 182-183 – La visite des ateliers et des boutiques peut s'effectuer en *songthaew*. Vous pouvez aussi commander un taxi à l'hôtel.

Autrefois, les différentes corporations étaient réparties par quartiers ou par villages. Avec l'essor du tourisme, le tissu social de Chiang Maï s'est progressivement transformé. L'appellation « villages d'artisans » recouvre désormais une succession d'ateliers que l'on visite à la hâte, gentiment harcelé par un rabatteur pressé de vous faire passer dans la boutique où vous attendent un verre de Coca® et des étiquettes « *Fixed Prices* » (pas de marchandage, cartes de paiement acceptées). Toutefois, ces visites demeurent la meilleure façon d'apprécier le savoir-faire, la patience et le perfectionnisme de ces artisans.

BO SANG, LE VILLAGE DES OMBRELLES

Carte p. 182-183 – À Bo Sang, à 9 km E de Chiang Maï, par la route 1006 en dir. de San Kamphaeng. T.l.j. 8h30-17h.

La plupart des habitants de **Bo Sang** se consacrent à la fabrication des ombrelles selon une tradition remontant au XVIIIe s. Depuis 1978, le village s'est structuré dans le but de défendre la corporation, de fixer la population et d'améliorer son niveau de vie.

Les artisans n'utilisent que des matériaux traditionnels : bambou, papier fabriqué manuellement et enduit, soie... Les ombrelles sont décorées de dessins de couleurs vives – fleurs, dragons, paysages –, ou, plus simplement, de papier enduit. Vous pourrez faire personnaliser votre sac, votre appareil photo ou un vêtement par le pinceau d'un autochtone.

ARTISANAT

Sculptures sur bois

Baan Tawaï est le village du bois sculpté. L'ambiance y est plus paisible que dans les autres villages d'artisans – c'est l'occasion d'acheter une statuette du Bouddha. Attention à ne pas vous faire emmener directement au marché, très touristique, qui se trouve à côté !

> ***Hang Dong***, à 18 km S de Chiang Maï.

L'ART DU CÉLADON ✧

Carte p. 182-183 – Entre Bo Sang et San Kamphaeng, à 1 km après Bo Sang sur la route 1006.

L'art du céladon, céramique vert pâle, est connu en Chine depuis deux mille ans (p. 410). Le royaume de Sukhothaï a hérité du savoir-faire des potiers chinois et l'a développé. La tradition s'est transmise de génération en génération, préservant les secrets de fabrication qui augmentent l'attrait du céladon.

Vous pourrez jeter un œil sur les différentes étapes de la création. Rien n'est laissé au hasard : qualité et traitement de l'argile, contrôle de la température des fours, décoration. La **Mengrai Kilns Co** (www.mengraikilns.com) a ouvert un remarquable **musée privé** et produit des pièces de qualité.

SAN KAMPHAENG, CHEZ LES TISSERANDS ET SOYEUX

Carte p. 182-183 – À San Kamphaeng, 3 km plus loin, toujours sur la route 1006.

San Kamphaeng est le centre de fabrication de la plupart des vêtements vendus à Chiang Maï. Le travail de la soie (p. 411) y date du début du XXe s. et intègre les différentes étapes de production, des mûriers étant cultivés localement. Bien qu'une partie de la fabrication soit semi-industrialisée, les métiers traditionnels opèrent encore dans les arrière-boutiques. Avec un bon entraînement, on tisse jusqu'à 5 m de tissu en une journée.

⌄ Moines à Doï Suthep

De nombreux magasins et ateliers proposent de la soie et des cotonnades au mètre, mais aussi des vêtements, du linge de table et de maison et divers objets d'artisanat.

CRAZY HORSE BUTTRESS

Carte p. 182-183 – 36 km E de Chiang Maï. Chiang Maï Rock Climbing Adventures (CMRCA), qui entretient les voies d'escalade, organise le transport vers le site. T.l.j., départ devant le magasin (55/3 Ratchapakhinai Rd) à 8h30 en *songthaew* (taxi collectif rouge, qui transporte 10 personnes à l'arrière): 495 THB A/R, avec le déjeuner. Poss. de réserver sur www.thailandclimbing.com.

Moins célèbre que Rai Leh (p. 310), dans le Sud, Crazy Horse Buttress a pourtant tout pour attirer les grimpeurs sur ses falaises. La sérénité, d'abord. Ici, on peut jouer les araignées le long des parois sans croiser personne. Cet éperon calcaire émergeant d'une forêt de bambous peuplée de singes a été découvert en 1998. Depuis, plus de cent voies d'escalade ont été tracées, offrant de jolis dévers, des dalles techniques, et même une grotte. Son nom : Anxiety State Crisis Cave (crise de panique) !

COURS

Centre de méditation

L'**International Buddhism Center** propose des retraites et des cours de thaï. Et le panorama sur la ville est splendide.

> www.fivethousandyears.org.

MAE SA WATERFALL

Carte p. 182-183 – Entre Mae Rim et Samoeng. Entrée 100 THB.

Ces cascades cernées de végétation s'étagent sur dix niveaux le long d'un torrent plus ou moins abondant selon la saison. La montée au sommet est courte (1 km), mais escarpée. Vous pourrez vous rafraîchir dans l'une des piscines naturelles.

Doï Suthep Pui National Park ✧✧

Carte p. 182-183 – À 11 km O de Chiang Maï par la Huey Kaeo Rd puis la route 1004. T.l.j. 8h-16h30. Entrée payante (100 THB).

Le Doï Suthep est une colline (en thaï, *doï* : colline) dominée par un monastère très vénéré, le **Wat Phra That Doï Suthep**, qui dresse son *chedi* et ses parasols dorés à 1050 m d'altitude. Il a fallu 172 jours pour construire, en 1934, la route qui permet d'y accéder. Beaucoup de visiteurs dédaignent le funiculaire (payant), préférant monter à pied et terminer l'ascension par un **escalier de 306 marches**, jonché de fleurs de frangipanier, gardé de part et d'autre par un féroce *naga* aux écailles de céramique.

Le choix du site est dû à la perspicacité d'un éléphant blanc qui, chargé par le roi Kuena (XIVe s.) de choisir un endroit propice pour y ensevelir une relique du Bouddha, s'arrêta brusquement au Doï Suthep et mourut. Le signe était incontestable : on construisit pour la relique un *chedi*, qui fut embelli et enrichi par les souverains successifs de Chiang Maï.

WAT PHRA THAT DOÏ SUTHEP ✧✧✧

L'influence birmane est perceptible dans l'architecture et l'atmosphère. Le *chedi* doré, haut de 24 m, domine une plate-forme où évoluent fidèles et visiteurs. Quatre gracieux parasols en cuivre doré montent la garde autour du *chedi*. Les galeries entourant l'esplanade abritent des bouddhas dont plusieurs sont originaires de Sukhothaï et de Chiang Saen.

Les réfections permanentes ont fini par altérer l'intérêt purement historique du *wat* (certaines fresques néoréalistes peu gracieuses font regretter les belles patines qu'auraient méritées les peintures murales des chapelles...). Mais l'ambiance reste unique: chargée de spiritualité, elle offre une halte intemporelle au-dessus des vicissitudes du monde.

TAILLERIE DE JADE

En bas de l'escalier.

Cette petite taillerie offre l'occasion d'apprendre des choses surprenantes. Le jade fait l'objet de contrebande depuis la Birmanie. Les lieux d'extraction sont tenus secrets, et l'on y travaille de nuit. Les négociations sont dissimulées, et les offres de prix s'effectuent les mains cachées sous une étoffe. Cette pierre est encore transportée par caravanes jusqu'aux lieux de commerce. Il existe deux types de jade: la néphrite (matériau du Bouddha d'Émeraude, p. 401) et la jadéite, plus dure et plus précieuse. La serpentine et l'aventurine, souvent utilisées pour la confection de bijoux, appartiennent à la famille du jade.

EXPÉRIENCE

Des visites inattendues

Sur la route du retour, on peut faire une halte aux jardins du Palais d'été du roi lorsqu'il n'y réside pas, le **palais de Bhu Ping**, et au **zoo de Chiang Maï** où sont réunis tous les animaux sauvages de la région.

> **Palais de Bhu Ping:** à 4 km du Doï Suthep.

> **Zoo de Chiang Maï:** Huey Kaew Rd, www.chiangmai.zoothailand.org. T.l.j. 8h-17h. Entrée : 150 THB.

Ban Pa Pong Pieng ✧

Carte p. 182-183 – Deux options pour rejoindre Ban Pa Pong Pieng. Louer un véhicule tout-terrain ou prendre un *songtaew* jaune à Chiang Maï (ceux qui rejoignent le parc Doï Inthanon). Demander au chauffeur d'être déposé à la cascade Mae Pan. De là, demander à des rangers de vous conduire jusqu'à votre *guesthouse* (avec l'adresse écrite en thaï, plus sûr). Saison idéale: sept.-oct., juste avant la récolte du riz.

Non, Bali n'a pas le monopole des rizières en terrasse! S'il est vrai que l'immense majorité des champs de riz en Thaïlande sont d'une platitude peu enthousiasmante, Ban Pa Pong Pieng fait figure d'exception. On y retrouve ce vert émeraude hypnotisant, mis en scène sur plusieurs niveaux, avec les montagnes en toile de fond. Il faut venir les voir au réveil, encore enveloppées dans la brume, pendant qu'une douce lumière rend le vert des rizières presque éblouissant.

Parc national du Doï Inthanon ✧✧

Carte p. 182-183– À 57 km S-O de Chiang Maï par la route 108 en dir. de Chom Thon, puis sur la dr., route 1009 jusqu'au sommet (48 km de plus). T.l.j. 5h-18h. Entrée payante (300 THB). Conseil: il faut y aller en excursion organisée ou avec son propre véhicule pour pouvoir circuler dans le parc (traversé de part en part par la très bonne route 1009 que coupent d'autres routes, en bon état mais très sinueuses). Se repérer: le bureau des visiteurs, à l'entrée du parc, fournit de la documentation en thaï que vous pourrez traduire avec le plan en anglais affiché sur place (curiosités bien indiquées). Randonnée: poss. de louer les services d'un guide au bureau des guides installé au sommet. Prévoyez un pull et de bonnes chaussures si vous voulez marcher. Poss. d'hébergement dans le parc (1000 THB pour 1 ch. pour 3 pers.).

Ce parc de 100 km^2, porte le nom du point le plus haut du pays – qui culmine à 2 565 m. C'est un but d'excursion pour les habitants de Chiang Maï, qui apprécient la fraîcheur des sommets au cœur de la saison chaude et y voient, à l'occasion du gel, un spectacle rare en Thaïlande! À chaque saison ses plaisirs: la meilleure période pour découvrir les nombreuses

^ Le bain des éléphants au Centre de protection des éléphants (p. 213)

cascades qui ponctuent le parc se situe de mai à novembre ; pour voir la flore, de décembre à février ; pour observer les **oiseaux** – l'une des grandes activités du parc où l'on ne recense pas moins de **399 espèces** –, de novembre à mars. Au Doï Inthanon, on trouve aussi près de **80 espèces de mammifères** – les gros ont disparu depuis une quarantaine d'années mais il reste de nombreux singes, des civettes, des cerfs aboyeurs... – et une **abondante végétation** : orchidées, lichens, mousses, épiphytes...

Parmi les nombreuses **cascades**, plusieurs sont très faciles d'accès (Mae Klang, Siritan, Wachiratan), les sentiers de randonnée sont bien fléchés et de difficulté moyenne, des postes et des sentiers ont été aménagés pour les amateurs d'ornithologie.

À 3 km du sommet, **Phra Mahathat Chedi Nophamethanidol** et **Phra Mahathat Noppholbhumisiri** (entrée payante) méritent un arrêt : ces deux *chedi* érigés par la Royal Thai Air Force pour célébrer le 60e anniversaire du roi (1989) et de la reine (1992) sont entourés d'un jardin botanique et offrent une **vue** à couper le souffle sur les environs. Plusieurs villages karens et hmongs se trouvent sur le territoire du parc. Jusque dans les années 1980, les populations locales cultivaient l'opium, remplacé par le riz et les cultures fruitières dans le cadre de projets de développement royaux depuis 1995.

Parcs aux éléphants

Toutes deux au départ de Chiang Maï (on vous amènera sur place en minibus), voici deux visites d'une journée, au choix, qui vous sensibiliseront à la condition des éléphants en Thaïlande. Pensez à réserver !

ELEPHANT NATURE PARK

Carte p. 182-183– À 60 km N de Chiang Maï. www.elephantnaturepark.org. T.l.j. 9h-16h. Minibus depuis Chiang Maï (vient chercher les clients à l'hôtel vers 8h30) et déjeuner inclus dans le prix du billet (2 500 THB). Rés. obligatoire via le site Internet ou une agence de voyages. Poss. d'hébergement sur place.

Fondé en 1996, ce camp sensibilise à la cause des éléphants domestiqués d'Asie, souvent maltraités. Les éléphants de Thaïlande ont longtemps travaillé dans les forêts pour aider les hommes à abattre les arbres et à tirer les troncs. Après l'interdiction de l'exploitation forestière en 1989, ces éléphants bûcherons se sont retrouvés au chômage. Or cela coûte cher de s'occuper et de nourrir cet animal ! Pour gagner de l'argent, on les a massivement reconvertis dans le tourisme, d'où les fameuses promenades à dos d'éléphant et les spectacles de cirque. À l'**Elephant Nature Park**, on refuse de transformer l'éléphant en animal de foire. Les touristes peuvent les nourrir, les laver et marcher à leurs côtés, mais pas monter sur leur dos ni les voir jouer au foot...

TREKS

Randonnées et rencontres

Les agences de Chiang Maï et de Chiang Raï proposent des promenades tranquilles et des trekkings de plusieurs jours pour partir à la rencontre des minorités ethniques des villages montagnards. Les plus facilement accessibles sont aussi les plus exploités commercialement, et donc les moins authentiques.

> Prévoyez au minimum un programme de 3 j./2 nuits et renseignez-vous à l'avance sur le degré de difficulté des circuits proposés.

PATARA ELEPHANT FARM

Carte p. 182-183 – À 30 km S-O de Chiang Maï, www.pataraelephantfarm.com. T.l.j. 9h-16h. Transport en minibus depuis Chiang Maï (départ vers 7h30) et pique-nique inclus dans le prix du billet (5 800 THB). Rés. obligatoire sur Internet.

Vous partagerez ici la vie d'un cornac le temps d'une journée exceptionnelle. Vêtu d'un vêtement karen typique, vous serez responsable d'un éléphant (alimentation, soin, toilette). Vous aurez aussi la chance de faire une promenade dans la forêt en vous juchant, comme un vrai cornac, sur la tête de l'animal. Ce centre de conservation accueille des éléphants maltraités, et voit naître régulièrement des éléphanteaux.

Route de Lampang ✧✧

Carte p. 182-183 – Départ de Chiang Maï par la route 11 vers Lampang. Itinéraire de 226 km env., à faire en véhicule particulier de préférence.

Le sud de Chiang Maï reste à l'écart des grandes migrations touristiques, happées par le Triangle d'Or. En route vers Lampang Louang où se trouve un temple ancien exceptionnel, vous pouvez vous arrêter à Lamphun et Lampang. Cette jolie promenade tranquille peut se prolonger pour visiter l'un des meilleurs centres de protection des éléphants.

LAMPHUN ✧✧

Carte p. 182-183 – À 26 km S de Chiang Maï, sur un affluent de la rivière Ping.

Cette ancienne capitale môn du royaume de Hariphunchaï est un centre de culture du longane (fruit de la même famille que le litchi). Elle doit aussi sa notoriété au Wat Phra That Hariphunchaï, dont la fondation remonte au Xᵉ s.

Wat Phra That Hariphunchaï

Entre la rivière et la rue principale. Entrée libre.

L'accès actuel correspond à l'arrière du temple, les bâtiments étant tournés vers la rivière. Comme dans la plupart des temples anciens, plusieurs styles se juxtaposent, des bâtiments récents en ayant remplacé d'autres, détruits. Ainsi, le premier sanctuaire visible en entrant dans la cour principale date de 1925, alors que la bibliothèque (à g.) a été construite au début du XIXe s. Le ***chedi* central**, haut de 51 m, a été érigé en plusieurs étapes, à compter de l'an 897. Le *bot* abrite deux belles statues en bronze.

À voir : les **portes du *viharn***, finement sculptées, et les piliers laqués et dorés. Le gong suspendu dans le *sala* (pavillon ouvert) est le plus grand du monde.

Musée

En face du *wat*. Mer.-dim. 8h30-16h30. Entrée payante (100 THB).

Ce petit musée abrite de belles collections d'objets religieux, de meubles, de stèles, d'armes. Une salle est consacrée à l'époque du Lan Na (p. 368). La salle ethnographique présente des objets de minorités karens, thaïs-yong, khonmuangs et mônes.

LAMPANG ✧✧

Carte p. 182-183 – À 37 km S du TECC par la route 11. Bus : départ ttes les 30 min, depuis la gare routière de Chiang Maï.

Construite sur la rive sud de la rivière Wang, la petite ville de Lampang a conservé un cachet désuet, avec ses maisons aux toits de tuiles et ses calèches-taxis. En ville et dans les alentours, des temples vénérables illustrent magnifiquement l'architecture de style Lan Na Thaï (p. 368).

˅ Wat Phra That Hariphunchaï

^ Wat Phra That Lampang Louang

Wat Phra Sang

On y reconnaît les jolis toits à étages caractéristiques de l'architecture birmane. Doré au sommet, le grand *chedi* blanc est entouré de plusieurs petites chapelles : chacune correspond à un jour de la semaine, et bénéficie de la protection des bouddhas d'albâtre qui y sont abrités.

Wat Phra Kéo Don Tao

Sur la rive opposée de la Wang, à la périphérie de la ville.

Dominé par un grand *chedi* doré aux proportions harmonieuses, le temple possède un *viharn* magnifique du XVIIIe s., dont on admirera tout particulièrement les plafonds et les colonnes en bois sculpté incrusté de fragments de nacre, d'émail et de porcelaine.

Plusieurs autres temples témoignent de l'**architecture du Lan Na**. Certains remontent à la période Chiang Saen, comme le **Wat Seng Mouang Ma** *(Thamma Oo Rd)* et le **Wat Hua Kuang**. On peut également visiter le gracieux **Wat Pongsanuk Taï**, coiffé d'un toit à trois étages, situé dans le plus vieux quartier de Lampang.

Wat Chaloem Phra Kiat

Les transports en commun ne desservent pas ce temple, il faut donc y aller avec un chauffeur privé. Le lieu est à 60 km de Lampang, en suivant la route 1035. T.l.j. 8h-17h. Entrée 200 THB + 80 THB pour qu'un pick-up vous dépose plus près du sommet.

Ces pagodes blanches ont été installées sur des pics de granit, au milieu d'une épaisse végétation. L'idéal est de venir au lever du soleil, pour éviter la foule, et admirer tranquillement la vallée et les rizières en contrebas.

Dhanabadee Ceramic Museum

32 Watjongkham Rd. Tlj. 8h30-17h. Entrée : 100 THB.

Plus usine que musée, ce lieu montre toutes les étapes de la fabrication des *chicken bowls*, bols en céramique destinés à accueillir un plat de nouilles. Si leur origine est chinoise, ils sont fabriqués depuis si longtemps à Lampang – depuis 1937 – que les locaux en revendiquent la paternité.

Centre de protection des éléphants (TECC) ✧✧✧

Carte p. 182-183 – À Lampang
05.482.9333, www.thailandelephant.org. T.l.j. 8h30-15h30. Spectacles (200 THB) à 10h, 11h et 13h30. Bains à 9h45 et 13h15. Balade à dos d'éléphant 30 min : 170 THB. Entrée : 25 THB. Poss. de restauration et de logement sur place.

Placé sous patronage royal, ce centre d'entraînement *(Young Elephant Training Center)* dépend du service vétérinaire des Eaux et Forêts. Avec sa centaine d'éléphants, c'est le plus important de Thaïlande. Bien que le travail des éléphants dans les forêts thaïlandaises ne soit plus d'actualité, on leur apprend à déplacer les troncs d'arbres. On les entraîne aussi à exécuter certaines performances, comme jouer au ballon ou faire de l'équilibre. Cette pratique est aujourd'hui dénoncée par les défenseurs des animaux. Cependant, les éléphants sont bien traités dans le centre et on peut choisir de ne pas assister au spectacle.

LAMPANG LOUANG ✧✧✧

Carte p. 182-183 – À 20 km S de Lampang.

On trouve à Lampang Louang l'un des plus beaux temples du Nord, le **Wat Phra That Lampang Louang**. Le cadre exerce une séduction magique : une colline coiffée d'un bouquet d'arbres d'où émerge un *chedi*. En s'approchant, on découvre **deux escaliers** majestueux, orientés au nord et à l'est, laissant couler en guise de rampe des *naga* à l'air féroce. Les **sanctuaires** (XVIe s.) sont entourés d'une enceinte, vestige d'une ancienne cité fortifiée. Le *viharn*, sans doute la plus ancienne structure en bois sculpté du Lan Na (estimé à 1476), est décoré de peintures du XVIe s. retrouvées lors de sa réfection.

Dans le petit **musée**, on peut apercevoir derrière sa grille un bouddha en pierre semi-précieuse qui, selon la tradition, serait taillé dans le même bloc de jade que celui de Bangkok. Des bibliothèques en bois laqué et diverses sculptures sont exposées.

PHRAE ✧

Carte p. 182-183 – À 146 km S-E de Phayao. Des bus font plusieurs fois par jour la liaison Phayao-Phrae. Compter 2h30 de route env.

Phrae est l'une des plus vieilles villes du pays. Quand ils débarqueront ici, certains pourront être frappés par la ressemblance – toutes proportions gardées – avec Luang Prabang, au Laos. De superbes demeures de bois sombre, une belle collection de temples : voilà les quelques points communs entre les deux cités. Les maisons en teck font tout le charme de Phrae. La ville fut d'ailleurs un centre d'exploitation de ce bois au XIXe s. et au début XXe. Ces maisons étaient ainsi la propriété de riches marchands. Les forêts alentour sont désormais férocement protégées. Mais les vieilles maisons n'ont pas été détruites, pour le bonheur des voyageurs.

PHAYAO ✧

Carte p. 182-183 – 100 km N-E de Lampang. Un bus quitte Lampang t.l.j. à 7h et 8h, direction Chiang Raï, et dépose les passagers qui le souhaitent à Phayao.

Phayao était un état indépendant jusqu'au XIVe s., quand le royaume Lan Na décida de s'approprier ce bout de terre. Aujourd'hui, la ville

est connue pour sa beauté naturelle, son lac, et l'accueil de ses 20 000 habitants. Très peu de visiteurs font pourtant le trajet jusque-là. Tant mieux ! On pourra, adossé à des montagnes, s'abandonner à la contemplation dudit lac, parsemé de barques de pêcheurs ou buller à la terrasse de charmants cafés. Avant d'aller vous promener dans la ville, longez ses maisons en bois et ses temples. Les lève-tôt croiseront des bonzes en robe orange partis faire l'aumône. En fin d'après-midi, retour en bord de lac pour assister au spectacle du soleil couchant dans de superbes dégradés orangés.

La route de Chiang Dao ✧✧

Aux portes de Chiang Maï, la nature reprend vite ses droits. Découvrez le monde de la forêt, des orchidées, des éléphants... Visitez des grottes souterraines peuplées de bouddhas.

QUEEN SIRIKIT BOTANIC GARDEN

Carte p. 182-183 – Mae Rim, à 38 km N-O de Chiang Maï (1h15). Prendre la route 107, puis tourner à g. sur la 1096 📞053.84.1234. www.qsbg.org. T.l.j. 8h-16h30. Entrée payante (100 THB, enfant: 50 THB). Le parc étant très grand, la meilleure option est de louer les services d'un taxi ou de passer par une agence de voyages. Un petit train circule dans le parc (30 THB).

Entouré d'une épaisse forêt, ce parc dévoile, à son sommet, une jolie collection de serres pour découvrir, entre autres, les mondes fascinants de l'orchidée, fleur nationale, ou des cactus. Légèrement plus bas, une passerelle en métal mène les promeneurs sur 369 m à travers la canopée. Si vous êtes vigilant, peut-être apercevrez-vous un *Draco maculatus*, lézard volant qui donne son nom à la passerelle. L'exploration pourra continuer, au choix, dans le jardin des gingembres, l'avenue des bananiers ou le sentier des cascades. Une parenthèse loin du bruit et de la foule, l'immensité du jardin donnant souvent l'impression d'être seul au monde...

PÉPINIÈRE D'ORCHIDÉES DE SAÏ NAM PHUNG ✧✧

Carte p. 182-183 – À 14 km N de Chiang Maï par la route 107 vers Mae Rim, juste après la localité. Cette excursion peut se combiner avec la visite du musée du palais Dara Pirom (ci-après). T.l.j. 8h-17h. Entrée payante (100 THB).

Ce jardin-pépinière existe depuis les années 1980. Son propriétaire, qui appartient à la police des frontières, en a fait un centre de stages pour les étudiants en horticulture.

On y apprend entre autres choses que les orchidées sont des plantes parasites qui poussent généralement sans terre (sur des branches d'arbres, sur des rochers...). Il en existe une centaine d'espèces, qui fleurissent à des périodes différentes de l'année. Les orchidées sont des plantes capricieuses qui adorent qu'on s'occupe d'elles. Il n'existe pas moins de 14 préceptes pour garder les semis en bouteille ; par exemple : nourrir l'orchidée deux fois par semaine, le matin seulement, une petite cuillerée à café de « nourriture d'orchidée » pour 10 l d'eau... La meilleure façon de conserver les orchidées consiste à les tremper dans de l'or *(démo à la boutique)*.

^ Les grottes de Chiang Dao

MUSÉE DU PALAIS DARA PIROM ✧

Carte p. 182-183 – À 1km de la pépinière, par la route 107, puis suivez la dir. de Dara Rasmi Border Patrol Police Camp ☎053.299.175. Mar.-dim. 9h-17h. Entrée payante (20 THB).

Ce musée, très peu visité, est installé dans une ancienne résidence royale centenaire présentant les objets personnels de la princesse Lao Dara Ratsamee, fille du septième roi de Chiang Maï. En fait de palais, il s'agit plutôt d'une jolie maison bourgeoise en teck. Seul l'étage est ouvert au public. On peut y admirer des peintures anciennes, de beaux tissus Lan Na Thaï, des instruments de musique et de nombreuses photos d'époque, dans un cadre respirant le calme.

CAMPEMENT D'ÉLÉPHANTS DE CHIANG DAO ✧

Carte p. 182-183 – À 55km au N de Chiang Maï ou 40km au N de Mae Sa par la route 107 ☎053.298.553, www.chiangdaoelephantcamp.com. T.l.j. 8h-13h. Séances d'entraînement 9h,10h et 11h. Entrée payante (100 THB).

Comme au Centre de protection des éléphants près de Lampang (p. 213), il s'agit d'une véritable **école** qui prépare les jeunes éléphants au travail forestier. Les démonstrations ont lieu dans une clairière aménagée. L'entraînement porte surtout sur la manipulation des énormes troncs de teck. On peut offrir des friandises (en vente sur place) aux élèves les plus studieux. Des **bungalows** sur pilotis ont été aménagés pour les amoureux de la nature *(confort rustique)*. Parmi les **activités proposées** : descente de rivière en radeau, promenades en forêt à dos d'éléphant, excursions dans des villages lisus ou hmongs, dîner aux chandelles.

GROTTES DE CHIANG DAO ✧

Carte p. 182-183 – À 14km du camp d'éléphants de Chiang Dao par la route 107 ☎088.788.8926. Entrée payante (40 THB) ; poss. de louer des lampes à pétrole : 200 THB.

Ces grottes profondes sont un lieu de pèlerinage. Elles abritent des centaines de **statues de Bouddha** de toutes tailles, que vous pouvez éclairer à la bougie (en vente à l'entrée). On raconte toutes sortes d'histoires sur les vertus magiques de cet endroit. Personne n'a jamais osé explorer toutes les salles et galeries. On y a retrouvé des vestiges préhistoriques laissant supposer que ces grottes furent habitées.

Mae Tho Waterfall >

Randonnée

DANS LE KHUN CHAE NATIONAL PARK

Ce parc confidentiel abrite de hautes montagnes et des cascades, des forêts de bambous, de pins et de chênes. Ses locataires se nomment ours noir d'Asie, chat-léopard et gibbon à mains blanches. Ces 270 km² *into the wild* ont été consacrés parc national en 1995. À juste titre, tant la nature, est ici époustouflante. Pourtant, il reste très peu fréquenté. Découverte enchantée.

UNE VÉGÉTATION ÉCLECTIQUE

Les changements d'altitude sont une bénédiction pour la végétation et expliquent l'extrême diversité de celle-ci. Près des bureaux du parc, ne ratez pas le figuier pleureur, qui ne cesse de grandir et s'étend aujourd'hui sur plus de 1600 m².

En dessous de 800 mètres d'altitude, les visiteurs traverseront des forêts de bambous. Au-delà de 1000 mètres, on trouve une forêt tempérée. Puis, au-delà de 1500 mètres, une épaisse forêt tropicale. Encore plus haut ? Des fougères et des orchidées, et toujours une épaisse forêt. La faune

PRATIQUE

118, Mae Chedi Mai, Wiang Pa Pao, Chiang Raï. T.l.j. 8h-17h. Entrée : 100 THB.

Accès

Le parc est situé à 56 km au nord-est de Chiang Maï. Au Chang Phueak Bus Terminal, à Chiang Maï, prendre un *songthaew* jaune (2h). Le *songthaew* s'arrête à Wiang Pa Dao ; finir en taxi (environ 40 min). De Chiang Raï, prendre le bus (1h) jusqu'à Mae Chai, puis finir en taxi (1h40).

Durée

Y consacrer au minimum une journée. Les plus ambitieux, qui souhaitent s'attaquer au sommet du Doi Langka, devront prévoir une semaine.

Saison

Le meilleur moment pour visiter le parc est de nov. à mars. Mieux vaut éviter de s'y aventurer quand il a plu, car les sentiers sont alors glissants.

Équipement

Quand il pleut, comme dans les autres parcs nationaux thaïlandais, gare aux sangsues. Des chaussettes montantes jusqu'aux genoux et une lotion antimoustique sont hautement recommandées. La météo est fraîche en soirée, prévoir des pulls.

Informations

Au 053.16.3364 ou sur www.dnp.go.th.

est elle aussi multiple et plus ou moins discrète. Si vous avez beaucoup de chances de croiser, au détour d'un virage, des lézards, des écureuils ou des gibbons à mains blanches (absolument adorables), d'autres, comme les ours noirs d'Asie, préfèrent se cacher. Heureusement d'ailleurs pour les promeneurs...

Le match des cascades

Mae Tho Waterfall, chute d'eau à sept étages, 40 mètres sous la toise, a de l'eau 365 jours par an, même si elle est plus belle à observer pendant la saison humide (comptez 2h de randonnée aller-retour). Tout aussi belle, la cascade Khun Chae, qui tient son nom du parc, possède quant à elle six étages (1h de marche). Elle se trouve à proximité d'un terrain de camping. Vous pouvez aussi en profiter pour pique-niquer. Près des bureaux du parc, il y a aussi deux bungalows, si vous avez envie de prolonger votre séjour.

LÀ-HAUT

Haut perché, Doi Mot, à 1700 mètres d'altitude, offre un très joli panorama, à la fois sur la province de Chiang Maï (à l'ouest) et la province de Chiang Raï (à l'est). Le sentier pour l'atteindre est sublime, à travers la jungle. Celles et ceux qui veulent jouer les prolongations pourront grimper au sommet de Doi Langka. À 2031 mètres au-dessus du niveau de la mer, c'est le cinquième plus haut sommet de Thaïlande. Compter 3 à 4 jours pour atteindre le sommet. Il est alors obligatoire d'être accompagné d'un guide (contactez le Department of National Parks).

16

CHIANG RAÏ et le Triangle d'Or

Entre Thaïlande, Laos et Birmanie, le Triangle d'Or, avec Chiang Raï pour capitale, est au carrefour de trois frontières où coule le Mékong.

Chiang Raï n'offre que peu d'intérêt : privilégiez plutôt les environs ! Visitez le Temple blanc et le musée de l'Opium à Chiang Saen, partez en excursion vers les villages akhas et yaos, des minorités montagnardes, et découvrez la région montagneuse et pittoresque de Mae Saï, aux confins de la Birmanie.

PRATIQUE

- Plan p. 182-183
- Nos adresses p. 225

Accès à Chiang Raï

En avion

De nombreux vols depuis Bangkok et Chiang Raï avec Thaï Airways, Air Asia et Nok Air.

Aéroport
053.798.000.

Thaï Airways
870 Phaholyothin Rd
053.715.207.

Air Asia
053.798.266.

En bateau

On peut descendre en pirogue depuis Thaton sur la rivière Kok.

Bureau de réservation

Sur la rive droite de la rivière Kok, en venant de Chiang Raï. T.l.j. 8h-17h.

Marché de Mae Saï

L'ESSENTIEL

À ne pas manquer

Le Temple blanc, farfelu mais grandiose, et la Maison noire, sombre mais fantastique. Le musée de l'Opium à Chiang Saen. Le village perché de Mae Salong, et son paysage montagneux.

Expériences

Rejoindre Chiang Raï en passant par la rivière Kok, à bord d'un *hang yao*.

Le Triangle d'Or

Le Triangle d'Or doit sa sulfureuse réputation à la culture du pavot à opium qui fut, jusqu'à la fin des années 1980, la principale source de revenus de la région. La région qui offre de très belles possibilités d'excursions, appartient autant à l'Histoire qu'à la légende. Cependant, elle reste une zone sensible où les trafics ont toujours court, notamment celui de la méthampéthamine *yaa baa* (p. 375) ou de l'héroïne. Le problème des minorités n'est pas réglé, et les frustrations et la pauvreté ne favorisent pas la paix sociale. Il est donc prudent de s'en tenir aux itinéraires touristiques traditionnels.

DESCENTE DE LA RIVIÈRE KOK

Carte p. 182-183 – De Chiang Maï, prenez la route 107 vers Fang (152 km N), puis la route 1089 jusqu'à Thaton (22 km), où se trouve l'embarcadère (rive dr.). Si vous n'avez pas pris de guide à Chiang Maï, vous en trouverez un ici, et vous embarquerez sur son *hang yao*. Pour éviter l'insolation, achetez un chapeau de paille à l'épicerie. Durée : Chiang Raï est à 5 ou 6h de navigation.

Au lieu de prendre l'avion ou le bus depuis Chiang Maï, vous pouvez rejoindre Chiang Raï en faisant une partie du **trajet en bateau** : dans le petit village

En bus

Depuis Chiang Maï : toutes les 40 min depuis l'Arcade Bus Station, 7h15-18h (env. 3h).

Depuis Bangkok : depuis la gare routière Nord, 7h-19h30 (env. 11h).

En voiture

À 186 km N-E de Chiang Maï par la route 118.

Adresses utiles

À Chiang Raï

TAT

448/16 Singhakhai Rd

053.717.433, t.l.j. 8h30-16h30.

Alliance française

423/33 Klang Wiang Rd

053.600.810.

Lun.-ven. 10h-17h, sam. 10h-15h.

Police touristique

Phabom Yothin Rd 1155.

^ Descente de la rivière Kok

de **Thaton**, vous embarquerez pour une croisière sur la rivière Kok, à bord d'un *hang yao* étroit et inconfortable (vous avez le choix entre la croisière individuelle ou la croisière en groupe par l'intermédiaire d'une agence; poss. de croisières de plusieurs j.). Les abords de la rivière Kok sont une région de trekking pour visiter les tribus montagnardes.

La rive nord est la plus peuplée: Lisus, Karens, Shans, Akhas, Yaos, Lahus, Méos, Chinois de l'ex-Kuomintang... Plus accidentée, la rive sud impose des marches plus longues, à distance égale.

Trois villages donnent le point de départ des **randonnées**.

Thamakeng

Carte p. 182-183 – À 1h de Thaton.

De là on peut accéder à des villages lahus et lisus en 2 ou 3h. On peut y organiser des excursions de plusieurs jours en rejoignant l'axe Ban Maï-Sam Shuo vers le nord.

Ban Maï

Carte p. 182-183 – À 45 min de Thamakeng.

C'est un village de Thaïs Yaï établi depuis 1962. À sa population initiale (1900 habitants) se sont ajoutés des gens de Mae Chan, de Mae Saï et des réfugiés de Birmanie. C'est un petit centre d'approvisionnement régional: on y cultive le soja, les arachides et le piment. L'école, offerte par le roi, scolarise les enfants jusqu'à l'âge de 12 ans. De Ban Maï, on peut rejoindre facilement des villages lahus, karens, akhas, et prévoir l'étape de nuit dans le village du Kuomintang.

Mae Salak

Carte p. 182-183.

C'est le dernier point donnant accès aux villages de la rive sud (Lahus, Yaos, Lisus). Votre guide connaît bien les villages où il vous emmène. On sait qu'il apporte, avec les touristes, une source de revenus et l'opportunité de cadeaux. L'accueil est presque toujours amical. Selon le sabir dans lequel on vous accueillera, vous devinerez facilement la nationalité des visiteurs qui vous ont précédé. Bien que le confort soit

PRATIQUE (SUITE)

À Chiang Saen

Police touristique

À l'angle de la rue principale et de la parallèle au fleuve ☎1155.

À Mae Saï

Pour accès à la Birmanie :

Bureau d'immigration

Au bout de l'avenue principale, menant au pont ☎053.731.008, www.chiangrai.immigration.go.th. T.l.j. 6h30-21h.

Adressez-vous à ce bureau pour l'obtention d'un permis valable pour un jour ou plus, sur présentation du passeport et après acquittement des droits. Préparez-vous car l'attente peut être très longue.

plus que rustique, il est toujours le meilleur possible, et les chefs de village mettent un point d'honneur à recevoir les étrangers comme leurs hôtes personnels. L'accueil le plus méfiant est celui des Akhas, qui craignent les « mauvais esprits » apportés par les étrangers.

Chiang Raï ✧

Carte p. 182-183 – À 203 km N-E de Chiang Maï par les routes 118 et 1.

Capitale régionale, Chiang Raï est une bourgade commerçante sans charme particulier, appelée à un développement rapide dans le cadre de la politique du Grand Mékong et de l'ouverture sur la Chine (qui n'est qu'à 200 km). En outre, la mode verte incite de plus en plus de citadins aisés à faire construire des maisons de vacances dans cette région.

Comme Chiang Maï, Chiang Raï a été fondée par le roi Mengraï en 1262, avec l'aide d'un éléphant qui décida du lieu ! Les vestiges du passé tiennent en quelques temples dont le plus spectaculaire, de style Lan Na, est le **Wat Phra Kéo** qui abrita le Bouddha d'Émeraude (p. 401) dans une vie antérieure. C'est ce temple qui fut frappé par la foudre, permettant la découverte fortuite et inespérée de la précieuse statuette. On pourra voir également le **Wat Phra Singh**, fondé au XVe s., mais trop souvent restauré pour illustrer un style particulier, le **Wat Chet Yod**, au *viharn* décoré d'animaux emblématiques de l'astrologie chinoise, et le **Wat Mongmouang**, dont le bouddha géant et ventru est racheté par la facture des peintures murales du *viharn*.

Un **marché de nuit** (Night Bazaar) s'installe tous les soirs entre la station de bus et Pahonyothin Rd. Pittoresque, vous pourrez y voir des vendeurs en costume tribal et assister à des spectacles...

MUSÉE DES TRIBUS

620/25 Thanalai Rd ☎ 083.897.3715. www.pdacr.org. Lun.-ven. 9h-18h, sam.-dim.10h-18h. Entrée payante (50 THB).

En liaison avec le **Cabbages & Condoms** (p. 225), la PDA **(Population & Community Development Association)** a ouvert ce musée qui mérite d'être visité. Il offre une excellente introduction au mode de vie des tribus du nord de la Thaïlande. Vous apprendrez tout sur l'histoire de l'opium, l'agriculture et la chasse, les mille et un usages du bambou, les croyances et superstitions, ou la dégustation de cigales, ici considérées comme une vraie gourmandise. Le musée souligne aussi que les femmes-girafes furent « importées » du Vietnam vers la Thaïlande par un homme d'affaires, dans le seul but de tirer profit de leur « exposition » devant des touristes. De quoi éveiller les consciences.

OUB KHAM MUSEUM ✧✧✧

Carte p. 182-183. 81/1 Nakhai Rd. T.l.j. 8h-17h. Entrée 300 THB.

Faire l'éloge de la culture lanna, c'est l'objectif affiché du propriétaire des lieux. Mission réussie, tant sa collection de bijoux, sculptures de Bouddha ou costumes des différentes ethnies est superbe. La visite guidée (en anglais) est obligatoire, mais très instructive.

Les environs de Chiang Raï ✧✧

Comptez 1 j. pour Chiang Saen et Mae Saï (à condition de ne pas tout visiter). En bus, prévoyez 2 j., 1 j. suppl. pour Mae Salong.

Les montagnes qui s'élèvent au nord de Chiang Raï sont une source inépuisable de randonnées nature et d'excursions vers les villages des minorités (rens. auprès des agences de voyages locales ou auprès de votre hôtel). Le Mékong attire comme un aimant, avec ses petites villes assoupies ou industrieuses et ses lumières magiques.

TEMPLE BLANC ✧

Wat Rong Khun

Carte p. 182-183 – À 13 km de Chiang Raï. T.l.j. 8h-17h. Short interdit. Entrée payante (50 THB).

Ce temple bouddhiste ne ressemble à aucun autre. Construit avec du ciment blanc et des milliers de petits miroirs, il a été imaginé par l'artiste de Chiang Raï Chalermchai Kositpipat. Vous emprunterez le chemin de l'enfer avant d'accéder au paradis et serez surpris de voir le monde contemporain (Harry Potter, tours jumelles en flammes, Bush et Ben Laden) peint sur les murs. Kitsch à souhait, mais grandiose. Endommagé par un tremblement de terre en mai 2014, le temple reste ouvert au public malgré sa restauration en cours.

MAISON NOIRE

Baandam Museum

Carte p. 182-183 – À 10 km N de Chiang Raï. T.l.j. 9h-17h. Entrée payante (80 THB).

Parfois surnommé le **Temple noir**, en opposition au Temple blanc, la **Maison noire** n'est pas à proprement parler un temple. Dans son immense jardin, l'artiste Thawan Duchanee dévoile un univers sombre et fantastique où les crânes d'éléphants, les cornes et les peaux de serpents se muent en œuvres d'art.

CHIANG SAEN ET LE MUSÉE DE L'OPIUM ✧

Carte p. 182-183 – À 61 km N-E de Chiang Raï par la route 1 jusqu'à Mae Chan, puis 1016. Bus: départs fréquents de la gare routière de Chiang Raï (40 min à 1h).

Chiang Saen, minuscule bourgade au bord du Mékong, a connu une histoire prestigieuse; en témoignent ses nombreuses ruines dont certaines remontent au Xe s. Pour le néophyte, le **Chiang Saen National Museum** (9h-16h sf lun.-mar., entrée: 100 THB) sera plus instructif et plus évocateur que ces amas de briques fort délabrées. La ville fut rasée à la fin du XVIIIe s., sur ordre de Rama Ier, pour empêcher les Birmans de s'en emparer. Elle est restée inhabitée pendant près d'un siècle. L'activité est loin d'y être frénétique, et l'on prend plaisir à rêver, nonchalamment installé devant un verre de Singha ou de *nam manao* (jus de citron) sur l'une des nombreuses terrasses qui surplombent le Mékong. Pour les 72 ans de la reine Sirikit, un grand **Bouddha doré** a été érigé au bord du fleuve en 2004.

Promenade en pirogue sur le Mékong

En dir. de Chiang Khong.

Chiang Khong, en aval, est un poste frontalier situé en face de Houei Saï (Laos). Il faut sacrifier au rite et pousser jusqu'au monument (9 km N) qui marque symboliquement le carrefour des trois frontières (entre la Thaïlande, le Laos et la Birmanie). Peut-être serez-vous surpris: ce n'est pas un triangle et il n'est pas en or!

Musée de l'Opium

Carte p. 182-183 – À 8 km N-O de Chiang Saen (face à l'hôtel Anantara Resort), suivez les indications ☎ 053.784.446. Mar.-dim. 8h30-17h (la caisse ferme à 16h). Entrée payante (300 THB).

L'idée de ce musée remarquable revient à la mère du roi défunt Rama IX, qui souhaitait détourner les habitants de la région de la culture du pavot à opium et informer le public sur les risques de la drogue. Cette belle réalisation, utilisant tous les procédés de la muséographie moderne, retrace toute l'histoire de l'opium à travers les âges, en particulier dans le pays. On y apprend tout sur sa fabrication, sur les ruses des trafiquants, sur les 250 variétés de papavéracées (opium) existant à travers le monde, tout en admirant la variété du matériel utilisé par ses adeptes. Cette visite est déconseillée aux jeunes enfants car certaines mises en scène sont un peu effrayantes.

Petit musée de l'Opium (House of Opium)

En face du bouddha doré de Chiang Saen. T.l.j. 7h-19h. Entrée payante (50 THB).

Ce musée modeste peut vous éclairer si vous n'avez pas le temps de vous rendre au musée principal.

VERS MAE SAÏ, PORTE DE LA BIRMANIE ✧

La localité de Mae Saï se trouve à l'extrême nord de la Thaïlande, au bout de la route 1. Avant de l'atteindre, faites une halte au Doï Tung.

Doï Tung

Carte p. 182-183 – Sur la route 1 vers Mae Saï, un embranchement sur la g., à 48 km de Chiang Raï, indique le Doï Tung.

C'est dans cette région montagneuse pittoresque que s'est retirée la mère du roi Rama IX, jusqu'à sa mort en 1995. Cette femme d'exception a mis

PAUSE

Déjeuner sur le Mékong

Si vous avez choisi de consacrer deux jours à cette excursion en optant pour le bus, arrêtez-vous pour déjeuner sur une terrasse au **bord du Mékong**. Vous aurez ainsi tout le loisir d'observer les pêcheurs et le trafic sur le fleuve.

L'arche symbolisant le Triangle d'Or au bord du Mékong

en place un projet ambitieux pour améliorer les conditions de vie des populations montagnardes engagées dans la culture de l'opium et les pratiques de brûlis, en réintroduisant notamment la culture du café. La **résidence royale Doï Tung Royal Villa** (accès fléché, t.l.j. 6h30-17h, entrée payante) a été transformée en musée, mais ce sont surtout les **jardins Mae Fah Louang** (en face de la résidence, t.l.j. 6h-18h, entrée payante), superbement paysagés, qui retiennent l'attention.

Mae Saï

Carte p. 182-183 – À 63 km N de Chiang Raï sur la route 1. Bus : plusieurs dép./j. de la gare routière de Chiang Raï.

Poste-frontière avec la Birmanie, à quelques centaines de mètres seulement du Laos, Mae Saï est un important centre de transaction pour les pierres précieuses et le jade. On peut visiter une **taillerie de jade** dans la rue principale (gratuit). Son **marché** est pittoresque, mais la principale attraction est le **pont** qui relie Mae Saï au village birman de **Tachilek** (pour un séjour en Birmanie , voir p. 220). Il donne lieu à un trafic incessant de Birmans pour qui cet endroit des confins thaïlandais fait figure de paradis de la consommation ! De nombreuses boutiques vendent de beaux objets birmans et chinois : laques, porcelaines, bijoux d'argent. Montez jusqu'au **Wat Phra That Doï Wao** (des tuk-tuks offrent leurs services), d'où la vue sur la zone frontière est superbe.

MAE SALONG : UN PETIT AIR DE CHINE

Carte p. 182-183 – À 63 km N-O de Chiang Raï par les routes 1, puis 1130. Bus depuis Chiang Raï : plusieurs dép./j. pour Ban Basang (1h30), puis *songthaew* pour finir le trajet.

Mae Salong est une petite ville montagnarde atypique qui n'a rien de thaïlandais. Elle a été fondée par des Chinois partisans de Tchang Kaï-chek, qui ont fui la Chine de Mao en 1949, puis la Birmanie en 1961. Ajoutons qu'ils se sont beaucoup investis dans le trafic de l'opium.

Marché et ruelles

T.l.j. En bas de Shin Sane Guesthouse.

Les locaux sont des lève-tôt. Pour flâner sur leur sympathique **marché**, venez entre 5h30 et 8h. En costumes chatoyants, les femmes des hameaux voisins viennent vendre leurs fruits et légumes. Vous pourrez ensuite faire une pause dans l'un des **petits salons de thé** de la rue principale, pour goûter au thé Oolong, produit ici-même.

Wat Santikhiri

Montez les 719 marches pour y accéder.

Sa position dominante est synonyme de vue imprenable sur les environs.

Randonnée vers les villages ethniques

Les *guesthouses* de Mae Salong fournissent aux voyageurs une carte basique des environs, avec les villages à visiter, dont les principaux sont Akha et Lisu. La rando, une boucle d'environ 15 km, démarre et finit dans le centre de Mae Salong. Comptez 4-5h à pied. Elle peut se faire seul.

Perché à 1 200 m d'altitude, Mae Salong profite d'un climat bien plus frais que dans le reste du pays. Sa richesse, ce sont les villages ethniques qui l'entourent, faciles à explorer à pied ou à scooter. Le sentier qui les relie est une succession de montées et descentes. On y découvre un quotidien paisible. Les touristes sont souvent accueillis par des rires d'enfants, qui jouent et courent dans tous les sens. Entre les hameaux, des collines couvertes de café et de thé. Les cerisiers en fleur apportent en saison quelques notes de rose à ce tableau.

• NOS ADRESSES •

CHIANG RAÏ

OÙ DORMIR

Chiang Raï dispose d'un bon équipement hôtelier, dans toutes les gammes, tant en ville qu'à l'extérieur. Si vous y passez plus d'une nuit, choisissez votre base à l'extérieur de la ville, le centre n'offrant que peu d'intérêt. Bon à savoir: tous les hôtels proposent des excursions et des trekkings *(voir aussi «Organiser ses excursions» p. 437).*

Nak Nakara

661 Uttarakit Rd ☎053.717.700. De 60 à 80 €.

L'établissement compte de nombreux atouts : les chambres sont calmes et spacieuses, le service est professionnel et souriant, la piscine est grande, le petit déjeuner est copieux et délicieux. Voilà une belle adresse, peu onéreuse. Si vous voulez quand même quitter ce confort, l'hôtel propose à ses clients un tuk-tuk pour rejoindre le *night market* (compter 100 THB).

Le Patta

610 Phahonyothin Rd ☎053.600.680, www.lepattachiangrai.com. De 60 à 80 €.

Le personnel aux petits soins est le point fort de cet établissement. Le reste n'est pas mal non plus : prêt de vélos, minibar gratuit, jolie piscine, petit déjeuner très gourmand et chambres joliment décorées.

The Legend of Chiang Raï Spa Resort

124/15 Koh Loi Rd ☎053.910.400, www.thelegend-chiangrai.com. Environ 100 €.

♥ Un splendide hôtel pour passer un séjour dans une oasis de nature et de raffinement au bord de la rivière Kok. Il compte 78 villas et studios joliment meublés en teck.

OÙ MANGER

Vous trouverez des restaurants sympathiques au bord de la rivière. En centre-ville, quelques restaurants locaux sont également agréables. Au marché de nuit, vous grignoterez pour une centaine de bahts.

Cabbages & Condoms (thaï)

620/1 Thanalai Rd ☎053.740.657. T.l.j. 10h-minuit. Moins de 10 €.

♥ La branche locale de «Choux & Préservatifs», qui travaille avec une association engagée dans le planning familial et la prévention contre le sida, reste fidèle à ses critères de qualité et à sa promesse: «Nous garantissons que notre cuisine ne provoque pas de grossesse.»

Barrab (thaï)

423/3 Banpharprakan Rd ☎05.375.2429. T.l.j. 11h-21h. Moins de 10 €.

Un accueil sympathique et des plats simples, savoureux et copieux. La patronne, qui parle anglais, vous détaillera le menu si besoin. Le pad thaï, excellent (à partir de 60 THB), mérite à lui seul le déplacement. On ira ensuite visiter la Clock Tower, juste à côté, et arpenter les allées du *night market*, un peu plus loin.

Chivit Thamma Da Coffee House (thaï et fusion)

179 Moo 2 ☎081.984.2925, www.chivitthammada.com. T.l.j. 9h-22h. De 10 à 20 €.

Dans cette belle maison au bord de la rivière, entourée d'un jardin luxuriant, il est agréable de prendre son temps. De quoi savourer comme il se doit les mets d'une carte très variée, entre spécialités thaïes et plats européens (boulettes de viande suédoises : 350 THB) ou américains.

SPORTS ET LOISIRS

Excursions, trekkings

PDA Tours

620/25 Thanalai Rd, www.pdacr.org/pda-tour/general-information. Rés : crpdatour@hotmail.com. Tour d'1/2 j.

dans Chiang Raï, 35 €/pers. ; tour d'une journée dans les alentours, 65 €/pers., avec un repas inclus. Rés. à l'agence.

Située dans le même bâtiment que le musée des Tribus, cette agence propose des programmes de un à trois jours pour découvrir des lieux où aucune autre agence ne se rend et partir à la rencontre des tribus de la région dans un souci de respect mutuel.

CHIANG SAEN

OÙ DORMIR

Pas beaucoup de choix en ville, mais un très bel hôtel de séjour à proximité, pour apprécier la nature et le charme tranquille du Mékong.

Imperial Golden Triangle Resort

222 Golden Triangle (à 8 km N-O de Chiang Saen) ☎053.784.001, www.imperialgoldentriangleresort.com. Environ 70 €.

Ce bel hôtel dispose de 73 chambres équipées de balcons donnant sur les montagnes. La piscine est très agréable mais le restaurant est à éviter. L'emplacement est superbe !

OÙ MANGER

De moins de 5 à 15 €

Pour moins de 5 €, vous pourrez grignoter des snacks locaux (poisson ou poulet grillé accompagné de riz glutineux) au **marché de jour**, au **marché de nuit** ou **au bord de la rivière** (en saison sèche).

MAE SAÏ

OÙ DORMIR

Bedtime Story

259 Moo 7 Huai Krai. Environ 20 €.

Un 2-étoiles qui offre, en plus du minimum (climatisation, wifi...) que sont en droit d'attendre tous les voyageurs du XXIe siècle, une vue 5-étoiles sur la montagne et un prêt de vélos, ce qui est bien pratique pour partir explorer les – magnifiques – environs.

OÙ MANGER

Moins de 10 €

Vous trouverez quelques restaurants sur la rue principale, Phaholyothin Rd. Essayez les petites gargotes installées le long du Mékong, qui regardent la Birmanie vous pourrez y manger pour moins de 5 €.

MAE SALONG

OÙ DORMIR

Nous ne recommandons pas de séjourner à Mae Salong même : il existe deux très jolis hôtels dans les environs.

Phu Chaisai Mountain Resort & Spa

142 Moo 8 (à 20 km de Mae Salong) ☎053.910.500, www.phu-chaisai.com. À partir de 75 €.

Retraite de montagne, très bien intégrée à la nature. L'ambiance rustique chic plaira aux amateurs de solitude et de nature, auxquels sont proposés balades à cheval (50 € par pers. pour 3h) ou à pied et rafting. L'établissement accueille aussi un centre de yoga Sivananda où l'on peut suivre des cours quotidiens, et même se former à l'enseignement du yoga pendant 4 semaines (une session par an en sept. ou oct.).

Katiliya Mountain Resort & Spa

388/1 Moo 4. ☎053.603.000, www.katiliya.com. Plus de 100 €.

Tout près de l'adresse précédente, et dans le même environnement splendide, cet établissement luxueux offre une halte idyllique lors d'un voyage dans le Triangle d'Or. Belle piscine au cœur d'un jardin tropical.

Plantation de thé dans les collines de Mae Salong

17

MAE HONG SON et la frontière birmane

Pour découvrir la province de Mae Hong Son, voici une boucle qui vous permettra de visiter Paï, terrain de jeu des artistes et des Bangkokiens en mal de nature, puis Mae Hong Son, qui garde le cachet des confins de l'Asie. En chemin, rencontrez les tribus padaungs peuplées de femmes-girafes, et découvrez l'étonnant district de Mae Sariang.

PRATIQUE

- Plan p. 182-183
- Nos adresses p. 234

↓ Accès à Paï

En bus

Depuis Chiang Maï: 5 bus/j. à l'Arcade Bus Station, de 7h-16h30 (3-4h).

En minibus

Départs en minibus (rés. à votre hôtel).

En voiture

Paï est à 135 km au nord-ouest de Chiang Maï par la route 1095.

↓ Accès à Mae Hong Son

En avion

Depuis Chiang Maï: 1 vol/j. avec Bangkok Airways (+ 1 vol le matin en hiver).

Depuis Bangkok: 3 vols/sem. avec Nok Air (+ 1 vol le lun. en hiver).

Wat Chong Klang

L'ESSENTIEL

À ne pas manquer

L'ambiance *chill* de Paï, où tout invite à ralentir. Mae Hong Son, sa sérénité, ses rizières et ses collines.

Expériences

Plonger *into the wild* au départ de Paï, pour un trek de quelques jours en pleine nature, inoubliable. Faire du rafting sur la rivière, des randonnées à pied ou à vélo.

Paï ✧

Carte p. 182-183 – À 135 km N-O de Chiang Maï, route 1095 (en bon état, mais très sinueuse).

La petite ville de Paï n'a été rattachée à la Thaïlande qu'en 1911 et, jusqu'en 1980 (date de la construction d'une route goudronnée), il fallait compter entre 3 et 7 jours de cheval ou de mule pour venir de Chiang Maï ! Paï se singularise notamment par la présence d'une **population musulmane d'origine chinoise** (les **Jin Haw**), émigrée dans le sillage de la 93e armée de Tchang Kaï-chek en 1949, qui porte des vêtements distinctifs et dispose de sa mosquée.

L'envie d'un **tourisme plus proche de la nature** (rafting, trekking à pied et à dos d'éléphant) est arrivée à point pour sortir Paï de sa profonde somnolence. À la fin des années 1990, des artistes, écrivains, publicitaires et quelques Bangkokiens branchés se sont épris de sa rivière, ses rizières, ses sources chaudes et de la qualité de son herbe…

Nok Air

📞053.612.057, ext. 288 (aéroport).

En bus

Depuis Chiang Maï : 2 dép./j. à 20h et 21h de Chiang Maï via Paï de l'Arcade Bus Station (env. 8h) et 5 dép. via Mae Sariang (env. 9h), toutes les heures 6h30-14h30.

Adresses utiles

À Mae Hong Son

TAT

4 Ratchatham Phithak Rd
📞053.612.982.

Police touristique

Singhanat Bamrung Rd
📞053.611.812 ou 1155.
Excellente carte illustrée de la région, localisant toutes les attractions naturelles et les ethnies.

Informations touristiques

www.chiangmai-chiangrai.net.

ÉCOTOURISME

Expéditions de plusieurs jours

L'écotourisme thaïlandais propose des approches variées, contemplatives ou sportives, orientées vers la nature ou vers la rencontre des populations. De nombreuses agences locales proposent ce type de tourisme, principalement au départ de Chiang Maï, Chiang Raï, Paï, Mae Hong Son et d'autres villes plus petites ayant un intérêt touristique. Les expéditions durent généralement 3 j./2 nuits mais peuvent aller jusqu'à 7 j.

Inévitablement, Paï s'est mise au goût du jour: les *guesthouses* et les petits cafés ont fleuri, souvent à l'initiative de *farang* qui trouvaient Chiang Maï trop frénétique. Paï offre également les habituels **massages** (que la présence de sources chaudes élève légitimement à la dignité de Spa; p. 414), des cours de yoga, des locations de motos ou de VTT et autres activités. L'ouverture de petits hôtels sophistiqués marque une nouvelle page dans son histoire. En attendant une éventuelle notoriété planétaire, Paï reste une étape attrayante où chacun peut trouver ce qui fait le charme des vacances.

NIGHT MARKET

Rungsiyanon Rd. T.l.j. 18h-23h.

Ce marché offre une belle initiation aux épices. Pendant que les locaux prennent le temps d'acheter les ingrédients de leur prochain dîner, vous pourrez vous régaler de spécialités à prix mini, ou acheter des vêtements fabriqués par les femmes des tribus voisines.

CANYON DE PAÏ ✧

Carte p. 182-183 – À 8km S de Paï, sur la route 1095. Ne pas y aller avec des enfants, le terrain est glissant, et demande la plus grande vigilance. Les plus grands éviteront les tongs.

Ne vous attendez pas à voir le Grand Canyon du Colorado, vous seriez déçu. Mais ce canyon-là, s'il est très loin d'avoir les dimensions de son cousin américain, mérite néanmoins une visite. La roche érodée a laissé de très étroites bandes de terre, d'une teinte ocre. 30 m au-dessus du sol, elles dominent une forêt. Le lieu est très couru au coucher du soleil, superbe lorsqu'il s'évapore au loin, derrière les montagnes. Les plus téméraires pourront faire le tour du canyon, mais attention, car il n'y a pas de barrière, et le sol poussiéreux est glissant.

AUTRES EXCURSIONS

La plupart des hôtels et *guesthouses* organisent plusieurs sortes d'activités sportives: rafting sur la rivière Paï, randonnées à pied, à dos d'éléphant et à vélo, **excursions aux chutes de Ma Paeng** (à 9 km de Paï) et aux **sources chaudes de Tha Paï** (à 8 km).

SOPPONG ET LES GROTTES DE THAM LOT ✧

Carte p. 182-183 – À 45 km O de Paï par la route 1095. T.l.j. 8h-16h30. Entrée payante (450 THB). Si vous prenez les services d'un guide, marchandez ferme.

Le site de **Soppong** est célèbre pour ses grottes (Tham Lot), traversées par une rivière souterraine. Des guides proposent leurs services et un éclairage fort appréciable.

> Lire aussi le coup de cœur de l'auteur: Soppong, entre grottes et jungle (p. 238).

Mae Hong Son ✧✧✧

Carte p. 182-183

Jusqu'au début du XXe s., on ne pouvait se rendre dans la province de Mae Hong Son qu'à dos d'éléphant. Les princes de Chiang Maï ne se sont immiscés dans la région qu'en 1831 (sous le règne de Rama III), principalement pour y capturer des éléphants sauvages. À l'époque, la majorité de la population était essentiellement constituée de Shans venus de Birmanie. Leur empreinte est restée très forte à Mae Hong Son, qui demeure à l'écart des grands flux touristiques.

La ville a gardé le cachet d'une cité entre deux mondes, ville frontière, ville charnière, plus tout à fait thaïe mais pas encore birmane : à Mae Hong Son, les Thaïs sont presque aussi minoritaires que les *farang*, dans une population dominée par les Shans (près de 50 %) et diverses autres ethnies montagnardes, dont les réfugiés padaungs (tribu des « femmes-girafes », p. 376).

LES TEMPLES

Doï Kong Mu

Il faut attendre que les brumes matinales se soient dissipées pour escalader la colline de Kong Mou, où un joli temple flanqué de deux grands *chedi* birmans domine la vallée. On y accède par un long sentier sinueux et pentu (env. 10 min) qui finit par déboucher sur un escalier gardé par des lions chaulés. La **vue** sur la vallée, la ville et l'aéroport est absolument superbe.

Wat Chong Klang

Construit en 1827 en bordure d'un petit lac dans lequel il se reflète, c'est incontestablement le temple le plus poétique. Sa **structure en**

˅ Paï

VILLAGES

Écotourisme

De nombreuses agences proposent de voyager « autrement » (à pied, en bateau, à dos d'éléphant). Sachez que seuls les **villages padaungs** des environs de Mae Hong Son peuvent être considérés comme authentiques. Quant aux excursions «femmes-girafes» depuis Chiang Maï, elles ont été fabriquées pour les touristes.

bois et ses **toits à étages** sont caractéristiques du style shan birman. On peut y voir une intéressante collection de « fixés sous verre » décrivant des scènes de la vie de Bouddha et, dans une petite salle, 33 statues en bois polychrome représentant des personnages légendaires. Ces objets proviennent de Birmanie. On peut aussi y admirer un étonnant bouddha en rotin tout neuf. Certaines parties du temple sont interdites aux femmes (considérées comme impures).

Villages padaungs

Carte p.182-183.

Dans les environs de Mae Hong Son, les excursions les plus prisées sont celles qui vous mèneront vers des villages **padaungs**, ethnie célèbre pour ses «femmes-girafes» (p. 376). Les Padaungs sont des cultivateurs qui ont dû quitter leurs terres au début des années 1990. Appartenant au groupe karen en rébellion contre Rangoon, ils ont fui les exactions de la junte militaire birmane. Réfugiés tolérés par les Thaïlandais, ils sont sans terre, sans ressource, et le tourisme est leur seul moyen de subsistance. À l'entrée des villages, il faudra vous acquitter très officiellement d'une somme destinée à leur entretien. Les femmes vendent leurs tissages et de petits objets ethniques. L'accueil est souriant et paisible.

On peut visiter trois villages padaungs: **Khun Huai Dua** (à 11 km O de Mae Hong Son, par la route), **Nam Phiang Din** (à 30 km S-O de Mae Hong Son, accessible par bateau sur la rivière Paï), **Naï Soï** (à 35 km N-O. de Mae Hong Son).

^ Doï Kong Mou

Mae Sariang ✧

Carte p. 182-183 – À 158 km S de Mae Hong Son, 188 km S-O de Chiang Maï, sur la route 108. Bus: plusieurs dép./j. de Chiang Maï à l'Arcade Bus Station et de Mae Hong Son.

Située dans la vallée de la rivière Yuam, Mae Sariang n'est qu'à quelques kilomètres seulement de la Birmanie.

Le district compte 40 000 habitants vivant des forêts de tecks et de la contrebande (armes, pierres précieuses, antiquités, drogue...). La région est peuplée de Hmongs, de Karens et de Shans. La petite ville est disposée le long d'une rue centrale, un peu comme au Far West, avec des maisons en bois et des boutiques ouvertes. Au marché, les Birmanes se reconnaissent à leur blouse fermée à l'oblique, à leur peigne planté dans le chignon et à leur énorme cigare.

Les **temples** de Mae Sariang sont de style shan, avec leurs toits gracieusement étagés. Construit en 1896, le **Wat Jong Sung** en est un bel exemple.

Parc national d'Ob Louang ✧✧

Carte p. 182-183 – À mi-chemin (105 km) entre Mae Sariang et Chiang Maï, route 108.

Entre Mae Sariang et Hot, le tracé de la route 108 est particulièrement sinueux (elle totalise 1864 courbes et virages). Certains **villages karens** sont très proches de la route. Si vous êtes en voiture, arrêtez-vous et n'hésitez pas à prendre des auto-stoppeurs, si l'occasion se présente: ils vous feront découvrir leur village et vous demanderont peut-être, en contrepartie, d'amener un proche en ville. **Hot** marque la limite du pays karen, du groupe Skaw Karen. On qualifie parfois les gorges d'Ob Louang de «**Grand Canyon de la Thaïlande**», ce qui est exagéré! Mais elles n'en restent pas moins très spectaculaires. On peut pratiquer le **rafting** sur les rapides de la rivière Mae Chaem (oct.-avr.). Une **tombe préhistorique**, découverte en 1985 par des archéologues thaïs et français, est accessible par une marche d'un bon kilomètre dans les rochers et un pont de lianes.

Chom Thong ✧✧

Carte p. 182-183 – À 133 km E de Mae Sariang et 58 km S-O de Chiang Maï par la route 108.

La petite ville de Chom Thong mérite un arrêt pour le remarquable **Wat Phra That Si Chom Thong**, situé en son centre, qui date du XVe s. Le bâtiment principal est particulièrement élégant, avec ses toits étagés et ses frontons de bois sculpté.

Son **plan cruciforme** est inhabituel. La décoration intérieure s'inspire du style birman. Quatre bouddhas debout, richement parés, encadrent le haut *prang*. L'édifice le plus ancien est le *chedi*, de style birman, construit en 1451.

• NOS ADRESSES •

MAE HONG SON

OÙ DORMIR

Choix hôtelier assez large, avec quelques établissements de qualité à la périphérie (ambiance nature) et beaucoup de petits hôtels et *guesthouses*. Il faut réserver impérativement en période de fêtes.

Sang Tong Huts

Makhasanti Rd (à 2 km du centre) 053.611.680, www.sangtonghuts.org. Petit déjeuner : 2€. De 30 à 40€.

Voici d'étonnantes cabanes nichées au fond des bois, pour les Robinson qui ont envie de nature et de réveil au chant du coq. Au petit déjeuner, le pain et la confiture sont faits maison. Prix variables selon les bungalows.

Gims Resort

133/7 Moo 5, Chalumprakria Rd 053.614.214, https://gimsresort.page4.me. De 30 à 40€.

Niché dans un jardin verdoyant, un petit hôtel légèrement en retrait de la ville, aux chambres basiques, mais bien tenues. Les patrons prêtent des vélos pour leur permettre de se déplacer

Fern Resort

Route de Mae Sariang (à 10 km S de Mae Hong Son) 053.686.110, www.fernresort.info ; rés : info@fernresort.info. Transfert inclus. Environ 55€.

Les 38 bungalows très nature et soignés forment un joli petit complexe écotouristique. Au milieu des rizières, vous ferez une cure de calme et de verdure, sans TV ni téléphone dans les chambres. Angelina Jolie et Brad Pitt ont séjourné dans le bungalow 39 !

Imperial Tara Mae Hong Son

149 Moo 8, Tambon Pang Moo (à 2 km du centre) 053.684.444, www.imperialmaehongson.com. Environ 55€.

Un bel hôtel qui bénéficie d'un cadre reposant, méritant un séjour prolongé. La terrasse du restaurant Golden Teak donne sur un superbe paysage.

OÙ MANGER

De 5 à 15€

Plusieurs restaurants très sympathiques, au bord du lac, servent une honnête cuisine thaïe dans un cadre merveilleux (vue sur le plus joli temple de Mae Hong Son). Le restaurant **Fern** *(87 Khunlumprapas Rd, t.l.j. 10h30-22h)*, en particulier, qui appartient à l'hôtel du même nom (à 7 km du centre-ville, voir ci-dessus).

PAÏ

OÙ DORMIR

La majorité des hôtels sont très simples et dispersés autour de Paï. Mais ces dernières années ont vu l'ouverture de boutiques-hôtels plus luxueux avec bungalows sur pilotis, piscine, Spa, wifi, lecteur DVD et déco tendance. Les visiteurs qui recherchent un calme absolu opteront plutôt pour une adresse en dehors de Paï.

PAÏ ET ALENTOURS

Pairadise Resort

À environ 1 km du centre de Paï 053.698.065 (anglais) ou 089.431.3511 (portable), www.pairadise.com. Environ 20€.

Les bungalows, au milieu des rizières, sont simples mais impeccables – les matelas sont épais et les couettes sont moelleuses ! Agréable piscine naturelle. Pain maison au petit déjeuner, mais pas de restaurant pour les autres repas. Possibilités d'organiser des activités : location de motos, rafting, yoga, massages, reiki. Pour un séjour au grand calme, dans une ambiance familiale.

Pura Vida

65 Moo 3 092.406.1559, puravidapairesort@gmail.com. Environ 20€.

À 4 km du centre de Paï, ces huit bungalows, implantés au cœur d'un jardin, (dans une ancienne orangerie) permettent de se reposer au cœur de la nature tout en profitant de la vie nocturne de Paï, si l'envie s'en fait sentir. Les propriétaires sont d'excellent conseil pour faire découvrir leur région.

Pai Village Boutique Resort & Farm

88 Moo 3 📞 053.698.152. Autour de 50 €.

De jolis bungalows en bambou, nichés dans un ravissant jardin, font de ce lieu un havre de paix. Excellent restaurant et délicieux Spa (massages). Possibilité de visiter gratuitement la ferme voisine, avec ses fruits, ses fleurs, ses moutons et ses lapins.

Hotel des Artists, Rose of Pai

99 Moo 3 Chaisongkhram Rd 📞 053. 699.539, www.hotelartists.com/pai. Environ 80 €.

♥ Adorable adresse au cœur de la ville de Paï. Les chambres sont assez petites, élégamment décorées (tableaux contemporains, meubles en teck et coussins ethniques). Quatre chambres ont une petite terrasse donnant sur la rivière.

The Quarter

Chaisongkram Rd 📞 053.699.423, www.thequarterhotel.com. Environ 80 €.

À deux pas du centre de Paï, avec vue panoramique sur les montagnes, ce très joli hôtel pavillonnaire, intime et à la décoration raffinée, met à votre disposition une belle piscine et des bicylettes.

THAM LOT

Cave Lodge

À 45 km O de Paï 📞 053.617.203, http://cavelodge.com. De 4,45 € un lit dans un dortoir à 11 € le bungalow double avec sanitaires privatifs. Environ 20 €.

Tenu par un Australien, ce lodge propose une série d'hébergements étagés à flanc de colline. Les bungalows font tous face à la rivière, au lever du soleil, au lever de la lune et aux collines couvertes de forêt. Petit déjeuner non inclus, mais le restaurant est très bon marché. L'ensemble est construit dans le style et avec les matériaux traditionnels de la région. Nombreuses activités organisées : rafting (25 €), trekking, découverte des grottes selon les saisons.

OÙ MANGER

Cafecito

258 Moo 8 Vieng Tai 📞 053.699.055. T.l.j. 9h-17h. De 5 à 20 €

Burritos, *quesadillas*, guacamole... Le Mexique a rendez-vous à Paï, et c'est une très bonne surprise. Ces plats goûteux se dégustent avec de la musique, dans une ambiance agréable.

Amido's Pizza Garden (italien)

T.l.j. 12h-20h30. De 5 à 20 €.

Les pizzas (à partir de 160 THB) sont toujours bonnes ici malgré le décès d'Amido, le fondateur.

Burger Queen (hamburger)

Thetsabam 1 Rd 📞 086.951.52.80. T.l.j. 13h-22h. De 5 à 20 €.

Les hamburgers (à partir de 80 THB) sont préparés dans la rue.

Baan Benjarong (thaï)

📞 053.698.010. T.l.j. 11h-13h et 17h-20h. De 5 à 20 €

Le meilleur restaurant thaï de Paï, selon les expatriés de la ville : on y mange une cuisine royale. La salade de fleurs de bananes (130 THB) est délicieuse, goûtez !

Two Sisters Restaurant (thaï)

Moo 1, 321 Ban Mae Yen 📞 097.932.1606. De 5 à 20 €.

Ne jamais se fier aux apparences. Si ce petit restaurant ne paie pas de mine, vous y passerez assurément un excellent moment, tant les plats y sont divins. Pad thaï, *pineapple fried rice*, *massaman curry*... Les classiques du répertoire culinaire thaï y sont parfaitement exécutés, délicieusement parfumés. En plus, le patron est a-do-rable !

SHOPPING

Riche en arôme, le café Duang Dee, un pur arabica cultivé par les minorités montagnardes, est en vente dans les épiceries de la ville.

SPORTS ET LOISIRS

Randonnées, rafting

Thaï Adventure Rafting

16 Rangsiyanun Rd ☎ 053.699.111, www.thairafting.com. Appeler avant pour se rens. sur le niveau d'eau.

Guy Gorias, un Français installé dans la région, s'est spécialisé dans les expéditions et les descentes sportives de rivières. Il faut compter environ 53 € par pers. pour une descente en rafting. La rivière Pai, située au pied de l'Himalaya, est adaptée aux débutants comme aux amateurs de sensations fortes avec 60 rapides allant jusqu'à la classe 4. Il y a également des sources d'eau chaude. L'agence de Guy Gorias a fait des émules, méfiez-vous des contrefaçons.

MUAY THAÏ

Charn Chai Muay Thaï Gym

174 m.1 Chaisongkharm Rd ☎ 084. 918.1498, www.charnchaimuaythai.com. Lun.-sam. 8h-10h et 15h-17h.

Que vous souhaitiez vous initier à la boxe thaïe, ou préparer un match, cette sympathique équipe saura vous former avec talent et patience. Soyez sûr de votre motivation : les séances sont intenses, il faut être prêt à transpirer...

MAE SARIANG

OÙ DORMIR

Mae Sariang se visite à la journée. Pour y résider, le choix est assez réduit.

River House Resort

6/1 Moo 2, Langpanich Rd ☎ 053.683.066, www.riverhousehotels.com. Environ 40 €.

Cet hôtel soigné est de tout confort et dispose d'un joli mobilier de teck. Il propose également un très bon restaurant.

Wat Chong Klang

Coup de cœur de l'auteur

SOPPONG, ENTRE GROTTES ET JUNGLE

Plus sereine que sa voisine Paï, Soppong attire peu de voyageurs. Ses environs sont pourtant exceptionnels pour qui aime les randonnées dans la jungle et les rencontres authentiques.

˅ Au cœur d'un village ethnique, proche de Soppong

LE LIVRE DE LA JUNGLE

Un cobra royal occupe de toute sa longueur le sentier. Les minutes s'écoulent, mais le serpent semble imperturbable. Le guide, Gaymoo, un Karen d'une quarantaine d'années, choisit alors de couper à travers la jungle. Telle est Soppong: sauvage et imprévisible. Quelques heures suffisent pour croiser des buffles prenant un bain dans la rivière ou des araignées à la taille XXL: les Karens mangent l'estomac des plus grosses, car ils prêtent à ces bestioles des vertus médicinales.

Belle collection de grottes

Si les grottes de Tham Lot sont les plus réputées de Soppong, la localité en possède bien d'autres. L'entrée dans la grotte nommée « Long Cave », parce qu'elle s'étire sur 500 m, se fait en rampant, faute de place pour se tenir debout. À l'intérieur, l'ambiance est mystérieuse, avec de nombreuses stalagmites et stalactites, et des milliers de chauves-souris assoupies, agrippées au plafond.

Le bonheur est dans le pré

Gaymoo aime sa vie « sans stress ». Il n'est allé qu'une fois à Bangkok, mais en est revenu avec la certitude que cette ville « trop bruyante et polluée » n'était pas pour lui. Comme 90 % des 600 habitants de son village, il est fermier et guide touristique à ses heures perdues. Lui cultive du riz, en altitude. Ses voisins font pousser bananes, tomates, aromates, caféiers...

NUIT CHEZ L'HABITANT

Nous arrivons chez Gaymoo. Sa jeune épouse a préparé du thé et des galettes de riz. Le riz est, de très loin, l'aliment le plus consommé ici: matin, midi et soir. La famille vit très modestement – pas de chaise ni de table, les repas se prennent à même le sol –, ce qui explique que les revenus issus du tourisme sont bienvenus. Gaymoo, comme d'autres familles dans ce village participe à un « homestay program ». L'idée: dormir chez l'habitant et surtout participer pleinement à la vie du village. Coudre les vêtements avec les femmes, apprendre à tisser des paniers en bambou, s'initier à la sculpture sur bois...

PRATIQUE

Durée 1 journée.

Pratique

Des minibus quittent tous les jours Paï en direction de Mae Hong Son: un minibus par heure, entre 10h30 et 18h30, devant le 7-Eleven. Demandez au chauffeur de vous déposer à Soppong. Compter 100 THB, et env. 1h15 de trajet. **Gaymoo** vit à Muan Phaem, village karen proche de Soppong. Pour passer la nuit dans sa maison, avec sa famille, ou faire une randonnée dans la jungle, le contacter au 095.590.1905. Compter 700 THB par pers. pour une excursion d'une journée et 1200 THB par pers. pour deux jours et une nuit (nuitée + 3 repas + excursion). Sinon, la *guesthouse* **Cave Lodge** organise de nombreuses excursions dans les environs.

Renseignements

jittra@cavelodge.com, www.cavelodge.com. Comptez entre 750 et 2 100 THB la journée.

L'I-SAN, le Nord-Est

Bordées par le Cambodge et le Laos, les 18 provinces de l'I-San (un tiers de la superficie du royaume et de sa population) sont peu fréquentées par les touristes. Pourtant, cette région offre de nombreuses richesses cachées, des grands espaces, la magie du Mékong et ses habitants savent faire preuve d'une grande générosité. Ce sont surtout les Khmers, guerriers bâtisseurs et raffinés, qui ont fait flamboyer l'histoire de l'I-San ; vaincus, ils ont laissé leur empreinte, tout comme les Laotiens dont la migration fut, elle, pacifique et fluide. Les hôtels y sont moins nombreux, les déplacements assez longs et parfois peu pratiques, et seuls s'aventurent ici quelques passionnés d'archéologie et de culture rurale. Une aubaine pour les voyageurs à la recherche d'une Thaïlande authentique.

PRATIQUE

↓ Sur place

Les sites archéologiques sont généralement desservis par bus ou *songthaew*, mais louer un taxi ou une voiture avec chauffeur depuis la ville la plus proche reste le plus confortable.

Temple de village de l'I-San

L'I-San, le Nord-Est

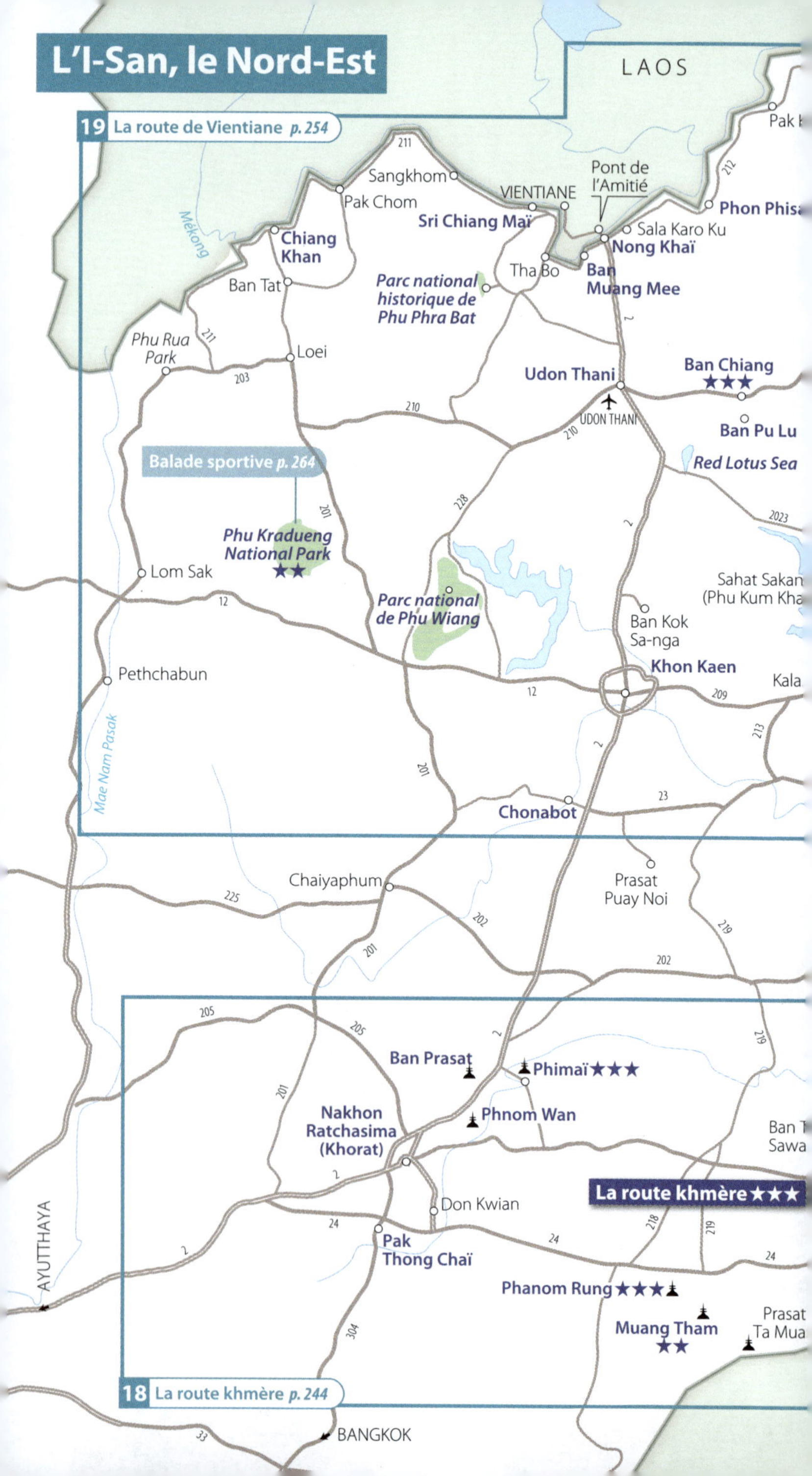

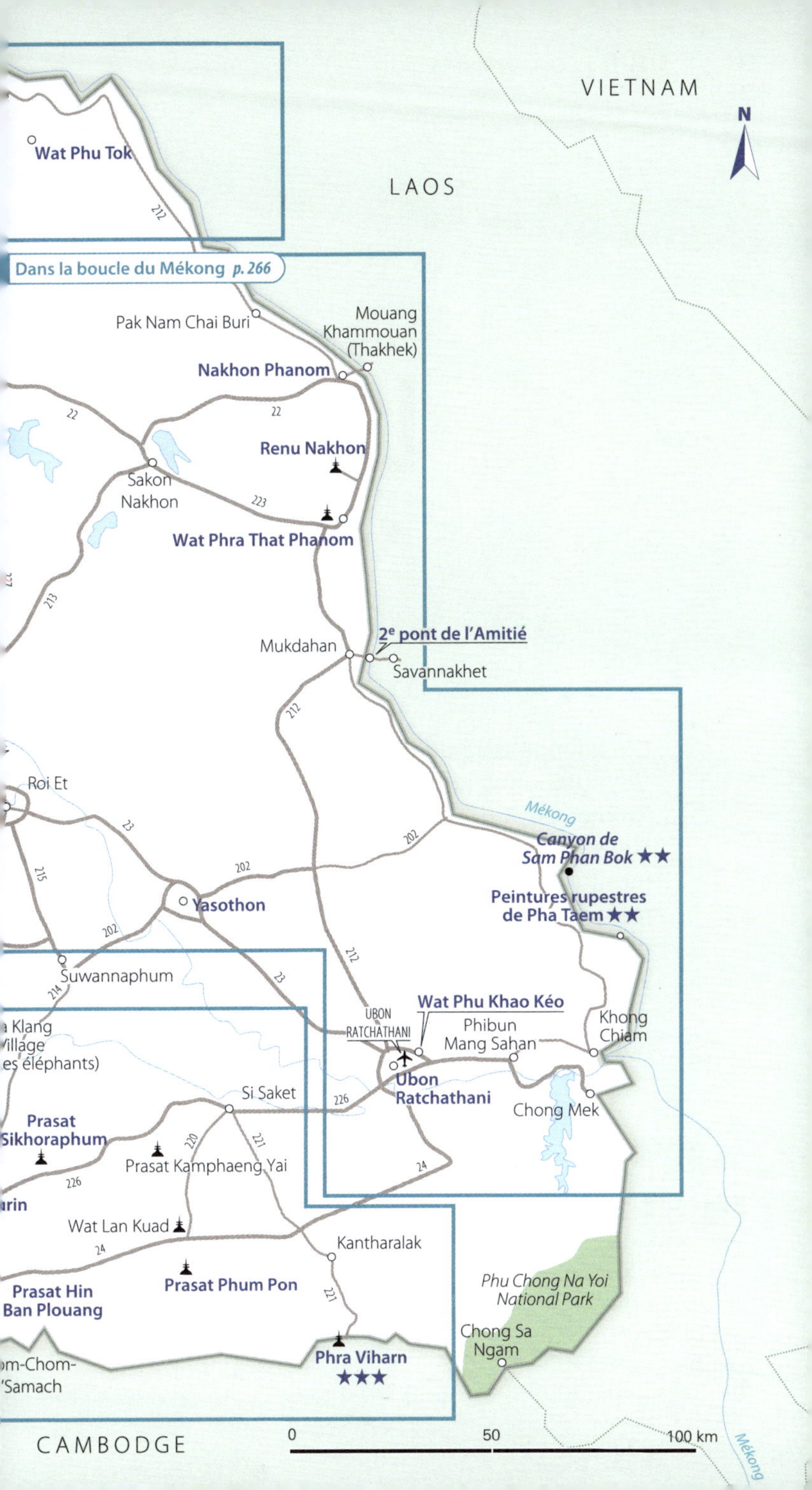
VIETNAM
N
LAOS
Wat Phu Tok
212
Dans la boucle du Mékong p. 266
Pak Nam Chai Buri
Mouang
Khammouan
(Thakhek)
Nakhon Phanom
22
22
Renu Nakhon
Sakon
Nakhon
223
Wat Phra That Phanom
213
Mukdahan
2e pont de l'Amitié
Savannakhet
212
Roi Et
Mékong
Canyon de
Sam Phan Bok ★★
23
202
202
215
Peintures rupestres
de Pha Taem ★★
Yasothon
202
212
Suwannaphum
23
214
UBON
RATCHATHANI
Wat Phu Khao Kéo
Phibun
Mang Sahan
Khong
Chiam
Klang
Village
es éléphants)
Ubon
Ratchathani
Si Saket
226
Chong Mek
Prasat
Sikhoraphum
220
221
Prasat Kamphaeng Yai
24
226
rin
Wat Lan Kuad
Kantharalak
24
Prasat Phum Pon
Prasat Hin
Ban Plouang
221
Phu Chong Na Yoi
National Park
Chong Sa
Ngam
Phra Viharn
★★★
om-Chom-
Samach
CAMBODGE
0
50
100 km
Mékong

18 LA ROUTE khmère

C'est l'itinéraire de l'I-San le plus spectaculaire ! Voyagez dans le temps parmi les temples de Phimaï, superbe témoignage de l'architecture classique khmère, puis visitez le temple sur la montagne, Phanom Rung, et Phra Viharn, à la frontière cambodgienne. Rencontrez les potiers et les soyeux des environs de Khorat. Et si vous avez la chance d'être dans la région le deuxième week-end de novembre, ne manquez pas la fête des Éléphants à Surin.

PRATIQUE

- Plan p. 242-243
- Nos adresses p. 252

Accès à Nakhon Ratchasima (Khorat)

En train

Depuis Bangkok : 10 trains/j. au départ de la gare de Hua Lamphong, de 5h45-22h45 (env. 5h).

En bus

Depuis Bangkok : bus climatisé, départ de la gare routière Nord toutes les 30 min, 6h-23h.

En voiture

À 266 km N-E de Bangkok par les routes 1 (jusqu'à Saraburi) puis 2, env. 4h de trajet.

Le trafic est chargé (beaucoup de camions desservant les zones industrielles des environs de Bangkok).

Le sanctuaire principal de Phimaï

L'ESSENTIEL

À ne pas manquer

Les temples de Phimaï, évidemment : ils sont d'une beauté bouleversante. Phanom Rung, le spectaculaire temple sur la montagne. Et Phra Viharn, autre temple khmer absolument sublime.

Expériences

Rencontrer les artisans potiers de Dan Kwian.

La route khmère ✧✧✧

Du IXe au XIIIe s., le sud de l'I-San a gardé en otages les plus beaux vestiges khmers connus en dehors de ceux du Cambodge. Les principaux ont été restaurés, d'autres sont en cours de restauration. Mais, partout, l'émerveillement est là, devant ces ***prasat hin*** (« châteaux de pierre ») austères et gracieux, qui résument les ambitions de leurs princes : plaire aux dieux, domestiquer la nature, savourer les plaisirs de l'amour, conquérir le monde... Les Khmers furent les ennemis jurés des Siamois, mais sans eux, l'identité des Thaïlandais serait tout autre.

Les plus grands sites khmers de la Thaïlande sont facilement accessibles depuis la porte de l'I-San, Nakhon Ratchasima.

Accès à Surin

En bus

Depuis Khorat : départ toutes les 40 min de la gare routière.

En train

Depuis Bangkok : 9 trains rapides/j., à la gare de Hua Lamphong.

Adresses utiles

À Nakhon Ratchasima (Khorat)

TAT

2102-2104 Mittraphap Rd
☎ 044.213.666, t.l.j. 8h30-16h30.

Informations touristiques

www.koratmagazine.in.th.

Police touristique

Amphur Muang
☎ 1155.

À Surin

TAT

Thetsaban 1 Rd
☎ 044.514.447.

Nakhon Ratchasima et ses environs

(Khorat)

Carte p. 242-243 – À 226 km N-E de Bangkok par la route 1 (jusqu'à Saraburi) puis la route 2.

La province de Nakhon Ratchasima partage une grande partie de ses frontières avec le Cambodge. Porte d'entrée de l'I-San, sa capitale éponyme (désignée sous l'abréviation de Khorat) est la deuxième ville du pays en termes de population. Elle se situe à la confluence des routes de Nong Khaï et d'Ubon Ratchathani, deux axes stratégiques et économiques majeurs. Son activité a été dopée par les bases américaines installées dans la région pendant la guerre du Vietnam.

Même si sa fondation remonte au milieu du XVIIe s., son intérêt historique reste médiocre: il repose surtout sur un **monument dédié à Thao Suranari** (également appelée Khunying Mo), en face de la vieille porte ouest de la ville. Érigé en 1934, il commémore la défense héroïque de l'épouse du gouverneur de la ville contre les Laotiens, sous Rama III (1824-1851), et fait l'objet d'une grande vénération. Sa fête annuelle (23 mars-2 avr.) attire des milliers de personnes (p. 417).

Les curieux iront jeter un coup d'œil au **Wat Sala Loï**, temple moderne (1967) dont la forme évoque celle d'une jonque chinoise.

TEMPLE KHMER DE PHNOM WAN ✧

Carte p. 242-243 – À 15 km N-E de Khorat par la route 2. Excursion en taxi, *songthaew* et bus à la gare routière de Khorat. T.l.j. 8h-17h30. Entrée payante (50 THB).

Ce temple relativement modeste date du XIe s. Comme **Phimaï**, il est orienté vers l'est et comporte un toit **pyramidal**. Initialement dédié à

FLORE

Un arbre géant

À Phimaï, vous pourrez admirer le plus grand banian du monde.

Il étend ses racines sur 35 000 m², et affiche 350 années au compteur. Plus qu'un arbre, ce banian ressemble à une forêt. Magique et envoûtant!

> À 1 km N-E du sanctuaire.

Banian géant à Phimaï

Shiva, il fut transformé en sanctuaire bouddhique à l'époque d'Ayutthaya, jusqu'à l'ère Rattanakosin (période de Bangkok). Le roi Rama V s'y est rendu, comme en témoigne une stèle gravée. Entretenu par une communauté de moines résidant autour, le temple est toujours utilisé comme lieu de culte. Il a été restauré par des archéologues français.

BAN PRASAT ✧

Carte p. 242-243 – A 15 km O de Phimaï. Il faut prendre le bus qui va vers Nakhon Ratchasima et demander au chauffeur de vous déposer à Ban Prasat. Généralement, il vous laissera le long de l'autoroute. Il vous faudra alors finir les 2 km restants à pied, ou en mototaxi.

Il y a environ 3000 ans, des hommes et des femmes vivaient à Ban Prasat. Ils étaient fermiers, faisaient pousser du riz, pêchaient et chassaient. Ils apprirent à faire des objets en bronze, et de jolies poteries. Leur espérance de vie était courte : 36 ans pour ces messieurs, 34 pour ces dames. Des fouilles archéologiques, menées en 1991, ont fait connaître cette civilisation. Trois sites de fouilles, que l'on peut découvrir à l'air libre : ils dévoilent de nombreux squelettes, des poteries, des bijoux, et d'autres objets personnels.

PHIMAÏ ✧✧✧

Carte p. 242-243 – À 60 km N-E de Khorat par la route 2. Excursion en taxi, *songthaew* et bus à la gare routière centrale de Khorat. T.l.j. 7h30-18h. Entrée payante (100 THB). Festival de Phimaï (vers la 2e sem. de nov.) et régates de Phimaï (2e w.-e. de nov. ; p. 421).

Souvent qualifié d'« Angkor Vat siamois », l'ensemble de Phimaï (début du XIIe s.) est un témoignage exceptionnel de l'architecture classique khmère en Thaïlande. Il fut superbement restauré entre 1964 et 1969 par Bernard Groslier, avec l'aide du gouvernement français de l'époque. Chaque pierre fut alors patiemment démantelée, réparée, puis remise à sa place d'origine.

Le sanctuaire est maintenant enserré dans une petite bourgade provinciale qui occupe, en partie, l'intérieur de l'enceinte initiale, au confluent de la rivière Mun et de la Khem. Il fut très probablement construit sous le règne de Suryavarman II et terminé sous Jayavarman VII (à la fin du XIIe s.), mais certains édifices seraient plus anciens (fin du XIe s.). Avec ses blocs de grès rose et blanc, associés à une latérite sombre, il illustre parfaitement l'architecture altière des « châteaux de pierre » dressés entre les dieux et les hommes. Le plan s'inspire du mandala (représentation hindouiste de l'univers), et l'ensemble est dominé par le mont Meru (centre mythique de l'univers pour les hindouistes, figuré par le prang central).

Porte de la Victoire

À l'entrée du temple. Orientée côté sud, elle regarde Angkor, qui n'est qu'à 250 km.

Sanctuaire principal

Prasat

Il est entouré d'une cour rectangulaire percée de quatre portes *(gopura)* donnant accès à quatre couloirs convergents. La terrasse est surmontée d'un toit pyramidal soutenu par des *garuda* et des *naga*. Cette architecture rigoureuse est loin d'être froide et l'on peut admirer sur les linteaux des sculptures exquises illustrant l'éclectisme religieux des Khmers : y sont représentés des épisodes du ***Ramayana*** voisinant avec des représentations de Bouddha ou de divinités hindouistes. Loin des thèmes guerriers (batailles incessantes à l'époque), les scènes de la vie quotidienne représentées ici célèbrent les corps dans un monde qui a un aspect plutôt bienveillant. Soyez attentif : un des linteaux montre Krishna en train de chasser un ours.

Musée

T.l.j. 9h-16h. Entrée payante (100 THB).

Son architecture évoque les enfilades caractéristiques de l'architecture khmère. Le musée présente l'héritage culturel de l'I-San : objets khmers (linteaux, statues, dont l'original de Jayavarman VII), statuettes en bronze, bijoux, ainsi que des photos sur les fouilles et des objets traditionnels contemporains (tissus, ustensiles de la vie quotidienne).

VILLAGES D'ARTISANS ✧

Deux activités artisanales des temps anciens, la poterie et la soie, sont restées circonscrites à des villages spécialisés proches de Khorat, où s'approvisionnent des détaillants de Bangkok et du monde entier.

Dan Kwian, village de potiers

Carte p. 242-243 – À 15 km S-E de Khorat par la route 224. Excursion en taxi ou *songthaew* depuis Pratu Chainarong (porte S de Khorat).

Impossible d'ignorer la spécialité de la région : les productions sont disposées le long de la route, signalant les ateliers qui se succèdent. L'aspect particulier des poteries de Dan Kwian est dû à la haute **teneur en fer de l'argile** qui provient de la rivière Mun. À l'origine, il s'agissait de fabriquer des jarres pour la conservation des produits alimentaires, des creusets et des ustensiles utilitaires. Conseillés par des architectes d'intérieur et des designers de la capitale, les artisans fabriquent désormais (toujours à la main) des objets dont le raffinement et la modernité tranchent avec les productions « pour touristes ».

Soyeux de Pak Thong Chaï

Carte p. 242-243 – À 27 km S de Khorat (route 304). Excursion en taxi, *songthaew* ou bus à la gare routière centrale de Khorat.

Le travail artisanal de la soie est un art très ancien dans ce petit village. Après un déclin dû à la mode du pantalon (autrefois, tous les hommes portaient le ***phanong***, longue pièce de tissu drapée), l'activité connaît un renouveau grâce à l'action de la reine en faveur des artisanats traditionnels (p. 409). Pour tout savoir sur la soie et sa fabrication, vous pouvez aussi visiter le **Silk and Cultural Center** (à l'entrée du village ; exposition de photos et objets).

PHANOM RUNG ✧✧✧

Carte p. 242-243 – À 130 km S-E de Khorat par la route 224, puis 24. À visiter en excursion organisée depuis Khorat. À combiner avec la visite de Muang Tham (p. 249). T.l.j. 6h-18h. Entrée payante (100 THB). Forfait comprenant l'entrée pour Muang Tham : 150 THB.

Édifié sur un ancien volcan éteint dominant la route d'Angkor, Phanom Rung jouit d'un site exceptionnel. Le **Prasat Hin Khao Phanom Rung**, « château de pierre sur la montagne », fut édifié en grande partie sous le règne de Suryavarman II, en hommage à Shiva. Cette œuvre colossale (il fallait 160 hommes et 60 cordes pour déplacer chaque bloc de pierre de la carrière au chantier) fut construite du Xe au XIIIe s.

EXPÉRIENCE *Spectacle solaire à Phanom Rung*

Des centaines de visiteurs trépignent d'impatience. Après s'être fait désirer, le soleil se lève enfin, et ses rayons s'immiscent en même temps à travers les quinze portes du temple principal. Le phénomène laisse les spectateurs hypnotisés. C'est un plaisir rare, qui ne se produit que quelques jours par an, du 3 au 5 avril, et du 8 au 10 septembre pour le lever du soleil. Les retardataires pourront se rattraper avec le coucher de l'astre, qui s'aligne parfaitement avec les portes du temple du 5 au 7 mars, et du 5 au 7 octobre.

^ Temple cambodgien de Prasat Sikhoraphum

EXCURSIONS

Hors des sentiers battus

Par sa proximité avec le Cambodge, la région de Surin offre plusieurs choix d'excursions vers des sites khmers peu visités comme **Prasat Hin Ban Phlouang** *(30km au S, route 214)*, **Prasat Sikhoraphum** *(34km N-E, route 226)* et **Prasat Phum Pon** *(59km S-E, route 2077)*.

> Voir aussi «Sports et Loisirs» et «Organiser ses excursions» p. 437.

Bien qu'il ait été abandonné pendant plusieurs siècles, le temple a bien résisté aux vols et aux outrages du temps. Dans les années 1970, durant la guerre du Vietnam, le **linteau Phra Narayana** fut dérobé et exhibé à l'Art Institute de Chicago. Ce n'est qu'en 1988 que les Américains le rendirent à Phanom Rung, grâce à la ténacité de nombreux Thaïs et Occidentaux. Des travaux de restauration entrepris sur dix-sept ans ont redonné au temple son cachet d'origine mais il reste encore beaucoup à faire pour lutter contre le pillage.

La visite du site est spectaculaire. L'arrivée s'effectue par une allée de 160 m, aménagée pour recevoir des parades d'éléphants, qui se prolonge par un escalier que gardent des *naga*. Le ***prang* de grès rose** est posé comme un joyau sur la terrasse supérieure ; sa flèche culmine à près de 27 m. Les quatre portes marquent les points cardinaux. Le vaste corridor (5,7 m de long et 3 m sous plafond), situé à l'est de la tour, accueillait les brahmanes à l'occasion des récitatifs et des chants. Inspirées du ***Ramayana***, du ***Mahabharata*** et des ***Purana*** hindouistes, les sculptures sont les plus fines et les plus achevées de tous les sites khmers de Thaïlande. Le **linteau Phra Narayana**, situé à l'entrée principale, montre Vishnou reposant sur un *naga* dans la mythique mer de Lait. Aucune représentation de Bouddha n'a été trouvée à Phanom Rung.

Muang Tham ✧✧

Carte p. 242-243 – À 8km S-E de Phanom Rung par la route 24. À combiner avec la visite de Phanom Rung (p. 248). T.l.j. 6h-18h. Entrée payante (100 THB). Forfait avec l'entrée pour Phanom Rung : 150 THB.

Au pied de la colline où s'élève Phanom Rung, ce temple khmer dégage un charme captivant. Mouang Tham, la «cité basse», fut édifiée sous le roi Jayavarman V (968-1001), un siècle avant Phanom Rung, sur la route d'Angkor à Sri Thep. Initialement, elle était entourée de murailles de

^ Le temple de Muang Tham

latérite. Les **quatre portes** *(gopura)* sont disposées selon les points cardinaux; trois d'entre elles ont gardé leurs linteaux sculptés. La **première cour** est remarquable par les *naga* qui ornent les quatre bassins symétriques. La **cour principale** comporte les vestiges de cinq *prang* de latérite. La plupart des bas-reliefs sont en excellent état.

Surin ✧

Carte p. 242-243 – À 91 km N-E de Mouang Tham par les routes 24, puis 214; 168 km E de Khorat par la route 226; 160 km O d'Ubon Ratchathani par la route 226.

Contrairement au reste de l'I-San où domine une population lao-thaïe, la région de Surin est peuplée d'une majorité de Khmers. L'éléphant jouit ici d'un statut peu différent de celui des êtres humains, dont il a d'ailleurs la longévité. Menacé par la disparition des forêts, la guerre du Cambodge, la modernisation de l'agriculture et des véhicules de guerre, il a trouvé de nouveaux emplois dans le secteur du tourisme. La plupart des éléphants qui sont présentés dans les shows ou utilisés comme mascottes par les hôtels proviennent de la région de Surin.

La **fête des Éléphants** donne lieu, chaque année (2e w.-e. de nov.), au plus grand rendez-vous mondial de pachydermes: un train est affrêté spécialement depuis Bangkok, à l'occasion de ce festival (p. 421) qui exalte les qualités les plus diverses de cet animal hors normes, auxiliaire colossal du travail en forêt, monture de guerre, et même joueur de football (les matchs sont arbitrés par un bipède prudemment vêtu d'une tenue fluo). En ce qui concerne les **reconstitutions historiques**, l'épisode favori du public retrace l'intervention

romantique de la reine Suriyothaï, en 1549 qui, voyant que son royal époux se trouvait en difficulté lors d'un combat singulier avec un prince de Phrae, s'interposa avec son éléphant et lui sauva la vie.

Phra Viharn ✧✧✧

Carte p. 242-243 – À 190 km S-E de Surin par les routes 214, 24 et 221 jusqu'à Kantharalak, puis route de campagne jusqu'à Phra Viharn. Bus de Sisaket: plusieurs services/j. pour Kantharalak; de Kantharalak prendre un *songthaew* jusqu'au site (25 km env.). Attention: l'accès à Phra Viharn suppose un minimum de cordialité dans les relations entre la Thaïlande et le Cambodge, ce dernier s'empressant de fermer l'accès en cas de tension. T.l.j. 8h-18h (dernière entrée à 16h), sous réserve de l'accord de l'armée thaïe. Entrée payante (400 THB).

Revendiqué par la Thaïlande et par le Cambodge, ce temple khmer a été attribué à ce dernier en 1962 par la Cour internationale de La Haye. La guerre au Cambodge en a rendu l'accès impossible pendant vingt-huit ans. À la suite d'un accord entre les autorités khmères et thaïlandaises, le site a été rouvert en 1990, depuis le territoire thaï, puisqu'il n'existait alors aucune possibilité d'accès côté cambodgien.

Édifié sur la chaîne frontalière des Dangkrek, à 657 m d'altitude, le temple principal domine magnifiquement la plaine, confirmant sa vocation guerrière. Commencée au Xe s., sa construction fut achevée par les bâtisseurs d'Angkor au XIIe s.

Du fait de son isolement, le site est remarquablement préservé. L'accès au sanctuaire principal, dédié à Shiva, s'effectue par une enfilade d'escaliers et de portes comportant trois paliers principaux, l'ensemble s'étirant sur 850 m. De nombreuses sculptures sont en bon état, comme une partie de la rampe en forme de *naga* et des linteaux illustrant des thèmes hindouistes.

Le département des Beaux-Arts a entrepris les restaurations pour libérer le temple non seulement de l'emprise de la jungle mais aussi des mines enfouies dans la campagne proche (vous ne craignez rien sur le site en lui-même, qui est déminé, mais ne sortez pas des sentiers).

HISTOIRE *Un éléphant en cadeau*

On imagine la surprise du président **Abraham Lincoln** lorsqu'il reçut, en 1861, la lettre du roi du Siam, Mongkut. Soucieux de développer les relations avec l'Occident, ce dernier crut bien faire en proposant à Lincoln de lui envoyer en cadeau quelques jeunes éléphants. Le président des États-Unis déclina la proposition au prétexte que les éléphants ne pourraient se multiplier sous de telles latitudes. L'habitude de faire ce genre de cadeau encombrant est toujours en vogue: en **octobre 2002**, le roi Rama IX a envoyé deux éléphanteaux à la **princesse du Japon** à l'occasion de son anniversaire. La récipiendaire a remercié avec une exquise courtoisie... et offert son cadeau au zoo de Tokyo.

• NOS ADRESSES •

NAKHON RATCHASIMA (KHORAT)

OÙ DORMIR

La plupart des touristes choisissent de séjourner à proximité des sites khmers (Phimaï), il y a plus de choix à Khorat.

The Imperial Hotel and Convention Centre Korat

1137 Suranari Rd ☎044.256.629, www.imperialkorat.com. Environ 50€.

Cet hôtel, d'excellente qualité et agréablement décoré, se situe en périphérie. Des efforts sont faits en matière de préservation de l'environnement : l'hôtel a reçu le label Green Leaf.

Sima Thani

2112/2 Mittraphap Rd ☎044.213.100, www.simathani.com. Environ 50€.

En centre-ville, atmosphère cosy et raffinée pour cet hôtel, récemment rénové, à la décoration de style contemporain.

À PHIMAÏ

Phimaï Inn

33/1 by-pass Rd Naimouang ☎044.471.175, www.phimaiinn.com. Environ 15€.

À la périphérie de Phimaï. Un hôtel modeste, mais très correct pour son prix, idéal pour visiter les ruines. Piscine.

OÙ MANGER

Cabbages & Condoms (thaï)

86/1 Suebsiri Rd ☎044.258.100. Moins de 15€.

C'est le petit frère du restaurant du même nom à Bangkok (p. 103); les profits de ces établissements sont versés à une association engagée dans le planning familial et la prévention contre le sida. Très bonne cuisine, prix raisonnables et accueil sympathique.

SURIN

OÙ DORMIR

Rés. indispensable lors de la fête des Éléphants (forfait conseillé).

Thong Tarin

60 Sirirat Rd ☎044.514.281, www.thongtarinhotel.com. Environ 30€.

L'un des meilleurs hôtels de la ville.

Décoration un peu vieillotte mais confort très acceptable.

OÙ MANGER

De 5 à 15€

Durant la fête des Éléphants, nombreux petits restaurants en plein air le long de **Thanasan Rd** et dans le marché de nuit de **Krungsi Naï Rd** (autour du marché municipal). Un petit marché de nuit se tient tous les soirs devant la gare.

Fête des Éléphants à Surin

19

LA ROUTE de Vientiane

Empruntez la route de Vientiane qui traverse la région de la soie *mutmee* : Chonabot sera l'étape idéale pour visiter les ateliers de tissage. Faites un saut dans le passé de plus de 5 600 ans en visitant le site archéologique de Ban Chiang, à moins que vous ne préfériez revenir aux origines du monde et suivre les pas des dinosaures au parc national de Phu Wiang ? À Phu Phra Bat, vous aurez le privilège de voir une empreinte du pied de Bouddha, avant d'apprécier le charme provincial de Nong Khaï et les plages de sable du Mékong.

PRATIQUE

• **Plan p. 242-243**
• **Nos adresses p. 261**

↓ Accès à Khon Khaen

En avion

Depuis Bangkok : 5-6 vols/j. avec Thaismileair ☎1181.
6 vols/j. avec Airasia ☎02.515.9999.
3 vols/j. avec Nok Air ☎1318.
2 vols/j. avec Thai Lion Air ☎02.529.9999.

Depuis Chiang Maï : 2 vols/j. avec Air Asia ☎02.515. 9999.

En train

Depuis Bangkok : 2 trains rapides/j. et 2 trains de nuit (env. 8h).

En bus

Depuis Bangkok : toutes les 40 min depuis la gare

La statue de Bouddha à Nong Khaï

L'ESSENTIEL

À ne pas manquer

Ban Chiang, site archéologique, qui fait remonter ses visiteurs à l'âge du bronze. Chiang Khan, village plein de charme posé au bord du Mékong.

Expériences

Se lever tôt, grimper dans un *hang yao*, et assister au spectacle poétique – et très photogénique – des milliers de nénuphars rose fuschia éparpillés à la surface de la Red Lotus Sea.

Khon Kaen

Carte p. 242-243 – À 450 km N-E de Bangkok par les routes 1 puis 2, à 184 km N-E de Khorat.

Au cœur de l'I-San, Khon Kaen, **capitale de la soie *mutmee*** (p. 411), est une ville provinciale paisible, où l'on a plaisir à flâner. Sur **Klang Mouang Rd**, on pourra acheter de jolis objets artisanaux et, bien sûr, de la soie. Le **marché central** est particulièrement animé, riche en expériences olfactives et gastronomiques.

MUSÉE NATIONAL

Mer.-dim. 9h-16h. Entrée payante (100 THB).

Il fut créé en 1972 par le roi Bhumibol. Faute de profiter des commentaires (en thaï), on pourra y admirer de nombreux objets préhistoriques, religieux et folkloriques.

Chonabot ✧

Carte p. 242-243 – À 54 km S de Khon Kaen par la route 2.

Une visite s'impose au village de Chonabot, où est produite une grande partie des pièces de **soie**

routière Nord-Est, en général, ils passent tous par Khorat.

En voiture

À 450 km N-E de Bangkok par les routes 1, puis 2 ; 184 km N de Khorat, et 178 km S de Nong Khaï par la route 2.

Accès à Udon Thani

En avion

Depuis Bangkok : plusieurs vols/j. avec Thaismileair, Air Asia, Nok Air et Thai Lion Air.

En train

Depuis Bangkok : 4 trains rapides/j.

En bus

Depuis Bangkok : toutes les 30 min de la gare routière Nord.

Adresses utiles

À Khon Khaen

Police touristique

Mittraphap Rd
043.465.385,

mutmee vendues le long de Klang Mouang Rd à Khon Kaen.

Vous pouvez visiter les **petits ateliers de tissage** et assister aux différentes phases de la fabrication. Ces ateliers produisent principalement pour les boutiques de Bangkok et Chiang Maï.

Parc national de Phu Wiang

Carte p. 242-243 – À 80 km O de Khon Kaen. T.l.j. 8h30-16h30. Entrée : 200 THB.

Il y a fort longtemps, des dinosaures cavalaient à l'endroit précis où est installé ce parc. Des *phuwiangosaurus sirindhornae*, herbivores mais très impressionnants du haut de leurs 15 mètres de long sur 3 mètres de haut, ou des mégaraptors, plus petits (6 mètres de long), mais carnivores et redoutables avec leurs larges griffes. En l'honneur de ce prestigieux passé, ce parc dévoile des fossiles et des reproductions grandeur nature de dinosaures. Parfait pour une sortie en famille.

Udon Thani

Carte p. 242-243 – À 111 km N de Khon Kaen par la route 2. Liaisons fréquentes avec Khorat, Khon Kaen, Nakhon Phanom et les villes de la région.

Udon Thani, dont l'existence administrative ne remonte qu'à 1893, doit sa prospérité à la présence américaine durant la guerre du Vietnam. À cette époque, d'importantes bases aériennes étaient installées dans la région. Même si les G.I. ont été évacués, Udon Thani reste marquée par ce passé. Les Américains sont d'ailleurs toujours présents, et l'on a le sentiment de se trouver dans une ville de garnison.

PÉPINIÈRE DE L'UDORN SUNSHINE

Udorn Sunshine Fragrant Orchid Farm

Carte p. 242-243 – 127 soï Kamolpatana. À 2 km du centre-ville, sur la route de Nong Samrong (sortie N-O de la ville). ☎ 085.747.4144 (un appel téléphonique est recommandé car les orchidées ne sont pas toujours disponibles). T.l.j. 9h-16h. Entrée payante (20 THB).

Un amoureux des orchidées, M. Pradit Kampumpul, a créé la variété Udorn Sunshine, hybride de Vanda et Joséphine, la seule orchidée au monde dégageant un parfum. M. Pradit affirme, en outre, que son orchidée est sensible à la musique et qu'on peut la faire danser avec des mélodies ad hoc (expérience non concluante de l'auteure). Grande coquette, l'Udorn Sunshine ne donne que neuf fleurs par an.

Un conseil : visitez la pépinière plutôt le matin, quand l'exhalaison du délicat parfum de l'Udorn Sunshine est à son zénith... Sachez aussi qu'on peut acheter sur place des **parfums** fabriqués à partir des essences de cette orchidée rare, de couleur orangée.

Red Lotus Sea ›

PRATIQUE (SUITE)

www.khonkaen.com.

Informations touristiques

www.khonkaen.com.

À Udon Thani

TAT

16/5 Mukmontri Rd

☎ 042.325.407.

Police touristique

55/55 Naresuan Rd

☎ 1155 ou 042.328.189.

À Nong Khaï

TAT

Mittraphap Rd

☎ 042.421.326.

Visites

Lac Nong Han

On peut observer les nénuphars en fleurs de novembre à février.

Ban Chiang ✧✧✧

Carte p. 242-243 – À 50 km E d'Udon Thani sur la route 22 vers Sakhon Nakhon. Bus depuis Udon Thani : plusieurs/j. au départ de la gare routière (Sai Uthit Rd). Mer.- dim. 8h30-16h30. Entrée payante (150 THB.)

Les villageois ne s'étonnaient plus de tomber sur des fragments de poteries en faisant leur jardin. Il aura fallu qu'un étudiant en anthropologie américain trébuche, en 1966, sur une de ces poteries, pour que ces objets trouvent la place qu'ils auraient toujours dû avoir. Des archéologues s'emparent du sujet, les fouilles commencent en 1967, et révèlent qu'il s'agit du plus important habitat préhistorique découvert à ce jour en Asie du Sud-Est. Le site a mis en évidence l'existence d'une civilisation du bronze vieille de 5600 ans, sans lien de parenté avec le peuple thaï, venu beaucoup plus tard de Chine. Ban Chiang a été classé au patrimoine mondial de l'Unesco en 1992. L'**excavation principale** (localisée au Wat Phi Si Naï), où ont été trouvés des squelettes et de nombreuses poteries, a été reconstituée, et on peut la voir dans l'état où la découvrirent les archéologues.

Le **musée** mériterait quelques travaux de modernisation, mais l'on peut y admirer les poteries, ornées de motifs circulaires très caractéristiques de couleur brique. Nombreux objets en bronze et en os, bijoux, moules en fonte et même des lambeaux de soie.

ARTISANAT

Les poteries

Les artisans du village de **Ban Pu Lu** (à 2 km) s'emploient à reproduire les poteries de Ban Chiang avec un talent certain. Sachez néanmoins que l'exportation des poteries anciennes est très réglementée (p. 412).

Red Lotus Sea ✧

Carte p. 242-243 – À 50 km S d'Udon Thani. Les bus ne desservent pas le lac ; taxi ou agence de voyages depuis Udon Thani. Tour en *hang yao* : 150 THB/1h30.

De novembre à février, chaque jour, le soleil se lève au lac Nong Han sur un spectacle fascinant : des milliers de nénuphars rose fuschia éparpillés à la surface. Ces beautés se dévoilent encore un peu plus lors d'une promenade en *hang yao*. La meilleure période pour les admirer, c'est au lever du soleil, quand elles viennent juste de s'ouvrir. Leur beauté est éphémère. Quand le soleil sera au zénith, elles se seront déjà largement refermées.

^ Wat Phu Tok

Parc national historique de Phu Phra Bat ✧

Carte p. 242-243 – À 60 km N-O d'Udon Thani par la route 2 sur 20 km, puis par la route 2021. Peut aussi se visiter au départ de Nong Khaï (50 km N-E). T.l.j. 8h30-16h30. Entrée payante (100 THB).

La région de Phu Phra Bat, classée parc historique, s'enorgueillit d'une **empreinte du pied de Bouddha**. Elle présente aussi un relief très étrange, unique en Thaïlande. La légende associe les deux, racontant que Bouddha refusa d'ordonner moine un serpent géant. Le Maître laissa son empreinte en guise de consolation au serpent, et celui-ci disparut dans un rocher. Le paysage du parc est hérissé de **rochers de grès** de formes bizarres dont certains semblent défier la pesanteur. Plusieurs grottes comportent des **fresques millénaires** dont l'origine est controversée. La magie habite ce lieu. Le bruit court qu'un tunnel mène jusqu'au Mékong (à 20 km), mais personne ne l'a jamais trouvé !

La **Sainte Empreinte du Pied de Buabok**, longue d'environ 2 m, est abritée sous un *chedi* édifié entre 1920 et 1934 sur le modèle du célèbre Chedi Phra That Phanom (Nakhon Phanom, p. 267). Le nom de Buabok fait référence à une plante autrefois très répandue dans la région. Une importante **fête religieuse** a lieu tous les ans vers la mi-février.

Phu Kradueng National Park ✧✧

Carte p. 242-243 – À 137 km S-O d'Udon Thani par la route 210 puis 201. À 80 km S de Loei. Prendre un bus Loei-Khon Kaen et demander au chauffeur de vous déposer à Phu Kradueng. De là, finir le trajet en tuk-tuk.

Ce parc national célèbre recouvre une montagne surmontée d'un

immense plateau. Au programme, de belles randonnées à la découverte des cascades et falaises et des rencontres avec des singes, des cerfs et… des éléphants.

> Lire aussi la balade secrète: Randonnées dans le Phu Kradueng National Park (p. 264).

Chiang Khan ✧

Carte p. 242-243 – 43 km N de Loei. Départ régulier de bus t.l.j., 38 THB. Des *songthaew* font aussi le trajet Loei-Chiang Khan, t.l.j., dernier départ 16h, pour 30 THB.

Avec ses vieilles maisons en bois, dont beaucoup ont été reconverties en boutiques de souvenirs, restaurants ou chambres d'hôtes, Chiang Khan cultive un charme rétro. Les voyageurs viennent ici découvrir une Thaïlande sur laquelle le temps n'a pas de prise. Niché au bord du Mékong, le village offre une superbe promenade le long de ce fleuve mythique, qui prend sa source dans les montagnes de l'Himalaya. En arrière-plan, les montagnes du Laos. Cyclistes, joggeurs et promeneurs ont fait leur cette promenade. Lorsqu'il se couche, le soleil se reflète dans les eaux stoïques du lac. Le spectacle est alors féerique. Il est ensuite temps d'aller dîner, ou de profiter du superbe marché nocturne qui longe les 2 km de la rue principale.

Nong Khaï ✧

Carte p. 242-243 – À 55 km N d'Udon Thani par la route 2, 20 km S-E de Vientiane (Laos), 616 km N-E de Bangkok. Avion: aéroport le plus proche à Udon Thani. Bus: liaisons fréquentes et régulières avec ttes les grandes villes de l'I-San.

Jusqu'au milieu des années 1990, Nong Khaï était « au bout du monde », la dernière ville thaïe avant la puissante barrière du Mékong ouvrant sur un Laos trop longtemps clos. Elle apparaissait comme une ville frontière où les ethnies se côtoient, se mêlent, s'épient, une ville ouverte à maints trafics licites ou secrets. Ici s'arrêtaient la route et la voie ferrée. Ici commençait l'imagination.

Derniers jours tranquilles à Nong Khaï? Peut-être. Car le **pont de l'Amitié *(Saphan Mittaphap)*** sur le Mékong a donné un coup de fouet à l'économie régionale depuis 1994. Nong Khaï est devenue un point de passage obligé. Vientiane, la capitale provinciale sortie d'une chromo d'Indochine, se trouve reliée à la frénétique capitale Bangkok par la route n° 2 (de plus quatre trains par jours relient Bangkok à Nong Khaï). Par sa situation, Nong Khaï devrait devenir un nœud de communication majeur pour les pays du Mékong. Remerciez ou maudissez les Australiens qui ont financé une grande partie des travaux… Et savourez, tant qu'il existe, le charme provincial de cet endroit encore discret!

La ville s'étire le long du Mékong et court au-devant du pont de l'Amitié, à 3 km à l'ouest. Sur **Meechai Rd**, les « Champs-Élysées » de Nong Khaï (parallèles au fleuve), on dénote encore une influence chinoise et coloniale française dans d'antiques maisons-boutiques ou résidences de négociants. On ne s'étonnera pas de trouver certains plats français au menu des restaurants: les Laotiens les ont conservés après la colonisation. Au **marché Chayaporn**, on trouve même des baguettes de pain.

LES TEMPLES

Les portes sont toujours grandes ouvertes pour admirer le vieux *viharn* du **Wat Haï Sok** ou le gong imposant du **Wat Si Sumung**. Le **Wat Pho Chaï** abrite un célèbre **bouddha d'or**, le Louang Pho Phra Saï, haut de 66,5 cm. Comme beaucoup de statues précieuses en Thaïlande, celle-ci a une histoire mouvementée. Elle faisait partie d'un groupe de trois statues (Phra Soem, Phra Suk et Phra Saï), commandées par les trois fils d'un roi du Laos. Sous le règne de Rama III, elles furent enlevées par un général siamois qui les chargea sur un radeau. À la suite d'un orage, Phra Suk sombra dans le Mékong. Phra Soem fut rapportée à Bangkok (au Wat Sa Pathum), mais un incident laissa croire aux Siamois que Phra Saï refusait le voyage. Ainsi, la statue resta à Nong Khaï.

PARC DES SCULPTURES : SALA KAEO KU

Carte p. 242-243 – À 3 km E par la route de Phon Phisaï.

Également appelé temple indien **(Wat Khaek)**, c'est un endroit inclassable, né dans les années 1970 de l'imagination d'un mystérieux et riche personnage (humoriste ? espion communiste ? bouddhiste exalté ?), l'honorable M. Boun Leua Sourirat. Dans un vaste jardin, d'étranges statues en béton reflètent une interprétation très peu conventionnelle du bouddhisme et même de l'hindouisme. On notera un cobra à sept têtes, des divinités géantes auréolées de serpents et un éléphant poursuivi par une meute de chiens démoniaques et lubriques (en Vespa ou en décapotable avec des lunettes d'aviateur !)... Certains y voient une parodie de la société humaine, d'autres une inspiration de Jérôme Bosch. Et chacun peut y trouver matière à méditation.

La route 211

Carte p. 242-243 – Elle longe le Mékong vers l'O. et serpente le long des berges, offrant des points de vue sur le Laos et le trafic fluvial. Desservie par bus réguliers.

On peut s'organiser une petite balade d'une journée jusqu'à **Sri Chiang Maï** (40 km), **centre de production de crêpes de riz**, dû non pas à des Bretons prosélytes mais à des Vietnamiens expatriés. Sur la route, vous pourrez vous arrêter à **Ban Muang Mee** (15 km de Nong Khaï) : des **plages** de sable sur le Mékong, c'est très chic et peu fréquenté *(attention aux courants)*.

La route 212

Carte p. 242-243 – Elle longe le Mékong vers Nakhon Phanom (voir p. 267).

Elle n'est guère fréquentée par les touristes, et l'infrastructure d'accueil est presque inexistante dans les villages. De nombreux Vietnamiens sont installés dans la région, pratiquant une riziculture intensive.

WAT PHU TOK ✧

Carte p. 242-243 – À 35 km E de Bung Khan. Le temple est éloigné de tout, le mieux reste de passer la nuit à Bung Khan, puis de louer les services d'un tuk-tuk pour faire l'aller-retour.

Parmi les dizaines de milliers de temples que compte la Thaïlande, celui-là est assurément l'un des plus haut perchés. Des passerelles et escaliers en bois s'enroulent autour d'une montagne. Et ce, sur 7 niveaux, pour symboliser les 7 étapes vers l'illumination bouddhique. Il a été créé en 1968 par le moine Ajahn Juan. L'homme pensait que méditer dans un environnement hostile, entre jungle, tigres (aujourd'hui disparus) et cobras, aiguiserait ses sens, et lui apprendrait à dépasser ses peurs. Au 5e niveau, un temple bouddhique a été creusé dans la roche. De là, le panorama est superbe, évidemment. Mais gare au vertige ! Un panneau barre l'accès au 7e étage.

• NOS ADRESSES •

CHIANG KHAN

OÙ DORMIR

Husband and Wife Guesthouse

241 Moo 1, Chai Khong Rd ☎063.614.6995. Environ 20 €.

Dans la rue principale de Chiang Khan, une jolie bicoque en bois transformée en maison d'hôtes pleine de caractère, avec de nombreuses œuvres d'art. Prêt de vélos pour aller pédaler le long du Mékong.

Chiangkhan River Mountain Resort

451 Moo 1 ☎04.282.2191, www.chiangkhanrivermountain.com. Autour de 50 €.

À 1,5 km du centre-ville, cet hôtel offre de belles chambres, spacieuses, très calmes, avec terrasse et vue imprenable sur le Mékong. Le service est excellent. Le petit déjeuner est varié et les produits sont de bonne qualité.

OÙ MANGER

Luk Phochana

304 Moo 1, soï 9 ☎04 282.1251. T.l.j. 6h-22h. Moins de 10 €.

Pour savourer un poisson parfumé à la noix de coco (150 THB) au bord du Mékong. Les autres plats thaïs sont savoureux et bien présentés.

Heon Luangprabang

156 Chai Khong Rd Soi 12 ☎089.009.4345. T.l.j. 11h-15h et 17h-20h30. De 10 à 25 €.

Salade de papaye, porc épicé, poulet aux noix de cajou... Ici, tout est bon, et le plus dur sera de choisir.

KHON KAEN

OÙ DORMIR

Très large choix hôtelier, même si le confort prime sur le charme.

Khon Kaen

43/2 Pimpasout Rd ☎043.245.999, www.khonkaen-hotel.com. De 20 à 40 €.

Un hôtel sans charme particulier mais à un prix très correct.

Kosa

250-252 Sichan Rd ☎043.320.320, www.kosahotel.com. Environ 50 €.

L'hôtel est impeccable et cible une clientèle d'hommes d'affaires.

OÙ MANGER

Bua Luang (thaï)

Au bord de l'étang de Kaen Nakhon. T.l.j. 10h-23h. Moins de 10 €.

Restaurant traditionnel sympathique et animé. Vous trouverez d'autres restaurants du même type autour de l'étang.

Plusieurs restaurants de Khon Kaen sont installés sur **Klang Muang Rd** et autour du **marché de nuit**. Dans le marché central, essayez les spécialités comme la salade de papaye verte *(yam som tam)*, et le poulet aplati et grillé sur braises.

SHOPPING

Grand choix de soies, de cotons et de bijoux en argent dans les **rues Na Mouang et Klang Mouang**. Autre spécialité (un peu encombrante) : le *môn kwan*, ou coussin triangulaire dans de jolis tissus bariolés.

UDON THANI

OÙ DORMIR

Il existe de nombreux hôtels bon marché dans le quartier du marché de nuit.

Charoen Hotel

549 Pho Sri Rd 042.248.155. Environ 30€.

Un peu vieillot, mais bien situé et les prix sont raisonnables.

Ban Chiang Hotel

5 Mukha Montri Rd 042.327.911. Environ 30€.

Grand hôtel orienté vers une clientèle d'hommes d'affaires. Spa, salle de sport et piscine.

OÙ MANGER

Rabiang Patchani

Au bord du lac de Nong Prajak (Supakitjanya Rd). T.l.j. 10h-23h. Moins de 10€.

Deux restaurants en plein air très agréables où les plats bien préparés sont bon marché.

NONG KHAÏ

OÙ DORMIR

La ville dispose à la fois d'hôtels «de luxe» édifiés suite à la construction du pont, et de quantité de *guesthouses* modestes, à des prix extrêmement modérés. Très peu d'établissements intermédiaires.

Hop Inn Nong Khai

889 Moo 3, Mittraphap Rd 042.413.599. Environ 15€.

Des chambres sans artifice, mais propres, avec des lits très confortables, et un petit balcon.

Park & Pool Resort

163/1-3 Moo 3 Mi Chai Subdistrict 088.568.2300. Environ 30€.

Des chambres et de jolis bungalows, une piscine pour se rafraîchir, un petit déjeuner local et copieux, un personnel accueillant, ce lieu est parfait pour une escapade en famille.

OÙ MANGER

Le charme de Nong Khaï, c'est de dîner au bord du Mékong, ou même sur le fleuve. En effet, la ville, frontalière avec le Laos est établie sur la rive sud du Mélong.

De 10 à 20€

Il existe plusieurs restaurants flottants, par exemple près du **Wat Haï Sok**, signalés la nuit par des guirlandes lumineuses. À faire également : une **croisière** au soleil couchant (départ t.l.j. à 18h du même endroit). On mange très agréablement près du débarcadère (**Tha Sadet**) et à la **Mutmee Guesthouse** *(Kaew Voravut Rd 042.460.717, t.l.j. 7h30-21h30)*, qui dispose d'une belle terrasse.

SHOPPING

Outre les tissus en coton *mutmee*, vous trouverez sur le marché des objets soviétiques, fort appréciés des collectionneurs.

BUNG KHAN

OÙ DORMIR

Lake House

220, 221 M10, Ban Non Swang, Bueng Khong Long district 062.609.6352. Environ 50€.

L'expression galvaudée «chambres avec vue» retrouve ici tout son sens. Comme leur nom l'indique, ces chambres ont en effet un lac pour voisin. En fin d'après-midi, lorsque le soleil commence sa descente, le spectacle est grandiose. Seul bémol, il faut prévoir des produits antimoustique pour se protéger.

Chiang Khan

Balade secrète

RANDONNÉES DANS LE PHU KRADUENG NATIONAL PARK

C'est l'un des parcs nationaux préférés des Thaïlandais. Une montagne surmontée d'un immense plateau, sillonné de sentiers plats allant de cascade en falaise, fréquenté par des singes, des cerfs et… des éléphants. Une découverte enchantée…

ÉTAPE 1 : GRIMPER

Ce parc est original: pour profiter de ses nombreux sentiers, il faut d'abord arpenter 5,5 km à l'ombre de la forêt, avec plus de 1 000 m de dénivelé. Une entrée en matière plutôt sportive ! Même les porteurs (payés 30 THB le kilo), qui trimballent sur leurs épaules de lourds paquets, ne semblent pas très à l'aise sur certaines portions. La randonnée est accompagnée d'un chant mélodieux, celui des nombreux oiseaux du parc, calaos, piverts ou faisans. Au pied de la montagne, un premier **Visitor Center** décrit la flore présente dans le parc.

Étape 2 : savourer

Quel bonheur de boucler l'ascension de ce sommet. Ses 1 288 m vaincus, on s'assoit quelques instants, pour contempler la mer de nuages qui surplombe la plaine. Un grand panneau félicite les « conquérants ». Il faut ensuite se décider à quitter le vaste plateau pour rejoindre le deuxième **Visitor Center** et le camp de tentes. Compter 1h15 pour y parvenir. Des cerfs, peu farouches, attendent les visiteurs.

ÉTAPE 3 : EXPLORER

Le plateau est parsemé de sentiers de randonnée: plus de 50 km de pistes très bien balisées, pour la plupart plates, qui mènent à de très jolies cascades, falaises, et points de vue spectaculaires. Le plus réputé est **Pha Nok-Aen** : à 2 km du Visitor Center, il attire une foule de randonneurs lorsque le soleil se lève. Au coucher du soleil, c'est **Pha Lom Sak**, à 9 km du Visitor Center, qui remporte tous les suffrages. Parmi les locataires de ce parc, des éléphants et des ours noirs d'Asie, heureusement très discrets. Les singes, eux, le sont beaucoup moins.

‹ Après l'ascension, les marcheurs découvrent une vue extraordinaire sur le Phu Kradueng National Park

PRATIQUE

Accès

À 80 km S de Loei. Pour venir ici, prendre un bus Loei-Khon Kaen, et demander au chauffeur de vous déposer à Phu Kradueng. De là, finir le trajet en tuk-tuk. Compter 3-4 heures pour la montée, 2h30 à 3h pour la descente.

Durée

Y consacrer au minimum une journée ; dans l'idéal, 2 ou 3 jours, en dormant sur place, dans une tente louée par le parc. Quelle que soit la saison, prévoir des vêtements chauds, car la nuit l'atmosphère peut vite se rafraîchir. En haut, location de vélos (350-410 THB).

Saison

Le parc est fermé pendant la mousson, du 1er juin au 30 sept. Avril et mai sont les mois les plus agréables, parce qu'il y a peu de monde, et que les fleurs sont écloses. Octobre est le mois à retenir pour voir des cascades généreuses.

Équipement

Quand il pleut, gare aux sangsues. Chaussettes montantes jusqu'aux genoux et lotion antimoustique indispensables.

Enfin, des stands de ravitaillement, avec boissons et nourriture, sont installés tous les kilomètres, donc pas besoin de se surcharger avant d'entamer l'ascension.

20

DANS LA BOUCLE du Mékong

Majuscule, majestueux, magique : les adjectifs ne manquent guère pour louer la beauté du Mékong ! Ce fleuve de plus de 4000 km dessine la majeure partie de la frontière nord-est de la Thaïlande, suggérant la forme d'une oreille d'éléphant. Dans la région formée par sa boucle, vous pourrez visiter le Wat Phra That Phanom, l'un des temples les plus vénérés de Thaïlande ; profiter de l'ambiance de ses rives autour d'un dîner sur l'île de la rivière Mun, au sud d'Ubon Ratchathani ; découvrir les peintures rupestres de Pha Taem.

PRATIQUE

- Plan p. 242-243
- Nos adresses p. 272

Accès à Nakhon Phanom

En avion

Depuis Bangkok : 3 vols/j. avec Air Asia.

En bus

Depuis Bangkok : liaisons avec Udon Thani, de la gare routière Nord.

En voiture

Depuis Bangkok : 11h de route (752 km) en voiture via les routes 2, puis 23.

Accès à Ubon Ratchathani

En avion

Depuis Bangkok : 3 vols/j. avec Thaï Airways et plusieurs vols/j. avec

La boucle du Mékong

L'ESSENTIEL

À ne pas manquer

Les peintures rupestres de Pha Taem.

Expériences

Si vous avez la chance d'être dans la région à cette période, ne ratez pas un phénomène étrange et fascinant : les boules de feu s'élevant du Mékong la nuit de la pleine lune d'octobre. Méditer au Wat Pa Nanachat Bung Waï.

Nakhon Phanom ✧

Carte p. 242-243 – À 252 km E d'Udon Thani, 296 km S-E de Nong Khaï, par les routes 22 puis 23 (à l'intersection de la route 212 longeant le Mékong).

Nakhon Phanom est située au bord du Mékong, en face de la ville laotienne de Thakhek, au bord de l'oreille d'éléphant que dessine le fleuve. Elle n'a pas encore son pont sur le Mékong ; la petite ville de Mukdahan (96 km S), encore plus provinciale, lui a ravi cet avantage et reste un « bout du monde », y compris pour les Thaïs. Sa grande ambition, qui se réalisera probablement un jour, est de se trouver reliée au golfe du Tonkin et à la ville vietnamienne de Vinh, qui n'est qu'à 250 km.

En attendant, Nakhon Phanom est une petite ville tranquille, sinon léthargique, qui ne s'anime qu'une fois par an, à l'occasion de la grande **fête des Bateaux illuminés** (vers oct.-nov., dates variables : rens. à l'office de tourisme, p. 420), qui clôture le carême bouddhique. Si vous vous y rendez à cette période, vous serez peut-être accueilli par une **cérémonie de *phuk siao*** (encadré p. 269).

Air Asia, Thai Lion Air, Nok Air et Thai Smile Air.

En train

Depuis Bangkok : excellent train express de nuit et plusieurs trains rapides depuis Bangkok de la gare de Hua Lamphong ; le train passe par Nakhon Ratchasima (Khorat). Il y a 8 trains en tout.

En bus

Depuis Bangkok : toutes les 20 min de la gare routière Nord et des autres grandes villes de l'I-San.

En voiture

Depuis Bangkok : 9h30 de route (642 km) en voiture via les routes 1, 2, puis 24.

Adresses utiles

À Nakhon Phanom

TAT

184/1 Sunthorn Vichit Rd
042.513.490.

^ Wat Phra That Phanom

Renu Nakhon

Carte p. 242-243 – À 45 km S de Nakhon Phanom par les routes 212, puis 2276.

Ce temple du même style que le Wat Phra That Phanom (ci-dessus), bien que moins imposant est édifié au cœur d'une région spécialisée dans le **tissage artisanal** de la soie et du coton. Un grand **marché artisanal** se tient tous les samedis autour du temple.

Wat Phra That Phanom

Carte p. 242-243 – À 50 km S de Nakhon Phanom par la route 212.

Chaque année vers la mi-février, lors de la pleine lune, une **foire** attire des milliers de pèlerins durant une semaine (processions, vente de produits locaux et rassemblements dans le temple). C'est l'un des *wat* les plus vénérés de Thaïlande car il est supposé abriter une relique du Bouddha depuis le IXe s. Vieux de **1500 ans**, plusieurs fois détruit par des tremblements de terre et des incendies, il est dominé par une **flèche caractéristique** de 52 m de hauteur qui supporte 110 kg d'or. Il fut édifié sur le modèle d'un temple de Vientiane, le Phra That Louang.

Deuxième pont de l'Amitié

Carte p. 242-243 – À Mukdahan, 96 km S de Nakhon Phanom par la route 212. En principe, 24h/24.

PRATIQUE (SUITE)

Police touristique

Un peu plus loin que le TAT (ci-dessus), dans la même rue ☎1155 ou 042.515.773.

À Ubon Ratchathani

TAT

264/1 Khuan Thani Rd
☎045.243.770.
T.l.j. 8h30-16h30.

Police touristique

Sathit Nimankan Rd
☎1155 ou 045.323.747.

Inauguré en décembre 2006, ce deuxième pont sur le Mékong, situé à 500 km du premier (à Nong Khaï, p. 259), relie Mukdahan à la ville laotienne de Savannakhet. Financé par un prêt du gouvernement japonais, il ouvre sur un corridor terrestre reliant le port vietnamien de Danang (la frontière vietnamienne n'est qu'à 250 km) à celui de Mawlamyie, en Birmanie. Les enjeux industriels et touristiques sont considérables, au cœur du programme du Grand Mékong (p. 383). Large de 12 m, le pont enjambe le fleuve sur une longueur de 2 050 m.

Ubon Ratchathani

Carte p. 242-243 – À 159 km S de Mukdahan par la route 212, 560 km E de Bangkok et 311 km E de Khorat par la route 226.

Ubon Ratchathani est la capitale de la plus vaste province de l'I-San. Proche du Laos et du Cambodge, elle fut influencée par des cultures différentes, y compris la culture vietnamienne.

L'office de tourisme a l'ambition d'en faire le cœur d'un **Triangle d'Émeraude**, en référence à la **forêt de mousson** qui couvre une grande partie du territoire de la province. La ville elle-même (90 000 habitants), qui fut une importante base américaine durant la guerre du Vietnam, possède un musée relativement important et plusieurs temples qui témoignent de sa vocation de voie de passage entre les royaumes khmers et ceux d'Ayutthaya.

MUSÉE NATIONAL

Khuan Thani Rd. Mer.-dim. 9h-16h. Entrée payante (100 THB).

Installé dans un ancien palais de Rama VI (1910-1925), le Musée national présente des vestiges historiques et préhistoriques, des antiquités des périodes Dvaravati et khmère (p. 366), ainsi que des objets usuels d'intérêt ethnographique. Ses pièces maîtresses sont un bouddha Dvaravati debout et un tambour en bronze datant du IVe s.

WAT THUNG SI MOUANG

Louang Rd, au S de la ville.

Datant du règne de Rama III (1824-1851), ce monastère possède une ravissante **bibliothèque** en bois de teck, sur pilotis. Dans le périmètre du temple, vous trouverez un vieux *mondop* qui abrite une empreinte de pied de Bouddha. À voir également, les fresques d'époque du *bot* illustrant les *Jataka*.

WAT SUPATHANARAM

Phrommathep Rd, près de la rivière.

Il présente la particularité d'être construit en partie en pierre, à l'instar des temples khmers. D'un

CÉRÉMONIE *Le phuk siao*

Le terme de *siao* désigne une amitié profonde et durable, impliquant une protection mutuelle en cas de besoin. Unique en Thaïlande, cette cérémonie revêt une signification particulière pour le peuple de l'I-San, qui y voit un moyen de préserver son intégrité. Elle a lieu lors de toutes les occasions qui rassemblent ceux que la vie a dispersés, ou lorsque l'on fait de nouvelles connaissances.

C'est aux anciens qu'il revient de nouer une cordelette autour du poignet des membres de l'assistance qui souhaitent se témoigner une amitié mutuelle. Il est d'usage de choisir un partenaire du même sexe. On se retrouve avec les poignets ceints de multiples cordelettes nouées que l'on est tenu de garder jusqu'à ce qu'elles tombent spontanément.

CURIOSITÉ

Pleine lune sur le Mékong

Certains cherchent une explication scientifique au phénomène. Mais la plupart des habitants de la **province de Nong Khaï** savent très bien à quoi s'en tenir: les boules de feu qui montent du Mékong la **nuit de la pleine lune d'octobre** sont l'œuvre du ***Naga***, ce serpent mythique qui habite le fleuve. Cette manifestation étrange est associée depuis toujours aux festivités qui marquent la fin du carême bouddhique.

Même si des scientifiques osent avancer qu'il pourrait s'agir de remontées gazeuses provenant d'un combustible naturel déposé au fond du fleuve, bien peu s'aventurent à heurter de front la croyance populaire et chaque année, on dénombre environ 400000 visiteurs.

point de vue architectural, il associe plusieurs styles et possède la plus grande cloche en bois de Thaïlande. Ce temple doit sa notoriété au roi Rama IV (Mongkut) qui avait créé sa propre secte à laquelle ce monastère appartenait.

WAT SIRINDHORN WARARAM

99 Chong Mek. T.l.j. 6h-21h. Entrée gratuite.

Si vous le pouvez, venez en fin d'après-midi, quand la nuit commence à s'épaissir. Vous pourrez alors observer l'arbre de vie gravé sur la porte à l'arrière de ce temple, illuminé. Si vous ne pouvez venir qu'en plein jour, pas d'inquiétude, la beauté de ce temple perché sur une colline et gardé par de « féroces » dragons saura vous séduire.

HAD HONG SAND DUNES

Bung Wai, Warin Chamrap district. Prendre un taxi. À 2h de route d'Ubon Ratchatani.

Des dunes de sable en Thaïlande? Oui, oui, cela existe bel et bien! Elles se nomment Had Hong, et se trouvent près du Mékong. Quand le soleil se couche derrière ces dunes de sable blond, l'ambiance est poétique.

ÎLE DE LA RIVIÈRE MUN

Hat Wat Taï

Au S de la ville, près de l'office de tourisme.

Cette île est un lieu de promenade agréable, auquel on accède par un pont suspendu en bois qui peut sembler peu engageant (complètement inondé pendant la mousson). On peut même s'y croire à la plage en saison sèche.

Des restaurants locaux ont élu domicile sous les futaies, avec vue sur le ballet des bateaux. On peut y dîner et l'endroit est particulièrement fréquenté les week-ends et jours de fête.

WAT PHRA THAT NONG BUA

Sur la route de Mukdahan, à la périphérie de la ville.

Inspiré de celui de Bodh-Gaya (Inde), ce temple a été construit en 1957 pour commémorer le 2 500e anniversaire de la naissance du Bouddha. Certains détails architecturaux sont curieux, comme la série de niches abritant des moines mendiants et les démons soutenant la structure.

WAT PHU KHAO KÉO

À 4km E par la route 217.

Il est incrusté de tuiles de céramique vernies.

Peintures rupestres de Pha Taem ✧✧

Carte p. 242-243 – À 110 km E d'Ubon Ratchathani par la route 2222 jusqu'au district de Khong Chiam, puis par la route 2112.

Tout près de Khong Chiam (à 18 km par la route 2112), un village de la frontière laotienne niché au confluent du Mékong, vous entrez dans le **parc national de Pha Taem**. Il abrite des falaises, des chutes d'eau et d'étranges formations rocheuses **(Sao Chaliang)**, semblables à des champignons, que vous pourrez découvrir à pied ou en véhicule.

En son centre, d'étonnantes **peintures rupestres** ont été découvertes sur près de 200 m de falaise de pierre, les plus anciennes étant estimées à –4000 ans. Les plus récentes représentent des poissons-chats géants, des éléphants, des mains, des nasses de pêcheurs.

En haut de la falaise, un centre des visiteurs vous renseignera sur les peintures et le parc.

À l'extérieur, la **vue** sur le Mékong et le Laos est spectaculaire. Ce célèbre panorama est resté dans les annales du cinéma puisqu'il a été repéré par Oliver Stone pour être utilisé en 2004 dans son film *Alexandre*.

FÊTE

Yasothon

Si vous êtes dans la région en mai, faites un crochet par Yasothon, chaque année s'y déroule la surprenante **fête des Fusées** (p. 418).

> À 90 km N-O d'Ubon Ratchathani sur la route 23 ; bus environ toutes les 30 min depuis la gare d'Ubon Ratchathani.

Sam Phan Bok ✧✧

D'Ubon Ratchatani, il faut faire appel à un taxi, car les transports en commun ne desservent pas cet endroit. T.l.j. 6h-18h. À visiter de décembre à mai, quand les rochers ne sont pas engloutis par le Mékong. Entrée gratuite.

Parfois surnommé le « Grand Canyon » de Thaïlande, Sam Phan Bok n'a pas les proportions de son « rival » américain, mais il est tout aussi époustouflant. Ici, la roche a été sculptée pendant des milliers d'années par le travail inlassable de l'eau tourbillonnante. Et c'est ainsi que Sam Phan Bok a hérité du surnom de « coin aux trois mille trous ». Le « jeu » consiste à trouver des formes aux trous : ici un crocodile, là un singe, un peu plus loin un cœur... Une sortie qui fera pétiller les yeux des petits, et des grands ayant gardé leur âme d'enfant. Pour jouer les prolongations, vous pouvez faire une sortie en bateau.

POISSON

Le géant du mékong

À 7-8 ans, il pèse 100 kg. Adulte, il peut atteindre 250 kg et 2 à 3 m de longueur. Comme tous les géants, il suscite l'admiration et la crainte. Son esprit exige des offrandes : riz glutineux, fleurs, encens, sacrifices d'animaux. Nul ne prononce son vrai nom, *Pangasianodon gigas*. On l'appelle simplement ***plaa buk***, le **poisson-chat géant**. Chaque année, en avril-mai, il effectue sa migration saisonnière pour se reproduire, remontant le courant depuis le lac Tonle Sap, au Cambodge, jusqu'au lac Ta Li, dans le Yunnan chinois. Sur les deux rives du fleuve, Laotiens et Thaïs cherchent à pêcher un *plaa buk* qui leur rapportera 300 à 400 THB le kg.

Pour protéger l'espèce, l'Office des pêches a créé un centre d'insémination artificielle, achetant les œufs 200 THB le kg (le « caviar lao ») et créant des élevages. Tous les ans, des milliers de petits ***plaa buk*** sont remis à l'eau dans les rivières, les lacs et les fleuves de Thaïlande.

• NOS ADRESSES •

NAKHON PHANOM

OÙ DORMIR

Il y a assez peu d'hôtels en ville. Réservation impérative pendant la fête des Bateaux illuminés. Préférez la rive du Mékong (les hôtels du centre-ville sont sans intérêt).

Fortune Riverview Hotel

9 Nakhonphanom-Thatphanom Rd 086.458.3093. Environ 25€.

Cet hôtel très bien situé est d'un bon confort même si sa décoration n'a rien d'exceptionnel. Depuis 2014, des travaux de rénovation améliorent et modernisent progressivement la décoration de l'établissement. Un atout : sa belle piscine.

OÙ MANGER

De 5 à 15€

Au bord de la rivière, dans la **rue Sunthorn Vichit**, on peut déguster toutes les spécialités de l'I-San et les nombreux poissons pêchés dans le Mékong.

UBON RATCHATHANI

OÙ DORMIR

Laithong

50 Pichitrungsun Rd 045.264.271, www.laithong.com. Environ 35€.

Cet hôtel moderne et conventionnel en centre-ville jouit d'un confort irréprochable.

Tohsang Khongjiam Resort

68 Moo 7, Baan Huay-Mak-Tay 045.351.174, www.tohsang.com. Environ 90€.

Un bel hôtel au bord du Mékong équipé d'une jolie piscine et d'un Spa. Les chambres mixent les styles thaïlandais, khmer et balinais.

OÙ MANGER

Tous les hôtels ou presque disposent d'un restaurant; ne quittez pas Ubon Ratchathani sans goûter le traditionnel poulet grillé et la salade de papaye verte *(som tam)*.

The Outside Inn (mexicain, thaï et américain)

11 Suriyat Rd 088.581.2069, www.theoutsideinnubon.com. T.l.j. 11h-14h30 et 17h-21h. De 10 à 20€.

Une agréable terrasse riche en chlorophylle, sur laquelle déguster une combinaison de plats mexicains et thaïs.

Indochine (vietnamien)

Saphasit Rd 04.524.5584, T. l. j. 9h-22h. De 10 à 20€.

Très bonne ambiance et bonne cuisine dans ce restaurant.

LOISIRS

Cours de méditation

Wat Pah Nanachat Bung Waï

Dans la forêt, à une quinzaine de kilomètres d'Ubon, sur la route 2193, dir. Sisaket. www.watpahnanachat.org.

Un célèbre centre de méditation pour Européens (hommes et femmes) créé en 1975 par Ajahn Chah. L'enseignement est dispensé en anglais.

YASOTHON

OÙ DORMIR

Rés. impérative pendant la fête des Fusées (voir p. 418).

JP Emerald

36 Prapa Rd 045.714.455. Environ 20€.

Un établissement assez moderne, plutôt confortable. L'établissement a été entièrement rénové en 2018.

OÙ MANGER

La **fête des Fusées** est une cérémonie bouddhique traditionnelle qui se déroule avant la saison des pluies. Elle donne l'occasion de goûter aux cuisines de rue. Testez notamment les poulets aplatis qui sont cuits au barbecue, tout simplement un mets délicieux.

Bateau sur le Mékong à Sam Phan Bok

LA THAÏLANDE du Sud

Le bonheur est dans l'insularité ! Bordé à l'est par le golfe de Thaïlande et à l'ouest par la mer d'Andaman, le sud du pays essaime ses quelques centaines d'îles. L'immense majorité d'entre elles possède des paysages de carte postale, entre eaux turquoise et émeraude, longues plages de sable blanc ombragées de cocotiers, et jungle d'un vert profond. Les célèbres Phuket, Koh Lanta, Koh Phi Phi, Koh Samui ou Koh Pha Ngan sont chacune dotées d'un caractère bien différent. Choisissez celle qui vous ressemble ! En quête d'archipels encore méconnus ? Nous vous livrons tous les secrets des îles de l'extrême Sud.

Sur le continent, la région de Krabi, en plus de ses rivages féeriques, permet de jouer les araignées le long de parois vertigineuses surplombant les flots : un territoire exceptionnel, qui offre mille et un scénarios pour vos vacances.

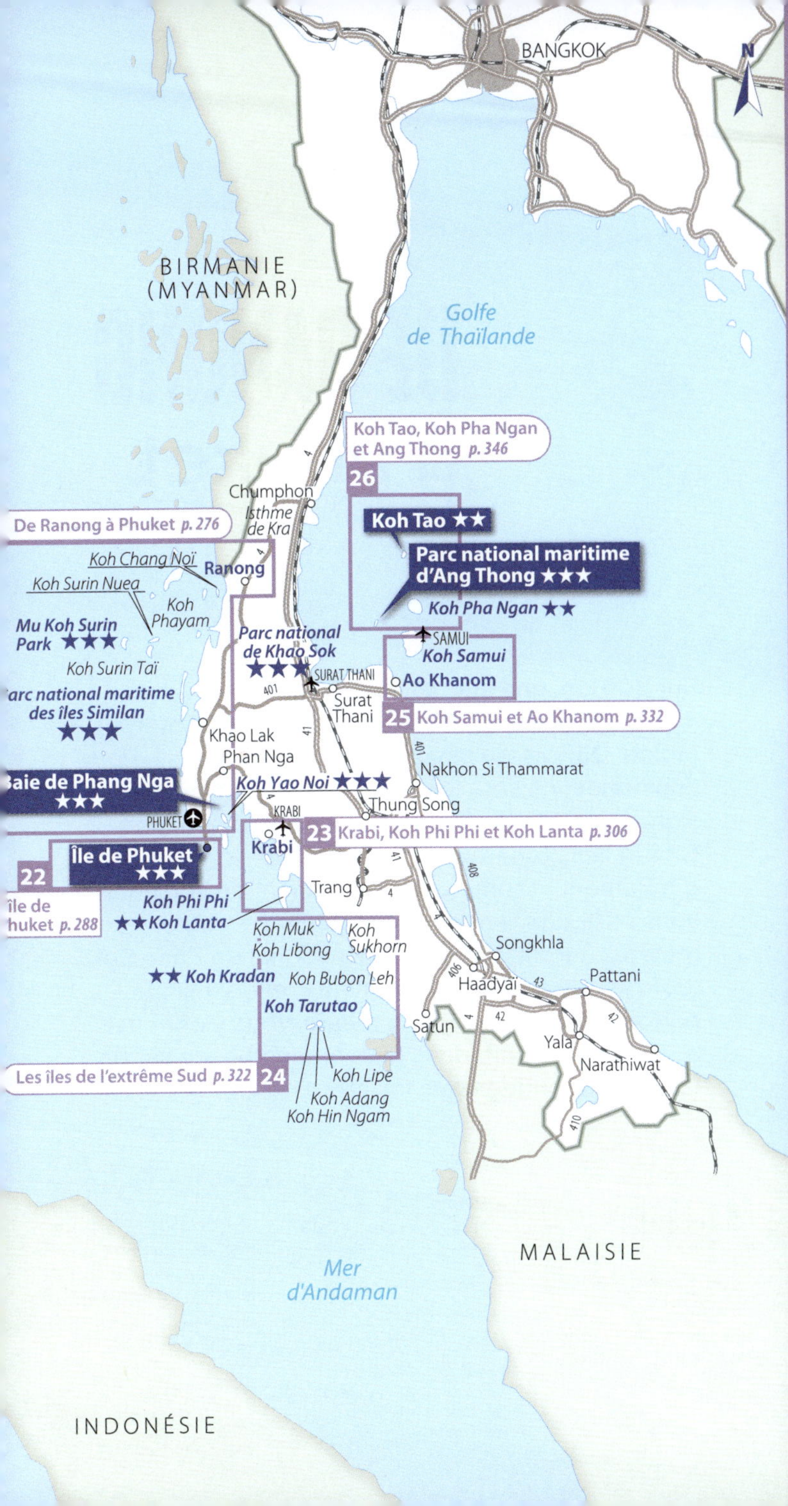
BANGKOK
N
BIRMANIE (MYANMAR)
Golfe de Thaïlande
Koh Tao, Koh Pha Ngan et Ang Thong p. 346
26
Koh Tao ★★
Parc national maritime d'Ang Thong ★★★
Koh Pha Ngan ★★
Chumphon
Isthme de Kra
De Ranong à Phuket p. 276
Koh Chang Noï
Ranong
Koh Surin Nuea
Koh Phayam
Mu Koh Surin Park ★★★
Koh Surin Taï
Parc national de Khao Sok ★★★
SAMUI
Koh Samui
SURAT THANI
Ao Khanom
Surat Thani
arc national maritime des îles Similan ★★★
25 Koh Samui et Ao Khanom p. 332
Khao Lak
Phan Nga
Nakhon Si Thammarat
aie de Phang Nga ★★★
Koh Yao Noi ★★★
Thung Song
PHUKET
KRABI
Krabi
23 Krabi, Koh Phi Phi et Koh Lanta p. 306
Île de Phuket ★★★
22
île de huket p. 288
Koh Phi Phi
★★ Koh Lanta
Trang
Koh Muk
Koh Libong
Koh Sukhorn
★★ Koh Kradan
Koh Bubon Leh
Koh Tarutao
Songkhla
Haadyai
Pattani
Satun
Yala
Narathiwat
Les îles de l'extrême Sud p. 322
24
Koh Lipe
Koh Adang
Koh Hin Ngam
MALAISIE
Mer d'Andaman
INDONÉSIE

21

DE RANONG à Phuket

Sur 300 km, une succession de sublimes « cailloux » inondés de soleil, ourlés d'une mer indigo. Difficile de savoir sur lequel accoster... Pour la plongée, ce sera les îles Surin ou Similan. Pour s'offrir une escapade à la Robinson Crusoé, Koh Chang Noi, Koh Phayam ou Koh Yao Noi : leur dénuement assumé est un argument en soi. Pour vous offrir une randonnée inoubliable, vous resterez à terre, dans le parc national de Khao Sok. Ici, la végétation règne en maître, elle s'insinue partout. Pour prolonger la magie, vous y dormirez au moins une nuit, dans une cabane posée sur un lac ou suspendue dans les arbres.

PRATIQUE

• Plan p. 278
• Nos adresses p. 286

↓ Accès à Ranong

En avion

Depuis Bangkok : 2 vols/j. avec Nok Air (1h30) et 1 vol/j. avec Air Asia.

↓ Adresse utile

À Khao Sok

Informations touristiques

www.khaosok.com ; www.dnp.go.th (site officiel des parcs nationaux de Thaïlande).

↓ Visites

Parc de Khao Sok

La meilleure période pour le visiter est déc.-avr.

Île Similan

Parc fermé mai-nov.

Le parc national maritime des îles Similan

L'ESSENTIEL

À ne pas manquer

Les îles Similan, paradis pour plongeurs. Le parc national de Khao Sok, paradis pour randonneurs.

Expériences

Déconnecter complètement sur Koh Chang Noi, Koh Phayam ou Koh Yao Noi, si sereines. Relâcher des bébés tortues en pleine mer. Pagayer dans la baie de Phang Nga.

Ranong

Carte p. 278 – Depuis Bangkok : 2-3 vols/j. T.l.j. des *hang yao* font la liaison entre Ranong et Kawthaung, sa voisine birmane, 200 THB, et 30 min de traversée.

Cette ville qui frôle la frontière birmane est un excellent point de départ pour visiter deux superbes îles : Koh Chang Noi et Koh Phayam. Dans le centre-ville, vous verrez quelques *shop houses* d'architecture sino-portugaise sur l'artère principale, **Thanon Ruangrat**. Les Chinois Hokkien, installés ici au XIXe s., étaient influencés par les voisines Penang, Malacca (en Malaisie) et Singapour, qui présentaient beaucoup d'exemples d'architecture portugaise.

RAKSAWARIN PARK

À 2 km du centre-ville. T.l.j. 6h-19h30. Entrée libre.

Ces sources d'eau (très) chaudes se trouvent le long de la rivière. Les téméraires y tremperont le bout de leurs orteils... Il paraît que l'eau a des vertus curatives. Les touristes thaïlandais, nombreux à en être convaincus, s'y pressent.

Koh Chang Noi ✧

Carte p. 278 – 1 bateau/j. (à 14h) depuis le port de Saphan Pla de Ranong (1h). Pendant la mousson (mai-oct.), les liaisons sont souvent annulées.

Ne la confondez pas avec son homonyme du golfe de Thaïlande. Ce bout de terre de 18 km² n'en a ni la taille, ni la popularité. Et c'est tant mieux ! Car on y jouit d'un calme olympien. Ici, pas de voitures, peu de touristes, et un rythme de vie très lent. Les hôtes de quelques jours s'y relaxent dans des bungalows plutôt rustiques. L'électricité fonctionne quelques heures le soir, il n'y a ni télé, ni eau chaude. Les plages de sable blond sont belles, bien que peu spectaculaires, mais peu importe ! Le charme brut des lieux emporte l'adhésion, avec une jungle épaisse

De Ranong à Phuket

et de longues bandes de sable presque vierges de constructions. Partout, des hamacs se balancent entre deux arbres.

LONG BEACH

À l'ouest, c'est la plus longue plage de l'île. C'est ici que se trouvent la plupart des hébergements. Les amoureux de la nature et ceux qui veulent s'offrir un break ont trouvé leur paradis.

Koh Phayam ✧

Carte p. 278 – 3/4 bateaux/j. en haute saison (nov.-avr.), qui partent du port de Saphan Pla à Ranong. Comptez 2h en bateau-bus (200 THB), 45 min en *speedboat* (350 THB). Le mauvais temps pendant la mousson (mai-oct.) peut limiter les liaisons. Loc. de vélos possible dans les hôtels de l'île ou au Chai Chai Home (encadré ci-contre) ; compter 200 THB la journée.

Cette île fait 5 km de large et 10 km de long. Elle compte 500 habitants, Thaïlandais, Birmans et Chao Leh – les « gitans de la mer » (p. 379). Le temps s'y écoule lentement. L'occasion de se laisser aller à la contemplation de la vie sauvage. Ici, un aigle pêcheur à poitrine blanche, surpris en pleine partie de pêche. Là, un groupe de macaques crabiers qui jouent en bande. Un peu plus loin, un calao à joues grises qui s'envole. L'île est parsemée de nombreux sentiers à parcourir à pied ou à VTT, à travers la jungle et les plantations d'hévéas, de cocotiers et d'anacardiers (l'arbre qui produit les noix de cajou).

LES PLAGES

Ao Yai au sud-ouest et **Ao Khao Kwai** (ou Buffalo Bay) au nord-ouest partagent un même sable blanc étincelant. La première est plus festive, attirant les jeunes routards. C'est aussi un bon spot pour le surf. La seconde, plus calme, est parfaite pour les familles. Les plus jeunes pourront faire quelques brasses dans cette mer d'huile.

ADRESSE

Pause désaltérante

Chai Chai Home est un café coloré, tenu par Charmene et Chai, un sympathique couple anglo-thaï. Ils y préparent de délicieux smoothies, très appréciés quand le soleil est au zénith, des plats végétariens et des gâteaux *so british* *(70 THB)*.

> Koh Phayam, sur la route menant à Long Beach (Ao Yai), près des tours de radio, et après l'école. T.l.j. 8h30-20h30 (15 oct-30 mai).

Mu Koh Surin Park ✧✧✧

Carte p. 278 – Pour s'y rendre, le mieux est d'arriver la veille à Kuraburi. De là, de nombreuses compagnies proposent des « day trips » (voyages d'une journée dans l'archipel, départ à 9h), ou des croisières de qqs jours. Le parc est fermé chaque année lors de la mousson, du 1er mai au 31 oct, pour des raisons de sécurité. www.dnp.go.th.

Cinq îles composent ce parc. Dans leurs parages, des jardins de corail fréquentés par une faune riche. Voici notre sélection de spots pour plonger avec bouteille, ou juste avec palmes, masque et tuba.

KOH SURIN NUEA ET KOH SURIN TAI

Ce sont les îles les plus populaires, séparées d'à peine 100 m. Au sud de Surin Nuea, la baie de Mae Yai est réputée pour le *snorkeling*. Vous y croiserez Némo, le fameux poisson-clown, mais aussi des poissons-anges empereurs, striés d'orange et de bleu, des anémones… Sur Surin Tai, la baie de Suthep, au nord-ouest, possède un « circuit de *snorkeling* », avec des panneaux qui vous indiquent la direction à suivre. Des plongées de nuit ont également lieu dans ce coin. En nageant dans la baie d'Ao

^ Faune stupéfiante à Richelieu Rock

Tao, à l'est, vous aurez peut-être la chance d'observer une tortue à écailles ou une tortue verte.

RICHELIEU ROCK ✧✧✧

À première vue, ce rocher n'a vraiment rien d'extraordinaire. Le commandant Cousteau, dans les années 1960, plonge et découvre, sous la surface, que ce rocher sert de garde-manger à une faune stupéfiante. Depuis, Richelieu Rock est sur la liste très convoitée des plus beaux sites de plongée au monde. Car le tout petit y fraie avec le très gros : des poissons-clowns, des crevettes arlequin, des hippocampes... nagent en compagnie de requins-baleines, raies mantas, bancs de barracudas ou encore mérous géants. Cerise sur le rocher : les coraux mous, rouges, blancs et violets qui le tapissent. Attention, les forts courants réservent néanmoins ce lieu aux plongeurs expérimentés.

Parc national de Khao Sok ✧✧✧

Carte p. 278 – À 170 km N de Phuket. Quittez l'île en direction de Takua Pa puis prenez la route 401 vers Surat Thani. Soyez prudent sur la route qui est assez fréquentée et très sinueuse dans sa dernière partie. Le parc est difficilement accessible en transports en commun, mieux vaut disposer de son véhicule ou passer par une agence de voyages (www.dnp.go.th). Si vous passez la nuit sur place, certains lodges organisent les transferts. Poss. d'hébergement dans le parc (rés. sur le site Internet) ou aux abords. Entrée payante : 300 THB. La meilleure période est de déc. à avr. Le reste du temps, la mousson entraîne la fermeture de la plupart des grottes et cascades pour des raisons de sécurité.

Créé en 1980, ce parc, qui couvre quelque 740 km^2, constitue un rare exemple de forêt primaire, aux faux airs d'Amazonie. L'âge de cette jungle est honorable : 160 millions d'années ! C'est l'un des endroits les plus humides du pays. On y découvre aussi des paysages spectaculaires de montagnes calcaires et de cascades, une abondante faune sauvage – tapirs, porcs-épics, serpents, cochons, chevrotains, 70 espèces de singes, d'éléphants... Une dizaine de tigres y vivraient encore, même s'ils sont régulièrement victimes du braconnage. Les amateurs d'oiseaux seront comblés : le calao bicorne,

FAUNE *Lâcher de tortues*

On trouve quatre tortues dans les eaux thaïlandaises : la luth, la verte, l'olivâtre et l'imbriquée. Pour les protéger, les autorités interdisent aux touristes l'accès aux zones de ponte, dans les îles Surin et Similan ou le long du littoral. Dans la ville de Thaï Muang, le **Phang Nga Coastal Fisheries Research and Development Center** récupère des œufs sur les plages pendant la période de ponte (nov.-fév.), les aide à bien grandir, puis les relâche dans la mer la première semaine de mars. Contre quelques centaines de bahts, vous pourrez vous-même relâcher un bébé tortue. De quoi aider le centre à continuer ses bonnes actions.

> À 30 km S de Khao Lak, sur la highway 4, t.l.j., entrée libre.

que l'on reconnaît à son plumage noir et blanc, le calao coiffé et sa huppe ébouriffée, ou le milan sacré ne sont que quelques-unes des centaines d'espèces recensées dans le parc. La flore se distingue par la présence d'espèces rares comme le chengal, considéré comme un arbre sacré, et la rafflésie, la plus grande fleur connue, qui peut atteindre 80 cm de diamètre! Un symbole de beauté éphémère, puisqu'elle ne s'épanouit que quelques jours par an, entre décembre et février. Pour l'anecdote, elle ne sent pas la rose, mais plutôt l'œuf pourri... Si vous voulez visiter le parc de manière originale, il existe des *night safaris* qui permettent d'observer les bêtes sauvages noctambules.

RANDONNÉES DANS LE PARC

Khao Sok est un paradis pour les randonneurs. Le point de départ a lieu au niveau des bureaux du parc. Vous y trouverez des brochures explicatives. **Différentes balades** permettent d'atteindre plusieurs chutes d'eau. La **cascade de Tharn Sawan**, difficile d'accès, est réservée aux **randonneurs expérimentés**. Si elle n'est qu'à 6 km des bureaux du parc, il faut 3h pour y parvenir (donc 6h aller-retour), tant le sentier, au milieu d'une jungle épaisse, peut par endroits se révéler étroit, boueux, glissant et raide. *Idem* pour le sentier menant à la **cascade à onze étages Sip-et-Chan**, et sa piscine naturelle permettant de se rafraîchir (à 4 km, comptez 4 à 5h aller-retour). Attention à ne jamais quitter le sentier balisé, vous risqueriez de vous perdre! Et redoublez de vigilance pendant la saison des pluies. Avec des **enfants**, choisissez plutôt le sentier menant à la **cascade Wing Hin** (à 2,5 km des bureaux du parc, facile, 2h30 aller-retour). Dans tous les cas, munissez-vous d'une bouteille d'eau car sous ce manteau épais de chlorophylle, il fait très chaud et humide, de bonnes chaussures de randonnée, et de chaussettes montantes pour éviter de vous faire embêter par les sangsues.

LES GROTTES

Le parc compte aussi de belles grottes, comme celle de **Nam Thalu**. Si vous voulez la visiter, ce sera obligatoirement avec un guide, et impossible s'il pleut. Mais quand les conditions sont réunies, l'exploration est magique. Vous progressez sur toute une partie dans l'obscurité la plus totale, à la lueur de votre lampe frontale, immergé dans de l'eau jusqu'à la taille, dans un courant assez vif, jusqu'à l'arrivée dans cette superbe grotte, peuplée de stalactites, de stalagmites, de chauves-souris. Émotions fortes garanties!

BARRAGE DE RATCHAPRAPA

Pour atteindre le barrage, vous pourrez participer à une excursion organisée par votre hôtel, ou y aller par vos propres moyens. Si vous choisissez cette dernière

⌄ Parc national de Khao Sok

solution, vous pourrez prendre un minibus direction Surat Thani, descendre à Ta Khung, puis héler un *songthaew* (les petits taxis collectifs) pour parcourir les 13 derniers kilomètres. Mais si cela vous tente, vous pourrez aussi faire la route à moto (location près des bureaux du parc).

Le barrage de Ratchaprapa (à 65 km de Khao Sok) a permis la naissance d'un immense lac de retenue, ponctué d'une centaine d'îles et îlots, qui se découvre facilement en bateau et permet d'accéder à des grottes. Le mieux est de dormir sur le lac, dans l'une des cabanes flottantes au confort rustique. Au petit matin, vous serez probablement réveillé par les cris stridents des gibbons. En ouvrant les yeux, vous apercevrez une nappe de brume enveloppant le paysage. Pour une découverte plus intime, le *hang yao* s'impose. Effilée, l'embarcation se faufile avec aisance dans ce labyrinthe. Les falaises surgissent au détour d'un virage, certaines culminant à près de 1000 m. Grandiose !

Parc national maritime des îles Similan ✧✧✧

Carte p. 278 – À 80 km N-O de l'île de Phuket. Le parc est ouvert du 1er nov. au 30 avr. Il n'y a pas d'équipements sur place et il faut impérativement passer par une agence pour faire de la plongée. Depuis Phuket ou Khao Lak, les agences de voyages organisent des sorties de plongée avec bouteille, *snorkeling* à la journée et séjours de plusieurs jours. Possibilité d'hébergement dans le parc. Entrée payante. www.dnp.go.th.

Cet archipel est constitué de neuf îles (similan vient du malais *sembilan* qui veut dire « neuf »). Un nom banal pour un lieu exceptionnel, considéré comme l'un des dix meilleurs spots de plongée au monde. Il est protégé par le statut de parc national depuis 1982. Imaginez neuf îles granitiques couvertes de forêt tropicale, des bandes de sable blanc version sucre glace, des eaux cristallines, des récifs de corail merveilleux...

îles Similan

Les paysages sous-marins sont variés (reliefs, récifs, tunnels), et tous les plongeurs trouveront leur bonheur, quel que soit leur niveau, puisque les sites varient de 2 à 30 m de profondeur. La superbe visibilité en fait aussi un formidable terrain de jeu pour les chasseurs d'images, des murènes rubans aux poissons grenouilles, en passant par une multitude d'autres sujets. Sur Koh Miang et Koh Similan, où sont installés les bureaux du parc, il est également possible d'effectuer des randonnées à travers la jungle pour découvrir son abondante faune (40 espèces d'oiseaux recensées) et de superbes panoramas.

PLONGER DANS LES ÎLES SIMILAN

Les îles Similan regroupent près de vingt sites où admirer une faune sous-marine d'une très grande variété.

Elephant Head Rock

Entre Koh Similan et Koh Payu, c'est le site le plus populaire. On y trouve des poissons-anges empereurs, des truites corail, des bancs de barracudas chassant autour des rochers, et… des requins-léopards. L'architecture naturelle est surprenante, avec des grottes, des arches et des passages. Méfiez-vous, c'est un site pour plongeurs expérimentés, car les courants y sont très puissants.

Christmas Point

Au nord-ouest de l'île n° 9, voici un excellent endroit pour observer des requins pointe blanche, des poissons Napoléon, ou encore des bancs de barracudas. Le long d'un mur, les gorgones s'agitent au gré du courant, créant une atmosphère magique.

Beacon Point

Ce site détient quant à lui le record du nombre de coraux différents. Les larges blocs qui occupent le terrain hébergent aussi des requins de récifs et des raies pastenagues. Comme tout site de plongée remarquable dans les îles Similan, vous ne serez pas seul à plonger ici.

Koh Bon

Si votre rêve est de nager avec des raies mantas, mettez le cap légèrement au nord de l'île n° 9 (Koh Bangu), direction Koh Bon. Ces géants graciles viennent ici se faire nettoyer. Un conseil : pour fuir la foule, mieux vaut passer la nuit sur l'île n° 4, Koh Miang, dans un bungalow ou une tente. Après 15h, les touristes en *day trip* repartent, le calme revient, et ce paradis est à vous tout seul (ou presque).

Khao Lak

Carte p. 278 – À 80 km N de Phuket. Les bus Phuket-Takua Pa et Phuket-Ranong (et vice-versa) passent par Khao Lak, 2h de trajet. En taxi, comptez 1h.

PAUSE

Les pieds dans l'eau

Derrière les fourneaux, Nong concocte de bons petits plats thaïs, et prépare au barbecue des poissons tout juste sortis des filets. Allez-y, au moins pour siroter un cocktail face au soleil couchant…

> Ao Thong Beach Bungalows and Restaurant, White Sand Beach. 1er sept.-20 avr. t.l.j. 9h30-22h30.

Khao Lak est la ville qui a été le plus durement touchée par le tsunami de 2004. Le film *The Impossible* (2012) relate d'ailleurs l'histoire vraie d'une famille en vacances à Khao Lak lors du tsunami. Tel le phénix renaissant de ses cendres, la petite ville s'est reconstruite à toute vitesse, et ne porte aujourd'hui aucun stigmate de ce jour terrible. C'est la plaque tournante des départs pour les îles Surin et Similan. Mais si vous êtes en famille, autorisez-vous quelques jours sur place, vous ne le regretterez pas!

WHITE SAND BEACH

C'est notre plage préférée: sauvage et ombragée par des palmiers et des cocotiers, elle déroule ses eaux turquoise. On peut y louer à prix mini transats et parasols, et s'y faire servir un rafraîchissement. Les enfants pourront barboter dans les eaux chaudes et calmes en toute sécurité.

BATEAU 813

Au bord de la route nationale 4.

Le 26 décembre 2004, ce bateau de police patrouillait le long du littoral de Khao Lak. Surpris par la vague, il fut projeté ici même, près de 2 km à l'intérieur des terres! Depuis, il n'a pas bougé, et forme la pièce centrale d'un mémorial qui témoigne de l'extraordinaire puissance dévastatrice du tsunami. À ses côtés, quelques photos de la catastrophe, et la sculpture d'une vague géante. Émouvant.

Baie de Phang Nga ✧✧✧

Carte p. 278 – Au N-E de Phuket. Accès en groupe: bateau depuis Phuket et Krabi (passez par votre hôtel ou une agence). En individuel (solution moins onéreuse, mais plus compliquée à organiser): en voiture depuis Phuket, suivez la route 402, franchissez le pont Sarasin, traversez la ville de Phang Nga jusqu'à l'embarcadère des pirogues à longue queue.

Phang Nga est une province à part entière, jadis royaume des jonques au ventre lourd et aux voiles couleur rouille. Bien qu'envahie par les *speedboats*, sa nature immodeste renvoie l'humain à son insignifiance. Un site à voir absolument, les paysages ne sont jamais monotones, et la mer est toujours calme. Vous découvrez un univers amphibie vaguement inquiétant, véritable jungle de palétuviers et de palmiers nipas. Le bateau se fraie un chemin à travers un labyrinthe de canaux, croisant de temps à autre une pirogue de gitans, surgie de nulle part… L'arrivée dans la baie forme un contraste surprenant avec cette forêt sombre: plus de 300 pitons calcaires aux formes étranges, dont certains culminent à 100 m, s'élèvent au-dessus d'une mer étale. L'eau a érodé la base des pitons, creusant des grottes que l'on imagine volontiers peuplées de monstres marins… Seuls quelques sites figurent sur le circuit touristique.

EXPÉRIENCE

Happy surf

C'est une grande plage de sable fin. Très belle comme la plupart de ses consœurs thaïlandaises, avec quelque chose en plus : des vagues puissantes. Les surfers, au courant, sont nombreux chaque jour à la fréquenter. Envie de faire pareil ? Pakarang surf school loue des planches et donne des cours.

> Pakarang surf school, située dans le Memories Beach Bar. ☎ 093.578.5846. T.l.j. 9h-17h.

Tham Lot

Le plafond de son tunnel marin est hérissé de stalactites, dont certaines sont qualifiées de « seins de jeunes filles » (*nom sao* en thaï).

Khao Khian

On peut observer la « grotte aux Écritures », des peintures rupestres à l'origine controversée.

Tham Hong

Cette grotte marine est fréquentée par des singes crabiers, une espèce de macaques qui pêchent les crabes.

Le « Clou »

Bien nommé, puisqu'il est devenu une fierté nationale et la vedette incontestée de la baie grâce à James Bond: on y tourna, en 1974, une scène de *L'Homme au pistolet d'or*.

Koh Pannyi

Cette île est l'arrêt le plus intéressant. Des Mokens s'y sont installés dans des maisons sur pilotis dominées par le joli minaret d'une mosquée. Ces **gitans de la mer**, au nombre de 900, sont des pêcheurs musulmans nomades de la mer d'Andaman. Ils habitent ici un « vrai » village, avec une école, des magasins, des restaurants, une mosquée et des habitations reliées entre elles par des pontons aux planches disjointes (il est recommandé d'y naître poisson ou acrobate !). Détail éloquent, malgré l'éloignement, les portraits de la famille royale veillent sur 200 écoliers en uniforme impeccable... Depuis le développement du tourisme, les Mokens ont ouvert avec pragmatisme des restaurants de fruits de mer et des boutiques de souvenirs. On peut y acheter des *batiks* malais et indonésiens (industriels mais beaux), des coquillages, des perles, des poissons naturalisés. Explorer en canoë les grottes creusées dans

les pitons calcaires fait partie des sports excitants de la région.

Koh Yao Noi ✧✧✧

Carte p. 278 – Aller à l'embarcadère de Bang Rong (NE de Phuket). Un *speedboat* part environ toutes les heures pour Koh Yao Noi, t.l.j. 7h40-17h30. Un stop a lieu à Koh Yao Yai, ensuite il ne faut que quelques minutes pour arriver à destination (30-40 min, 200 THB). À l'arrivée, 500 m après le port, sur la gauche, la boutique de Miss Opal, Fortune Travel Info & Service loue scooters (250 à 350 THB/j.) et vélos (200 THB/j.).

Au milieu de la baie de Phang Nga, à mi-chemin entre Krabi et Phuket, il existe un secret encore bien gardé: Koh Yao Noi. Dès l'arrivée au port, le visiteur découvre une destination sans artifices. Très peu de voitures, des locaux pas stressés... Sous un soleil brûlant, quelques *hang yao* paressent. Pour explorer les sentiers de l'île, louez un vélo ou un scooter. Le tour de l'île se fait sans problème dans la journée. La côte ouest offre un panorama superbe sur la baie de Phang Nga. On croise un agriculteur dans sa rizière, des buffles au bord de la route, un varan qui vous grille la priorité... Sur la côte est, les plages s'enchaînent. Pas étourdissantes, ni idéales pour la baignade à marée basse, mais d'un indéniable charme brut. Les 4000 habitants ont le sourire facile. Trop vite, c'est l'heure de lever l'ancre et vous n'avez qu'une envie, celle de revenir. **Avis aux grimpeurs:** l'île compte 150 voies de varappe, du débutant à l'avancé, à pic au-dessus des flots (accessibles par bateau) et peu fréquentées. **The Moutain Shop** (www.themountainshop.org) propose des cours, et loue l'équipement.

• NOS ADRESSES •

RANONG

OÙ DORMIR

The Hidden Resort

145/94 Moo 4, Tumbol Bang-Norn (à 3,5 km du centre-ville, par la route 4) 099.407.4707. Environ 80 €.

Cernées de chlorophylle, les chambres, grâce à leurs baies vitrées, ignorent les frontières entre intérieur et extérieur. Au réveil, un doux parfum de jasmin flotte dans l'air. Agréable, tout comme les lits moelleux, l'accueil souriant, et la décoration ultra-cosy.

KHAO SOK

OÙ DORMIR

Plusieurs types d'hébergements sont disséminés dans le parc (hôtels flottants, bungalows) et gérés par l'administration *(www.dnp.go.th)*. Un nombre grandissant de *guesthouses* et de lodges se sont installés dans les environs. La plupart ont un restaurant et peuvent organiser toutes sortes d'activités. Ils se chargent aussi des transferts.

Our Jungle House

081.417.0546 (portable), www.khaosokaccommodation.com. De 35 € à 70 €.

Cet établissement original et dépaysant se compose de bungalows et de maisons dans les arbres, sur un vaste terrain bordé par la rivière Sok. Une petite plage a été aménagée et de nombreuses activités sont proposées.

Las Orquideas Resort

087.269.3359, www.khaosokloresort.com. De 30 à 70 €.

Ce petit complexe très confortable a été construit par Cisco, Catalan d'origine. Une affaire de famille, puisqu'il est géré par son épouse thaïe. L'accueil y est charmant. Cisco, passionné par les orchidées, cultive ici ces fleurs avec amour. Le restaurant ne sert que le petit déjeuner.

Khao Sok Paradise Resort

081.306.1044 (portable), www.khaosokparadise.com. Comptez 35 €/pers. pour une journée de randonnée dans la jungle, minimum 2 pers. De 30 à 70 €.

Des logements tout confort sont nichés dans les arbres, au cœur d'un jardin tropical. Testez le très bon restaurant (cuisine thaïe et européenne). Une sortie « Avant-goût de jungle » de trois jours et deux nuits (220 €) est également proposée.

SPORTS ET LOISIRS

Dans le parc national de Khao Sok, vous pourrez louer les services d'un guide auprès des bureaux du parc installés avec le centre d'information pour les visiteurs, à env. 2 km de la route 401. Tout est possible, du trek de 1 à 4 j. dans la jungle façon « stage de survie » à la sortie en kayak, en passant par la promenade à dos d'éléphant et le safari de nuit, qui permet d'observer le plus grand nombre d'animaux.

KHAO LAK

OÙ DORMIR

Chongfah Beach Resort

54/1 Moo 5, T. Kukkak. Sur la plage Bang Niang, à 5 min du centre-ville 667.648.6859, www.chongfahresort.com. De 130 à 180 €.

Des bungalows tout confort, avec des lits grand format, et un Jacuzzi extérieur pour oublier tous vos soucis, à quelques pas du sable doré. Après un plongeon dans la mer d'Andaman (à marée basse), vous pourrez réitérer l'expérience dans la superbe piscine à débordement. Cerise sur le resort : un très bon restaurant.

Koh Yao Noi ›

SPORTS ET LOISIRS

Plongée

Sea Bees Diving Khao Lak

33, 3 Phet Kasem Rd ☎ 076.485.174, https://sea-bees.com. De 3900 à 4400 THB (env. 100 à 115 €) la sortie (2 à 3 plongées par sortie).

Des sorties plongée sur un jour, ou plus si affinités, avec une équipe aussi sympa que professionnelle. De quoi admirer tortues, poissons multicolores et coraux en toute sérénité. Le plus : vous rentrerez chez vous avec de superbes clichés immortalisant votre escapade dans le grand bleu.

KOH YAO N

OÙ MANGER

Kaya

Lam Sai, au sud de l'île. T.l.j. 9h-21h (dernière commande vers 20h). Entre 8 et 12 €.

De charmantes dames préparent une cuisine savoureuse et authentique « comme à la maison », à prix mini. La salle ne paie pas de mine. Peu importe, car les petits plats thaïs emportent l'adhésion. Goûtez au pad thaï (100 THB) ou aux currys, délicieux. La cuisine est ouverte, n'hésitez pas à y jeter un œil pour vous ouvrir l'appétit...

22 L'ÎLE DE Phuket

Avant d'aller recharger vos batteries sur l'une des étendues de sable de l'île, prenez le temps de profiter de Phuket Town. Avec son architecture sino-portugaise, ses cafés arty et ses galeries d'art, la vieille ville mérite davantage qu'un passage éclair. À vous ensuite le farniente ! *Snorkeling*, surf, fiesta ou bronzette : le choix vous revient. Enfin, entre un musée qui ne se prend pas au sérieux, un aquarium qui met sous les projecteurs les poissons du cru, et un centre qui fait ami-ami avec les gibbons, la perle d'Andaman a plus d'un tour dans son sac pour séduire les petits comme les grands.

PRATIQUE

• Plan p. 290
• Nos adresses p. 298

Accès

En avion

Aéroport

076.327.230, www.airportthai.co.th (au N de l'île, près de Naï Yang).

Depuis Bangkok : 8-11 vols/j. avec Thaï Airways, 8 vols/j. avec Bangkok Airways et 16 vols/j. avec Air Asia (1h15).

Depuis Samui : 4 vols/j. avec Bangkok Airways (55 min).

Depuis Chiang Maï : 1 vol/j. avec Thai Smile Air et avec Bangkok Airways et 3 vols/j. avec Air Asia (2h).

Thaï Airways

076.327.230, ext.1.

Bangkok Airways

076.351.225 (aéroport) ou 1771.

La plage de Karon

L'ESSENTIEL

À ne pas manquer

Les plages mais aussi le centre, Phuket Town, pour son marché de nuit et ses cafés branchés.

Expériences

Participer à réintroduire des gibbons au Centre de réhabilitation des gibbons.

Les plus belles plages

Kata Noi, son sable blanc, ses eaux turquoise et cristallines.

L'île de Phuket ✧✧✧

L'île de Phuket a connu des succès faciles, amplifiés par la mode des soleils d'hiver. Aussi grande que Singapour, elle s'étire sur 50 km du nord au sud, dans un archipel éparpillé sur une distance de 100 km, au creux de la baie de Phang Nga. Phuket demeure un joli cadeau de la nature, même si son charme n'a plus rien de confidentiel. Toutefois, en s'éloignant des concentrations hôtelières, on peut trouver encore où s'isoler. Pour éviter le tapage, la meilleure option reste la tournée des îles : un archipel peuplé d'oiseaux de mer et de poissons multicolores où accostent discrètement d'antiques jonques retapées pour la croisière, des yachts dernier cri ou des barques de pêche... Le nom de Phuket désigne à la fois une île, une province et une ville (env. 168 000 habitants), la capitale de l'île s'appelant aussi... Phuket (pour éviter les confusions, disons Phuket Town).

En bus

Depuis Bangkok à la gare routière Sud : 9-10 bus/j. 6h40-20h30 ; trajet long (12-14h), fatigant. Phuket est reliée par bus aux grandes villes du sud du pays.

En voiture

À 922 km S de Bangkok par la route 4, puis 402.

Se déplacer

On se déplace facilement dans Phuket. Les transports en commun vont partout, mais il faut parfois s'armer de patience. Les ***songthaew***, ici comme partout ailleurs, ne partent que quand ils sont complets ; ils circulent sur des parcours fixes et klaxonnent à chaque arrêt pour ramasser les clients. Les **taxis** ne mettent jamais le compteur et exigent des prix au forfait très exagérés ; réservez le vôtre via votre hôtel plutôt que dans la rue. À Phuket Town, la gare routière se trouve près du marché, sur

L'île de Phuket

PHUKET TOWN

Carte ci-dessus – À 922 km S de Bangkok par les routes 4, puis 402. Plusieurs vols par jour depuis Bangkok, Samui et Chiang Maï. Carnet Pratique p. 288.

Ceux qui voudront approfondir l'exploration de la cité peuvent se procurer le petit dépliant très bien conçu, *Phuket Town Treasure Map* (dans les offices de tourisme, agences de voyages, hôtels...). La ville fut construite au milieu du XIXe s., en remplacement de Talang, détruite par les Birmans en 1800. Ici aussi, le Birman est l'ennemi héréditaire, comme en témoigne la statue des héroïnes Thao Thep Kassatri et Thao

PRATIQUE (SUITE)

Ranong Rd. De là, des **bus** partent vers toutes les plages. De nombreuses sociétés proposent des **voitures** de location et des Jeeps (en ville ou dans les hôtels). La formule est intéressante, au moins pour une journée, histoire de se rendre compte de la topographie de l'île. La location de **moto** rencontre un grand succès mais soyez prudent.

Adresses utiles

Internet

www.phuket-thailande.com : tous les rens. sur Phuket et les activités que l'on peut y pratiquer (croisières en yacht, location de voiliers, navigation de plaisance, plongée).

Sisunthon, édifiée dans le petit village de Tha Rua, sur la route de l'aéroport: en 1785, la veuve et la fille du gouverneur organisèrent la défense de Phuket en déguisant les femmes de l'île en soldats... Les Birmans sont revenus, puis repartis, et Phuket s'est attelée à la tâche de faire prospérer ses richesses. Les vieilles maisons de la capitale, de style sino-portugais, illustrent cette période. À certains endroits, on se croirait à Malacca, Penang ou Macao.

PAUSE GLACÉE

Torry's Ice Cream

Devant la file d'attente de ce glacier, ne rebroussez surtout pas chemin ! Il serait dommage de ne pas goûter aux délicieux sorbets et glaces faits maison (ananas, sésame noir, lychee...). Le lieu est situé au cœur de la charmante Phuket Town, ce qui ne gâche rien.

16 soï Rommani. Tlj 10h-18h.

Le centre-ville

Phang Nga, Krabi, Dibuk et Thalang Roads.

Une balade dans le centre historique vous mettra dans les pas des immigrants chinois Hokkien qui, débarquant à Phuket il y a 150 ans, ont construit une nouvelle vie à la sueur de leur front. Sur **Thalang Rd**, leurs *shophouses* (boutique au rez-de-chaussée, habitation à l'étage), récemment rénovées, vous plongent dans ce passé. Ces maisons étroites sont reliées par une allée couverte pour protéger les passants du soleil torride et des pluies torrentielles. Aujourd'hui, de nombreux petits cafés arty ont investi les lieux. Au n° 18, Kopitiam by Wilai prépare de délicieux cafés et thés thaïs. Au n° 61, chez Bookhemian, vous dégusterez un gâteau au chocolat tout en feuilletant un livre d'art. La rue parallèle, **Phang Nga Rd**, compte quelques galeries d'art et un hôtel historique, parmi les plus vieux de la ville: On On Hotel, au n°19, où Leonardo di Caprio passe ses premières nuits dans le film *La Plage*. Un peu plus loin, faites une halte dans le petit temple taoïste Shrine of Serene Light. Il paraît que les caractères chinois qui ornent l'entrée portent bonheur.

Trickeye Museum

À l'angle des rues Montri et Phang Nga. T.l.j. 10h30-20h (dern. entrée 19h). Entrée payante (440 THB).

Un musée qui ne se prend pas au sérieux, parfait pour occuper un après-midi pluvieux! L'idée: des peintures connues, comme *La Joconde*, détournées, en 3D, pour permettre au visiteur d'entrer dans le tableau et d'y participer. Une centaine de scènes permettent aux vacanciers de vivre de folles aventures: serrer la main d'E.T., boire un café à Arles dans un tableau peint par Van Gogh, cambrioler un coffre-fort, faire du parachute, donner à boire à une girafe... Les trompe-l'œil sont très réalistes. Les enfants s'y amusent tout autant que les parents. N'oubliez pas votre

www.phuket.com: informations sur les hôtels, rés. et offres spéciales (en anglais).
www.gotophuket.com: annuaire par activités, en anglais.

Alliance française
3 soï 1 Phattana Rd, Phuket Town ☎ 076.222.988, http://afthailande.org.

Police touristique
Yaowarat Rd à Phuket Town et sur Thawewong Rd à Patong ☎ 1155.

TAT
191 Thalang Rd, Phuket Town ☎ 076.212.213 ou 076.211.036. T.l.j. 8h30-16h30. Beaucoup d'infos locales à glaner.

Agence consulaire de Phuket
info@agenceconsulaire phuket. fr. Lun. et ven. 10h-11h30.

Siriroj International Hospital
44 Chalermprakiat Ror

→

ADRESSE

Pause old style

Pour remonter le temps, cap chez **Chino@Cafe' Gallery**. Leurs machines à écrire rétros et leurs cartes postales patinées sont un délice. Tout comme l'odeur de café (expresso : 50 THB) qui flotte dans l'air: les amateurs disent que c'est l'un des meilleurs de l'île.

> 4 Thalang Rd. T.l.j. 9h-19h.

appareil photo! Le personnel, souriant et sympathique, peut vous aider à bien vous placer, pour que vos clichés soient réussis.

Night market

À côté de Chao Fa West Rd. Sam. dim.16h-22h.

Avant ou après l'apéro, venez absolument arpenter les allées de ce marché. Des babioles aux vêtements, son dédale de stands offre un choix à faire tourner la tête. N'hésitez pas à négocier, avec le sourire bien sûr. Mais si c'est un incontournable, c'est surtout pour ses étals colorés et appétissants de nourritures, qui fleurent bon la citronnelle. À prix mini, vous y dénicherez tout ce que la Thaïlande compte de spécialités gourmandes, à déguster sur le pouce. C'est également le moment, au moins pour les aventureux et les curieux, de tester criquets et nombre d'autres insectes. À la tombée de la nuit, la foule se presse et l'atmosphère devient effervescente.

LES PLAGES ✧

Attention aux courants et aux rouleaux pendant la mousson: les plages exposées deviennent alors dangereuses. Choisir sa plage ou son hôtel à Phuket, c'est opter pour un certain style de vacances. Phuket reçoit des visiteurs du monde entier (plus de cinq millions par an) et fait en sorte d'offrir à chacun ce qu'il recherche. La plage de Patong, autour de laquelle s'est construite une véritable ville, peut désormais rivaliser avec Pattaya, pour le meilleur... et parfois pour le pire. Étant restée longtemps peu fréquentée et plus sauvage, la côte nord-ouest est actuellement la plus sollicitée pour les projets d'aménagement. Les plus belles plages de l'île, bordées de filaos et de cocotiers, se trouvent sur la côte ouest. La côte sud est peu propice à la baignade. Quant à la côte est, elle est dénuée de plages (et d'hôtels). Du nord au sud, voici une description qui vous aidera à choisir votre plage.

Maï Khao

Carte p. 290 – À 43 km N-O de Phuket Town.

La plage « du bois blanc » est la plus longue de l'île. Très exposée, elle est également assez dangereuse. Les tortues géantes y ont élu domicile pour la ponte de décembre à février. Les hôtels se sont établis sur le rivage.

Naï Yang

Carte p. 290 – À 34 km N-O de Phuket Town.

Dans un parc naturel boisé, un endroit agréable pour pique-niquer sous les filaos et plonger au milieu des anémones de mer (avec masque et tuba). La famille propriétaire du luxueux hôtel Indigo Pearl a largement contribué à protéger l'environnement depuis de très nombreuses années. La plage est

PRATIQUE (SUITE)

9 Rd, Phuket Town ☎076.361.888 (urgences), www.phuketinternational hospital.com.

Bangkok Hospital Phuket
2/1 Hongyok Utis Rd ☎076.254.425, www.phukethospital.com.

^ Le marché de Phuket

tranquille, avec des petits restaurants les pieds dans le sable, mais la mer peut être dangereuse.

Naithon

Carte p. 290 – À 33 km N-O de Phuket Town.

Moins fréquentée, cette belle plage de 2 km fait le bonheur des amateurs de *snorkeling* et de plongée. Sachez toutefois que la baignade s'avère très dangereuse en saison des pluies. La chaîne d'hôtels Pullman y a désormais un bel établissement.

Bang Tao

Carte p. 290 – À 26 km N-O de Phuket Town.

Cette longue plage se divise en deux zones : au nord, les promoteurs de luxe ont envahi les lieux avec des programmes comme le complexe Laguna Beach Resort, sorte de petite colonie à l'écart du monde ; au sud, l'ambiance est plus populaire mais les constructions gagnent du terrain. La baie étant très ouverte, la baignade peut se révéler périlleuse mais les véliplanchistes sont à leur affaire !

Surin

Carte p. 290 – À 26 km N-O de Phuket Town.

Élue par les surfeurs en saison des pluies (la prudence étant recommandée en toute saison, en raison des courants), la plage est appréciée par une clientèle locale. La municipalité a contribué à freiner son développement, tout comme celui de la plage voisine de Kamala. L'extrémité nord de la plage a été privatisée de fait par des hôtels.

EXPÉRIENCE

Autant en emporte le vent

Ils (et elles) sont de plus en plus nombreux à se faire tracter sur l'eau par une aile puissante. Le kitesurf gagne des galons, et des pratiquants, à Phuket aussi. Cette discipline demande une bonne dose de courage, et quelques cours, a minima lors des premières sorties. Kiteboarding Asia donne des cours, selon la saison, à Nai Yang Beach (mai-oct.), ou à Chalong (nov.-mars). Les eaux peu profondes y sont idéales pour les débutants.

Kiteboarding Asia
081. 591. 4594. www.kiteboardingasia.com.

^ La plage de Bang Tao

Kamala

Carte p. 290 – À 23 km N-O de Phuket Town.

Une plage assez calme, même en haute saison. On y trouve beaucoup de familles. Cet ancien village de pêcheurs a su rester sobre. Sur 2 km, une bande de sable blanc adossée à des cocotiers des restaurants pour déguster coquillages et crustacés les pieds dans le sable, et juste assez de boutiques pour ne pas s'ennuyer. Votre séance de farniente ne sera pas perturbée par les marchands ambulants, qui sont discrets.

Parc à thème Fantasea

Carte p. 290 – www.phuket-fantasea.com. Ven.-mer. 17h30-23h30, spectacles 21h. Entrée payante, prix du spectacle : 1800 BHT.

Situé sur la plage de Kamala, ce parc offre un panorama de la culture thaïe revue façon Las Vegas, et attire en masse les touristes locaux ou étrangers, et ce malgré son prix élevé. Dans le palais du théâtre, reconstitution d'un palais thaïlandais, acrobates et éléphants enchaînent les cascades, entre traditions thaïe et effets spéciaux.

Patong

Carte p. 290 – À 15 km O de Phuket Town.

C'est la première station balnéaire historique de Phuket. Patong s'est développée à un rythme frénétique dans les années 1970. Depuis peu, les chaises longues et les parasols qui envahissaient la plage ont disparu, sous l'impulsion des autorités. La nuit, les néons font concurrence aux étoiles. Si vous voulez faire la fête, c'est parfait. En revanche, si vous recherchez la tranquillité, mieux vaut aller ailleurs. Patong offre aussi le plus grand choix d'hôtels et de restaurants…

Forte demande oblige.

Karon

Carte p. 290 – À 20 km S-O de Phuket Town.

Le Méridien s'est taillé la part du lion en privatisant la plus belle baie de cette plage d'environ 3 km. Par la suite, la réglementation a imposé aux promoteurs de construire en retrait de la plage (de l'autre côté de la route), ce qui n'a pas empêché de nombreux hôtels et résidences de surgir de terre, offrant des services annexes pour célibataires (bars en plein air ouverts tard la nuit). Attention, la baignade demeure dangereuse en toute saison pour tout le monde.

Kata

Carte p. 290 – À 19 km S-O de Phuket Town.

C'est la plage choisie par le Club Med, qui, comme souvent, s'en est approprié la plus belle (et plus grande) partie. La plage forme deux baies contiguës: Kata et Kata Noï, la « petite ». Kata offre un relatif compromis, avec un choix ouvert d'hébergements, de restaurants et de lieux d'animation, mais les constructions se multiplient.

Naïhan

Carte p. 290 – À 20 km S-O de Phuket Town.

Cette baie est agréable, quoique la plage ne soit pas immense. De nombreux expatriés s'y sont installés, et y louent des appartements ou des maisons. Le développement foncier est freiné par une communauté monastique qui possède une partie des terrains donnant sur la plage. Attention: baignez-vous avec une extrême prudence pendant la saison des pluies car la mer est très agitée et les courants sont forts.

EXPÉRIENCE

Sur quelle plage poser ses valises ?

Si vous avez envie de faire la fête jusqu'au bout de la nuit, et que le bruit et l'agitation ne vous font pas peur, alors vous pouvez opter pour **Patong** ou **Karon**. **Rawaï Beach** ou **Nai Harn Beach** sont parfaites pour les voyageurs en quête de plage et de calme. Les petits budgets, eux, auront tout intérêt à choisir **Phuket Town**.

Rawaï

Carte p. 290 – À 19 km S-O de Phuket Town.

Contrairement aux plages de la côte ouest, celle de Rawaï est sûre toute l'année. Si la pente, trop faible, empêche la baignade à marée basse, vous pourrez vous consoler en ramassant des coquillages! Un village de Mokens y est installé et y vit de la pêche. La plage est fréquentée le week-end par les locaux, qui ne cherchent ni à bronzer ni à se baigner, mais à savourer les excellents plats proposés par les restaurants et à admirer le coucher du soleil sur le cap Prom Thep tout proche.

Chalong

Carte p. 290 – À 14 km S-O de Phuket Town.

C'est le principal port de plaisance de Phuket, où l'on vient contempler les yachts ou s'embarquer pour les îles voisines. Poussez jusqu'au cap Panwa pour découvrir un superbe point de vue sur toute la baie de Chalong.

CENTRE DE RÉHABILITATION DES GIBBONS ✧

Gibbon Rehabilitation Project

Carte p. 290 – Dans l'enceinte du parc national de Khao Phra Thaeo. Sortez de Phuket Town par la route 402 vers le N jusqu'à Tha Rua; au monument des Héroïnes (sortie E de Tha Rua), prenez la route 4027; après 10 km, à Bang Rong, tournez à g. vers la cascade de Bang Pae ☎ 088.590.9714. T.l.j. 10h30-15h. Entrée payante (200 THB) du parc Khao Phra Thaeo ; donations appréciées dans le centre (gratuit). Boutique (bénéfices affectés au centre).

Soutenu par la **Wild Animal Rescue Foundation of Thailand**, ce centre ouvert en 1992 à l'initiative d'un zoologue américain, a pour but de venir en aide aux gibbons, ces singes aux bras démesurés et à l'air un peu triste qui servent encore trop souvent à amuser les touristes. Leur capture est un délit, mais les autorités manquent de moyens pour faire appliquer la loi. La mère est tuée pour que son bébé soit capturé, lequel est souvent élevé dans un bar, nourri de bière et de cacahuètes... Première chose à faire : boycottez les endroits où s'affiche ce triste spectacle et refusez de prendre un gibbon en captivité dans vos bras le temps d'une photo. Deuxième chose : visitez ce centre animé par des volontaires, où l'on sensibilise le public au problème et où l'on apprend progressivement la liberté à des singes encore jeunes, qui n'ont connu que la captivité. Des cages ont été placées dans la forêt de Bang Pae, et sont de plus en plus isolées, afin que leurs pensionnaires soient peu à peu coupés du contact des humains. L'ultime libération s'effectue sur Koh Boï, une île inhabitée de la baie de Phang Nga. Ceux pour lesquels le retour à la vie sauvage est impossible restent au centre. Sachez qu'après cette visite, vous pouvez vous promener dans le parc national de Khao Phra Taeo et rejoindre en une vingtaine de minutes la cascade de Bang Pae.

GRAND BOUDDHA

Big Bouddha

Carte p. 290 – À Koh Nakkerd, entre Chalong et Kata ; vous le trouverez sans difficulté, les indications fléchées sont nombreuses. Prévoyez une tenue correcte, short et bras nus non tolérés. T.l.j. 8h-18h30. Entrée gratuite, dons appréciés.

Difficile de manquer cette immense statue de marbre blanc de Birmanie (elle mesure 45 m de haut et 25,5 m de large) qui couronne le sommet d'une colline. Le deuxième plus grand bouddha du pays a été construit à l'occasion du 80e anniversaire de Rama IX (2007). Encore inachevé, il s'inscrit au centre d'un ensemble qui a pour vocation la promotion du bouddhisme et de ses valeurs, si chers au cœur du peuple thaï. De là-haut, vous pourrez profiter d'une superbe vue panoramique sur toute l'île.

AQUARIUM DE PHUKET

Carte p. 290 – Sur le cap Panwa, au bout de la route de Sakdidet. ☎ 076.391.126, www.phuketaquarium.org. T.l.j. 8h30-16h30. Entrée payante (180 THB) ; réduc.

C'est l'endroit idéal pour découvrir la faune marine de la mer d'Andaman et du golfe de Thaïlande, représentée comme il se doit dans ce bel aquarium. On fait également connaissance avec les habitants des lacs et des rivières du pays. Repas aux animaux, passage dans un tunnel aux parois entièrement vitrées, reconstitutions des différents milieux dont font partie les récifs coralliens si menacés... Rien ne manque dans ce lieu qui a également une vocation pédagogique.

WAT CHALONG

Carte p. 290 – Chaofa West Rd, à Chalong, au sud de l'île. Les épaules et les jambes doivent être couvertes. T.l.j. 8h-17h. Entrée gratuite, dons bienvenus.

C'est le plus grand et le plus fréquenté des temples bouddhiques de Phuket. Il comprend plusieurs pagodes rouge et or. La plus récente, construite en 2002, culmine à 60 m. À l'intérieur, des fresques illustrant la vie de Bouddha, et des statues dorées représentant le sage. Au troisième étage, la terrasse offre un joli panorama sur l'ensemble du site. Encore une volée de marches et vous pourrez observer un présentoir de cristal à l'intérieur duquel est conservée une précieuse relique : un fragment d'os de Bouddha, rapporté du Sri Lanka en 1999. À quelques pas de là, une délicieuse odeur de jasmin s'échappe d'un collier déposé en offrande. La ferveur des locaux est palpable. Ils sont nombreux à allumer des encens, ou à orner de feuilles d'or les statues de moines vénérés. Chuchotez pour ne pas gêner la séance de méditation des bonzes en robe safran. Quoique… souvent, c'est une explosion de pétards qui se charge de troubler leur tranquillité. Une cheminée de briques a été construite dans l'enceinte du temple. Les fidèles allument des guirlandes de pétards lorsqu'un souhait a été exaucé. Ce temple semble porter bonheur !

> Lire aussi la balade secrète : Balade gourmande à Phuket (p. 304).

EXPÉRIENCE

Méditation

Pourquoi ne pas profiter de vos vacances pour approfondir votre pratique de la méditation ? Pour quelques heures de cours ou une retraite, le **Dharana Phuket Meditation Center** a une très bonne réputation. Idéal pour réellement déconnecter de son quotidien.

> https://phuket-meditation.com

Wat Chalong

• NOS ADRESSES •

L'ÎLE DE PHUKET

OÙ DORMIR

Avec plus de 1000 hôtels sur l'île, le choix est aussi vaste que difficile. Les hôtels disposant d'un accès direct à la plage ne sont pas si nombreux, la municipalité ayant décidé de protéger le littoral et d'empêcher sa privatisation *de facto*. Depuis le tsunami, les constructions à l'intérieur des terres ont fleuri. La nouvelle tendance donne dans le chic et cher, avec *pool villas* (piscine privée) et *butler* (majordome) personnel. De manière générale, l'hôtellerie est ici bien plus chère qu'ailleurs à offre égale, mais vous pourrez néanmoins bénéficier de nombreuses promotions sur les sites Internet des hôtels.

PLAGE DE NAÏ YANG

Seapines Villa Liberg

080.544.4491 (portable), www.seapinesphuket.com. Environ 30 €.

Située à 250 m de la plage, cette maison d'hôtes est l'occasion d'un séjour reposant et serein. Des chambres sobres et confortables aux sols carrelés et murs de brique, dotées de terrasses et de balcons, une piscine, un bureau d'excursion, un accueil des plus sympathiques. Pas de restaurant sauf pour le petit déjeuner.

The Slate

076.327.006, www.theslatephuket.com. Environ 250 €.

Installé dans le parc national de Naï Yang, séparé de la plage par une route peu fréquentée, cet hôtel a été aménagé et décoré pour rappeler les origines de la prospérité de Phuket: issu lui-même d'une famille d'industriels de l'étain, le propriétaire a imaginé, avec des architectes australiens, une décoration très sophistiquée, évoquant par ses formes ou ses matériaux le travail de la mine. Le domaine est vaste et superbe, doté de trois piscines, et de plusieurs restaurants, un Spa, une salle de sport, un club enfants…

Topless s'abstenir

Être seins nus sur la plage est interdit par la loi. Il faut en outre garder à l'esprit que la population musulmane (importante et parfois dominante sur certaines îles) juge extrêmement provocant ce genre de comportement.

PLAGE DE BANG TAO

Bangtao Beach Chalet

À 2 min à pied de la plage 076.314.306, www.bangtaochalet-phuket.com. De 110 à 500 €.

Un petit établissement paisible et plein de charme. Les bungalows se trouvent dans un jardin tropical qui invite au repos et à la sérénité. Seul bémol, les chalets sont assez proches les uns des autres. Deux piscines et restaurant halal.

Phuket Laguna Complex

www.lagunaphuket.com. Très nombreuses promotions à consulter sur le site Internet. De 110 à 500 €.

Ce complexe rassemble sept hôtels haut de gamme, qui mettent leurs équipements en commun. Les clients ont accès à 30 restaurants, aux piscines et au Spa du complexe, et à de nombreux équipements sportifs: tennis, squash, badminton, golf et sports nautiques. L'endroit séduira ceux qui ne recherchent pas la solitude, sauf s'ils ont les moyens de s'enfermer dans les villas privées du luxueux Banyan Tree (env. 500 €).

L'Outrigger Laguna Phuket Beach Resort (env. 115 €) est plus abordable.

PLAGE DE SURIN

Surintra Boutique Resort

086.476.1738, www.surintra.com. Transfert aéroport 19 €/voiture (3 pers. max), 40 €/van (6 pers. max). Environ 35 €.

À une centaine de mètres de la plage, ce petit hôtel à la décoration très moderne est organisé autour d'une piscine. Les chambres disposent toutes d'une terrasse ou d'un balcon. L'endroit est un peu à l'écart et l'atmosphère plutôt intime, ce qui est rare à ce prix, dans l'île très fréquentée de Phuket.

Manathai Resort

076.360.250, www.manathai.com/phuket Autour de 80 €.

Dominant la plage, ce boutique-hôtel élégant et sophistiqué est un peu enserré entre d'autres constructions. La décoration, particulièrement recherchée, et le grand confort des lieux font oublier ce petit inconvénient.

PLAGE DE PATONG

Patong est la plus importante station balnéaire de Phuket. Sa plage est très fréquentée.

Amari Phuket

Dans la partie S de la plage, sur une avancée qui ferme la baie 076.340.106, www.amari.com/phuket. De 100 € à 130 €.

Cet établissement dispose d'une petite plage privative et de deux piscines. De style contemporain, il compte des parties communes ouvertes sur la nature et de vastes chambres claires et gaies. Malgré sa taille, il y règne une atmosphère plutôt calme. Vous pourrez accéder aux cinq restaurants à l'ambiance et à la cuisine différentes, dont le très bon **La Gritta** *(www.lagritta.com, t.l.j. 10h-minuit)*, restaurant italien romantique. L'hôtel fait de gros efforts en matière de préservation de l'environnement (recyclage, électricité, eau, sensibilisation du personnel, etc.).

Impiana Resort

076.340.138, http://phukethotels.impiana.com. De 100 € à 130 €.

Voici l'un des rares hôtels situés directement sur la plage de Patong. Il a été très modernisé depuis le tsunami et présente de jolies parties communes ainsi qu'un agréable jardin. Il y a tout le confort et les services attendus dans un établissement de ce niveau : deux restaurants, un bar, un Spa, une agence de voyages, etc. L'un des meilleurs choix pour qui veut séjourner à Patong.

PLAGE DE KARON

Les hôtels sont séparés de la belle plage par une petite route.

Karon Princess Hotel

Face à la plage 076.286.484, www.phuket-karonprincess.com. De 40 à 80 €.

À deux pas de la plage et du centre de la station, cet hôtel simple et confortable offre un bon rapport qualité/prix. Réparties dans deux bâtiments, certaines chambres donnent sur le jardin, d'autres sur la mer. Piscine, restaurant. L'accueil est sympathique et agréable.

Secret Cliff

Face à la plage, tout au bout de la rue 076.530.321, www.phuketsecretcliff.com. De 40 à 80 €.

♥ Construit sur une hauteur qui domine la mer, cet établissement est enfoui dans la végétation. Les chambres, de petits cottages en bois à la jolie décoration traditionnelle, donnent pour certaines directement au-dessus des flots. Il y a deux piscines Les enfants sont bienvenus : chambres familiales et tarifs préférentiels. Un bel endroit.

Old Phuket

Dans une rue perpendiculaire à la plage 076.396.353, www.theoldphuket.com. Environ 110 €

Une reconstitution réussie de style sino-portugais traditionnel, qui aurait besoin d'un petit rafraîchissement, mais les chambres vastes et claires demeurent agréables. De catégories très différentes, elles occupent deux ailes et sont disposées autour de deux piscines. Parfait pour un séjour en famille : activités pour les enfants, baby-sitting, chambres à relier... Sept restaurants et bars.

Marina Phuket

076.330.625, www.marinaphuket.com. Dîner inclus. Environ 110 €.

Un établissement à l'architecture thaïe planté au cœur d'un jardin botanique très agréable et bien entretenu, où s'étendait une vaste plantation de cocotiers. La plage est facilement accessible en contrebas mais l'hôtel est si agréable qu'on n'a guère envie d'en sortir ! Très belle piscine noyée dans la verdure. Quatre restaurants et un club de plongée. Minigolf et **Dino Park** *(076.330.625, t.l.j. 10h-23h)*, à côté.

PLAGE DE KATA

Nombreux petits hôtels et *guesthouses* simples et bon marché sur la baie.

Katapalm Resort

076.333.389, www.katapalmresort.com. De 80 à 100 €.

Très bon rapport qualité/prix pour cet hôtel situé à quelques minutes à pied de la plage et des commerces de la station. Les chambres sont vastes et bien équipées. Pourvues d'une terrasse ou d'un balcon, elles donnent toutes sur la grande piscine en U ; certaines y ont un accès direct. Intéressant pour un séjour en famille : tarifs spéciaux, chambres familiales, club enfants... Trois restaurants, Spa.

Chanalai Garden Resort

076.285.211, www.chanalai.com. De 80 à 100 €.

Construit sur une colline qui domine la plage (5 min de marche), ce complexe se compose de plusieurs bâtiments disséminés dans un beau jardin tropical. Les chambres les plus simples (toutes avec balcon sur l'une des piscines) sont peut-être un peu petites mais celles dites « *sea view* » sont vastes et disposent d'une belle vue sur la baie de Kata. Trois restaurants, Spa, boutiques, agence de voyages. Bon rapport qualité/prix.

PLAGE DE NAÏHAN

Baan Krating Resort

02.718.0854 ou 02.718.0858, www.baankratingphuket.com. Environ 70 €.

Construits à flanc de colline, ces bungalows sur pilotis disposent de vastes terrasses donnant sur la mer. Les chambres, très joliment décorées et pourvues d'un parquet en teck, sont dotées d'un balcon ou d'une terrasse avec vue sur la forêt ou sur l'eau. La plage d'Ao Sane est à 5 min à pied et des navettes de l'hôtel vous emmènent à celle de Naïharn, mais l'endroit est tellement plaisant qu'il n'est pas indispensable de s'en éloigner ! Restaurant et bar sur la plage.

PLAGE DE RAWAÏ

Il est difficile de s'y baigner mais on y trouve plusieurs petits hôtels familiaux d'un bon rapport qualité/prix. On se déplace facilement en taxi ou si l'on dispose d'un véhicule privé, et la belle plage de Naïhan est à moins de 5 km.

Happy Elephant Resort

076.288.813, www.happyelephantresort.com. Possibilité de louer au mois. Environ 50 €.

Des bungalows et des appartements bien équipés (kitchenettes, air cond., etc.) et simplement meublés sont disséminés au calme dans un jardin autour d'une piscine. Ils sont bien conçus pour un séjour en famille.

ILÔTS AUTOUR DE PHUKET

Des îlots satellites de Phuket abritent des retraites aussi luxueuses que discrètes : piscines privées, déco zen, cuisine diététique, home vidéo, Spas fantastiques... à apprécier avec des happy few triés sur le volet, auxquels on n'est pas obligé de parler, puisque le luxe, c'est aussi le respect de l'intimité et de l'envie de solitude. Comme on s'en doute, tout cela a un prix plutôt élevé.

The Racha

Koh Raya (pointe S) 076.355.455, www.theracha.com. Environ 200 €.

85 villas blanches et très modernes au bord d'une baie aux eaux cristallines. Label Small Luxury Hotels of the World.

The Paradise

Koh Yao Noï (au N-E, entre Phuket et Krabi) 076.584.450, www.theparadise.biz. Yoga et Spa. Environ 200 €.

Un ensemble de *pool villas*, de bungalows et de chambres traditionnelles sur une plage préservée. Le paradis ! Promotions intéressantes sur Internet.

OÙ MANGER

On mange bien à Phuket, île où la terre et la mer sont généreuses et font tout en grand : haricots verts de 60 cm, carottes de 300 g, gambas géantes... Poissons et coquillages inspirent les cuisiniers qui savent reconnaître les vertus de la simplicité (homard de roche au barbecue). Entre oct. et janv., des restaurants servent les œufs de tortue (dans le souci de protéger l'espèce, nous vous déconseillons toutefois d'en consommer). Autre produit local, les nids d'hirondelles (dans les restaurants chinois). La cuisine thaïe est excellente dans les hôtels, ce qui n'est pas toujours le cas de la cuisine continentale.

PHUKET TOWN

Natural Restaurant (thammachat)

62/5 soï Phutorn Bangkok Rd 076.224.287. T.l.j. 10h30-22h. Moins de 10 €.

Un lieu improbable et très original, où de vieux objets sont détournés de leur usage premier, comme ce poste de télévision converti en aquarium ! On y va autant pour ce décor étonnant noyé dans la végétation que pour les bons petits plats thaïs.

Tunk Ka Café (thaï)

Khao Rang Hill 076.211.500. T.l.j. 11h-22h. Réservation conseillée le soir. Moins de 10 €.

Bonne carte des vins. Le restaurant est perché sur la colline qui domine la ville. Pour un dîner romantique avec une vue panoramique à 180°.

Suay Restaurant (I-San)

50/2 Takuapa Rd, Phuket Town 087.888.6990, www.suayrestaurant.com. T.l.j. 17h-minuit. De 10 à 15 €.

Le portail franchi, on se retrouve dans un patio, très zen, et chic, avec ses tables blanches. Une adresse appréciée des locaux comme des touristes, car elle combine de savoureuses recettes *made in I-San* (nord-est du pays), avec une présentation raffinée, et une addition légère. Essayez la salade de papaye et calamars (359 THB), les gâteaux de crabe et chutney de mangue (249 THB), ou le curry rouge de canard (450 THB).

Blue Elephant (thaï)

96 Krabi Rd, Phuket Town 066.763.54. 355, www.blueelephant.com. T.l.j. 11h30-21h30. Menu déj. 34 €. De 40 à 50 €.

Ici, vous ferez (légèrement) flamber la carte bleue, mais sans aucun regret, tant le lieu est exquis. Il y a d'abord le théâtre des opérations, une imposante demeure centenaire plantée dans un parc aux allées impeccablement entretenues. Il y a ensuite l'accueil, très pro. Il y a enfin, et surtout, la cuisine thaïe gastronomique. Les saveurs inconnues jouent sur toute la gamme des épices.

June Bahtra (dîner croisière thaï)

Départ mer. et sam. 17h-20h, 77 €/pers., demi-tarif pour les enfants, en formule tout compris - transport depuis votre hôtel, croisière et buffet thaï à bord. Rés. via votre hôtel ou agence de voyages. De 40 à 50 €

Superbe dîner-croisière au coucher du soleil, sur cette splendide jonque.

PLAGES DE BANG TAO, SURIN ET KAMALA

Catch Beach Club (thaï et international)

Plage de Bang Tao 065.348.2017, www.catchbeachclub.com. Entrée gratuite 9h-2h, pass journée : 44 €, incluant 27 € de consos + nourriture + serviettes de bain + douches. De 10 à 25 €.

Dans un cadre décontracté, sur la plage, l'endroit multiplie les rendez-vous hebdomadaires: barbecue de fruits de mer le jeu., barbecue géant le ven. De la même manière, on peut y louer des transats sur la plage et passer la journée. Le restaurant organise également des sorties en bateau.

Kamala Ice Cream Rolls (glacier)

74/1 Moo 3 Kamala beach, Rim Hat Rd 089.590.8662. T.l.j. 13h-22h30. Moins de 5 €.

Les glaces, servies en forme de fins « rouleaux », sont préparées devant le client. C'est ludique, régressif, original, et en plus c'est bon. Parfait pour se rafraîchir après avoir paressé plusieurs heures sur le sable chaud...

PLAGE DE KARON

Karon Temple Market

Patak Rd. Mar. et ven. 16h-22h. De 3 à 10 €.

De la bonne *street food* (salade de papaye, saucisses épicées...).

PLAGE DE PATONG

Patong Seafood (poissons)

Sur la route qui longe la plage 076.341.244. T.l.j. 9h-23h30. De 10 à 30 €.

Grand restaurant à la réputation bien établie. Attention si vous choisissez vos poissons et fruits de mer au poids: faites-vous préciser le prix au préalable.

Baan Rim Pa (thaï)

076.340.789, www.baanrimpa.com. T.l.j. 12h-minuit (dern. commande : 22h30). De 10 à 30 €.

Superbe maison de teck dominant la plage. On y savoure la cuisine royale inspirée par Charlie Amatyakul, qui lança l'école de cuisine de l'hôtel Oriental à Bangkok (p. 91).

Bon Pan Asian Tapas (asiatique)

124/4 Rat-U-Thid 200 Phi Rd, Patong 065.239.2777. T.l.j. 17h-minuit. De 10 à 30€.

Le Vietnam, le Japon et la Chine ont rendez-vous à Patong. Le jeune chef y prépare en effet de savoureux tapas d'inspiration asiatique. Le résultat est très élégant à observer, et absolument savoureux à déguster. À goûter ab-so-lu-ment : le poulpe.

Joe's Downstairs (européen)

Entre Baan Rim Pa et Da Maurizio 063.078.5887. T.l.j. 12h-23h. De 10 à 30€.

Le petit dernier du groupe Baan Rim Pa bénéficie aussi d'un emplacement exceptionnel pour déguster du homard au safran (28000 THB), de fins tapas ou un hamburger maison (665 THB). On paie la vue autant que l'assiette...

Hern Coffee and Bistro

66 Thawewong Rd, Baan Lamai Beach Resort, Patong 076.344.135. T.l.j. 9h-21h. De 10 à 30€.

Que ce soit pour siroter une eau de coco, ou se régaler d'une gaufre ou d'un *poke bowl* aux couleurs de l'arc-en-ciel, ce café est parfait à toute heure de la journée. La déco accueillante, l'accueil sympathique et les prix doux ne gâchent rien, bien au contraire...

PLAGE DE KATA

The Boathouse Restaurant (thaï)

Dans l'hôtel The Boathouse Phuket, www.boathousephuket.com. T.l.j. 6h-minuit. Concert jazz nov.-mars t.l.j. sf lun, concert de piano avr.-oct. : mer.-dim. 9h-22h. Plus de 40€.

Il a la réputation justifiée d'être l'un des meilleurs restaurants de Phuket. Le cadre, avec vue sur la mer, est magnifique.

CHALONG ET RAWAÏ

Village de pêcheurs de Rawaï

Au bout de la Viset Rd. Moins de 10€.

Vous achetez vos crevettes ou votre poisson aux pêcheurs puis vous les apportez à un petit restaurant dans la même rue qui les cuisine à votre convenance. Prix au kilo. C'est pittoresque et sympathique.

Kan Eang @ Pier (fruits de mer)

Port de Chalong 07.638.1212 ou 081.691.0154 (portable), www.kaneang-pier.com. T.l.j. 10h-23h (dern. commande : 22h30). De 10 à 25€.

Ce célèbre restaurant de fruits de mer a pris un grand coup de jeune. On paie aujourd'hui le cadre branché, en plus du prix des crevettes géantes, mais sa grande terrasse au bord de l'eau continue d'en faire un endroit très agréable à toute heure, pour boire un café, manger une glace ou dîner. Le restaurant propose aussi des sushis et des sashimis.

CLUBS

L'essentiel de la vie nocturne est concentré à Patong, mais il y a des discothèques et des bars dans tous les lieux touristiques et les grands hôtels. Sachez que la prostitution est une réalité dans les bars de Patong de Karon et Kata. Si vous cherchez à boire un verre tranquillement en écoutant de la bonne musique, rien ne vaut les bars des grands hôtels et nos bonnes adresses de restaurants.

Voici une sélection des grands clubs de Patong :

Hollywood Phuket

076.294.216, Bangla Rd. T.l.j. 21h-5h. Entrée gratuite, comptez 8€ pour une conso et env. 50€ pour une table.

Tiger Club (New Tiger Disco)

Bangla Rd. 085.678.5779. T.l.j. 21h-4h. Entrée gratuite. Cocktail à partir de 200 THB.

Ce club a été reconstruit après l'incendie qui avait ravagé en 2012 l'ancien établissement du même nom.

SHOPPING

Les produits locaux sont les perles de culture et les bijoux ou objets à base de corail ou de coquillages. Attention aux contrefaçons (pierres précieuses, corail, perles). On trouve aussi des batiks malais et tout l'artisanat de la Thaïlande. Les tailleurs proposent les mêmes services qu'à Bangkok, mais la qualité n'est pas toujours aussi bonne.

Jungceylon

181 Rat-U-Thit 200 Pee Rd, à Patong. T.l.j. 11h-22h.

Cet énorme centre commercial propose de tout : supermarché, marques européennes de vêtements, restaurants, salons de massage, un bowling...

SPORTS ET LOISIRS

Boxe thaïe

Combat le sam. soir au stade de boxe, dans le quartier de Saphan Hin (Phuket-ville, au bout de Phuket Rd, près de la mer) et souvent le ven. soir au Suwit Stadium (Chalong). Guettez les affiches.

Canoë

En survolant la baie de Phang Nga, on a découvert des cratères fermés, nés de l'effondrement des voûtes de certaines grottes. Longtemps isolés, ils ont contribué à préserver une flore et une faune disparues ailleurs.

Sea Canoe Thailand

076.528.840 et 89.871.9110, www.seacanoe.net (voir aussi p. 318).

T.l.j., sortie d'une journée 8h30-17h ou sortie « coucher du soleil » 11h30-20h. Compter environ 100 €.

Sea Cave Canoe

064.915.5333, www.seacavecanoe.com.

Sports nautiques

Outre la plongée, de nombreuses agences proposent pêche au gros et des croisières. Les hôtels et les plagistes proposent planche à voile, ski nautique et location de masques. Renseignez-vous auprès du très sérieux:

Phuket Yacht Club

090.705.9466, www.phuketyachtclub.com.

Cours de voile à partir de 40 € pour 3h.

École de cuisine

Boathouse

076.330.015, www.boathouse-phuket.com. À Kata. Comptez 78 € pour 5h et 4 plats différents avec les courses au marché local.

Vous apprendrez tous les secrets de la cuisine royale thaïe avec le chef du Boathouse.

Phuket Thaï Cookery School

À Patong 082.474.6592, www.phuketthaicookery.com. T.l.j. sf mer.

C'est la première école de cuisine thaïe de Phuket. Les plats que l'on apprend à cuisiner changent tous les jours et l'océan est à deux pas de la cuisine.

Golf

Deux parcours de 18 trous.

Laguna Phuket Golf Club

Bang Tao 076.324.350, www.lagunagolf.com/phuket. Départs 6h30-16h30. Comptez 154 € pour un 18 trous et 86 € pour un 9 trous.

Blue Canyon Country Club

Maï Khao, près de l'aéroport 076.328. 088. Départs 6h15-14h. Parcours de 18 trous avec un pro : 178 €. Parcours Lake Course : 142 € et Canyon Course : 166 €.

Plongée et voile

De multiples opérateurs proposent des plongées au large de Phuket, notamment dans les îles Similan (100 km O de Phuket) et l'archipel des Mergui (plus au N, en Birmanie). Assurez-vous du bon état du matériel et de leur agrément car la frontière entre les eaux territoriales thaïes et birmanes n'est pas évidente pour tout le monde.

Sunshine Villa

Sunshine Villa and Guest House, plage de Naïton 085.472.1506.

Ce centre propose des cours pour tous niveaux. Compter 16 900 THB (500 €) pour 4 jours de cours, équipement inclus.

VTT

Amazing Bike Tours

087.263.2031, www.amazingbiketoursthailand.com. 95 € l'excursion d'1 j. À partir de 12 ans.

À Phuket et les environs, James fait visiter à deux-roues les trésors de ce pays qu'il aime tant, comme Koh Yao Noi.

Marché à Phuket >

Balade secrète

BALADE GOURMANDE À PHUKET

La cuisine thaïe, parfumée, fleurant bon la citronnelle, le curry ou la coriandre, est addictive, et peut justifier à elle seule l'achat d'un billet d'avion. En 24h chrono, voici 4 étapes qui laisseront à vos papilles des souvenirs indélébiles !

8h : roti chez Roti Chaofa Phuket

Sur Thalang Rd, Phuket Town ☎ 076.221.771. T.l.j. 6h30-13h30.

Les *rotis* sont de délicieuses galettes garnies, à tremper dans une sauce au curry. Assister à leur fabrication est un véritable spectacle : le cuisinier fait valser la pâte en l'air, la frappe vigoureusement pour, en quelques secondes, en faire une galette ultrafine. Pour bien démarrer la journée, goûtez la version à la banane. Mais si vous voulez vraiment imiter les locaux, osez le *roti* au poulet, au bœuf ou au poisson (à partir de 45 THB le *roti).*

À accompagner d'un *teh tarik*, un mélange de thé noir, lait concentré et sucre.

10h : cours magistral à la Phuket Thai Cookery School

Siray Beach ☎ 0824.474.6592, www.phuketthaicookery.com, 3500 THB.

Quels sont les secrets d'un excellent curry ? D'un pad thaï parfumé juste comme il faut ? D'un *mango sticky rice* ni trop, ni pas assez sucré ? Dans cette école ultra-populaire, les sympathiques professeurs vous donneront toutes leurs astuces, après une exploration des étals du marché local. La salle de classe est en plein air, vous cuisinez en jouissant d'une vue spectaculaire sur la mer. Vous repartez avec un carnet de recettes, de manière à épater vos proches de retour à la maison.

16h : cocktail chez Chalong Bay Rum

14/2 Moo 2, Palai Soi 2, Tambon Chalong ☎ 0066.93.583.7322, www.chalongbayrum.com. T.l.j. 11h-23h, visite toutes les heures 14h-18h. Compter 450 THB pour la visite et un cocktail.

Le saviez-vous ? La Thaïlande est un grand producteur de canne à sucre. Il n'en fallait pas plus à Marine et Thibault, un jeune couple français, pour venir à Phuket ouvrir leur rhumerie. Ils vous feront faire le tour du propriétaire, et vous pourrez ensuite déguster un savoureux mojito (litchi, passion...). Les enfants, eux, auront droit à la version sans alcool.

20h : street food à Karon Temple Market

Au Wat Karon, sur Patak Rd. Mar. et ven. 16h-22h.

La *street food* fait partie de l'ADN des Thaïlandais. Et une balade à la nuit tombée dans les allées de ce marché vous permettra de goûter de nombreuses spécialités culinaires. Salade de papaye épicée, riz sauté devant vous dans un wok, brochettes de porc grillées encore fumantes, ou durian, le fruit hérissé de piquants, à l'odeur de camembert: vous découvrirez mille et une saveurs inconnues sous nos latitudes.

PRATIQUE

- **Carte** P. 290
- **Départ** Thailand Rd.
- **Arrivée** Patak Rd.
- **Durée** 1 journée.
- **Budget** Env. 3 500 THB (103 €).

23

KRABI, KOH PHI PHI et Koh Lanta

Votre passage à Krabi sera sportif ! Vous pourrez y escalader des parois vertigineuses, vous lancer à l'assaut des 1237 marches du temple de la grotte du Tigre, enchaîner les longues balades sur des plages féeriques, sortir palmes, masque et tuba pour explorer un jardin de corail ou pagayer dans des grottes confidentielles. Pour vous remettre de vos émotions, vous opterez pour les îles Phi Phi, sublimes et festives, ou Koh Lanta, splendide et tranquille... Et si votre parti pris est celui du farniente, vous serez forcément comblé par les longues bandes de sable blanc qui drapent ces îles.

PRATIQUE

- Plan p. 308
- Nos adresses p. 316

Accès à Krabi

En avion

Aéroport de Krabi

075.701.471 (à 32 km d'Ao Nang), www.krabiairportonline.com. L'aéroport de Krabi est à 15 min de la ville.

Depuis Bangkok: 6-7 vols/j. avec Air Asia, 075.701.551, 2-3 vols/j. avec Thaï Airways Asia, 075.701.591/3 (aéroport), 2-3 vols/j. avec Bangkok Airways 075.701.608 (aéroport).

En bateau

Depuis Phuket: à 55 km E par mer ; liaisons régulières via Phi Phi ; en saison, les bateaux desservent Krabi-ville, Ao Nang et Rai Leh

L'ESSENTIEL

À ne pas manquer

La baignade sur des plages paradisiaques. À Krabi, le Wat Tham Seua, et ses locataires, des singes.

Expériences

S'attaquer aux mythiques falaises de Railey, à Krabi.

Les plus belles plages

Maya beach sur Phi Phi Ley, Klong Dao à Koh Lanta, pataugeoire rêvée pour les enfants.

Krabi

Carte p. 308.

La province de Krabi, qui compte 4 700 km² et 390 000 habitants, a pour capitale... Krabi, ville de pêcheurs sans prétention, construite sur un estuaire ouvert sur la mer d'Andaman. De la jetée de Chao Fa, on découvre un univers enchanteur d'îles lointaines et de plages de sable fin. La région, en bonne place dans les projets d'aménagement touristique du littoral, a beaucoup changé, et les coins tranquilles sont de plus en plus rares. La desserte aérienne s'est accrue, et cela fait longtemps que les touristes scandinaves ont abandonné Phuket au profit de Krabi. La baie de Nang (Ao Nang), à l'ouest de la ville a constitué le premier pôle de développement et semble avoir atteint ses limites en la matière...

Krabi jouit d'un environnement naturel tout à fait exceptionnel, ses pitons rocheux recouverts de jungle dense créant un univers fantasmagorique. Ses falaises sont célèbres dans les milieux de l'escalade (p. 318). D'un point de vue culturel, les curiosités terrestres sont assez limitées : un « cimetière » de coquillages vieux de 75 millions

(www.phuketferry.com).

En bus

Depuis Bangkok : 7-8 bus/j. de 7h-20h40, le trajet est très long (11h).

Depuis Phuket : 10 bus/j. (env. 3h).

Gare routière

Depuis Kraby-ville : à 6 km N par Chutamat Rd.

En voiture

À 180 km E de Phuket par les routes 402, puis 4 ; à 814 km S de Bangkok.

Accès à Koh Lanta

Accès en bateau

Pour le détail des accès voir visite p. 312.

Se déplacer dans Koh Lanta

La route principale est désormais goudronnée mais les moyens de transport restent assez peu développés.

Krabi, Koh Phi Phi et Koh Lanta

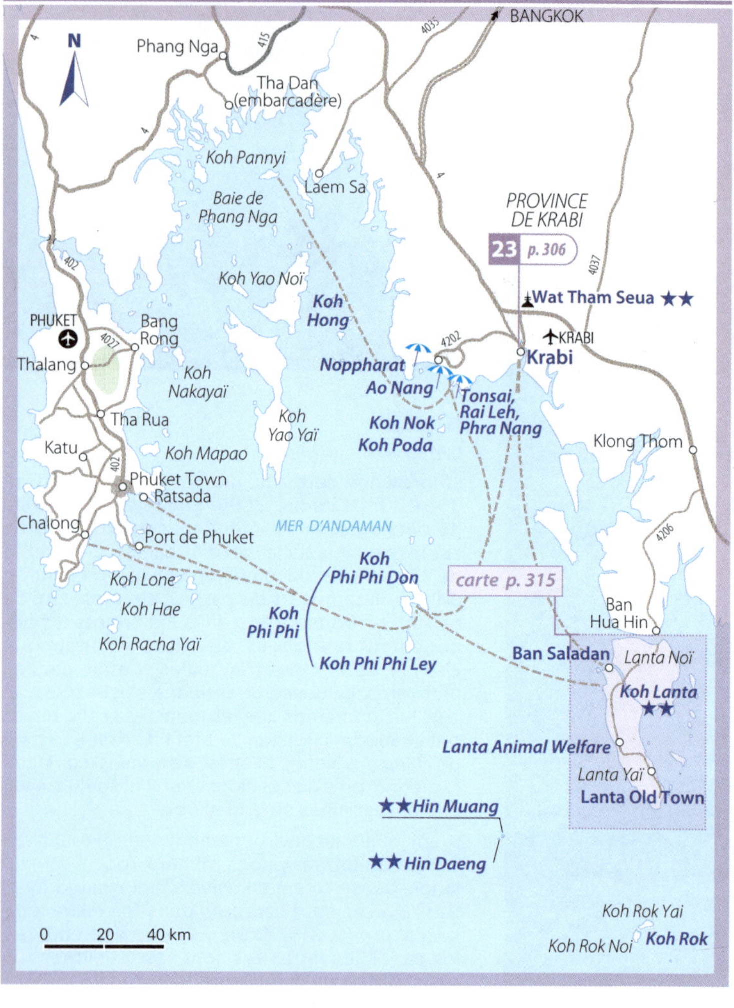

PRATIQUE (SUITE)

Les ***songthaew*** sont peu nombreux. On peut se rabattre sur les **motos-taxis** (équipées d'une annexe latérale bricolée), dont l'instabilité est prouvée par de nombreux accidents sérieux... La location de **moto** doit inciter à la prudence.

La location de **voiture** (4x4) est possible par l'intermédiaire de votre hôtel ou d'une agence de voyages de Ban Saladan, à prix raisonnable.

Tous les hôtels offrent le transfert depuis l'embarcadère Tha Ban Saladan, à moins d'arrangements particuliers (transferts en bateau privé et en minibus depuis l'aéroport de Krabi).

d'années (Laem Pho, 20 km O de Krabi-ville), peu spectaculaire.

WAT THAM SEUA ✧✧

Temple de la grotte du Tigre

Carte p. 308 – Env. 7 km N de Krabi. 600 m de dénivelé : comptez 45 min pour la montée, 30 min pour la descente. T.l.j du lever au coucher du soleil. Entrée gratuite, dons bienvenus.

Il n'y a plus de tigre dans cette grotte : un félin vivait bien là il y a longtemps, mais la curiosité des locaux a fini par le faire fuir. Une bande de singes a pris le relais. Ils sont gentils, mais chapardeurs. Veillez donc à ne rien faire dépasser de votre sac ! Ce temple bouddhique se découvre en deux temps. Acte 1 : au « rez-de-chaussée », une petite grotte, abritant des statues de différentes tailles de Bouddha. Rien de spécial. Acte 2 : un escalier de très précisément 1 237 marches (un panneau au début du chemin annonce la couleur). Pensez à mettre des baskets, prenez une bouteille d'eau, et lancez-vous le plus tôt possible pour éviter la chaleur. L'ascension se fait au milieu de la forêt, les marches sont hautes et irrégulières. Une fois au sommet, reprenez votre souffle, et vous voilà prêt à admirer le sublime panorama à 360° degrés. À vos côtés, un grand bouddha doré assis semble lui aussi se délecter de la vue. Du vert profond d'une jungle épaisse au bleu marine de la mer d'Andaman, le lieu est hautement photogénique.

PLAGES D'AO NANG ✧ ET DE NOPPHARAT

Carte p. 308 – À 22 km O de Krabi-City, par les routes 4202 et 4201. *Songthaew* et taxis depuis le port ou le centre-ville. Bateaux réguliers depuis Phi Phi Don en haute saison.

Ces deux plages voisines ne dégagent pas la même atmosphère. **Ao Nang** est située dans un cadre splendide, une baie gardée par 83 îlots. À marée haute, la bande de sable blond disparaît. Toute la journée, les allées et venues des bateaux créent une forte animation. C'est aussi un atout, car la plage d'Ao Nang est un excellent point de départ vers les îles alentour. Au retour de votre excursion, ne ratez pas le coucher de soleil, superbe. Beaucoup d'activités sont proposées par de petites agences locales ou par les hôtels : sorties plongée, escalade (les pitons de Krabi sont escaladés par des grimpeurs professionnels du monde entier), exploration de grottes en canoë, pique-nique sur les îles désertes ou pêche. Au nord d'**Ao Nang,** la plage de **Noppharat** est beaucoup moins fréquentée par les touristes. Quelques restaurants, quelques hôtels, l'ambiance est nettement plus calme. À marée basse, des milliers de minicrabes envahissent le sable. L'occasion de s'offrir une longue balade : vous pourrez même rejoindre à pied les deux îlots qui font face à la plage. Les petits explorateurs, en chaussures pour éviter de se couper, se mettront en quête de coquillages.

↓ Adresses utiles

À Krabi

TAT

Maharaj Rd ☎075.622.163.

Informations touristiques

www.krabi-tourism.com : site officiel du tourisme à Krabi.

www.yourkrabi.com : site très bien informé, animé par des expatriés résidents.

À Ao Nang

Police touristique

Route 4203, à l'extrémité O d'Ao Nang ☎1155 ou 075.637.208.

À Koh Lanta

Pas de TAT. Excellente carte (gratuite) de la région dans les agences de voyages (demandez la carte Oriental incluant Phuket, Phang Nga et Krabi).

Informations touristiques

www.lanta-islands.com : site animé par des expatriés.

^ Rai Leh

Les week-ends et en soirée, vous y rencontrerez surtout un public thaï.

PLAGES DE RAI LEH ✧ (OU RAILAY) ✧

Carte p. 308 – Plages accessibles par *hang yao*. Au départ de Krabi (45 min pour rejoindre Rai Leh Est) ou d'Ao Nang (15 min pour rejoindre Rai Leh Ouest, Phra Nang ou Tonsai). À marée basse, on peut relier à pied Tonsai et Rai Leh Ouest. Le sentier allant de Tonsai à Rai Leh Est est plus difficile et pentu, à travers la jungle. Prévoir de bonnes chaussures de marche.

Elles ne sont pas désertes pour autant, et il faut s'attendre à être gêné par le va-et-vient incessant des *hang yao*. Deux plages portent le nom de **Rai Leh** (Est et Ouest), mais seule celle qui est orientée à l'ouest mérite l'attention : le site est éblouissant. Même s'il y a foule en haute saison (de nov. à avr.), le plaisir est intact. Un conseil : allez-y au lever du soleil, quand vous aurez pour seuls compagnons quelques singes en liberté, ou le soir, quand tous les *hang yao* ont quitté le coin. Rai Leh est aussi le paradis des grimpeurs, pour ses hautes falaises de calcaire plongeant dans une mer émeraude. Quelques parois sont en dévers, nécessitant un bon niveau technique. Le départ des voies se fait à même le sable blanc. Une fois suspendu au rocher, le panorama est renversant. Les accros à l'adrénaline, eux, seront enchantés par une discipline en plein essor : le *deep water solo*. L'idée : vous grimpez sur la roche à mains nues, au-dessus des vagues, sans personne pour vous assurer, et quand vous le sentez, vous vous jetez à l'eau. Grisant !

PLAGE DE TONSAI ✧

Carte p. 308 – Plage accessible par *hang yao* depuis Ao Nang (15 min). À marée basse, on peut relier à pied Tonsai et Rai Leh Ouest. Le sentier allant de Tonsai à Rai Leh E st est plus difficile et pentu, à travers la jungle. Prévoir de bonnes chaussures de marche.

FAUNE *Le caviar des hirondelles de mer*

L'île de Phi Phi Ley est l'une des trente îles de la mer d'Andaman choisies par les hirondelles de mer pour y pondre leurs œufs. Chaque année, elles viennent y fabriquer leurs nids, dans des grottes d'une hauteur de plafond allant jusqu'à 80 m. Ces nids d'hirondelles très convoités sont achetés à prix d'or pour procurer ce mets délicat aux restaurants chinois de toute l'Asie. De février à mai, des gaillards intrépides entreprennent de monter des échafaudages de fortune (simples bambous) pour escalader la grotte. Les candidats prennent une assurance à leur manière : tatouages, offrandes de buffles, autels placés dans la grotte et régulièrement honorés... À la clé : 10 000 THB. par mois (250 €), contre 6h/j. de prise de risque.

La voisine de Rai Leh Ouest, **Tonsai**, attire elle aussi les mordus d'escalade. Là encore, avec des parois de calcaire vertigineuses. Les différences ? Un sable moins blanc, une plage moins « carte postale », mais plus authentique, plus calme aussi. Cela permet de se concentrer sur l'essentiel : l'escalade. Les sportifs et les routards en sont fans. En toile de fond, la jungle, et quelques bungalows, au confort plus rustique : pas d'eau chaude, et l'électricité seulement quelques heures par jour. Ils conviendront aux petits budgets.

PLAGE DE PHRA NANG

Carte p. 308 – Plage accessible à pied depuis Rai Ley Est et par *hang yao* depuis le port d'Ao Nang (15 min).

De l'autre côté du cap Phra Nang, la sublime plage de **Phra Nang**, exposée au couchant, tient son nom d'une princesse de légende dont la statue est abritée dans une grotte. Les habitants lui rendent un culte phallique (matérialisé par des pièces de bois aux formes évocatrices) pour rendre leurs pêches fructueuses.

Koh Poda et Koh Nok ✧

Bien préservé et peu profond, le récif corallien permet d'observer la vie sous-marine avec un simple masque. Il suffit de prendre un *hang yao* pour l'**île de Poda** (à 5 km de Phra Nang) ou celle de **Nok**, encore plus proche (attention aux coups de soleil sous l'eau).

KOH HONG ✧

Un peu plus loin (22 km), cette île est dotée d'une plage de sable fin bien abritée où l'on peut nager et pique-niquer. À marée haute, on pourra aller explorer une sorte de cratère appelé *hong* (chambre en thaï), effondré et rempli d'eau. Le cratère est entouré de grottes interdites qui sont le domaine des récolteurs de nids d'hirondelles. Des échafaudages en bambou témoignent de leur passage saisonnier.

Koh Phi Phi ✧

Carte p. 308 – À 48 km au S-E de Phuket, 42 km au S-O de Krabi. De Phuket (env. 1h à 2h), départ de Chalong Bay ou de Phuket Town (ports de Makham Bay ou de Tien Sin). De Krabi (2h), départ du port de Chao Fa. Pendant la saison touristique, liaisons directes avec les plages de Krabi (Ao Nang et Rai Leh). Phi Phi Ley n'est pas habitée ; seule Phi Phi Don peut faire l'objet d'un séjour (les amateurs de tranquillité et d'authenticité risquent d'être déçus : polluée et très touristique !). Excursions à la journée depuis Phuket ou Krabi (sf période de mousson) avec des compagnies privées de navigation.

Les îles Phi Phi (prononcez Pi-Pi) sont au nombre de deux : Phi Phi Don et Phi Phi Ley. Bien que l'accès se fasse le plus souvent par Phuket, elles appartiennent à la province de Krabi. Pour une simple contemplation de la nature, l'excursion d'une journée peut suffire : un petit tour au-dessus des coraux en bateau à fond de verre, un déjeuner sous les cocotiers, la grotte aux nids d'hirondelles de Phi Phi Ley (vue de loin) et, pour les imprudents, de méchants coups de soleil! L'architecture naturelle des deux îles est d'une rare beauté. Ce n'est plus un secret pour personne, si l'on en juge par le flux ininterrompu de visiteurs qui va et vient sur le ponton de Phi Phi Don... Emportées par le tsunami de 2004, les cabanes en tôle ondulée, jadis édifiées à la hâte par des nomades marins sédentarisés, ont été remplacées par des édifices en dur dénués de charme... Ajoutons que l'île de Phi Phi Don sacrifie sa tranquillité sur l'autel de la gloire de Krabi, devenant l'escale maritime naturelle entre Phuket et Krabi.

PHI PHI DON ✧

La plus grande des deux îles présente un relief facétieux où alternent falaises couvertes de jungle, baies de sable fin et blanc, pitons abrupts et criques profondes aux eaux bleu marine. Des sentiers serpentent au cœur d'une nature vierge, peuplée d'oiseaux et de singes. Objectif majeur, le *viewpoint* (fléché) d'où l'on admire une rare curiosité naturelle: deux plages (Ton Saï et Lo Dalam) qui se tournent le dos, auxquelles on peut accéder par terre ou par mer. Un récif corallien festonne la quasi-totalité des côtes de l'île. Les fonds sous-marins y sont exceptionnels. Un tour de l'île en bateau permet de découvrir des criques presque désertes (et difficilement accessibles), à l'exclusion de bungalows épars enfouis dans les cocoteraies. À moins de préférer la compagnie des coraux de l'île Bambou (en face de Laemtong), que l'on peut admirer en surface avec un simple masque.

˅ Koh Lanta

PHI PHI LEY

À 2 km S de Phi Phi Don. Aucun hébergement.

Phi Phi Ley dresse sa silhouette abrupte comme une barrière à l'envahissement touristique. Ses trésors ne résident pas dans de longues plages de sable blanc, mais dans des grottes obscures et humides où l'on récolte les célèbres nids d'hirondelles. Depuis quelques années, les autorités locales ont très sagement décidé d'interdire la visite des grottes, l'afflux de touristes risquant d'effaroucher les hirondelles. Maya Beach (celle du film *La Plage*) est un autre site unique, à nouveau accessibles aux visiteurs. Des mesures de sauvegarde ont entraîné sa fermeture jusqu'en 2021. Pour profiter de Phi Phi Ley loin de la foule, évitez les escales des bateaux d'excursion. Louez plutôt un *hang yao* à Phi Phi Don pour rejoindre l'île par vos propres moyens. Vous pourrez alors nager en toute tranquillité ou presque, au milieu des poissons et des coraux.

Koh Lanta ✧✧

Carte p. 315 – Départ de l'aéroport de Krabi (p. 306). Par la route: 75 km S de l'aéroport de Krabi par les routes 4 jusqu'à Klong Thom, puis 4206; ferry à Ban Hua Hin, traversez le N de Koh Lanta Noï et rejoignez

Koh Lanta Yaï (2h-2h30). Par bateau : prenez un taxi à l'aéroport pour rejoindre le port de Krabi (10 min) ; plusieurs compagnies desservent Koh Lanta (2h jusqu'à Ban Saladan). Vous pouvez y accéder par Trang, à 120 km S, mais reliée à Bangkok par train et par avion (2 vols/j.). Accès possible par Koh Phi Phi (2h).

Koh Lanta fait partie d'un archipel de 52 îles (et de 20 000 habitants) dont les deux plus importantes sont Lanta Yaï (la grande) et Lanta Noï (la petite). Cette dernière, amplement colonisée par la mangrove, ne comporte pratiquement pas de plages, et tout le profit du tourisme revient à Koh Lanta Yaï. L'île est caractérisée par sa population (musulmane à 90 %), sa nature (pistes rugueuses, mais plages de sable, non dangereuses) et sa fréquentation (dominée par un tourisme familial anglo-saxon, plutôt jeune). Koh Lanta semble être un havre de paix. Ni *go-go bars*, ni discothèques branchées : simplement des hôtels et des *guesthouses* tranquilles, une quantité de petits restaurants les pieds dans l'eau, des plages calmes. Au programme : plongée

NATURE

Quid de l'environnement ?

Seule ombre dans ce tableau idyllique : la protection de l'environnement. L'arrivée massive de touristes génère de gros problèmes de gestion des déchets et de traitement des eaux usées. Du côté des autorités, quelques initiatives commencent cependant à émerger. Une taxe (20 THB) a ainsi été mise en place à l'embarcadère de Tonsai Pier. Les sommes ainsi récoltées permettent de payer une entreprise privée pour qu'elle ramasse les déchets sur Koh Phi Phi puis les transfère à Krabi avant de les éliminer.

PAUSE

Cocktails

De bons cocktails, plus une B. O. zen, plus une déco sympa avec lampions et hamacs, plus quelques plats thaïs et indiens. Résultat: un superbe spot, les pieds dans l'eau, pour regarder le soleil se coucher.

> **Cloud 9 bar et restaurant**, Plage Klong Khong à Koh Lanta, t.l.j. 10h-tard (15 nov.-15 mai).

en eaux poissonneuses, marche en forêt, promenade à dos d'éléphant...

LES PLAGES

Carte p. 315.

S'étirant sur quelque 25 km du nord au sud, l'île essaime, le long de sa **côte ouest**, des **plages paradisiaques**. C'est le long de ce rivage que sont concentrés la majorité des bungalows.

À quelques encablures du port **Ban Saladan**, la plage de **Klong Dao** se déploie sur 3 km. Peu profonde, bien abritée, c'est la pataugeoire idéale pour les plus jeunes.

Un peu plus bas, **Phra Ae** est moins sûre pour les enfants, car elle « descend » plus vite que sa voisine. Elle est aussi bien dotée en bars et restaurants les pieds dans le sable, et beaucoup disent que c'est la plus belle de toutes. La suivante, **Klong Khong**, est la plus décontractée. Parsemée de cailloux, on ne peut s'y baigner qu'à marée haute. Encore plus au sud, la plage de **Klong Nin** est la plus festive du lot. Chaque mois, elle accueille une *full moon party*.

Plus l'on glisse vers le sud, plus la côte est rocheuse, à l'exception de la plage de **Kan Tiang**. Un superbe croissant de sable loin de tout, adossé à des collines tapissées de végétation. On peut s'y baigner toute l'année, et du corail, au nord de la plage, justifie de sortir palmes, masque et tuba. Plus on se dirige vers le sud, plus les plages sont sauvages et zen.

LANTA OLD TOWN

Carte p. 315.

Il y a encore 50 ans, la vieille ville était le rendez-vous des marchands chinois et arabes. Aujourd'hui, Ban Saladan, au nord, a pris le rôle laissé vacant de centre de business, mais Lanta Old Town a su conserver son cachet historique. Toute l'activité se concentre dans une petite rue au bord de l'eau. Bars et restaurants y sont installés dans des maisons en bois, sur pilotis. Les pêcheurs locaux y emmènent tous les matins leur récolte. Attablez-vous et prenez le temps de déguster un poisson grillé.

LANTA ANIMAL WELFARE

Carte p. 315 – À 5 km au S de Saladan, près de la plage Klong Khong, www.lantaanimalwelfare.com. T.l.j. 9h-16h.

C'est l'histoire de Junie Kovacs, une Norvégienne venue en vacances à Koh Lanta. Elle y découvre des plages sublimes...et des chiens errants maltraités, affamés, blessés. Le cœur brisé, elle retourne chez elle, quitte son boulot, vend sa maison, sa voiture, et revient sur l'île pour y ouvrir ce centre, en 2005.

Depuis, l'association a sauvé plus de 8 000 animaux errants. Elle les soigne, les stérilise, les vaccine contre la rage. Les touristes sont fortement encouragés à venir apporter leur pierre à l'édifice. Comment? En faisant un don, en venant câliner les chats ou promener les chiens sur la plage (avant 11h, ou après 15h, à cause de la chaleur), ou en adoptant l'une de ces adorables boules de poils.

KRABI
TRANG
Ban Hua Hin
N
an Saladan
Koh Lanta Noï
Kwang
Ban Lu Yong
Ban Loh
Baa Raa
ng Dao
ara Ae
Ban Phra-Ae
Ban Thung
Yee Pheng
Koh Lanta Yaï
Ban Khlong
Khoang
Lanta Animal
Welfare
ong Khong
Ban Je Lee
Bubu Island
Ban Khlong
Toab
Ban Khlong Nin
Koh Pu
Klong Nin
Grotte de
Mai Kaeo
Lanta Old Town
Ban Hua Laem
MER
D'ANDAMAN
Ban Khlong Hin
Klong Hin
Chutes
d'eau
Ao Kantiang
Ao Nui
Ban Sang-Ga-U
(Sea Gipsy Village)
Ao Klong Jaak
Ao Mai Phai
Light House
Kan Tiang
Parc national maritime
de Koh Lanta
0
2
4 km
Koh Rok Yai, Koh Rok Noi

HIN DAENG ET HIN MUANG ✧✧

Carte p. 315 – Ces deux pics immergés font partie du parc national maritime de Koh Lanta (15 oct.-15 mai). Des agences de voyages organisent le voyage depuis Koh Lanta.

Ce spot est réputé dans le monde entier parce qu'il est fréquenté par les raies mantas et les requins-baleines. Si vous aimez plonger dans le grand bleu, vous ne résisterez pas à la tentation de venir vous y frotter. Seule condition : avoir vingt plongées à votre compteur, pour ne pas trembler devant la profondeur (jusqu'à 50 m) et les forts courants. Ces pics immergés ont hérité leur nom des coraux qui les recouvrent : rouges pour Hin Daeng, violets pour Hin Muang. Sous la surface, la vie explose et se déchaîne en des tourbillons de poissons. Ici, un banc de carangues à grosse tête, au corps gris, vous frôle ; là, les géantes gracieuses sont entourées de nuées de labres nettoyeurs et de girelles vertes...

Si vous avez la chance d'apercevoir un requin-baleine, ne paniquez pas : ce géant n'aime que le plancton. Curieux et pas agressif, son cousin le requin pointe blanche est lui un habitué des lieux. Vous verrez peut-être des barracudas, fondre sur leurs proies à près de 40 km/h...

KOH ROK ✧

Carte p. 315 – 1h en vedette rapide, rens. à l'hôtel.

Partez sur cette île où vous pourrez, avec un simple masque, admirer des fonds sous-marins spectaculaires. Les villages de pêcheurs de la côte sont pauvres et peu habitués au tourisme ; la route qui traverse l'île est superbe.

• NOS ADRESSES •

KRABI

OÙ DORMIR

AO NANG

Excepté le Krabi Resort, aucun de ces hôtels n'est directement sur la plage.

Royal Nakara

155/4-7 Moo 3 (route 4202, perpendiculaire à la plage) ☎ 075.661.441/2, www.royalnakara.com. Environ 60 €.

Un petit hôtel confortable d'un très bon rapport qualité/prix, à l'accueil serviable. La vue des chambres n'est pas des meilleures mais il y a une superbe terrasse commune. Le restaurant assure seulement le petit déjeuner.

Ban Sainai Resort

550 Soi Aonang 11/1, Moo 2 ☎ 075.819.333, www.bansainairesort.com. Environ 60 €.

Le paradis a un nom, il se nomme Ban Sainai ! Entouré d'un jardin tropical parsemé de cocotiers, adossé à de vertigineuses falaises, suffisamment à l'écart (5 minutes en voiture) d'Ao Nang pour être d'un calme monacal, ce resort fait l'éloge de la paresse. Si l'on choisit de sortir de ses confortables bungalows, ce sera pour soigner son hâle au bord de la piscine, ou s'offrir un massage au Spa ou un dîner sous les étoiles.

Krabi Tipa Resort

121/1 Moo 2 (route 4203, perpendiculaire à la plage) ☎ 075.637.527, www.krabi-tiparesort.com. De 90 à 120 €.

Un bel hôtel à flanc de colline et à moins de 5 min à pied de la plage, à la clientèle familiale. Aménagements pour les enfants.

Ao Nang Villa Resort

075.637.271, www.aonangvilla.com, transfert de l'aéroport de Krabi : 20 € en voiture. De 90 à 120 €.

Bien situé, tout au bout de la rue qui longe la plage. Proche de la zone commerçante mais toutefois tranquille, cet hôtel spacieux dispose d'une belle piscine. Chambres familiales, tarifs spéciaux et aire de jeux pour les enfants.

Krabi Resort

075.637.030, www.krabiresort.net. De 90 à 120 €.

Le plus ancien *resort* de Krabi a un peu vieilli, mais son accès direct à la plage demeure son principal atout. Les bungalows sont vastes, mais simples. Le restaurant surplombe légèrement la mer. Une nouvelle aile plus moderne vient d'être construite, mais choisissez plutôt les anciens *deluxe bungalows* si vous pouvez bénéficier d'une promotion. En haute saison, les prix sont exagérés par rapport à la prestation (16 250 THB).

KHAO THONG

Le Passe-Temps

73, Moo 3, Ao Tha Lane. 084 655 94 57,www.lepassetemps-krabi.com. À partir de 165 €.

Un havre de paix au cœur de la splendide baie d'Ao Phang Nga, en pleine nature. Neuf bungalows nichés dans la végétation, une piscine avec vue sur les pitons rocheux de la baie, une plage rien que pour vous et un restaurant pour dîner les pieds dans le sable. Cela ressemble au paradis, soigneusement entretenu par Kiet, Olivier et leur équipe qui veilleront à faire de votre séjour une pause inoubliable, et vous aideront à organiser excursions et activités.

PLAGE DE KLONG MOUANG

The Elements

189 Moo 3 (route 6024) 075.627.999, rés. au 026.306.122, www.theelementsresort.com. Environ 150 €.

Un hôtel magnifique dont la déco très réussie se décline sur les thèmes de l'air, de la terre, du feu et de l'eau. Ambiance intime dans un écrin de verdure. Sauna, bain de vapeur, Spa, chambres familiales et activités pour les enfants... Un peu isolé, mais plusieurs navettes/j depuis Ao Nang. De toute façon, on n'a guère envie d'en sortir!

PLAGE DE RAI LEH

Sand Sea Resort

075.819.463, www.krabisandsea.com. De 70 € à 120 €.

Dans un écrin de verdure, en bord de plage, pour des vacances farniente. Très bon restaurant mais qui ne sert pas d'alcool – les propriétaires sont musulmans. Les bungalows les plus récents et les nouvelles chambres sont à quelques minutes à pied de la plage, au bout de la propriété, mais une seconde piscine y a été construite.

Railay Village

075.819.412, www.railayvillagekrabi.com. De 100 € à 250 €.

Un beau complexe entre la mer et d'impressionnantes falaises calcaires jouissant de deux belles piscines. Les bungalows sont peu espacés, mais confortables. Très agréable terrasse sur la plage, à l'ombre des arbres (gare aux petits singes...), du petit déjeuner au dîner. Restaurant réputé (cuisine thaïe et occidentale).

Railei Beach Club

08.6685.9359 (portable), https://raileibeachclub.com. De 100 € à 250 €.

Une adresse à part, car ici vous séjournerez dans l'une des 24 maisons traditionnelles thaïlandaises en bois, réparties dans un jardin qui longe la plage. Que vous voyagiez en couple ou à deux familles, l'une des maisons est faite pour vous. Pas de restaurant (nombreux établissements à proximité), mais la possibilité de se faire livrer des courses pour cuisiner soi-même.

OÙ MANGER

Beaucoup de restaurants proposent une cuisine internationale et des menus traduits dans toutes les langues.

AO NANG

The Last Fisherman (barbecue)

Au bout de la plage d'Ao Nang vers le S., (fin du soï 17) 081.458.0170. T.l.j. 10h-23h. De 10 à 20 €.

À l'écart de l'agitation touristique, cet endroit est parfait pour boire un verre au coucher du soleil. On peut ensuite y prolonger la soirée en commandant l'une des différentes formules barbecue (à partir de 500 THB). Le restaurant est également ouvert à midi.

Seafood Street (poissons)

À l'extrémité O de la plage. De 10 à 20 €.

Complexe de petits restaurants spécialisés dans les poissons et les fruits de mer, non loin du précédent.

PLAGE DE KLONG MOUANG

De 10 à 25 €

Nombreux restaurants de fruits de mer: Sunset Bar, Daddy's Home, The Terrace, Thaï Cuisine. Quelques établissements ne servent pas d'alcool, pour des raisons religieuses, mais acceptent en général que vous apportiez votre bouteille. La musique peut être une nuisance dans les restaurants et bars de plage.

SPORTS ET LOISIRS

Canoë

Sea Canoe Thailand

Ao Nang. www.seacanoe.net. 92 €/journée, incluant l'entrée du parc national.

Cette compagnie spécialisée dans l'écotourisme est basée à Phuket. Nombreuses activités et excursions: VTT, plongée, journée à Khao Sok. Le personnel est expérimenté.

Escalade

Depuis les années 1980, des centaines de sportifs de toutes nationalités se sont confrontés aux falaises et aux pitons calcaires de Krabi. Pas moins de 650 itinéraires ont été répertoriés, offrant le petit (échelle 5a des normes françaises) ou le grand (échelle 8a) frisson au-dessus de la mer émeraude. La championne Catherine Destivelle y a planté ses ongles et ses piolets. Les falaises et pitons, faits de calcaire compact et résistant, offrent des aspérités et une topographie particulièrement favorables pour négocier des escalades qui se révéleraient hasardeuses sur d'autres terrains. Les écoles de varappe fleurissent sur les plages de Rai Leh et de Phra Nang, fournissant conseils et matériel appropriés. Il va sans dire qu'il est indispensable de s'adresser à un prestataire sérieux.

Hot Rock Climbing School

À Rai Leh Est ☎ 075.662.245, www.railayadventure.com. T.l.j. 8h30-22h. Compter 35 € pour une demi-journée d'escalade.

KOH PHI PHI

OÙ DORMIR

Paradise Resort

Sur la plage de Long Beach ☎ 081.968.3982, www.paradiseresort.co.th. Massage thaï, 8 €/h, excursions en bateau pour 2 pers., 40 €/3h, 80 €/6h. Environ 60 €.

La plupart des bungalows, simplement décorés, sont dans le jardin et n'offrent donc pas de vue sur la mer, mais la jolie plage est à maximum 1 min à pied... Une nouvelle aile offre aussi de belles chambres avec de grandes baies vitrées. Choisissez celles à l'étage pour plus d'intimité. Le restaurant, les pieds dans le sable, est très agréable. Autre atout de l'établissement : les massages en plein air.

P.P. Erawan Palms Resort

Plage de Leam Tong ☎ 075.627.500, www.pperawanpalms.com. Environ 100 €.

Tout au nord de l'île, sur un site encore préservé, sur la magnifique plage de Laem Tong, un hôtel simple pour profiter des joies de la mer, notamment grâce à l'école de plongée Leisure Dive Center sur place. Le *resort*, d'un excellent rapport qualité/prix, conviendra particulièrement aux sportifs.

Zeavola

Plage de Laem Tong ☎ 075.627.000, www.zeavola.com. Transfert depuis l'aéroport de Phuket, 60 €/pers. Environ 250 €.

Une très belle adresse en pleine nature à deux pas de la mer pour se reposer loin de tout. Les bungalows d'architecture thaïe sont très raffinés et confortables. On peut juste regretter que cette plage du bout du monde soit perturbée, pendant la journée, par le bruit des moteurs des *hang yao*...

OÙ MANGER

PHI PHI DON

De 5 à 25 €

Les établissements les plus nombreux se trouvent à **Ton Saï** (sur Phi Phi Don), et leur diversité révèle le peu d'authenticité de l'endroit. Vous y trouverez en effet plus facilement une bonne pizza que de la cuisine thaïe digne de ce nom ! Il y a des restaurants sur toutes les plages mais sachez que les prix sont plus élevés que sur le continent ou qu'à Phuket.

Pum Restaurant (thaï)

125/40 Moo 7, Tonsai Village ☎ 081.240.8924, www.pumthaifoodchain.com. T.l.j. 11h-21h. Cours de cuisine t.l.j. à 11h, 16h et 18h (56 € pour 4h). De 10 à 15 €.

Une cuisine thaïe préparée à la minute. Si vos papilles sont sensibles, le chef adaptera la quantité d'épices et la dose de piment. Parmi les spécialités : le pad thaï (79THB), le poulet satay (59THB), et le *sticky mango rice* (99THB), divin ! Pour piquer leurs bonnes idées, enfilez un tablier, et suivez un de leurs cours. Vous repartirez avec un carnet de recettes.

KOH LANTA

OÙ DORMIR

La brièveté de la saison touristique alliée à l'éloignement (rendant coûteux les constructions et l'approvisionnement) font de Koh Lanta une île assez chère. Comme dans de nombreux endroits, les prix varient de 1 à 3 selon la saison. Presque tous les hôtels disposent d'un accès direct à la plage ; toutefois, ils sont construits sur des terrains qui s'étendent perpendiculairement à la mer, donc peu de chambres offrent une vue.

PLAGE DE KLONG DAO

Lanta Villa

Plage de Klong Dao ☎ 075.684.129, www.lantavillaresort.com. Environ 40 €.

Lanta Villa propose des bungalows en dur spacieux et confortables, même s'ils sont un peu vieillissants. Vous pourrez profiter de la petite piscine, dans une ambiance familiale.

Costa Lanta

Plage de Klong Dao ☎ 075.668.186, www.costalanta.com. Rés. au moins 4 nuits durant la période des fêtes de fin d'année, obligation de participer au dîner du réveillon (80 €/pers.). Environ 150 €.

Les bungalows en béton ciré sont un véritable exercice de style : sur un grand terrain ouvert sur la plage, ils privilégient une architecture géométrique épurée. Un établissement de standing, qui met à la disposition de ses clients des pavillons de massage et une très jolie piscine. Des chambres, moins luxueuses, de style cabane chic en bambou, ont été aménagées dans une annexe.

PLAGE DE KLONG NIN

Narima

Plage de Klong Nin ☎ 075.662.668, www.narima-lanta.com. Pour organiser le transfert depuis l'aéroport de Krabi : ☎ 075.607.700, 8 €/pers pour le minibus et 66 € pour une voiture privée. Environ 60 €.

♥ Petit hôtel bien tenu, calme et intime dont la jolie piscine compense une petite plage privée un peu rocheuse. Les bungalows au toit de paille ont été construits et aménagés avec un grand souci de l'environnement.

Sri Lanta

Plage de Klong Nin ☎ 075.662.668 et 083.394.6661, www.srilanta.com. De 50 à 110 €.

♥ Les parties communes de cet établissement donnent sur la grande plage : piscine, restaurant, Spa, le tout dans un style minimaliste léché. Il y a même des cours de yoga avec vue sur la mer. Seul bémol, les bungalows au toit de paille sont éparpillés à flanc de colline de l'autre côté de la route et pas sur la plage. La politique de l'établissement est de faire en sorte d'avoir le moins d'impact possible sur l'environnement. Attention, en saison haute, les prix sont multipliés par plus de deux.

The Houben

Kantieng bay ☎ 075.665.144, www.thehouben.com. De 100 à 150 €.

Un boutique-hôtel très élégant, tenu par une famille belge. Cramponnées à un rocher, les chambres ont toutes vue sur mer et piscine – un bassin rouge flamboyant. Situé au sud de l'île, cet hôtel est un havre de sérénité. Rien ne viendra troubler votre tranquillité. On peut s'y « cloîtrer » pendant tout un séjour, il y a tout sur place : Spa, salle de fitness et excellent restaurant.

Pimalaï

Plage de Ba Kan Tiang 075.607.999 et 02.320.5500, www.pimalai.com. Transfert inclus. Environ 250 €.

Un complexe très raffiné intégré dans un immense jardin qui s'étage au-dessus de la belle plage de sable fin. Rien ne manque pour un séjour en autarcie... Des efforts particuliers sont faits en matière d'environnement (respect de la faune et de la flore, recyclage, etc.). Labels Small Luxury Hotels of the World et Green Leaf. Profitez des offres spéciales sur Internet.

PLAGE DE PHRA AE (LONG BEACH)

Lanta Casuarina Beach Resort

Plage de Phra Ae (Long Beach) 075.684.685, www.lantacasuarina.com. Transfert depuis l'aéroport : 74 € pour 5-6 pers. et les bagages. Environ 40 €.

Un hôtel agréable et soigné situé au bord de l'eau. Une ambiance calme respectant l'intimité et plusieurs types d'hébergement proposés, de la chambre standard à la villa.

ÎLES DE KOH JUM

Oon Lee Bungalows

Sur Koh Jum, à 40 min de bateau (départ de Laem Kruat, sur le continent) 087.200.8053, https://kohjumoonleebungalows.com. Environ 40 €.

Prendre le temps, enfin... En marchant dans le sable chaud d'une plage (quasiment) déserte, en lisant un bon roman dans un hamac, ou en regardant le soleil se coucher, un cocktail en main... Et si c'était ça, le bonheur ? C'est en tout cas la divine recette proposée par ce lieu et ses bungalows parsemés dans une épaisse nature, avec vue 5-étoiles sur la mer. On adore !

OÙ MANGER

Tous les hôtels, même les plus petits, ont leur restaurant, la plupart du temps sur la plage. Pas de surprise au niveau de la cuisine, qui intègre quelques plats plus typiques du Sud (comme le curry matsaman). Ne soyez pas étonné de voir figurer au menu salade de papaye et riz gluant : ces mets de l'I-San sont mijotés par des travailleurs immigrés.

De 10 à 20 €

Sur les plages de Klong Dao et Phra Ae, on installe tables et chaises sur le sable, avec des lanternes artisanales pour éclairer la nuit. Les restaurants se valent et sont, dans l'ensemble, très bons. Prudence quand même sur la fraîcheur des fruits de mer.

L. Maladee

75 Moo 1, entre le port de Saladan et la plage de Klong Dao 087.891.3149. T.l.j. 17h-22h. De 10 à 15 €.

Une affaire de famille, qui décline poissons et crustacés dans un cadre sympathique, tout de bois vêtu. Le patron, Pon, passe régulièrement vous demander si tout va bien. Plats de poisson à partir de 350 THB. En haute saison, la réservation est indispensable.

SPORTS ET LOISIRS

Plongée

Les centres de plongée avec la certification PADI (Professional Association of Diving Instructors ; cette certification est un gage de sérieux) sont représentés partout et animés par des moniteurs chevronnés. La plus grande prudence s'impose lorsqu'on a affaire à de petites agences locales propulsées dans le métier par la mode... Nous vous recommandons **Go Dive** *(www.godive-lanta.com)* et **Blue Planet** *(www.blueplanetdivers.net)*.

SHOPPING

Hamacs

Hammock House

Au centre de Lanta Old Town 084.847.2017, www.jumbohammock.com. T.l.j. 10h-17h.

Un chat se prélasse dans un hamac. Une publicité vivante, puisque c'est la spécialité de ce magasin. Le produit star est décliné dans toutes les couleurs, plus ou moins flashy. Si vous succombez à la tentation, vous ferez également une bonne action, puisque les hamacs sont tous fabriqués par les Mlabri. Cette tribu, qui vit dans le nord de la Thaïlande, a gagné son indépendance financière grâce à ce « job ».

Wat Tham Seua, Krabi

24

LES ÎLES de l'extrême Sud

Koh Muk, Koh Kradan, Koh Libong... Leurs noms sont encore chuchotés, repaires d'initiés. Les îles de l'extrême Sud, proches de la frontière malaise, ne seraient pas (pour la plupart) hors sujet dans un épisode de *Lost*. Sauvages, authentiques, indomptées...

Dépêchez-vous d'y aller avant que les foules ne s'en emparent ! Si elles partagent le goût du secret, chacune a son propre caractère. Un tour des îles pour vous aider à vous décider...

PRATIQUE

- **Plan p. 324**
- **Nos adresses p. 330**

Accès

En avion

Aéroport de Trang

À 43 km de Pak Meng où se trouve l'embarcadère pour Koh Muk, Koh Kradan et Koh Libong ; à 108 km de Pak Bara, où se trouve l'embarcadère pour Koh Sukhorn, Koh Bulon Leh, Koh Adang, Koh Hin Ngam, Koh Lipe et Koh Tarutao.

Aéroport de Hat Yai

À 117 km de Pak Bara, où se trouve l'embarcadère pour Koh Sukhorn, Koh Bulon Leh, Koh Adang, Koh Hin Ngam, Koh Lipe et Koh Tarutao

En bateau

Pour le détail des accès à chaque île, voir la visite correspondante (p. 332-329).

Vue sur la baie de Koh Adang

L'ESSENTIEL

À ne pas manquer

Des îles pour la plupart encore très sauvages, pour la jouer Robinson Crusoé. La plus belle ? Peut-être Koh Kradan.

Expériences

Sur Koh Muk, nager dans un tunnel noir d'encre, jusqu'à atteindre la sublime grotte émeraude.

La plus belle plage

Sunrise Beach, à Koh Lipe, une carte postale.

Koh Muk (ou Mook) ✧

Carte p. 324 – Pour rejoindre l'île, vous pouvez embarquer à Koh Lanta (50 min) ou au port de Kuan Thung Ku (30 min).

Si vous êtes à Trang, vous pourrez acheter un ticket combiné bus et ferry. Sur l'île, pas de distributeur de billets, pensez à prendre suffisamment d'espèces.

Si vous restez quelques jours sur place, vous pourrez pédaler au milieu des plantations de bananiers et d'hévéas, ou ne rien faire sur **Farang Beach**, aux eaux très chaudes.

GROTTE ÉMERAUDE ✧✧

De nombreuses agences de voyages proposent l'excursion à la journée. Mais les bateaux sont souvent bien remplis. Pour éviter la foule, mieux vaut louer un *hang yao* (par exemple au départ de Farang Beach), et venir avant 9h. Pour cela, vous passerez la nuit précédente sur place. La grotte n'est accessible qu'à marée basse. Muk signifie « perle » en thaïlandais. Et tout, ici, est précieux. À commencer par la « grotte émeraude », Tham Morakhot. Pour y arriver, il faut nager dans un tunnel, et sur 80 m dans un noir d'encre (prévoir une lampe frontale). À l'arrivée, c'est une piscine naturelle, d'un vert intense, et sa plage de sable fin bordée de falaises tapissées de chlorophylle, qui attendent les heureux explorateurs. Une vision sublime !

Koh Kradan ✧✧

Carte p. 324 – Prendre un bateau au départ de Koh Lanta, Koh Ngai ou Koh Muk. Une poignée d'hôtels sont situés sur la côte est, rés. recommandée en haute saison (déc.-fév.). Il est possible d'apporter sa tente pour dormir sur la plage.

Kilomètres de sable blanc fin comme de la farine, eaux turquoise, cocotiers faisant office de parasols, panorama sublime sur les voisines Koh

Les îles de l'extrême Sud

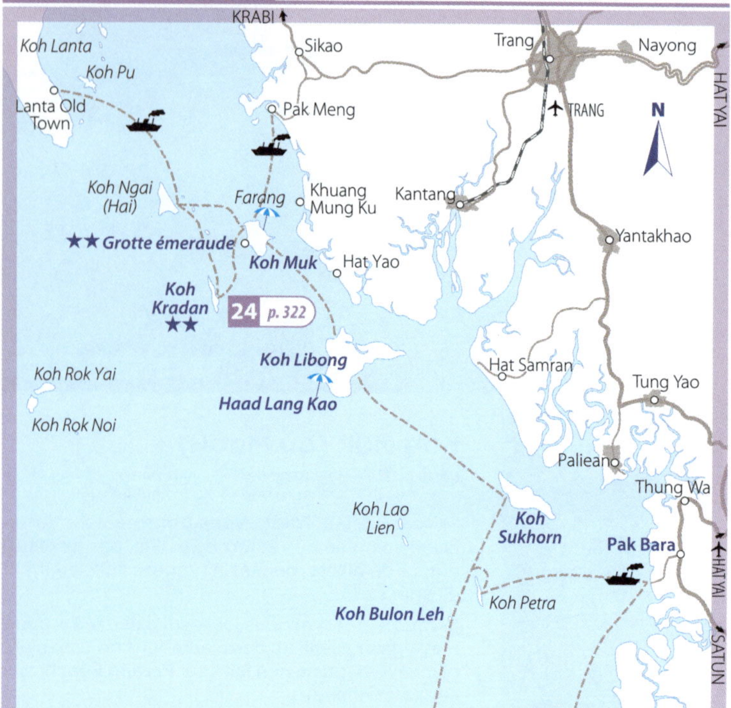

Muk et Koh Libong, calme seulement troublé par le bruit des vagues... Cette île est élue la plus belle du groupe. Autant de critères qui en font le refuge idéal pour les citadins stressés... ou les amoureux en lune de miel. Les eaux sont chaudes, parfaites pour la baignade à marée haute. À marée basse, la plage (le long de la côte est) semble s'étirer à l'infini, se prêtant aux longues promenades. Au coucher du soleil, rendez-vous sur la bien nommée Sunset Beach, sur la côte ouest. Kradan veut dire « planche de surf », et c'est précisément la forme de cette bande de terre, longue de 4 km. Elle est protégée sur 90 % de sa surface par le **Hat Chao Mai National Park**, ce qui explique qu'elle ait échappé aux constructeurs. Pas de magasins, pas de routes, pas de voitures, pas de distributeurs. Juste vous, et la nature. Si vous vous résignez à quitter votre bout de sable, ce sera pour une séance de *snorkeling*. Car près du rivage, les coraux sont intacts et somptueux, et les eaux peu profondes fréquentées par des poissons multicolores. Au large, deux .navires japonais de la Seconde Guerre mondiale permettent de jolies plongées.

INSOLITE

Oui, je le veux !

Chaque année, la Saint-Valentin est l'occasion d'un rituel au large de Koh Kradan. Munis de masques et de bouteilles, quelques dizaines de couples venus du monde entier se disent oui sous l'eau ! Bien sûr, il faudra doubler cet acte d'un mariage civil pour lui donner une valeur légale. Mais les amoureux d'insolite, ou les plongeurs passionnés, seront comblés.

> www.underwaterwedding.com

Koh Libong ✧

Carte ci-contre – Pour rejoindre l'île, vous pourrez embarquer au port d'Hat Yao (30 min). Des bateaux font la liaison avec d'autres îles comme Koh Muk ou Koh Sukhorn. Pas de distributeurs de billets sur l'île, pensez à avoir suffisamment d'argent liquide sur vous. Pour aller à la rencontre des dugongs, la plupart des hôtels organisent des sorties en kayak.

Avec ses 40 km², c'est la plus grande des îles de la province de Trang. Et pourtant, c'est la moins visitée. C'est ce qui fait son charme – ça, et l'incroyable hospitalité de ses habitants. Entre deux séances de farniente sur le sable blond, on partira à la rencontre d'une faune surprenante.

OISEAUX MIGRATEURS

Libong, c'est aussi une belle collection d'oiseaux migrateurs ; l'île se trouve sur leur chemin, depuis la Sibérie vers le sud... Les amateurs viendront ici en novembre et décembre pour observer ces milliers de spécimens à plumes. Ils auront alors de bonnes chances d'apercevoir une aigrette de Chine, au plumage entièrement blanc, un jabiru d'Asie, déployant ses ailes et s'élevant silencieusement dans les airs, ou un martin-pêcheur à ailes brunes, piquant vers la mangrove pour saisir un crabe.

PLAGE DE HAAD LANG KAO

Le farniente aura lieu au sud-ouest, sur cette longue plage de sable blond agrémentée de quelques rochers polis. Elle héberge les quatre *resorts* de l'île, au charme rustique. Avec sa densité au kilomètre carré proche de zéro, elle promet calme et sérénité. La baignade est agréable à marée haute, mais le port de chaussures est recommandé pour éviter de vous couper sur les petits cailloux. Quand la mer se retire, des milliers de coquillages apparaissent sur le sable. Devant les hôtels, des hamacs tendus se balancent au gré de la légère brise...

^ Le ponton de Koh Libong

FAUNE

Le dugong

Koh Libong est l'un des derniers endroits au monde pour observer le dugong. Cette espèce menacée est la mascotte officielle de la province de Trang. Ces pacifiques « vaches marines » se régalent des algues qu'elles trouvent dans les mangroves à l'est de l'île.

Koh Sukhorn ✧

Carte p. 324 – Des *hang yao* font la liaison avec les îles voisines, comme Koh Bulon Leh, Koh Libong ou Kok Kradan. Si vous êtes sur le littoral, prenez un bus de Trang (1h) jusqu'au ponton de Ban Ta Seh, d'où vous embarquerez dans un *longtail*. Pas de distributeurs sur l'île.

Cette île toute plate (8 km de long, 4 km de large) est quasiment inconnue de la planète tourisme. À tort. Sur la côte ouest, ses plages de sable « cassonnade », doré et épais, ne sont pas spectaculaires mais ont l'avantage d'être désertes, même en haute saison. Si vous voulez respirer après un passage à Koh Phi Phi, vous avez frappé à la bonne porte. L'intérieur des terres réserve aussi quelques surprises. On y croise des oies, des chèvres et des buffles en liberté au milieu des rizières. Ces derniers sont plus nombreux que les habitants, eux-mêmes bien plus nombreux que les touristes… Une île champêtre et somnolente qui semble figée dans le passé, pour le plus grand bonheur de ses visiteurs. Le plus : la gentillesse des habitants. Si vous y allez en mars ou avril, croquez dans l'une des délicieuses pastèques produites ici.

Koh Bulon Leh ✧

Carte p. 324 – On rejoint cette île en prenant un bateau de Pak Bara (400 THB l'aller). Le *speedboat* laisse ses passagers à quelques centaines de mètres de la plage, les eaux peu profondes l'empêchant d'aller plus loin. Un *hang yao* s'occupe du transfert (50 THB). Les hôtels sont fermés durant la mousson (mai-oct.). Pas de distributeur sur l'île.

Pas festive pour un sou, plutôt d'esprit champêtre, Koh Bulon Leh est en revanche une destination idéale pour les petits budgets. Les bungalows qui s'y trouvent sont simples, mais respectueux de votre porte-monnaie. Vous pourrez profiter d'une eau turquoise, d'une superbe plage de sable blanc et d'une atmosphère sereine. Un paradis où se reposer incognito.

L'île peut être un bon choix pour les familles cherchant la tranquillité à prix doux. Elle se parcourt facilement à pied, c'est un labyrinthe de sentiers ombragés qui s'offrent aux promeneurs. Quand le thermomètre s'envole, on découvre de nombreux habitants assoupis devant leur maison.

Koh Tarutao ✧✧

Carte p. 324 - Des bateaux partent de Pak Bara (30 min) ou Koh Lipe (1h). Deux options pour dormir: bungalows (basiques, avec l'électricité en soirée, et douches froides ; 800 THB pour 2 pers.) ou tentes (345THB pour 2 pers.), loués par le parc.
F. 16 mai-14 oct. Entrée : 200 THB.

C'est la plus grande (152 km²) des 51 îles du parc national maritime éponyme, et assurément l'une des plus sauvages. D'ailleurs, *tarutao* est le mot malais pour dire « vieux, mystérieux, primitif ». On y trouve une jungle épaisse culminant à 713 m, des cascades, des mangroves, des bandes de sable blanc, et une faune sauvage abondante – singes, varans, sangliers, papillons, calaos... Ici, la nature a tous les droits, ce qui en fait le dernier refuge des citadins en quête d'authenticité et d'aventure.

LES PLAGES

La côte ouest essaime, sur 26 km, de superbes plages. Au nord-ouest, c'est **Ao Pante Malacca** qui concentre le plus grand nombre de bungalows. Parfois, les forts courants rendent la baignade périlleuse. Quelques kilomètres plus au sud, **Ao Molae** est une jolie plage de sable blanc plus tranquille. Vous aurez pour vous tout seul, ou presque, ce petit coin de paradis.

EXPLORER L'ÎLE

À pied

Vous vous enfoncerez dans la jungle jusqu'à la **cascade de Lu Du** (3 km, comptez 3h aller-retour, enfants à partir de 14 ans). À l'arrivée vous attend une piscine naturelle, halte rafraîchissante. Le départ se fait de la baie d'Ao Son, où des tortues viennent pondre de septembre à avril. Le sentier n'est pas toujours bien indiqué, attention à ne pas vous perdre ! Vous pourrez vous hisser au sommet de l'île, sur la **falaise de Toe-Boe** (un sentier escarpé démarre à côté du bureau du parc, à Ao Pante Malacca), pour profiter d'un superbe panorama sur l'archipel.

À vélo

Vous pédalerez sur un chemin enfoui sous la végétation pour rejoindre l'ancienne prison, désormais musée à ciel ouvert. L'étroit sentier (12 km) relie Ao Pante Malacca à Talo Wao. Il grimpe à plusieurs reprises, nécessitant une bonne condition physique. Submergé par la jungle, restez concentré pour ne pas vous perdre. Les enfants pourront s'y essayer à partir de 14 ans, accompagnés bien sûr. Situées au sud-est de l'île, **les ruines de Talo Wao** racontent les histoires poignantes des ex-prisonniers.

ENVIRONNEMENT

Trash Hero

Sacs plastique, mégots de cigarettes, bouteilles... Autant de déchets qui ne trouvent plus le chemin des poubelles depuis que Koh Lipe s'est développée à grande vitesse. Pour lutter contre ce fléau, **Trash Hero** a été créé en 2013. En plus de leurs actions de sensibilisation du grand public, ils organisent une fois par semaine des nettoyages de plages, sur Koh Lipe ou les îlots voisins.

> Rdv le lun à 10h, angle de Walking Street et Pattaya Beach.

En kayak

À marée basse, vous pourrez explorer – avec un guide – **la grotte des crocodiles**, ou **Tham Jara Khe**. Muni d'une lampe de poche, vous vous abîmerez dans la contemplation des stalactites et stalagmites. Rassurez-vous, les crocodiles ont disparu!

Koh Lipe ✧

Carte p. 324 – Pour rejoindre l'île, prenez un bateau de Pak Bara. De déc. à fév., mieux vaut réserver son hôtel.

Cette île de poche possède trois sublimes plages, avec du sable immaculé doux comme du talc et des eaux transparentes et chaudes, divines pour la baignade. Cela n'a pas échappé aux touristes, (très) nombreux à débarquer, sac sur le dos, tongs à la main, sur ces plages idylliques. Vous ne serez pas le premier à fouler ce sable fin, mais ce n'est pas une raison pour vous en priver!

LES PLAGES

En forme de triangle, Koh Lipe possède trois bandes de sable blanc. Au sud, **Pattaya Beach**, la plus animée, est un bon spot de *snorkeling*. Le coin le plus sûr, à l'écart des bateaux, est celui à gauche de la plage, devant Bundhaya Resort. Le soir, c'est ici qu'il faut venir pour déguster un homard grillé les pieds dans le sable. À l'est, et à dix petites minutes à pied, **Sunrise Beach**, ombragée de palmiers et cocotiers, est en pente douce. Le matin, l'eau est agitée, elle se calme l'après-midi, et c'est un pur bonheur. N'oubliez pas vos masque et tuba, car là aussi, le

⌄ Koh Lipe

snorkeling est hautement recommandé ! Au nord-ouest, **Sunset Beach** est plus silencieuse. Comme son nom l'indique, elle est imbattable pour les couchers de soleil. La journée, les nageurs doivent s'équiper de palmes, car les courants peuvent être puissants.

WALKING STREET

C'est la rue la plus animée, une suite de restaurants, bars, salons de massages, agences de voyages… L'île n'a plus rien à voir avec ses petites sœurs, plus authentiques. On peut le déplorer, mais le côté positif, c'est qu'elle a gagné en confort : électricité 24h/24, wifi, distributeurs, eau chaude.

Koh Adang ✧

Carte p. 324 – L'île est à 15 min de Koh Lipe en *hang yao* (100 THB). Vous pouvez louer un bungalow ou une tente, dans la *ranger station*, au S-E (15 nov-15 avr). L'île compte une seule cantine. Pas de distributeur de billets.

Son relief montagneux en fait l'île la plus farouche du lot. Ses eaux turquoise et transparentes, ses superbes coraux, son kaléidoscope de poissons justifient une sortie *snorkeling*. Enfin, elle offre une parenthèse de solitude qui en fait l'endroit idéal pour déconnecter. Les bungalows et tentes sont installés à l'ombre des casuarinas, à deux pas d'une longue plage de sable blanc (dans le coin sud-est de l'île).

CHADO CLIFF ET PIRATE FALLS

De jolies randonnées vous attendent. Le chemin pentu pour rejoindre **Chado Cliff**, (45 min pour la montée, 30 min pour la descente, facile, à partir de 12 ans), démarre près du parc, sur la **plage de Laem Son**, et traverse une forêt de bambous. À l'arrivée, vous serez récompensé par la vue. En contrebas miroitent les eaux turquoise de la mer d'Andaman, et en arrière-plan l'île voisine de Koh Lipe resplendit. Les **Pirate Falls** (2 km, 45 min aller-retour, départ à l'ouest de la plage de Laem Son, facile, à partir de 6 ans) sont de petites cascades. La légende raconte que des pirates venaient s'y rafraîchir.

Koh Hin Ngam

Carte p. 324 – À 10 min de *hang yao* de Koh Lipe.

Cette île a une particularité qui la distingue des autres : ses galets gris-noirs, polis par les vagues, qui tapissent ses plages. Ils sont si doux que c'est un plaisir de marcher dessus. La légende raconte qu'un sort sera jeté sur quiconque s'en empare. Si vous les rapportez à leur place initiale, le sort sera levé. À l'inverse, ceux qui font une tour d'au moins douze pierres verront leurs souhaits exaucés. Les Thaïlandais sont nombreux à y venir en pèlerinage. Le *snorkeling* est très sympa, au sud de l'île, avec des coraux vert profond… et plein d'oursins, donc regardez où vous posez les pieds !

• NOS ADRESSES •

KOH MUK

OÙ DORMIR

Sivalai

Au milieu de la côte est ☎ 088.76.50.999. www.komooksivalai.com. Plus de 100 €.

Les pieds dans le sable, ces bungalows ont tout pour eux. Un panorama de carte postale, de l'espace, une atmosphère chaleureuse avec des tons chauds, une terrasse et des chaises longues... Bonus, vous y trouverez un Spa, et un restaurant de fruits de mer posté sous les étoiles. Parfait pour un dîner en amoureux !

KOH KRADAN

OÙ MANGER

Seven Seas Restaurant (thaï et international)

Situé sur la côte est, sur l'unique plage de l'île ☎ 082.490.2552, www.sevenseasresorts.com. T.l.j. 7h-20h. De 15 à 20 €.

L'hôtel est un peu cher. Mais vous pouvez y venir pour la cuisine du Sevenseas. Le restaurant chic, tout de bois vêtu, offre une belle vue sur la mer et la piscine de l'hôtel. Vous y mangerez de bons plats thaïs (à partir de 220 THB), internationaux (burger, spaghettis, etc.) et beaucoup de poissons bien frais (le menu spécial produits frais est à 550 THB).

KOH SUKHORN

OÙ DORMIR

Yataa Resort

Haad Lo Yai (sur la côte ouest) ☎ 089.647.5550, www.yataaresort.com. Environ 50 €.

De petits bungalows sont dispersés dans un jardin bien entretenu, entre cocotiers et fleurs tropicales. Parasols et transats sont disponibles pour profiter de la plage privée. Le restaurant sert des plats thaïs et des poissons tout juste sortis des filets des pêcheurs de l'île, un vrai régal !

KOH LIPE

OÙ DORMIR

Mali Resort

Pattaya Beach ☎ 091.979.4600, www.maliresorts.com. De 70 à 120 €.

De très jolis bungalows, spacieux, construits dans un style balinais, sur la plage. Les grandes salles de bains sont sans toit, pour une expérience authentique. L'hôtel est bien situé, et on voit la mer de son lit.

Koh Muk

25

KOH SAMUI et Ao Khanom

Bienvenue à Ao Khanom, destination du golfe de Thaïlande encore inconnue de la planète tourisme! Avec ses plages désertes, ses grottes, ses cascades et ses dauphins roses, elle a plus d'un argument pour faire succomber petits et grands. Vous mettrez ensuite le cap sur Koh Samui, où vous quitterez parfois le confort de votre serviette de plage pour aller explorer l'un de ses nombreux temples.

PRATIQUE

- Plan p. 337
- Nos adresses p. 340

↓ Accès à Koh Samui

En bateau

Pour le détail des accès voir visite p. 334.

En avion

Aéroport de Koh Samui

À 10 km E de Na Thon
📞 077.428.500, www.samuiairportonline.com.

Depuis Bangkok : 20 vols/j. avec Bangkok Airways (1h10).

Depuis Samui : 4-5 vols/j entre Samui et Phuket avec Bangkok Airways. Les vols sur Samui coûtent deux fois plus cher que sur Phuket (l'aéroport privé, appartenant à Bangkok

L'ESSENTIEL

À ne pas manquer

Les plages de sable blanc, servies avec des cocotiers et des eaux émeraude (et chaudes).

Expériences

Faire du yoga à Samahita Retreat. Plonger. Se faire masser au Tamarind Springs. Dîner dans les arbres au Tree Tops Restaurant.

La plus belle plage

La secrète Maenam beach, à Koh Samui.

Ao Khanom

Carte p. 337 – À mi-chemin entre Surat Thani et Nakhon Si Thammarat (1h de route). Des minibus font le chemin chaque jour. Le port de Don Sak, qui permet de rejoindre Koh Samui et Koh Pha Ngan est à 20 min en taxi.

Située juste en face de Samui et pourtant si secrète, cette jolie baie mérite une visite. Grands et petits apprécieront son cocktail de belles plages désertes, grottes, cascades et… dauphins roses. Ces créatures sympathiques et intelligentes barbotent à quelques minutes du littoral. Des agences de voyages proposent des excursions, mais vous pouvez aussi « héler » un *hang yao* pour aller les observer.

GROTTES ET CASCADES

Khao Wang Thong et **Khao Krot** sont les deux grottes à explorer dans les environs. Elles sont situées le long de la Highway 4014, entre Khanom et Don Sak. Côté chutes d'eau, celle de **Samet Chun** est la plus grande. À ses pieds, une piscine naturelle offre l'occasion de se rafraîchir.

Airways, impose ses tarifs, y compris à Thaï Airways).

Aéroport de Surat Thani

À 57 km O de Don Sak, l'embarcadère pour Koh Samui, Koh Phan Ngan et Koh Tao ☎ 077.441.230, www.suratthaniairport.com. L'aéroport de Surath Thani permet un accès à toute la région. Les vols Bangkok-Surat Thani (Air Asia, 6 vols/j.) sont souvent moins chers que ceux vers Samui. Depuis l'aéroport, une liaison en bus puis ferry permet de rejoindre les îles (sauf la nuit).

En bus et en train

Via Surat Thani où des liaisons gare-ferry sont organisées. Forfaits train couchettes avec bateau ou bus, ou seulement bateau vendus au départ de Bangkok (12 à 14h par voie terrestre + 1h15 à 2h de mer).

→

^ Le Big Buddha de Koh Samui

PAUSE

Café à AO Khanom

Une bonne odeur flotte dans l'air. Ici, vous pourrez avoir votre *espresso* bien serré ou un *capuccino* plein de mousse, accompagnés d'une part de gâteau. De quoi bien démarrer la journée !

> **Khanom espresso**, Ao Khanom. T.l.j. 8h-17h.

PLAGES

L'atout majeur de Khanom, c'est sans aucun doute ses 9 km de plages de sable blanc, adossées à des collines. Tôt le matin, les pêcheurs vont et viennent, chargés de leurs cargaisons, à bord de *hang yao* colorés. Le reste du temps, vous serez presque seul à y poser votre serviette. Les eaux sont chaudes et calmes, parfaites pour une sortie en famille. Des bungalows ponctuent ce littoral, où les locaux y parlent très peu anglais, preuve supplémentaire que le coin est très peu touristique...

Koh Samui ✧

Carte p. 337 – À 50 km N au large de Don Sak, sur le continent. Les ferries en provenance de Don Sak, ainsi que les vedettes, débarquent sur la côte ouest à Thong Yang ou à Na Thon. En saison, plusieurs bateaux/j. (rapides ou ordinaires). Traversée : au départ de Don Sak (1h30), de Koh Pha Ngan (env. 1h), de Koh Tao (env. 2h). Les horaires sont sujets à la météo.

PRATIQUE (SUITE)

Se déplacer sur Koh Samui

Les transports en commun se font en *songthaew*. Il existe des taxis climatisés qui rechignent à utiliser le compteur, pensez à négocier à l'avance. On peut louer Jeeps, voitures particulières et scooters un peu partout dans les endroits touristiques. Attention, ces derniers sont mal entretenus et les routes secondaires en piteux état. Le danger est réel.

Adresses utiles

TAT

À Na Thon ☎ 077.420.504.

Informations touristiques

www.samui-info.com, www.koh-samui-thailande.com : sites en français.

Koh Samui appartient à la province de Surat Thani. Troisième île du pays par la taille, elle fait partie d'un archipel formé de quelque 80 îles, îlots, rochers et récifs dont six seulement sont habités. Samui a connu un bref épisode de gloire : le roi Rama VII, amateur éclairé de cinématographe, y dirigea le tournage d'un film muet intitulé *L'Anneau magique*. Ce fut la première campagne publicitaire de Samui. Cette immense cocoteraie cernée d'émeraude et de belles plages a-t-elle encore besoin de publicité ? Certainement pas ! Très bien desservie par les airs et par la mer – trop bien sans doute –, elle est aujourd'hui victime de son succès. L'île et son archipel ont été épargnés par la vague meurtrière grâce à leur situation géographique et ont, en revanche, pleinement profité de « l'effet tsunami ». Sur Samui, les promoteurs s'en donnent à cœur joie : ils transforment les anciens repaires de routards en nouveaux paradis de la jet-set. Amateurs de calme, vous voguerez donc vers d'autres îles de l'archipel pour découvrir, à Ang Thong ou Koh Pha Ngan, une nature beaucoup mieux préservée. Voici un petit tour de l'île pour vous familiariser avec son paysage.

NA THON

La capitale de Koh Samui n'a vraiment aucun attrait particulier et vous n'aurez aucune raison de vous y attarder, d'autant que vous trouverez tout ce qu'il faut dans les nouveaux villages qui se sont créés autour des principales concentrations hôtelières (banque, pharmacie, etc.).

CÔTE NORD

Maenam Beach

À 14 km N-E de Na Thon.

Beaucoup d'hôtels les pieds dans l'eau se partagent cette belle plage de sable fin où règne une ambiance plutôt familiale.

Bo Phut

À 16 km N-E de Na Thon.

La baie est formée de plages plus ou moins plaisantes. Celle de **Bo Phut**, assez étroite, est située tout près d'un village sympathique et vivant ; celle de **Bangrak** (plus à l'E) est réputée pour la beauté de ses fonds et la clarté de l'eau.

Big Buddha

Sur la plage de Big Buddha, N-E de l'île. T.l.j., du lever au coucher du soleil. Entrée libre, dons bienvenus.

Quelques minutes avant l'atterrissage, du hublot de l'avion, il est souvent la première vision que les voyageurs ont de Samui. Du haut de ses 12 mètres, ce bouddha est en effet visible de loin. Une fois vos valises posées à l'hôtel, n'hésitez pas à venir le découvrir à pied. Une volée de marches conduit au sage. Édifié en 1972, un peu kitsch, le géant doré n'en reste pas moins l'une des attractions stars de l'île, ornant la moitié des cartes postales. Regardez bien : la posture

Police touristique

À Bo Phut ✆ 1155 ou 077.430.018.

À Na Thon ✆ 1155.

Consul honoraire de Surat Thani

suratthani.agence.consulaire@gmail.com. Lun. et mer. 9h-13h ou sur r.-v.

Bangkok Hospital Samui

✆ 077.429.500 (hôpital privé au S de Chaweng), www.bangkoksamuihospital.com.

Samui International Hospital

✆ 098.013.5479 ou 077.300.394 (hôpital privé au N de Chaweng).

Thai International Hospital

✆ 077.332.654, www.thaiinterhospital.com.

Plusieurs hôpitaux et centres médicaux sur l'île.

PAUSE

Bistro thaï

Phensiri Thaï Bistro est un bistro thaï qui a tout bon: de succulents plats (currys de canard, gambas à la citronnelle, poissons épicés...), une présentation soignée, un accueil sympathique, une addition légère (env. 500 THB à la carte).

> Chaweng Beach Rd, t.l.j. 11h50-22h.

du Bouddha est celle dite « de Mâra ». Assis en position de méditation, le sage oriente sa main droite vers le sol, pendant que la paume de sa main gauche, ouverte, fait face au ciel. Cette image évoque la tentation de corruption par Mâra, seigneur de la mort et du désir. Bouddha résista aux tentations, et cette posture est le symbole de sa pureté. La plage de Big Buddha est jolie mais peu propice à la baignade (pas de fond), sans être trop touristique (des bateaux réguliers pour Koh Pha Ngan et Koh Tao partent de la jetée).

Wat Plai Laem

Sur la route 4171, quelques centaines de mètres après Big Buddha, en direction de la plage Choeng Mon. T.l.j. du lever au coucher du soleil. Entrée libre, dons bienvenus.

Une déesse à dix-huit bras d'un côté. Un énorme bouddha rieur de l'autre. Ce sont les deux stars de ce temple haut en couleur. Posé au milieu d'un lac, il s'en dégage pourtant une atmosphère sereine. Il a été construit en 2004, mais en utilisant des techniques ancestrales. L'architecture emprunte aux styles chinois et thaïlandais. Les tout-petits y trouveront aussi leur intérêt: pour quelques bahts, ils s'amuseront à nourrir les carpes, poissons-chats et tortues. Quant à la déesse aux neuf paires de bras, il s'agit de Guanyin, « celle qui écoute les pleurs des autres ». Selon la mythologie, elle serait la protectrice des hommes. On raconte qu'elle a plusieurs bras pour pouvoir aider plusieurs personnes à la fois. Elle est vénérée dans tout le Sud-Est asiatique. De son côté, le bouddha rieur, obèse, représente la prospérité. Son énorme ventre blanc, ses vêtements rouges, sa couronne dorée, sa taille (30 m sous la toise) attirent tous les regards.

LA CÔTE EST

C'est sur cette côte que le développement hôtelier a commencé, sur de belles plages peu profondes. Aujourd'hui, il n'y a plus beaucoup de place pour de nouvelles constructions...

Chaweng

À 23km E de Na Thon.

Avec ses kilomètres de sable blanc bordés de cocotiers et de filaos, le site est indéniablement beau, et de nombreux hôtels, de diverses catégories, s'en sont aperçus. Le lieu est désormais littéralement envahi par les touristes et « tout ce qu'il leur faut »: petits restaurants thaïs et bistros illustrant la victoire de la mondialisation, commerces en tout genre agglutinés le long de la rue principale...

EXPÉRIENCE *Retraite de yoga*

Faire le cobra ou le chien tête en bas dans une carte postale? C'est ce que propose l'hôtel Vikasa, avec ses retraites de 7 jours, 6 nuits. Un endroit de rêve pour s'initier, ou se perfectionner, au milieu d'une nature luxuriante. Et si c'était ça, le bonheur ?

> 211 Bontji Moo 4 ☎ 077 422 232. www.vikasa.com.

L'archipel de Samui

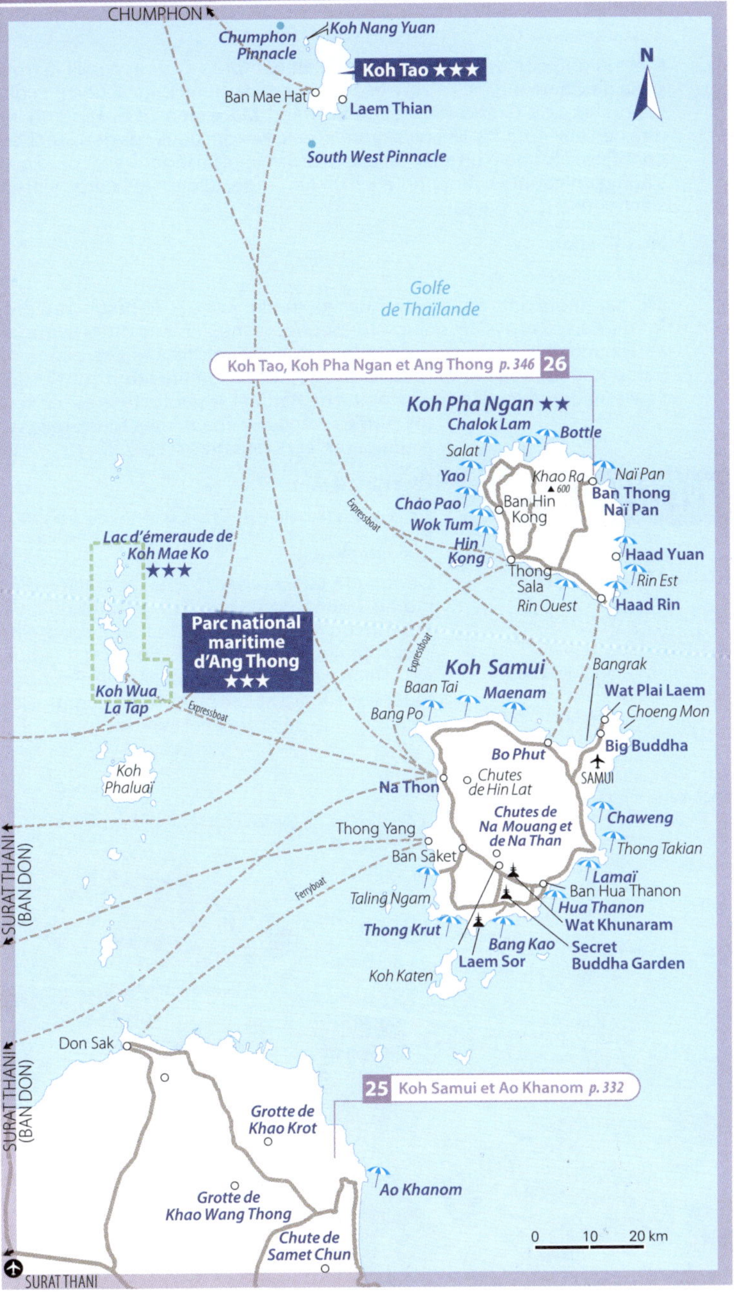

Lamaï

À 21km S-E de Na Thon.

C'est la deuxième grande plage de Samui. Après avoir accueilli le trop-plein de Chaweng, elle s'est tracé sa propre carrière. L'attraction du coin, les rochers du Grand-Père et de la Grand-Mère (*Hin Ta* et *Hin Yaï*), ne dira rien aux enfants. Les plus grands, eux, verront dans ces deux rochers contigus la forme d'un sexe masculin et féminin. La légende raconte qu'il s'agit d'un couple ayant péri dans un naufrage, et dont les corps vinrent s'échouer sur le rivage.

Hua Thanon

À 17km S-E de Na Thon.

Les habitants ont réussi jusqu'ici à se garder cette jolie plage peu profonde où se trouve un village de pêcheurs musulmans pittoresque et assez accueillant. Ne vous étonnez pas d'y voir toutes ces cages en bambou habitées par de petites tourterelles. Comme leurs cousins les Jawis (minorité malaise de la région de Pattani), les autochtones passent leur temps à écouter chanter les tourterelles et à comparer leurs ramages respectifs.

Wat Khunaram

Sur la route 4169, entre Hua Thanon et les cascades Na Muang. T.l.j. du lever au coucher du soleil. Entrée libre, dons bienvenus.

Ce temple conserve les restes momifiés d'un moine, Loung Pordaeng. On raconte qu'il est décédé en pleine séance de méditation. Son corps, toujours assis dans la position du lotus, est remarquablement bien conservé. Pour protéger son regard abimé, il porte des lunettes de soleil, ce que déplorent certains visiteurs.

EXPÉRIENCE

Tamarind Springs Forest Spa

Un Spa cerné d'une végétation luxuriante, voilà de quoi commencer la déconnexion avant même le début des massages. Et comme les soins prodigués sont très qualitatifs, quiconque y pose le pied est assuré de vivre un superbe moment...

> Sur la route 4170, au-dessus de la plage de Bang Kao. T.l.j. 8h-18h.

˅ Plage de Chaweng

Certains touristes peuvent être perturbés par la vision d'un homme mort, d'autres saisiront cette occasion pour méditer un court instant. Les Thaïlandais, eux, croient en la réincarnation et n'ont donc pas peur de la mort. Ce corps leur permet simplement de rendre hommage à ce bonze vénéré.

Né en 1894 à Koh Samui, ce dernier décida à l'âge de 50 ans de dédier le reste de sa vie au bouddhisme. Il devint un maître en méditation, et un excellent professeur. Il aurait lui-même demandé à être « exposé » dans un cercueil de verre après sa mort (en 1973, à l'âge de 79 ans), pour inciter le plus grand nombre à suivre les préceptes du bouddhisme. Il est une inspiration pour beaucoup d'habitants de l'île et bien au-delà.

Secret Buddha Garden

Au N-O de Lamaï, route 4169, entre Hua Thanon et Na Mouang (2h de route). L'endroit est difficile d'accès: la route grimpe fort, avec des bosses. Allez-y avec un 4x4 (si vous êtes un conducteur expérimenté), les scooters auront du mal à monter. Autre option: prendre part à un tour organisé. Entrée payante (80 THB).

L'intérieur des terres réserve quelques surprises, parmi lesquelles celle-ci : une collection de statues, cernées de chlorophylle, avec pour B.O. le doux clapotis d'une petite cascade. Le tour est vite fait, mais ce jardin est charmant. Il est né de l'imagination d'un maraîcher thaï, Nim Thongsuk, qui se lança dans ce projet à l'âge de 77 ans, et ne s'arrêta qu'à sa mort à 91 ans ! Nichées au cœur de la forêt tropicale, ces statues représentent animaux, divinités et humains.

> **DÉGUSTATION**
>
> *Rhum de Samui*
>
> Au **Magic Alambic**, on peut assister à la fabrication de ce rhum naturellement parfumé au citron ou à l'ananas de février à fin juin. Le reste de l'année, on profitera d'une simple dégustation.
>
> > Sur la route 4170, au-dessus de la plage de Bang Kao. T.l.j. 8h-18h.

LE SUD

Plage de Bang Kao

À 17 km S de Na Thon.

Cette plage n'est pas très fréquentée. Quelques petits bungalows et hôtels s'y sont installés, mais l'absence de fond rend la baignade peu agréable, facteur aggravé par la circulation intense des *hang yao*.

Baie de Thong Krut

À la pointe sud de Samui, une dernière petite plage (à 15 km S de Na Thon), se niche dans cette baie qui est le lieu de mouillage de prédilection des bateaux de pêche. Il n'est pas conseillé d'y séjourner (la plage n'est pas très agréable), mais il y a d'excellents restaurants de fruits de mer (assez bon marché) sur le rivage.

Temple Laem Sor

À la pointe S de Samui, à 11 km de Lamaï. Suivez la route 4170, puis tournez à gauche sur la route de Laem Sor, après avoir dépassé le village de Bang Kao. Environ 1 km plus loin, vous y êtes. Le lieu est un peu difficile à trouver. Pour vous simplifier la tâche, vous pouvez faire appel à un taxi. T.l.j. 24h/24. Entrée libre. Pas de short ou de bikini.

À l'écart des plages surpeuplées se cachent des criques encore confidentielles. C'est le cas de Laem Sor, qui héberge le temple du même nom. Les vagues viennent se fracasser à ses pieds. Ses milliers de minuscules briques dorées brillent sous le soleil. De loin, on a l'impression que la baie est couverte d'or. Quand la météo joue le jeu, le contraste avec le bleu azur du ciel et le bleu turquoise de l'eau offre une jolie mise en scène aux chasseurs d'images.

L'entrée de la pagode est gardée par deux *yaks*, deux guerriers géants munis d'une épée, aux visages effrayants. Ils protègent le bouddha, qui est assis juste derrière eux.

LA CÔTE OUEST

La partie sud de la côte ouest a trouvé sa revanche avec l'installation de havres de luxe. Des villas privées, à louer ou habitées par des propriétaires bangkokiens, sont venues se cacher loin de la foule, s'appropriant un panorama que nul ne pourra leur ravir. La partie centrale de la côte correspond à la zone la plus urbanisée de l'île, avec la capitale, Na Thon, où arrivent les ferries du continent et le gros des bateaux de ligne desservant les îles voisines, et n'a pas de vocation balnéaire.

LE CENTRE

Chutes de Na Mouang et de Na Thon

À 10 km S de Na Thon, puis 10 min à pied.

Si vous vous résignez à quitter votre chaise longue, profitez-en pour découvrir un endroit béni par la nature : les chutes de Na Mouang, que l'on atteint après une très jolie balade à pied à travers les fougères arborescentes et les bambous. Des bassins naturels offrent des possibilités de baignade. Vous pouvez pousser jusqu'aux chutes de Hin Lat

(à 3 km S de Na Thon, 30 min de marche env.), dans l'arrière-pays de Na Thon. En traversant les cocoteraies, levez la tête pour voir si les singes cueilleurs sont à l'œuvre ; inspirés par le climat émollient de l'île, les habitants ont eu l'idée géniale de dresser des macaques pour cueillir les noix à leur place !

• NOS ADRESSES •

AO KHANOM

OÙ DORMIR

Racha Kiri Resort & Spa

Sur la plage de Nai Plao ☎ 075 30 02 45, www.rachakiri.com. Environ 90 €.

Cet hôtel propose des chambres spacieuses avec terrasse vue sur mer et une déco thaïe. Les lits sont confortables. Grande piscine, restaurant et Spa.

KOH SAMUI

OÙ DORMIR

Parfaitement rodée à l'accueil, Samui compte plus de 500 hôtels, sans parler des villas de location. Toute la gamme est présente. Une telle concentration ne va pas sans poser d'importants problèmes d'environnement et certains endroits ne sont vraiment pas propres, de gros efforts restent à faire... Les hôtels sont fortement concentrés à Lamaï et Chaweng, sur la côte est. Les plages du Nord, comme Bo Phut et Maenam, se caractérisent par des hébergements plus dispersés et plus luxueux.

MAENAM ET BO PHUT

Zenity

42/3 Moo 3, Maenam. https://samui-zenity.hotelinsamui.com. Environ 30 €.

Un bel hôtel, à l'excellent rapport qualité-prix, parfait pour les familles. La piscine avec toboggan y est pour beaucoup. La grande cuisine commune bien équipée séduira les parents. Quant aux 17 chambres, confortables, elles plairont aux petits comme aux grands.

The Florist Resort

À Maenam 086.313.7725 (portable), www.floristresort.com. De 40 à 80 €.

Un hôtel les pieds dans l'eau, parfait pour un séjour en famille grâce aux suites adaptées. Confort et bon service au rendez-vous. Très bon restaurant thaï et international.

The Lodge

À Bo Phut 077.425.337, www.lodgesamui.com. De 40 à 80 €.

Sur une plage, au cœur de l'animation du Fisherman's Village, ce petit hôtel à l'architecture sino-thaïe est très agréable et intime. C'est l'un des meilleurs rapports qualité/prix du bord de mer. Toutes les chambres ont vue sur mer.

Hacienda Beach

Plage de Maenam 077.427.036, http://samui-haciendabeach.com. 1 villa pour 4 pers. : 100-180 €.

Un hôtel parfaitement tenu et les pieds dans l'eau pour buller sur le sable sur une chaise longue. Accueil en français et bonnes idées d'activités et d'excursions.

Zazen Boutique Resort & Spa

À Bo Phut 077.425.085, www.samuizazen.com. De 100 à 200 €.

Plusieurs catégories de bungalows du plus grand confort dans un jardin tropical luxuriant. L'endroit, magique et raffiné, est un choix de prédilection pour les couples en lune de miel... Un excellent restaurant permet de passer un moment inoubliable tant par son cadre que par le contenu des assiettes : au **Zazen Restaurant**, superbe cuisine qui réinterprète des classiques français. Également des plats thaïs. Des efforts sont faits en matière de protection de l'environnement et l'hôtel a reçu le label Green Gold. Nombreuses promotions sur le site Internet.

Peace Resort

À Bo Phut 07.742.5357 et 082.419.9649, www.peaceresort.com. De 100 à 200 €.

Ce très beau complexe hôtelier composé de chambres classiques et de superbes bungalows situés plus près de la plage est à recommander pour un séjour familial (chambres adaptées, aire de jeux et piscine pour les enfants, etc.) ou non, car tout y est fait pour votre confort et votre repos. Rien ne manque, et surtout pas un excellent Spa avec massages. L'hôtel, entreprise familiale, est très engagé dans la protection de l'environnement et mène une politique active en la matière, avec notamment un programme de reboisement.

CHOENG MON

Sala Samui Choengmon Beach

10/9 Moo 5, Baan Plai Lam 077.245. 888, www.salahospitality.com/samui. Environ 180 €.

Un hôtel très raffiné, à la décoration contemporaine. Les chambres sont dotées de s.d.b. semi-ouvertes sur l'extérieur et d'une terrasse ou d'un balcon donnant sur le jardin et les piscines en bordure de plage. Il existe toute une gamme de logements, dont beaucoup de villas avec petite piscine privée... Plusieurs bons restaurants. Possibilité de prendre des cours de cuisine.

CHAWENG

The Jungle Club

Chaweng Noi Beach, soï Panyadee School 081.891.8263 (portable), www.jungleclubsamui.com. De 50 à 140 €.

Un petit paradis tranquille à l'intérieur des terres, dans un environnement verdoyant, sur les collines dominant la plage et offrant une vue panoramique sur le golfe du Siam. Des navettes gratuites desservent la plage deux fois/j. Plusieurs huttes et maisons très confortables avec des s.d.b. semi-extérieures, hamacs, terrasse... Agréable restaurant thaï et européen et activités (excursions).

Sans Souci Samui

4/4 Moo 3, à Bo Phut 077.422.044, www.sanssoucisamui.com. De 50 à 140 €.

Cet hôtel sans prétention a l'avantage de se situer au sud de Chaweng, loin de la foule et du bruit. Des chambres spacieuses, de belles s.d.b., un joli jardin, un beau coin de plage, un bon accueil... Il n'a rien d'original ni d'exceptionnel si ce n'est de présenter un bon rapport qualité/prix. Il dispose d'un joli restaurant.

The Library

Sur la plage 077.422.767, www.thelibrarysamui.com. À partir de 300 €.

Dans cette station balnéaire, ce splendide établissement au design minimaliste et zen est une exception. Les chambres sont spacieuses, épurées, et l'écran plat dernier cri côtoie les statues de Bouddha. Mention spéciale pour l'incroyable piscine dont l'eau semble rouge vif. Bon restaurant sur la plage.

LAMAÏ

Fullmoon House Samui

124/301 Lamai Beach Rd 080.000.5052. Pas de petit déj, mais café et thé gratuits toute la journée. Environ 30 €.

Sur la rue principale qui longe la plage, des bungalows en dur très simples (avec air cond. et s.d.b. privée) sont répartis dans un jardin bien entretenu. Accueil sympathique. Pas de petit déjeuner, mais Lamaï regorge de cafés et de restaurants.

Samui Reef View Resort

404/23 Moo 1, Maret -Lamai. À 4 km au S de la plage, tournez face au restaurant Jubilee sur la route 4169 et suivez les panneaux 077.419.242, www.samui-reefview.com. Transport avec shuttle jusqu'à Lamaï. Environ 30 €.

De style moderne, l'hôtel est situé au pied des collines bordées par la jungle. Il compte des chambres traditionnelles – certaines d'entre elles sont proches de la belle piscine – et un appartement, le tout meublé simplement. L'hôtel a été entièrement rénové en 2017. Ambiance calme et familiale. Bon restaurant de cuisine européenne et thaïlandaise. Très belle vue sur la baie.

Amaya Resort

16/3, Moo 6, Lamai beach 091.821.3720, https://amaya-resort.hotelinsamui.com. Environ 70 €.

Un hôtel comme à la maison, parce qu'un couple d'hôtes y dorlote chaque client avec gentillesse et disponibilité, et offre de nombreux conseils pour visiter l'île. Et mieux qu'à la maison pour la jolie déco, la piscine, le calme, le cadre, près d'une cocoteraie, le petit déjeuner, avec ses viennoiseries et son gâteau fait maison, ou les services tels que la possibilité de louer un scooter directement à l'hôtel. Pour résumer, c'est un sans-faute.

Weekender

124/19 Moo 3, Lamai Beach 077.424.012, www.weekenderresort.com. Environ 80 €.

Au cœur de Lamaï, un *resort* les pieds dans l'eau où l'on peut profiter à loisir du soleil et de la mer. Deux jolies piscines et un espace massage en bordure de la plage. Les chambres standards sont confortables, mais moins bien situées (dans un nouveau bâtiment près de la rue).

THONG TAKIAN (N DE LAMAÏ)

Crystal Bay Resort

205 Moo 4, Had Thongtakian, Lamaï 093.832.7229, http://crystalbaybeachresort.com. Environ 70 €.

Entre les stations balnéaires de Chaweng et Lamaï, sur une adorable plage, cet hôtel familial a gardé son charme suranné, un petit côté Riviera où il fait bon se reposer. Les chambres sont assez petites, mais impeccables et confortables. Prenez absolument une chambre côté mer, quitte à payer plus cher, car les autres donnent sur la route. Piscine.

BAIE DE BANG KAO

Ban Kao Tropical

69/6 Moo 4, T. Namuang 077.920.035, www.bankaotropical.com. 13 ch. et 1 villa. À partir de 50 €.

Une oasis de verdure et de paix tout au sud de l'île. Décoration raffinée, exposition de sculptures et de tableaux. La plage la plus proche, à une quinzaine de minutes à pied, est encore sauvage. Une bonne adresse pour ceux qui recherchent le calme. Bon restaurant français et thaï. Piscine.

OÙ MANGER

Tous les hôtels possèdent au moins un restaurant accessible aux non-résidents et certains, comme ceux du Zazen Boutique Resort & Spa (p. 341), sont vraiment de grandes tables. Chaweng, Bo Phut et Lamaï concentrent un grand nombre d'établissements pour manger et pour sortir.

NA THON

De 10 à 20 €

Plusieurs restaurants de fruits de mer sur le port, plutôt meilleur marché que dans le reste de l'île. Et à 2 km de Na Thon, **Starry Seafood** *(📞 66062.608.8304, t.l.j. 10h30-22h, pas de CB)*. Des produits frais et des petits prix : plats à partir de 80 THB.

BO PHUT

Beaucoup de restaurants de diverses spécialités, regroupés dans le **Fisherman's Village**, une longue rue animée et sympathique.

Krua Bo Phut

📞 077.430.030. T.l.j. 13h-minuit. La dernière commande doit être passée à 22h. De 10 à 20 €.

Une belle maison en bois avec une terrasse en hauteur et une autre directement sur la plage pour manger, les pieds dans le sable, une bonne cuisine locale !

LAMAÏ

Pizza Del Sol (italien)

Beach Rd 📞 085.260.0993. T.l.j. 11h-23h. Moins de 10 €.

La grande terrasse de ce restaurant italien, lancé par un Français en 2013, est devenue le rendez-vous des expatriés de Lamaï. Il faut dire que les pâtes fraîches et les pizzas sont délicieuses.

CHAWENG

Bistro Samui (thaï)

Sur la plage de Chaweng Noï. Environ 15 €.

La terrasse, agréable à midi comme le soir, donne sur la plage. Quand il n'y a pas de vent, on installe les tables sur le sable pour dîner sous les étoiles. On y mange local (bon curry au lait de coco), la pêche du jour cuite au barbecue ou un classique et plus occidental steak-frites...

Tree Tops Restaurant

Anantana Lawana, N de Chaweng. 📞 077 960 333, www.anantara.com/en/lawana-koh-samui/restaurants/tree-tops-sky-dining-bar. T.l.j. 18h-22h. Réservation conseillée. Environ 150 €.

Sans doute l'adresse la plus romantique de l'île. Les huit tables, éclairées à la bougie, sont toutes isolées, en hauteur, adossées à la cime d'un arbre. Vous pouvez sélectionner votre propre B.O. (jazz, lounge, etc.). Dans l'assiette, des plats de haute volée, raffinés, modernes, à la présentation impeccable. À s'offrir pour une soirée d'exception !

REMISE EN FORME

En dehors des Spas, plus tournés vers le bien-être et la beauté, certains établissements proposent de sérieuses cures de remise en forme. Plusieurs programmes sont possibles et les méthodes se conjuguent (jeûne, hydrothérapie du côlon, acupuncture, reïki, etc.) pour un résultat optimal.

Les lieux mentionnés ci-après, qui comptent un restaurant diététique, sont également tout indiqués pour les accompagnants...

Health Oasis Resort

À Bang Po 📞 077.602.096. www.healthoasisresort.com. Rés. sur le site. À partir de 30 €.

♥ Le temple de la forme à prix doux et les pieds dans l'eau. Tarif de base pour une chambre double, soins non inclus.

Absolute Sanctuary

À Bo Phut 📞 077.601.190, www.absolutesanctuary.com. Stages de yoga : 22 €/h et 105 €, en illimité, une sem. À partir de 150 €.

♥ Le Spa est situé en hauteur sur la colline, il n'y a pas d'accès à la plage mais une superbe piscine. Mêmes prestations que le précédent mais bien plus luxueux tout en restant très sobre. Possibilité de stages de yoga. Excellent Day Spa pour les extérieurs. Tarif de base pour une chambre double, soins non inclus.

Samahita Retreat

Sur la plage Laem Sor tout au sud 📞 077.920.090, www.samahitaretreat.com. Rés. par mail : info@samahitaretreat.com. Programme de. 3 j. avec yoga + chambre + repas : 160 €/jour/pers. À partir de 150 €.

Ce lieu est dédié au yoga, aux cures anti-stress et anti-kilos ... On y va pour se ressourcer et manger sainement (pas d'alcool). La plage est belle et encore sauvage, mais il y a peu de fond pour y nager vraiment. Package hébergement + yoga/programme détox.

CLUBS

CHAWENG

Plusieurs pubs dont **Black Jack Bar and Hostel**, des discothèques **Green Mango** *(t.l.j. 21h-2h)*, **Sweet Soul Café** (t.l.j. 19h-3h), des bars dont le *fashion* **Penny Lane Rock Café** *(t.l.j. 14h-2h)*, **Rock Café**, et des *go-go bars*…

BO PHUT

Plusieurs bars et cafés sympathiques à **Fisherman's Village: Frog & Gecko** *(t.l.j. 15h-minuit, pubquiz tous les mer. à 20h)*, **Tropicana**, **The Crow's Nest** *(t.l.j. 16h-2h)*, **The Pub** *(t.l.j. 11h-2h)*.

LAMAÏ

Elle n'est pas en reste avec ses pubs **Bear Cocktails** *(☎ 081.835.5030 ; mar.-sam. 17h30-minuit)*, **The Lava Lounge** *(☎ 080. 886.5035 ; t.l.j. 16h-2h)* malgré les inévitables *go-go bars*…

SPORTS ET LOISIRS

Boxe thaïe

Lamaï Muay Thai Camp

À Lamaï ☎ 077.418.430, www. lamaimuaythaicamp.com. T.l.j. sf dim. 7h-19h. Env. 8 €/cours de boxe thaïe.

On apprend ici l'art de la boxe thaïe (*muay thaï*). Les bons élèves ont même droit à un beau diplôme! Mais il faut pratiquer un mois minimum. Démonstrations de boxe thaïe dim. et jeu. au Samui International Stadium (☎ 062.645.1245, www.samuithaiboxing. com).

Cours de cuisine

Samui Institute of Thaï Culinary Art

À Chaweng ☎ 077.413.172, www.sitca.com. T.l.j. sf dim. Cours de cuisine de 4 h à partir de 55 €.

Spa

Programmes à l'heure, à la journée ou en cure, dans des environnements idylliques.

Eranda Herbal Spa

N de Chaweng ☎ 077.300.323, www. erandaspa.com. T.l.j. 9h-21h30. Pack : massages + corps + pieds ou visage + chambre vapeur + piscine : 96 €.

Sala Spa Chaweng

99/10 Bo Phut ☎ 077.905.888, www.salachaweng.com. T.l.j. 10h-21h. Massage 1h : de 63 à 79 €.

C'est un magnifique lieu, saupoudré de touches de bleu, de bois et de végétation, qui apaise les sens de tous ceux qui y posent le pied. Une atmosphère sereine, qui met d'entrée de jeu dans de bonnes dispositions pour apprécier ce qui va suivre : des massages de très haute qualité, aussi apaisants pour l'âme que pour les muscles. Essayez celui aux pierres chaudes, un pur bonheur.

Tamarind Springs Forest Spa (entre Chaweng et Lamaï)

☎ 085.926.4626, www.tamarindsprings.com. Massage 4h avec vapeurs aromatisées : 160 €.
Un spa cerné d'une végétation luxuriante, voilà de quoi commencer la déconnexion avant même le début des massages. Et comme les soins prodigués sont très qualitatifs, quiconque y pose le pied est assuré de vivre un superbe moment…

Sports nautiques

De très nombreuses agences proposent des sorties de **plongée** ou de **pêche au gros** et des **croisières**. Attention : pour la plongée, vérifiez soigneusement l'état du matériel. Les autres activités (planche à voile, ski nautique, location de masques) sont organisées par les hôtels ou par des plagistes. Plongées intéressantes et possibilité de certification PADI.

Bophut Diving Tours

☎ 081.945.1315, www.bophutdiving.com. Succursale à Lamaï.

France Plongée

☎ 08.8022.3319, http://franceplongee.com, instructeurs francophones. T.l.j. 12h-19h.

Croisière

Pour naviguer sur une jonque en bois dans un décor de carte postale, cerné de petites îles sauvages et enchantées. Possibilité de faire du *snorkeling*, ou de plonger de nuit pour découvrir le plancton bioluminescent.

Krabi Sunset Cruises

Départ à Ao Nang et à Railay Beach. www.krabisunsetcruises.com.

Stand up paddle

ISUP Samui

8/53 Moo 5, Tambon Bo Phut. www.isupsamui.com. 32 € pour 1h30.

Le stand up paddle est une discipline qui consiste à être debout sur une planche, et à s'aider d'une pagaie pour avancer. Une manière de prendre du plaisir sur l'eau, qui s'adapte aux petits et grands. Samui, avec sa mer d'huile, est tout indiquée pour oser cette belle expérience.

Kayak et snorkeling

100 Degrees East

Big Buddha Beach. 077.423.936, www.100degreeseast.com. 145 € la journée. Réservation conseillée.

Si la beauté du parc maritime d'Ang Thong est unanimement saluée, beaucoup lui reprochent d'attirer trop de monde. Il existe pourtant une solution : cette compagnie, qui propose des excursions en petit comité (maximum 12 personnes, contre plus de 40 pour les autres), à des horaires décalés. C'est plus cher, mais l'équipe est aux petits soins, et le panier pique-nique est savoureux.

SHOPPING

Central Festival, grande chaîne de centres commerciaux, a désormais une antenne à Chaweng. Vous y trouverez pléthore de magasins et de restaurants.

Secret Buddha Garden

26

KOH TAO, Koh Pha Ngan et Ang Thong

Si la mer émeraude et les cocotiers sont une constante, chaque archipel, chaque île a son cachet particulier.

Les spécificités de Koh Pha Ngan ? Ses *full moon parties*, son intérieur dévoré par la montagne et ses criques secrètes.

Le confetti Koh Tao, quant à lui, déploie toute une panoplie de spots féeriques pour les amateurs de plongée et de *snorkeling*. Dernière étape de votre escapade insulaire, le parc maritime d'Ang Thong, beauté brute façonnée par les vagues et le temps.

PRATIQUE

• Plan p. 337
• Nos adresses p. 352

↓ Se déplacer dans Koh Pha Ngan

La plage de Rin (Hat Rin) est le circuit favori des chauffeurs de ***songthaew.*** Certains semblent s'entraîner pour le Grand Prix de Monaco... Il faut s'être aventuré à Koh Pha Ngan en *songthaew* pour comprendre pourquoi le ***hang yao*** est ici le seul taxi digne d'intérêt. Il suffit de faire signe depuis la rive ou la plage pour trouver un pêcheur désœuvré ou un taxi de mer en maraude. On doit honnêtement souligner que les *hang yao* sont la plaie des grasses matinées sur Koh Pha Ngan, leur moteur faisant un raffut d'enfer. Le petit bungalow les pieds dans le sable n'est donc pas forcément

Koh Pha Ngan

L'ESSENTIEL

À ne pas manquer

Partout, les plages. Et le parc maritime d'Ang Thong, 42 îlots vert foncé posés sur une mer émeraude.

Expériences

S'amuser follement lors d'une *full moon party* sur Koh Pha Ngan. Plonger à Koh Tao.

La plus belle plage

La baie de Naï Pan à Koh Pha Ngan.

Koh Pha Ngan ✧✧

Carte p. 337 – À 20 km N de Samui. Bateaux réguliers depuis Samui : liaisons Na Thon/Thong Sala (40 min) ou Bo Phut/Haad Rin ; plusieurs dép./j.

La petite sœur de Samui a pris son indépendance en 1977 par décret royal ; elle constitue désormais une commune autonome comptant environ 10 000 bienheureux et englobant sept îles : Koh Pha Ngan, Koh Tae Naï, Koh Tae Nok, Koh Ma, Koh Kong, Koh Tao et Koh Nang Yuan. Koh Pha Ngan, la plus importante, ressemble beaucoup à Samui par sa forme et sa géographie. Montagneuse et luxuriante sur les trois quarts de sa superficie, elle culmine au Khao Ra, à 630 m d'altitude.

FULL MOON PARTIES

Plus de 20 000 visiteurs viennent là chaque saison pour savourer le plaisir d'être loin de tout, sauf du bonheur. Jeunes pour la plupart, tannés par tous les soleils d'Asie, ils se posent à Koh Pha Ngan comme les papillons sur une fleur, avant d'aller butiner ailleurs... Il est vrai que la vogue des *full moon parties*, résurgence nostalgique des chemins de Katmandou, a pris une certaine ampleur

le bon choix si l'on se trouve sur un itinéraire fréquenté.

Adresses utiles

À Koh Pha Ngan

Informations touristiques

www.phangan.info, www.samuiphanganinfo.com.

Même si une route fait aujourd'hui le tour de l'île, circuler reste parfois difficile tant le relief est montagneux.

En saison des pluies, cela devient une vraie gageure !

À Koh Tao

Informations touristiques

www.kohtaozone.com. Site en français consacré à l'île et à la plongée.

depuis les années 1990, au point d'entraîner un sérieux renforcement des effectifs de police autour des lieux concernés... Une fois par mois, la sono au maximum, des DJ locaux et internationaux font danser toute la nuit les fêtards. Les pieds dans le sable, le corps couvert de peinture fluo, un verre à la main, la foule se déchaîne sur la plage de Haad Rin. Le reste du temps, l'île retrouve sa tranquillité.

LES PLAGES

Baie de Naï Pan

Ban Thong Naï Pan, au N-E.

Si vous êtes épris de tranquillité et de solitude, sautez dans le premier *hang yao* à destination de cette baie. L'eau y est chaude, transparente et sans remous, un vrai petit paradis. On peut s'y baigner toute l'année.

La côte ouest

Pour un isolement moins radical, les plages qui s'égrènent sur la côte ouest, au nord de Thong Sala où arrivent les bateaux, devraient faire l'affaire (**Wok Tum**, **Hin Kong**, **Chao Pao**, **Yao**). Elles offrent le plus grand choix de bungalows.

LES RANDONNÉES VERS LA CÔTE EST

Un des sentiers les plus populaires est celui allant de **Haad Rin à Haad Yuan** (6 km, au sud-est de l'île). Le départ a lieu derrière Fairyland Resort et Palita Lodge, au niveau de Laluna Bungalows. Des points verts et des flèches blanches sur les arbres et les rochers vous indiquent que vous êtes sur le bon chemin. Le début, une montée régulière, laisse peu de répit, mais si vous vous accrochez, au bout de 30 minutes, le sentier devient plus facile. Vous traversez une épaisse jungle, avant de dégringoler vers les **plages** d'**Haad Thian** et **Haad Yuan**, deux heures après avoir démarré. Partez tôt pour ne pas être surpris par la nuit, vous pourriez alors vous perdre... Le retour peut se faire en *hang yao.* Autre joli sentier, celui qui part de **Chalok Lam** (N) pour rejoindre **Bottle Beach** *(4-5km plutôt difficiles, à cause du dénivelé).* Le point de départ se trouve à l'ouest de Chalok Lam, à la fin de la route bitumée. Ensuite, pour vérifier que vous êtes bien sur le sentier, rien de plus simple : des bouteilles de plastique ont été déposées pour vous permettre de vous repérer. Si les 2h de marche vous ont épuisé, là encore, vous pourrez prendre un *hang yao* pour faire le trajet retour. Avant ça, n'oubliez pas de vous rafraîchir à Bottle Beach, une superbe crique. Les deux randonnées sont un peu trop corsées pour de jeunes enfants.

Le parc national d'Ang Thong ›

Parc national maritime d'Ang Thong ✧✧✧

Mu Ko Ang Tong National Park

Carte p. 337 – À 20 km O de Samui, www.dnp.go.th. Excursions à la journée au départ de Na Thon en bateau express. Depuis le continent : au départ du port de Bandon, à Surat Thani (2h). Hébergement : bien que l'on ne vienne souvent que pour la journée, on peut passer la nuit sur Koh Wua Talap dans des bungalows rustiques mais merveilleusement situés. Le parc est souvent fermé pendant la mousson, en nov.-déc.

Rien ne trouble la paix des îles Ang Thong. Classées parc national, elles restent telles que la main céleste les a créées : 42 îlots de jade posés sur une mer d'émeraude... Le parc maritime national d'Ang Thong couvre une superficie de 250 km² dont 50 sont occupés par des terres recouvertes d'une végétation touffue. Ces îlots sont montagneux, et l'on se plaît à les comparer à des dents de dragon, bien que nul ne puisse se prévaloir d'en avoir vu d'authentiques... La plupart ont des noms suggérés par leur forme : « la vache endormie », « l'éléphant moribond » et même « l'île au moine » ! Les monolithes les plus imposants affichent une hauteur de 400 m. À part les locaux de l'Office des forêts et le petit gîte d'étape de l'île de Wua Talap, les îles sont complètement vierges de constructions.

EXPLORATION EN KAYAK

Location de kayak incluse dans la prestation du parc.

C'est en kayak que l'on s'imprègne le mieux de cette merveille de la nature. De loin, les silhouettes se devinent, îlots tapissés d'une forêt épaisse au vert intense, percés d'insondables gouffres. L'arrivée dans le parc est un moment chargé en émotions, car observer tant

^ Koh Tao

d'îlots se frôlant les uns les autres est une expérience inégalable. De près, les tunnels creusés dans la roche se dessinent. Les grottes ont été sculptées par les vagues, bijoux architecturaux façonnés par le temps. L'embarcation glisse sur l'eau calme, s'engage dans un sentier creusé sous la roche. Parfois, le passage est si étroit qu'il faut se pencher en avant pour continuer son chemin. Les explorateurs d'un jour retiennent leur souffle. Pas un bruit, si ce n'est celui des pagaies. Les coraux affleurent à la surface de l'eau. La mer est peu profonde et transparente. Si vous êtes chanceux, un dauphin rose ou une loutre viendront nager à vos côtés. De retour sur la terre ferme, vous pourrez croiser des singes, des sangliers ou des écureuils, qui ont fait du parc leur refuge.

KOH MAE KO ET LE LAC D'ÉMERAUDE

Le bien nommé lac d'émeraude de l'île Mae Ko est l'un des plus beaux sites du parc maritime. Pour l'apercevoir, il faut s'attaquer à une volée de marches très escarpées. Vingt minutes plus tard, vous y voilà. La teinte, menthe à l'eau, est envoûtante. Vous aurez le droit de regarder, mais pas plus: le lac est interdit à la baignade. Lot de consolation: l'île compte quelques superbes plages de sable blanc et fin.

KOH WUA TALAP

Sur l'île principale, la montée vers le sommet est indispensable pour découvrir l'un des plus beaux panoramas qu'il vous sera donné de voir. Le départ se fait des locaux du parc. Appareil photo en bandoulière et baskets aux pieds (pour une fois, laissez les tongs à l'hôtel), il vous faudra grimper 450 m. Facile? Pas tant que ça, car le chemin est raide. Des cordes sont d'ailleurs installées pour faciliter votre ascension. Après une bonne heure, vous touchez au but. Plus de trente îles s'offrent alors à votre regard. Un conseil: si vous passez la nuit sur place, vous pourrez vous hisser au sommet à l'aube, et y observer un lever de soleil spectaculaire. Cela vous permettra d'éviter le flot des touristes qui arrivent sur place dès 10h.

Koh Tao ✧✧

Carte p. 337 – À 50 km N de Koh Pha Ngan et 75 km au large de Chumphon. En saison, plusieurs bateaux/j. (rapides ou ordinaires). Traversée: au départ de Chumphon (2h), de Koh Samui (1h30), de Koh Pha Ngan (1h) et de Surat Thani (6h). Les horaires sont sujets à la météo.

L'île de la Tortue (Koh Tao) possède un trésor: ses fonds sous-marins. Son millier d'habitants y vit de la pêche et des noix de coco, loin de son chef-lieu qui n'est autre que Chumphon, sur le continent. L'urgence devient soudain une notion aussi étrangère qu'inutile. À Koh Tao, il y a des poissons, des oiseaux, des coquillages, mais plus de tortues ni de prisonniers (beaucoup d'îles de Thaïlande accueillirent des bagnards). Dans les années 1990, Koh Tao (21 km^2) était une immense cocoteraie avec un petit port endormi, deux ou trois épiceries, quelques terrasses sur la mer pour déguster une soupe ou un poisson frit, un marché, une salle de billard, la poste, la pagode et un unique agent de police. Mais c'était au siècle dernier.

SITES DE PLONGÉE

Passionné de plongée? Koh Tao est devenue l'une des destinations les plus prisées de Thaïlande (plus de 100 000 visiteurs par an!). Ne vous inquiétez pas, il y a des poissons pour tout le monde et aucune obligation non plus de passer ses vacances sous l'eau! En revanche, si vous souhaitez plonger, à vous la belle vie: PADI (www.padi.com) ou encore SSI, IANTD, BSAC, NAUI... ils sont tous là, avec le matériel et des instructeurs expérimentés, quel que soit votre niveau. On a répertorié 25 sites majeurs, entre 14 et 18 m de profondeur, et d'autres moins accessibles à 30 m. Vous pouvez faire jusqu'à cinq plongées par jour. De nombreux fonds peuvent être admirés en nageant, avec un masque. Certains hôtels proposent des forfaits hébergement et plongée.

Cela dit, à Koh Tao, il vous faudrait des mois pour épuiser le sujet, tant les sites sont nombreux et éclectiques. Voici quelques indices pour vous aider à faire votre choix. **Chumphon Pinnacle**, le spot le plus populaire, voit défiler des requins, des bancs de barracudas, de thons et de maquereaux géants. **Green Rock**, labyrinthe de tunnels sous-marins, est un terrain de jeu pour plongeurs intrépides. Bonus: les tortues sont des visiteuses occasionnelles. Peu profond, le site des **Japanese Gardens** convient bien aux débutants. Il dévoile surtout une incroyable collection de coraux. Enfin, pour s'offrir un face-à-face avec un requin, une baleine ou un léopard, les plongeurs expérimentés mettront le cap sur **Southweast Pinnacle**.

SNORKELING

À **Laem Thiam**, vous verrez des petits requins. À **Shark Island**, bizarrement, pas de requins, mais plein de petits poissons colorés et de jolis coraux mous. À **Light House Point**, ce sont des anémones aux couleurs vives qui attireront votre attention. Enfin, **Mango Bay**, un site peu profond, regroupe de nombreux coraux, des éponges et des anémones.

KOH NANG YUAN

45 min de traversée en *hang yao* depuis Koh Tao.

Elle figure parmi les merveilles de la nature avec ses trois plages de sable blanc disposées en étoile. Sur place, vous trouverez un restaurant, quelques bungalows à louer et un paradis sous-marin. Après avoir barboté dans les eaux turquoise, mettez le cap sur le sommet (15 min). De là-haut, ces trois bandes de sable sont encore plus belles...

PAUSE

Pause fruitée

Pour prendre des forces avant une sortie plongée, direction **Living juices**. Leurs smoothies et leurs salades de fruits sont remplis de bonnes choses (kale, gingembre, papaye, noix de coco...).

> Sairee Village, en face d'Asia Divers (à 2 min de la plage). T.l.j. 7h30-14h.

• NOS ADRESSES •

KOH PHA NGAN

OÙ DORMIR

Nous vous conseillons de ne pas loger sur Hat Rin, plage bruyante et surpeuplée, ni à proximité de la baie de Chalok Lam, lieu d'une activité artisanale de saumure de poisson très odorante... Jadis constituée de bungalows bon marché, l'hôtellerie à Pha Ngan évolue et monte en gamme. Des hôtels de luxe ont fait leur apparition. Les raves ou *full moon parties* peuvent attirer jusqu'à 5 000 pers. pour une seule soirée (uniquement tout au sud, le reste de l'île est tranquille).

Green Papaya

Plage de Salat ☎ 077.374.230, www.greenpapayaresort.com. Environ 130 €.

Sur une belle plage assez tranquille, l'hôtel offre des logements spacieux et bien aménagés, avec d'originales salles de bains en plein air et un restaurant thaï et européen.

Panviman Resort

Plage de Thong Naï Pan Noi ☎ 077.445. 101, www.panviman.com. Environ 130 €.

Un coin de paradis isolé pour les amateurs de calme. Certaines chambres sont taillées à même la roche. Le luxe à la thaïlandaise.

OÙ MANGER

Très nombreux restaurants dans tous les lieux de concentration touristique, en particulier sur **Hat Rin**. Beaucoup de choix aussi à **Wok Tum** et **Chao Pao**. Mais on peut manger sur n'importe quelle petite crique où il y a des bungalows.

Fisherman's (poissons)

Ban Tai, au S-O de l'île ☎ 084.454.7240. T.l.j. 13h-22h. De 10 à 25 €.

Les pieds dans le sable, ce restaurant prépare à merveille les poissons. Normal, le propriétaire est fils de pêcheur. Goûtez au crabe au curry (400 THB), aux pâtes aux fruits de mer ou au barracuda grillé (220 THB). Tout est bon et copieux, et l'accueil est très attentif. La bonne idée : dîner dans un *hang yao* !

KOH TAO

OÙ DORMIR

Il est fortement déconseillé de débarquer à Koh Tao sans réservation.

Certains bungalows n'acceptent que les réservations assorties d'un forfait plongée. Toutefois, un comité d'accueil est présent à l'arrivée des bateaux pour transférer ses clients et proposer un gîte aux imprévoyants.

Les prix varient de 1 à 3 selon la saison, la plus chère s'étalant de décembre à avril. Le plus grand nombre d'hôtels et de *guesthouses* se trouve au nord de la plage de Sairee (côte ouest).

Koh Tao Cabana

☎ 077.456.504, www.kohtaocabana.com. De 90 à 150 €.

Cet hôtel propose plusieurs types de bungalows, du plus simple au plus luxueux, mais tous décorés avec goût dans un cadre apaisant.

Sensi Paradise Beach Resort

www.sensiparadiseresort.com. De 90 à 150 €.

Cet hôtel, situé sur la plage Mae Haadn au sud de la plage de Siaree, est idéal pour le farniente en famille. L'établissement se fond dans son magnifique environnement. Maisons pour les familles, suites romantiques et bungalows sur la plage.

Charm Churee Villa

☎ 077.456.393, www.charmchureevilla.com. Villas de 3 ch. De 90 à 150 €.

Les terrasses au-dessus de l'eau sont splendides et la petite plage privée de Jansom Bay charmante. Les villas de trois chambres se louent autour de 900 € la semaine.

OÙ MANGER

Les restaurants sont en majorité installés à **Sairee**, **Mae Hat** (au sud de Sairee) et **Chalok Ban Khao**.

The Gallery Restaurant (thaï)

Sairee Beach 077 456 547, www.thegallerykohtao.com. De 15 à 20 €.

Ce restaurant thaï ne désemplit pas, à juste titre : les plats (à partir de 150 THB) sont excellents, joliment mis en scène, les cocktails (à partir de 240 THB) sont divins, et l'accueil est très souriant. En fin de repas, allez faire un tour dans la galerie photo du restaurant. Le photographe Chris Clark y présente ses clichés de Koh Tao.

SPORTS ET LOISIRS

Plongée

Près de 50 opérateurs et des boutiques spécialisées offrent du matériel dernier cri et des stages de tout niveau avec des moniteurs chevronnés. Location de masques et tubas possible.

Plongée en apnée

Apnea Total

Sairee Beach 081.956.5720, www.apneatotal.com. T.l.j. 8h30-20h. Compter 180 € le cours de 2 j.

Préparez-vous à vivre une expérience inoubliable ! L'Espagnol Eusebio et l'Argentine Monica ont ouvert leur société en 2004. Attentifs et sécurisants, ils initient à l'apnée dans les eaux chaudes de Koh Tao. La session de deux jours commence par des cours théoriques, suivie de deux plongées où vous êtes accompagné de très près par un instructeur. Vous apprenez à être plus concentré, plus relaxé pour brûler moins d'oxygène. Surtout, en vous débarrassant de l'équipement, vous commencez à vous prendre pour un poisson !

Escalade et multisports

Goodtime Thailand

Sairee Main Rd. 087.283.7530, www.goodtimethailand.com/aventure. 44 € la journée Jump into Jaws.

Les sportifs n'auront que l'embarras du choix : plongée, escalade et multisports. La société possède de nombreux équipements. Plongée en hors-bord : les bateaux du centre de plongée embarquent de 7 à 20 plongeurs. Ceux qui aiment la varappe découvriront les fantastiques paysages de granit de Koh Tao sur l'un des nombreux parcours d'escalade du centre. Enfin pour les plus aventureux, Goodtime Thailande organise une sortie 100 % adrénaline. Au programme : une randonnée sur la côte est, hors des sentiers battus dans la jungle, suivie de sauts depuis des falaises, de plongée en apnée autour des récifs de corail, avec un retour à la base en vedette rapide !

Thaïlande du sud : quel côté choisir ?

Côté mer d'Andaman : les plages de Phuket, échancrées de baies et de caps, offrent toute la gamme des sports et plaisirs balnéaires. Non loin, la baie de Phang Nga, le parc national maritime des îles Similan et le parc national de Khao Sok, pures merveilles, séduiront les amoureux de la nature. Dans la province de Krabi, qui reste très touristique, Koh Lanta est le paradis du massage. Idéale pour une cure de repos dans une ambiance familiale.

Côté Golfe de Thaïlande : Koh Samui, l'île la plus cosmopolite du golfe de Thaïlande, est aussi un havre de détente, même si elle est par endroits beaucoup trop fréquentée (les plages ne sont pas toujours très propres). L'archipel réserve aussi de belles découvertes avec le parc national maritime d'Ang Thong, totalement préservé, et Koh Tao, l'une des destinations les plus prisées pour la plongée.

TOUT SAVOIR SUR...

L'histoire

LA GASTRONOMIE,

LA RELIGION

LA CULTURE...

Pour en savoir plus sur l'histoire de la Thaïlande, comprendre ses traditions, partager ses coutumes, goûter sa cuisine et découvrir le savoir-faire local. Ces pages sont faites pour répondre à toutes vos questions et à bien d'autres...

SOMMAIRE

HISTOIRE

^ Anniversaire du roi Rama IX

LES DATES QUI ONT FAIT LA THAÏLANDE

L'histoire siamoise commence en 1238, avec la fondation de Sukhothaï. À partir de cette date, les grandes étapes de l'histoire du Siam se lisent sur une carte. La nation descend, chaque fois, plus au sud pour se régénérer: après Sukhothaï et Ayutthaya, Bangkok devient la capitale du Siam en 1782. En 1939, le Siam prend le nom de Muang Thaï, « le pays des hommes libres ». Un titre fièrement revendiqué car le Siam a toujours échappé au joug colonial. De ce passé, la Thaïlande tire son attachement profond à la liberté.

Premiers royaumes

Culture môn (Dvaravati) dans le bassin du Ménam (VIe-XIe s.)

Premières vagues d'immigration thaïe (depuis les plaines du sud-ouest de la Chine) sur un axe nord-sud, le long des vallées du Siam. Le **premier royaume thaï** connu est originaire des hautes vallées du **Yunnan** (Chine). Regroupé sous la bannière du royaume de Nantchao, ce peuple de riziculteurs amorce sa descente vers le sud dès le XIe s., pour échapper aux sbires de Gengis Khan. Cette coulée migratoire vers le golfe du Siam est une constante de l'histoire thaïe, qui explique la disposition des anciennes capitales, de Sukhothaï à Bangkok, situées sur ce même axe dans la riche plaine centrale.

Juxtaposition de petits royaumes (XIIe-XIIIe s.)

Fertile et accueillante, la terre du futur Siam est occupée par diverses populations, notamment les Khmers et les Môns (p. 372). Vindicatifs et peu organisés, tous ces petits royaumes passent leur temps à guerroyer. L'unification ne s'opère que très progressivement. De rares petits royaumes parviendront à sauvegarder très longtemps leur indépendance, comme celui du **Lan Na** (région de Chiang Maï), qui ne sera rattaché au pouvoir central qu'en 1892, sous l'autorité du roi Rama V.

Sukhothaï, naissance d'une nation

Tandis que le bon roi Saint Louis rend la justice sous son chêne, un nouvel État marque l'émergence de la nation siamoise sous le nom de Sukhothaï (du pâli : *sukha-udaya*, qui signifie « l'aube de la félicité »), en 1238. La capitale s'implante au nord de la riche plaine alluviale qui coule jusqu'à la mer de Chine sur 500 km. Le riz pousse en abondance, la nature est généreuse. Le tintamarre des armées khmères s'atténue, même si la menace persiste, tout comme celle des Birmans. La montée en puissance de Sukhothaï profite du **déclin d'Angkor**, capitale de l'Empire khmer fondé en 802 par Jayavarman II.

Les Thaïs ont l'art de négocier leurs victoires. Vis-à-vis des Môns et des Khmers, dont ils convoitent les territoires, ils jouent la carte de l'**assimilation**, profitent des apports de cultures qui leur sont « supérieures » (les Khmers sont des guerriers bâtisseurs, tandis que les Thaïs sont des agriculteurs) et s'emparent en douceur des leviers de commande.

Règne de Rama Khamhaeng (1277-1317)

Le royaume de Sukhothaï a aussi son Saint Louis : Rama Khamhaeng, ou « le Grand Roi », qui monte sur le trône à 19 ans à la suite d'un combat singulier à dos d'éléphant gagné contre un seigneur birman. Législateur organisé, fin diplomate, il favorise l'**expansion du bouddhisme theravada** (p. 394) et les **premiers écrits en langue thaïe**. Ces derniers sont consignés sur une stèle exposée aujourd'hui au musée de Bangkok et laissent à chacun un goût de paradis : « Aucun droit n'est prélevé sur ceux qui empruntent les routes pour conduire leurs buffles au marché ou vendre les chevaux sur lesquels ils sont montés. Libre à tous de faire le commerce des éléphants. Libre à tous de faire le commerce de l'or et de l'argent... »

Sous son règne éclairé, l'art s'épanouit dans l'architecture et la statuaire, hommage sans cesse renouvelé à la religion bouddhique. Les artistes de Sukhothaï inventent le fameux **bouddha « en marche »**, et leurs poteries en **céladon** (p. 410), d'une finesse exquise, sont célèbres dans toute l'Asie. La moralité imprègne fortement la vie politique du royaume.

D'après le **Traiphumkatha**, livre attribué à un frère aîné de Rama Khamhaeng, le roi doit se plier à 12 préceptes, qui semblent toujours d'actualité, notamment : assurer le bonheur et la prospérité de ses sujets ; établir des relations amicales avec les États voisins ; aider les commerçants à développer les échanges ; assister les défavorisés ; protéger la faune et la flore ; donner à manger aux pauvres et les préserver de la malveillance ; refuser les revendications iniques... Héritier d'une simple ville pour tout

AYUTTHAYA : DES ROIS ÉCLAIRÉS

Rama Thibodi (1350-1369), premier souverain d'une prestigieuse lignée, esquisse les rudiments d'une **constitution**. Un de ses successeurs, Boroma Trailokanat (1448-1488), met en place des **structures administratives** qui dureront, pour certaines, jusqu'au XIXe s. Pour l'histoire comme pour la légende, Ayutthaya reste la « **Cité des Trente-Trois Rois** ». Des figures glorieuses, comme le roi **Naresuan** (1590-1605), ont contribué à entretenir la passion de la liberté et de l'indépendance qui sous-tend l'histoire siamoise.

royaume, ce roi construira un véritable État qui s'étendra jusqu'à Louang Prabang au Laos et Pegu en Birmanie. Mais sa mort sonnera le glas de Sukhothaï.

La « Cité des Trente-Trois Rois » et la domination birmane

Un nouveau pouvoir ne va pas tarder à profiter de la vacance laissée par « le Grand Roi ». Installé en 1350 sur une île formée par une boucle de la rivière Chao Phraya, le royaume d'Ayutthaya **s'empresse de vassaliser Sukhothaï** (1378). Les affrontements avec les Khmers se succèdent. À trois reprises, les souverains d'Ayutthaya mettent la main sur Angkor (1431), déportant sa population et pillant ses richesses, jusqu'à l'ultime capitulation...

Cet événement est à l'origine de la création de **Phnom Penh**, l'actuelle capitale du Cambodge. Selon la tradition, les vainqueurs tirent profit de leurs conquêtes pour enrichir leur propre culture. Le roi thaï s'empresse d'adopter le **modèle khmer du dieu-roi** et se coupe du peuple, rompant avec la tradition du souverain bienveillant développée à Sukhothaï. Propriétaire de la terre, il l'est aussi des gens, qui deviennent ses esclaves.

À deux reprises, Ayutthaya devient birmane (1562 et 1565), puis redevient un royaume indépendant en 1590. C'est le début d'une haine tenace entre Siamois et Birmans. Le futur roi Naresuan est emmené en captivité en Birmanie alors qu'il n'est qu'un enfant.

Comme à Versailles

Le royaume d'Ayutthaya illustre durant plus de 400 ans la période la plus rayonnante et la plus audacieuse de l'histoire siamoise, un âge d'or artistique et culturel. Architecture, sculpture, peinture, littérature, danse, théâtre... Tout contribue au raffinement d'une cour justement célèbre au-delà des monts, des vallées, des océans... Imaginez l'admiration que pouvait susciter, à l'époque, une ville brillante et cosmopolite où vivaient des milliers d'étrangers, chacun apportant ses talents. Portugais et Français possédaient même leurs propres églises catholiques. Mais derrière les fastes de la cour plane toujours l'ombre des champs de bataille... Le royaume mène des guerres incessantes contre les Khmers et les Birmans, les deux ennemis jurés. Le grand roi Naresuan (1590-1605) parvient à rendre le Siam suffisamment puissant pour sauvegarder son indépendance pendant deux siècles. Mais les inévitables querelles de famille précipitent la fin.

Le roi Naraï (1657-1688) recevra en 1662 les envoyés de Louis XIV à Ayutthaya, dont le **chevalier de Chaumont** et l'**abbé de Choisy**, qui a laissé un étonnant récit de voyage. Ce sont les **premiers échanges diplomatiques entre la France et le Siam**.

Destruction d'Ayutthaya par les Birmans (1767)

Après un siège de quatorze mois, Ayutthaya s'effondre devant les armées birmanes. Ses trésors sont réduits en cendres, ses habitants massacrés ou déportés. Les Thaïs ne pardonneront jamais aux vainqueurs l'impitoyable destruction de leur splendide capitale. On prétend même qu'aujourd'hui encore les Birmans ne peuvent aller à Ayutthaya, tant la population leur est hostile.

Bangkok : l'ultime capitale

Taksin installe une nouvelle capitale à Thonburi (1769)

Deux ans après la fin tragique d'Ayutthaya, les Siamois retrouvent un roi, Taksin, et une capitale, **Thonburi** (1769), située sur la rive

ouest du Chao Phraya, en face de l'actuelle Bangkok. Le nouveau souverain s'emploie à réunifier le territoire (récupérant Chiang Maï, Louang Prabang et Vientiane), chasse l'ennemi birman et rétablit la puissance siamoise. Mais vers la fin de sa vie, il sombre dans un délire sanguinaire qui finit par dresser ses propres partisans contre lui. En 1782, on l'assassine avec les égards dus à son rang, en l'enfermant dans un sac de soie et en le frappant à mort avec des gourdins de santal! Il est vrai qu'il était interdit de toucher la personne du roi...

Rama Ier choisit de s'installer sur l'autre rive de la rivière Chao Phraya, mieux protégée que Thonburi, où il fonde Bangkok et la dynastie Chakri (1782). Fermée par la rivière et par des canaux, Bangkok sera la dernière capitale du Siam et la première de la Thaïlande.

˅ Temple Wat Apson Sawan, à Thonburi

Renaissance d'un grand royaume (1782-1861)

Les Birmans ont laissé le pays exsangue, rasant temples et palais, emportant les bouddhas, décapitant les statues, pillant l'or et les richesses, déportant la population. Trois générations de monarques (Rama Ier, Rama II et Rama III) relèvent le défi de reconstituer le patrimoine national, édifiant de nouveaux temples et palais inspirés du style d'Ayutthaya (p. 369). Ils seront trop accaparés par cette tâche pour entreprendre un sérieux effort de modernisation.

La fascination de l'Occident

Mongkut (Rama IV ; 1851-1868) et Rama V (1868-1910)

Sous le règne de Rama IV, la Thaïlande s'ouvre véritablement à l'**ère moderne**. Le nouveau roi sort d'une retraite de vingt-sept ans dans un monastère bouddhique. Doté d'un esprit encyclopédique, il est passionné d'astronomie et étudie l'anglais, entreprise excentrique dans le contexte de l'époque. Il comprend l'importance de l'Europe et parvient à épargner à la Thaïlande la colonisation. Dès son arrivée au pouvoir, il établit des **relations diplomatiques avec l'Europe et les États-Unis**.

Rama V développe l'enseignement, abolit l'esclavage, réforme l'administration, fait construire routes et voies ferrées. Il deviendra l'idole des Siamois, puis des Thaïlandais et fait toujours l'objet d'une profonde vénération. En dépit de ces réformes libérales, la monarchie demeure absolue.

Les Français exigent le rattachement au Laos de territoires situés à l'ouest du Mékong. En signant le **Traité des frontières franco-siamois** en 1907, la Thaïlande renonce à ses droits territoriaux au profit de la France.

^ Timbre de 1997 représentant le roi Rama IX

Les débuts du XXe siècle

L'extension de l'éducation a favorisé l'**émergence d'une élite** qui passe à l'action : le 24 juin 1932, un coup d'État abolit la monarchie absolue, imposant au roi une constitution et un parlement : la nouvelle monarchie constitutionnelle est née. **Pridi Phanomyong**, l'instigateur du mouvement, est vite évincé par les militaires qui le jugent trop gauchisant. En 1939, le Siam devient le *Mouang Lang*, le « pays des hommes libres », qui devient *Thai land* dans sa traduction anglaise. Ce changement intervient dans un contexte de **nationalisme militariste** orchestré par **Pibul Songgram**, qui ne cache pas ses sympathies pour le Japon. Éloigné du pouvoir à la défaite des Japonais, Pibul reviendra en 1947 en tant que Premier ministre, après l'assassinat du roi Ananda Mahidol (Rama VIII), appelé dès 1935 à succéder à son oncle Rama VII qui n'a pas eu d'héritier. Il instaure un style de gouvernement militaire musclé dans un contexte de respect de l'autorité installé par une longue tradition de monarchie absolue.

Les généraux garderont le pouvoir sans interruption jusqu'en 1958, coups d'État, dissolutions et démissions étant érigés en méthode de gouvernement.

Bras de fer avec la démocratie (1946-1961)

Le règne de Rama IX, nouveau roi de Thaïlande, débute en 1946 (p. 365). Bhumibol Adulyadej, frère du roi Ananda qui n'aura jamais régné, est appelé à monter sur le trône à l'âge de 19 ans. Il est couronné en 1950 et inaugure le règne le plus long de toute l'histoire du Siam et de la Thaïlande. Son influence sur la vie politique ne fera que croître au fil des années, tempérant les excès des gouvernements militaires puis civils.

L'arrivée des Américains (1961-1976)

En 1961 a lieu la première intervention américaine au Vietnam. Une ère nouvelle s'ouvre pour les généraux qui trouvent de complaisants protecteurs dans les Américains. Les dollars affluent pour faire de la Thaïlande une base arrière acquise au gouvernement américain.

Farouchement anti-communistes, Thanom Kittikachorn (1963-1973) et ses pairs profitent du soutien des Américains pour diriger la Thaïlande d'une main de fer, d'où son nom de « gouvernement autoritaire du Mal ». À la fin des années 1960, les bases militaires américaines tournent à plein régime dans le Nord-Est, et Pattaya prend un goût de paradis pour des milliers de jeunes soldats.

Aux prises avec une crise économique accrue par le désengagement américain, contesté par une opposition qui s'organise, menacé par des guérillas, le **gouvernement autoritaire de Thanom Kittikachorn** cherche à interrompre le processus de libéralisation. La montée de l'opposition culmine en octobre 1973. Soutenus par des personnalités libérales, les étudiants protestent contre l'emprise japonaise, accusée de ruiner l'économie thaïlandaise, et réclament une **nouvelle constitution**. Celle-ci ne verra le jour qu'en octobre 1974, après un bain de sang où l'on verra des blindés lancés contre les étudiants en colère, malgré la tentative de médiation du roi.

Le 20 juillet 1976, le dernier G.I. quitte officiellement l'exquise Thaïlande. Une page est tournée, et le gouvernement de Kukrit Pramot échange des ambassadeurs avec Pékin, en vertu du réchauffement des relations avec la Chine («diplomatie du bambou»). La Thaïlande a quand même bien profité de son statut de «**dernier rempart contre le communisme**» : en quarante ans, grâce à l'aide des États-Unis, elle a multiplié par 7 son revenu par habitant et caracolé à un taux de croissance autour de 8%.

Fragile équilibre parlementaire (1980-1988)

Les années 1980 sont encore marquées par la prééminence des militaires, qui persistent à recourir aux coups d'État et aux dissolutions pour récupérer un pouvoir qui leur échappe chaque jour davantage au profit des libéraux. Il faut attendre 1988 pour que des élections portent au pouvoir un gouvernement civil. Les **investissements étrangers** affluent, la **Bourse** est euphorique, le **taux de croissance** atteint des records.

Les défis de la crise

Les années 1990

Un nouveau coup d'État militaire (le 17e depuis 1932) intervient en 1991. Mais en **mai 1992**, de dramatiques émeutes voient pour la première fois la classe moyenne s'opposer au retour des militaires et s'ériger en gardienne de la démocratie, discrètement encouragée par les milieux d'affaires. Soumis à la pression de la rue et à l'arbitrage du roi, le régime militaire est renversé. Mais le **gouvernement civil d'Anand Panyarachun** montrera sa fragilité face à une classe politique militaire très structurée, qui ne lâche jamais vraiment le pouvoir.

En 1996, a lieu le Jubilé royal : 50 ans de règne de Rama IX Bhumibol. À cette occasion, la dévotion du peuple thaïlandais envers son roi donne sa pleine mesure avec des célébrations somptueuses.

Accueillie avec stupeur, la crise financière asiatique (1997) sème le chaos : minée par le **surendettement**, la Thaïlande voit l'effondrement brutal de son système financier et bancaire. L'inflation frise les 8%.

Le début du XXIe siècle

Les élections de 2001 portent au pouvoir une coalition dirigée par Thaksin Shinawatra, leader du **parti Thaï Rak Thaï** (« les Thaïlandais aiment la Thaïlande »). Souvent comparé à Berlusconi, ce Sino-Thaï ambitieux et populiste devient rapidement la première fortune du pays : il tire profit de sa position à des fins personnelles, tout en s'assurant un solide soutien populaire.

Le 26 décembre 2004, un terrible **tsunami** ravage la région de Phuket. On déplore plus de 5000 morts en Thaïlande. Le royaume se montrera exemplaire dans la gestion de cette catastrophe et dans la reconstruction des zones touchées.

Un nouveau coup d'État militaire a lieu le 19 septembre 2006. Thaksin Shinawatra est renversé avec le soutien implicite du roi et des milieux d'affaires mais en 2008, le nouveau Premier ministre **Samak Sundaravej** s'inscrit dans la ligne de Thaksin Shinawatra. En décembre, les partisans de l'Alliance du peuple pour la démocratie occupent deux semaines l'aéroport de Bangkok. Somchai Wongsawat, chef du gouvernement proche de Thaksin Shinawatra, est destitué. En moins d'un an, trois Premiers ministres se sont succédé au pouvoir.

Années de troubles (2009-2011)

Tout au long de l'année 2009, les manifestations continuent. Les Chemises rouges, partisans de Thaksin qui réclament le retour de leur leader en exil, s'opposent régulièrement aux Chemises jaunes. Des manifestations et des émeutes ont lieu à travers tout le pays. À Bangkok, on déplore plus de 80 morts et 2000 blessés. Malgré des mesures préventives, en 2011, le pays doit faire face aux pires inondations depuis cinquante ans. Elles engendrent des centaines de morts et des milliers de sans-abri.

LA DYNASTIE CHAKRI

Rama I ou Yot Fa (1782-1809) écrivait de la poésie et traduisit en thaï le *Ramakien* (épopée hindouiste). Il eut 41 enfants.

Rama II ou Loet La (1809-1824), grand musicien, composa des drames poétiques. Il eut 73 enfants.

Rama III ou Nang Klao (1824-1851) était un véritable savant bouddhiste, ce qui ne l'empêcha pas d'être un génie en affaires... Il eut 51 enfants.

Son frère **Rama IV** appelé aussi **Mongkut** (1851-1868) connaissait le pâli, le sanskrit, le latin, l'anglais, et était féru d'astronomie. Il eut 82 enfants, bien qu'ayant passé 27 ans de sa vie dans un monastère.

Rama V ou Chulalongkorn (1868-1910), fils de Mongkut et modernisateur du Siam, écrivit un livre de recettes de cuisine européennes. Il eut 77 enfants.

Son fils **Rama VI ou Vajiravuddh** (1910-1925) publia sa première œuvre littéraire en anglais et traduisit Shakespeare en thaï. Il eut une fille, née la veille de sa mort.

Rama VII ou Prajadhipok (couronné en 1925) fut le premier roi de la monarchie constitutionnelle. Il inaugura la monogamie et n'eut pas d'enfants.

Rama VIII ou Ananda Mahidol (couronné à l'âge de 10 ans en 1935) mourut célibataire à 21 ans, dans des circonstances non élucidées.

Rama IX ou Bhumibol Adulyadej (régent dès 1946 ; couronné en 1950 ; mort en 2016) a battu les records de longévité. Il a eu 4 enfants.

Rama X ou Maha Vajiralongkorn (en fonction depuis 2016, couronné le 4 mai 2019). Le fils de Rama IX est militaire de formation.

Coup d'État et mort du roi (2014-2016)

Après une crise politique de plusieurs mois, l'armée déclenche un coup d'État le 22 mai 2014. Le roi Rama IX, qui a longtemps joué le rôle d'arbitre dans les crises successives de son royaume, séteint le 13 octobre 2016, à l'âge de 88 ans. L'écrasante majorité des Thaïlandais n'ont connu que lui à la tête du royaume. Sa disparition ouvre donc une période d'incertitudes. D'autant que son fils Maha Vajiralongkorn, qui lui succède en 2016 sous le nom de Rama X est loin de jouir de la même popularité. Militaire de formation, il est couronné en mai 2019. Les élections législatives se déroulent le 24 mars 2019 : malgré la défaite du Palang Pracharat, parti de la junte, le chef de la junte Prayut Chan-o-cha est reconduit au poste de Premier ministre.

‹ Monument du roi Rama V à Chonburi

RAMA V, LE BIEN AIMÉ

Toujours vénéré, le roi Chulalongkorn a su s'affranchir des pesanteurs de la tradition pour ouvrir son pays à l'Occident. Il coiffa la tiare royale et le chapeau melon avec une égale dignité.

Un personnage voué au culte

Son **portrait** figure dans la plupart des foyers et des boutiques du royaume, et les **médailles à son effigie** ornent le cou des Thaïlandais et des Thaïlandaises en compagnie des amulettes bouddhiques, car il a la réputation de porter chance. Cinquième roi de la dynastie Chakri sous le titre de Rama V, Chulalongkorn a été distingué parmi les 82 descendants du roi Rama IV pour régner de 1868 à 1910.

Des réformes pour un changement radical

Ce gentleman a su mettre à profit les leçons de son père et d'Anna Leonowens, sa célèbre gouvernante anglaise, popularisée par le feuilleton (1972) et le film (1999) *Anna et le Roi*, pour convaincre les Siamois que l'Occident ne leur apportait pas que des maux. Devenu roi à l'âge de 15 ans à la suite du décès de son père, il ne prend les rênes du royaume qu'en 1888, à la mort du régent. Il se lance immédiatement dans des **réformes**. On lui doit, entre autres, l'**abolition de l'esclavage**, la réorganisation du **système judiciaire**, les premiers **chemins de fer** et tramways, la création d'un service de poste et télégraphe, l'éclairage urbain... et la mise en place d'un **système éducatif**, en faveur des jeunes gens de la noblesse, puis des enfants de commerçants et même des filles !

Un ambassadeur en Occident

Il est le premier souverain siamois à envoyer ses fils étudier à Londres. C'est de la capitale britannique qu'il fait venir les premières voitures, introduisant ainsi la conduite à gauche dans un pays qui ne fut pourtant jamais colonisé par les Anglais. Premier souverain siamois à voyager en Occident, confiant la régence à la reine Sowabha Phongri (l'une de ses épouses, qui fut d'ailleurs l'ancêtre des féministes thaïes), il s'érige en **ambassadeur d'un royaume méconnu**. Amateur de cuisine, il publie un livre de recettes occidentales. Pour améliorer la circulation à Bangkok, il fait construire un pont à chacun de ses anniversaires. Bien que séduit par l'Occident, il ne le sera pas au point de se convertir à la monogamie et aura 77 enfants.

Crémation royale

Une fois le décès du roi constaté, son corps est placé accroupi, les mains jointes en *waï*, dans une urne d'argent scellée que l'on transporte sur un palanquin doré jusqu'au Dusit Maha Prasat (p. 63). On lui place une bague en or dans la bouche pour qu'il acquitte son droit d'entrée au paradis.

Après cent jours, on peut procéder à la crémation, un bûcher funéraire ayant été édifié au préalable sur Sanam Louang. Le corps est délesté de ses vêtements précieux et de ses bijoux. On le recouvre d'un linceul puis on l'emporte au Wat Po (p. 64) pour le placer sur le « chariot de la Victoire » (exposé au Musée national, salle 17, p. 55). Un cortège se forme, précédé par le Grand Patriarche (dignitaire religieux) et fermé par le nouveau roi, qui aura la charge d'allumer le feu sacré sur Sanam Louang.

Le lendemain matin, on dessine avec les cendres une silhouette humaine tournée vers l'est, puis vers l'ouest, pour rappeler que le soleil continue à se lever et à se coucher. Les ossements restants après l'incinération sont récupérés par la famille.

Cérémonie de la crémation du roi Rama IX

RAMA IX, PORTRAIT D'UN MONARQUE

Portrait de Rama IX >

Roi de Thaïlande de 1946 (couronné en 1950) à 2016, il a régné pendant 60 ans. Il a vu passer 17 constitutions et 18 coups d'État !

Le devoir avant tout

Bhumibol est né aux États-Unis le 5 décembre 1927. Comme son frère aîné Ananda, on le mit en pension en Suisse. Après l'abdication de Rama VII puis la mort d'Ananda en 1946, Bhumibol doit rentrer au pays. En mai 1950, après son mariage avec la princesse **Mom Rachawong Sirikit Kitiyakara**, Bhumibol Adulyadej prend possession du trône octogonal, sous le nom de Rama IX.

Une monarchie actuelle

Loin d'être un roi décoratif, Rama IX est le **chef de l'État et des Forces armées**, le **défenseur de la religion**, et tout acte législatif doit porter sa signature. Il est le **garant de l'unité du pays**, arbitrant les conflits qui agitent le monde politique. Préoccupé par l'amélioration du sort des paysans, il a sillonné le royaume pour écouter et comprendre une population rurale qui l'adule.

Le roi est ainsi à l'origine de **projets de développement agricole** et s'inquiète de la gestion du **patrimoine forestier** et des **ressources en eau** du pays. Son épouse, la reine Sirikit, s'est investie dans la préservation de l'héritage culturel régional et de l'**artisanat**.

Un moderne bridé par le protocole

La famille royale reste entourée d'un protocole sévère qui n'a fait que se rigidifier au fil des années. Les interlocuteurs du souverain doivent s'agenouiller devant lui. Ceci dit, malgré une apparence austère (il sourit rarement), Rama IX a la réputation d'un homme simple et sensible. Passionné de photo, skipper aguerri, musicien de jazz accompli, il est aussi **compositeur**, et l'une de ses œuvres fut jouée à Broadway en 1950. Il figure aussi dans le *Who's Who* du **journalisme** thaï, grâce à un journal qu'il écrivit en 1946 sur un voyage en Suisse.

Le roi est mort

Bhumibol s'est éteint le 13 octobre 2016, à l'âge de 88 ans, après deux ans d'hospitalisation quasi continue. L'écrasante majorité des Thaïlandais n'a connu que lui à la tête du royaume. Sa disparition ouvre donc une période d'incertitudes. D'autant que son fils, Maha Vajiralongkorn, qui lui succède, est loin de jouir de la même popularité. L'homme, militaire de formation, vivait en Allemagne. Il devient Rama X et est couronné en mai 2019.

ART ET ARCHITECTURE

RICHESSE DES STYLES

Au carrefour des mondes indianisé et sinisé, le Siam a édifié sa propre tradition artistique en empruntant à l'un et à l'autre. Fidèle aux exigences de l'iconographie bouddhique, l'artiste thaï est un copieur, mais il est suffisamment créatif pour remanier à sa façon l'apport étranger. En dépit de la diversité des styles, attachés à une région ou à un royaume, le bouddhisme therevada reste au cœur de l'inspiration.

^ Un bouddha du Wat Yaï Chaï

VIe-XIe s. : Dvaravati, des traces évanouies

Fondé à la fin du VIe s., le royaume de Dvaravati s'étendait dans toute la Thaïlande centrale. Son influence se faisait sentir jusqu'à Lamphun vers le nord et Chaya vers le sud. D'influence indienne, le style Dvaravati fut propagé par les Môns. Le déclin du royaume fut principalement le fait de l'expansion khmère.

Architecture

Elle n'a laissé que peu de traces, car elle utilisait des matériaux périssables comme la brique,

< Prasat Hin Phanom Rung

la latérite (terre rougeâtre) et le stuc pour les motifs décoratifs. On a retrouvé les vestiges d'une vingtaine de villes, de plan généralement ovale, dans le bassin du Ménam.

Statuaire

L'inspiration dominante provient du bouddhisme theravada, comme en témoignent de nombreuses inscriptions en pâli. L'attitude la plus représentée est celle de l'argumentation (*Vitarka mudrâ*, p. 401), traitée de façon hiératique. On trouve aussi des exemples de bouddhas assis « à l'européenne » (c'est-à-dire sur un siège). L'art de Dvaravati a également laissé des représentations hindoues.

VIIe-XIVe s. : Lopburi, la filiation khmère

L'école de Lopburi correspond à la période khmère de l'ancien Siam. Trois grands rois khmers ont exercé leur suzeraineté sur une partie du territoire actuel de la Thaïlande : Suryavarman Ier (1002-1050), Suryavarman II (1113-1150) et Jayavarman VII (1181-1218). Chacun s'est singularisé par une influence artistique qui englobe chronologiquement le style du Baphuon, celui d'Angkor Vat et celui du Bayon. L'apogée de l'école de Lopburi se situe sous le règne de Jayavarman VII. Sa période tardive traduit déjà le dégagement progressif des influences khmères.

Architecture

Le *prasat hin* ou « château de pierre » est le lieu géographique qui rassemble les dieux et les hommes. En dépit de la prédominance d'une architecture massive, voire guerrière, la disposition harmonieuse des bâtiments dans ces grands temples donne une impression d'élégance et de majesté.

Sculpture

La sculpture et les bas-reliefs sont d'une pureté exquise, mêlant les thèmes religieux et la chronique de la **vie quotidienne**. Les vestiges khmers sont surtout concentrés dans l'est de la Thaïlande, mais on a retrouvé un temple bien conservé (restauré) au nord-ouest de Kanchanaburi (Prasat Mouang Singh) qui montre les limites occidentales de l'Empire.

XIIIe-XVe s. : Sukhothaï, naissance d'un art siamois

Source d'inspiration dominante pour les écoles qui lui succèdent, le style de Sukhothaï consacre l'**émergence d'un art spécifiquement thaï**. En moins de deux siècles, il développe, au cœur d'une des régions les moins artistiques de Thaïlande, un rayonnement jamais atteint par les royaumes précédents. Devenu un État vassal d'Ayutthaya en 1378, le royaume de Sukhothaï verra ses richesses et sa puissance s'effriter jusqu'à la ruine.

^ Bouddha Sukhothaï

Statuaire

Plus ou moins contemporaines, les cités de Sukhothaï, de Si Satchanalaï et de Kamphaeng Phet illustrent l'apogée de la statuaire monumentale avec la création du célèbre «bouddha en marche» qui enrichit singulièrement le registre des imagiers (les postures assise, debout, couchée sont jusque-là les seules induites par les canons bouddhiques). L'art de Sukhothaï marque une prédilection pour le bouddha assis en *Bhûmisparsa mudrâ*, «prenant la terre à témoin de son illumination» (p. 401). En dépit de traits disgracieux (nez crochu, double menton, lobes d'oreilles exagérément allongés, disproportion des épaules par rapport au reste du corps), le bouddha Sukhothaï séduit par la sérénité de son sourire et sa majesté. Toute l'imagerie de cette époque tend à privilégier une image sublimée du Bouddha (d'où son côté asexué).

Architecture

L'architecture de latérite et de stuc n'a pas résisté aux assauts de la jungle et des moussons. Sukhothaï conserve malgré tout de très beaux vestiges.

Céramiques

Le royaume de Sukhothaï s'est illustré par des céramiques exquises, produites à Sawan Khalok (à 30 km N de Sukhothaï) et exportées dans toute l'Asie.

XIIe-XXe s. : Lan Na, un élégant style régional

Propre au nord de la Thaïlande, le style du Lan Na est né à la même époque que celui de Sukhothaï. Il s'est développé avec l'avènement du royaume éponyme, fondé à la fin du XIIIe s. au détriment du dernier royaume môn de Hariphunchaï (actuel Lamphun). Le style du Lan Na (appelé aussi Chiang Saen, par référence à l'une de ses capitales au bord du Mékong) a subi l'influence de ses deux voisins, la Birmanie et le Laos. Isolé géographiquement, le royaume du Lan Na garda longtemps sa personnalité et son indépendance, sans connaître de destructions violentes ni de décadence comme les autres capitales siamoises.

Architecture

Bien qu'elle utilise souvent les mêmes techniques de construction qu'à Sukhothaï, comme en témoigne le Wat Chedi Chet Yod à Chiang Maï (p. 194), elle a souvent recours à des matériaux encore plus périssables, comme le bois. Beaucoup d'édifices originaux ont donc disparu, reconstruits tardivement avec une fidélité sujette à caution. Le style du Lan Na est élégant et raffiné : les toits des temples sont inclinés bas sur le sol, et les stupas (reliquaires), souvent chaulés, sont empruntés à l'art épuré de Pagan (Birmanie).

Céramique et statuaire

La céramique doit tout à ses maîtres de Sukhothaï, c'est-à-dire aux meilleurs. Toujours dans le registre du raffinement et dans un souci de pérennité, on utilise des pierres semi-précieuses pour sculpter des statuettes de Bouddha. Ainsi naquit le fameux Bouddha d'Émeraude (p. 401), attribué à cette période.

XIIe-XVe s. : U Thong, mélange d'influences

Propre à la région centrale de la Thaïlande, le style U Thong annonce la formidable renaissance artistique d'Ayutthaya. Vieille cité môn de l'époque Dvaravati, U Thong est située sur une voie de passage – l'axe nord-sud où s'implantèrent les anciennes capitales –, qui la prédestine à de multiples influences et la met en situation d'en tirer avantage, notamment par le contrôle des accès à la mer. Au XIVe s., ses princes sont suffisamment puissants pour annexer une partie de l'Empire khmer, du territoire de Sukhothaï et d'Ayutthaya. C'est d'ailleurs un prince d'U Thong qui règne le premier sur Ayutthaya en 1350, sous le nom de Rama Thibodi Ier.

Statuaire

Art de compromis, le style U Thong ne parvient pas réellement à se dégager des influences des écoles Dvaravati, Sukhothaï et même de l'art khmer, sa référence quasi exclusive jusqu'au XIIIe s. Les artistes de cette époque ont une prédilection pour les statues de bronze et représentent un **Bouddha hiératique**, drapé d'une robe aux plis rigides et le front souvent ceint d'un bandeau. L'attitude la plus fréquente est celle de la victoire sur Mâra (p. 401).

XIVe-XVIIIe s. : Ayutthaya, l'âge d'or

La période d'Ayutthaya couvre pratiquement quatre siècles de l'histoire thaïe. Rassemblant les traditions antérieures, son style évolue vers un raffinement de plus en plus poussé. Tributaire des choix et des vicissitudes des trente-trois rois qui présidèrent à son destin, Ayutthaya connut des influences multiples, la plus surprenante étant celle des Français, sous le règne du

✓ Bouddha d'Émeraude à Wat Phra Kaeo

roi Naraï (p. 358). L'élaboration de ce style dit « national » dérive directement de l'empreinte Sukhothaï (p. 367) avec des apports khmers plus tardifs.

Statuaire et décoration

La relative froideur de la statuaire classique se trouve compensée par le raffinement des techniques, la richesse des parures, la finesse des ornementations. Le souci de préciosité s'exprime aussi bien dans les œuvres en bronze et en bois que dans la peinture murale illustrant les *Jataka* ou dans le travail des objets en laque.

Architecture

Dans cette cité lacustre sillonnée par 140 km de canaux, temples, palais et même églises forment le contrepoint majestueux aux maisons de bois sur pilotis abritant le peuple des rizières. Tour à base carrée ou polygonale, le *prang*, nouveau type de stupa, fait son apparition dans l'architecture religieuse. Nul ne mesure ce que furent vraiment les richesses d'Ayutthaya, réduites en cendres par les Birmans en 1767. Les Siamois s'acharnèrent à les faire renaître comme le décor d'un paradis perdu, à Thonburi d'abord puis à Bangkok ensuite.

Du XVIIIe s. à nos jours : Rattanakosin, l'ancienne gloire revisitée

La période de Thonburi (de 1769 à 1782) fait figure de parenthèse entre la mort d'Ayutthaya et la naissance de Bangkok. Matérialisé par l'installation de la capitale à Bangkok, sur la rive orientale du fleuve Chao Phraya, en 1782, le renouveau artistique sera l'œuvre de la dynastie Chakri (actuellement régnante, p. 362) : le style dit « Rattanakosin » (il porte le nom du quartier historique de Bangkok) connaît alors ses premiers

⌄ Détail de Wat Phra Kéo

balbutiements. On se préoccupe de rassembler dans la nouvelle capitale les statues des monastères en ruine qui, pour les fidèles, représentent un patrimoine sacré qu'il importe de préserver. L'architecture renoue avec la tradition d'Ayutthaya, mais dans un style de plus en plus chargé, comme pour se prouver sa supériorité sur son modèle.

En ce sens, Bangkok développe un art « nouveau riche », plutôt clinquant et tape-à-l'œil. On construit le Palais royal et des monastères prestigieux : Wat Po (p. 64), Wat Phra Kéo (p. 171) ou encore Wat Suthat (p. 80)... Superposition de toits de tuiles vernissées, incrustations de porcelaine et de nacre, statues dorées ou polychromes, bouddhas parés, portes laquées, peintures murales : les artistes font appel à toutes les techniques traditionnelles.

Mais l'influence croissante de l'Occident contribue à tuer l'inspiration. Les œuvres finissent par sombrer dans le conformisme et la raideur. L'objectivité oblige à admettre que le style Rattanakosin a souvent sacrifié la qualité à la quantité. Les artistes ont parfois eu le cœur trop large, illustrant le mariage des idées par un mariage des styles qui, au vu de la tradition siamoise, est contre-nature. La « Cité des Divinités » n'a pas su exorciser les démons de son passé.

CONSTRUIRE SA MAISON

Dans l'ancien Siam et jusqu'en 1910, seuls les membres de la famille royale et les moines avaient le droit d'habiter des pavillons en dur. Les autres membres de la société demeuraient dans des maisons de bois... Aujourd'hui, la brique stuquée voisine avec les maisons-boutiques, les constructions en béton et les façades pastel ornementées.

^ New Road

Naissance des maisons-boutiques

L'architecture en brique stuquée fut introduite par les commerçants chinois sous le règne de Rama Ier (1782-1809), mais c'est à l'époque de Rama IV (milieu du XIXe s.) que de riches marchands chinois édifièrent ces rangées de maisons-boutiques qui marquèrent le centre du vieux Bangkok. À l'apogée de l'ère Rattanakosin (p. 359), 10 000 maisons-boutiques étaient recensées à Bangkok.

Comme le voulait la tradition chinoise, ces bâtiments à deux niveaux abritaient la famille à l'étage et son commerce au rez-de-chaussée. Cette conception du lieu unique de vie est encore très répandue chez les commerçants de province.

La révolution urbaniste du XXe s

Au XXe s., des constructions en béton remplacèrent les opulentes demeures aux façades décorées de stuc et les antiques maisons de teck, telles qu'elles ont été remontées dans la maison de Jim Thompson (p. 95). Le premier ensemble urbain de Bangkok, qui comporte 40 maisons, fut édifié au milieu du XIXe s. sur Sanam Chai Rd. Les précepteurs étrangers de la cour et les gardes du palais bénéficièrent de ces nouvelles dispositions d'esprit et furent logés dans des bâtiments en dur. Les marchands de tissus indiens s'insérèrent très vite dans le quartier de New Road, où ils se trouvent encore.

L'architecture sino-portugaise fut à son zénith durant le règne de Rama V (1868-1910), et l'on vit fleurir sur des façades couleur pastel des ornementations en stuc, des balcons, colonnades et pignons, réminiscences directes du style colonial. C'est également l'époque où l'on vit les premières automobiles.

SOCIÉTÉ

^ Une jeune femme padaung

THAÏS ET THAÏLANDAIS

Doté d'une personnalité singulière, le peuple thaïlandais a su mêler des origines et des traditions diverses au sein d'une même nation. Riche et prospère, l'ancien Siam a été épargné par les catastrophes naturelles et par la colonisation. En 1939, le Siam prenait le nom de Muang Thaï (« pays des hommes libres », traduit par *Thaï Land*), entérinant l'influence primordiale des Thaïs dans la construction de l'identité nationale. On en retiendra que, si tous les Thaïs sont thaïlandais, en termes de nationalité, tous les Thaïlandais ne sont pas thaïs, comme en témoigne leur histoire familiale.

Les Thaïlandais descendent de quatre grandes ascendances asiatiques : les Môns-Khmers, les Sino-Thaïs, les Tibéto-Birmans et les Malais. Les Chinois occupent aussi une place remarquable dans le peuplement du pays.

Les Môns-Khmers

La plus ancienne famille, les Môns, a dominé le territoire actuel de la Thaïlande du VIe au XIIIe s. (p. 356) et s'est trouvée presque entièrement absorbée par les Thaïs. La plupart des Môns qui vivent encore dans le pays ont fui la Birmanie au XVIIIe s. et se sont concentrés dans l'**ouest du pays**.

Quant aux Khmers, on les trouve dans les régions proches du **Cambodge**.

Les Sino-Thaïs

Originaires du sud-ouest de la Chine, les Thaïs se rattachent à la famille sino-thaïe. Ils se sont implantés par vagues successives dans toute la péninsule indochinoise. Les Thaïs ont préféré les plaines, où ils pouvaient pratiquer la riziculture, à l'instar des Laos dont ils sont cousins (on parle de population « lao-thaïe » dans le nord-est de la Thaïlande). Au fil des générations, ils ont développé une identité spécifique et capitalisé sur la richesse agricole pour devenir l'ethnie dominante.

Les Tibéto-Birmans

Les Tibéto-Birmans de Thaïlande sont communément désignés sous le terme de «tribus». Comme les Sino-Thaïs, ils viennent des plaines d'Asie centrale et des hauts plateaux tibétains.

La plupart de ces minorités, qu'elles soient d'origine tibéto-birmane ou sino-tibétaine, se sont implantées depuis le milieu du XIXe s. dans les régions élevées du nord du pays. C'est le cas des Hmongs, des Yaos, des Lahus, des Akhas, des Karens (p. 373).

LADYBOYS : LE TROISIÈME SEXE

Ni travestis ni transsexuels au sens occidental du terme, les *kathoeys* (du khmer: «différent»), ou *ladyboys*, sont installés dans la société thaïlandaise qui reconnaît de longue date l'existence d'un troisième sexe. Cette reconnaissance ne fait qu'entériner la tolérance qui prévaut en Thaïlande face aux différentes identités sexuelles. Il y aurait aujourd'hui entre 500 000 et 1,2 millions de *ladyboys* dans le pays. Les opérations dites de «réassignation sexuelle» sont extrêmement fréquentes dans le pays. Mais pour éviter un changement de sexe trop prématuré, la loi a récemment évolué. L'approbation de deux psychiatres est désormais nécessaire, pour montrer que le candidat à l'opération est apte psychologiquement à changer de sexe. Il doit aussi, avant l'opération, vivre comme une femme pendant un an.

Les Malais

Vivant dans le **sud du pays**, ce sont les descendants oubliés mais jamais soumis du royaume de Srivijaya (VIIIe-XIIIe s.), qui développa jusqu'en Thaïlande une brillante culture originaire de Sumatra. Leur solidarité et leur particularisme, accentués par la pratique assidue de l'islam, n'ont fait que se renforcer au cours des siècles, justifiant l'appellation de Thaïs Islam. Le durcissement des mouvements islamistes crée une méfiance nouvelle à leur endroit.

Les Chinois

Alimentant une **diaspora considérable** dans l'ensemble de l'Asie du Sud-Est, les Chinois ont posé l'autel de leurs ancêtres sur la terre de Siam dès le VIIe s., y trouvant un accueil bienveillant. Alors que les Thaïs sont traditionnellement agriculteurs, les Chinois édifient au XIXe s. la base du tissu urbain siamois. Nombreux à Phuket où ils ont fait prospérer le commerce de l'étain, ils ont une influence économique et politique croissante dans le royaume.

Les minorités montagnardes

Vêtues d'indigo, parées de pièces d'argent, riches d'une tradition orale, de plus en plus rare, les minorités montagnardes sont concentrées dans le nord de la Thaïlande et la région du Triangle d'Or. De souche tibéto-birmane ou sino-tibétaine, elles ont discrètement et pacifiquement infiltrées le territoire thaïlandais depuis le XIXe s.

Aujourd'hui promus au rang de curiosité touristique, ces agriculteurs nomades pratiquent principalement la riziculture «sèche» (nécessitant peu d'eau) et accessoirement la culture du pavot à opium, sur brûlis. Celle-ci, théoriquement interdite et sanctionnée, tend à être remplacée, selon la volonté de l'État thaïlandais, par des cultures de substitution comme le café.

À de rares exceptions près, ces agriculteurs sont animistes. Soumis à de fortes pressions économiques et politiques pour devenir thaïlandais de plein droit, ils ont pour ambition de rester des citoyens de nulle part.

Les Karens, une nation en péril

Doté d'un fort sentiment d'appartenance nationale, le peuple karen (350 000 habitants) négocie difficilement sa mutation économique dans la région troublée et instable qui s'étire au long de la **frontière birmane**. La culture du pavot y est toujours pratiquée dans les régions élevées, intéressante monnaie d'échange pour l'acquisition d'armes en vue de la défense de leur identité et de leur liberté. Mais la priorité revient au **riz**, surtout si la topographie permet une riziculture irriguée. Par ailleurs, le **dressage des éléphants** est l'une des spécialités de cette population. Des missionnaires baptistes ont réussi à convertir au christianisme quelque 25 000 Karens au XIXe s.

Les Hmongs, un peuple dispersé

Les Hmongs appartiennent à un groupe ethnique originaire de Chine (Yunnan, Hunan, Guizhou, Guangxi) d'environ 6 millions d'individus, dont l'histoire remonte à plus de 4 000 ans. Leur arrivée en Thaïlande ne date que de la fin du XIXe s. La **révolution laotienne** de 1975 a également provoqué une arrivée massive de réfugiés hmongs en Thaïlande. Ils représentent aujourd'hui un peuple d'environ 112 000 habitants, répartis dans les régions Chiang Maï, Chiang Raï, Tak, Phrae, Phetchabun.

Courtisés aussi bien par la CIA que par les maquis communistes durant la guerre du Vietnam, les Hmongs ont toujours embrassé le parti de ceux qui leur promettaient la liberté. Portés sur les études, ils ont tous les atouts pour s'intégrer à la société thaïlandaise moderne, comme en témoignent ceux qui ont pu franchir les portes de l'université. Ils ont prouvé qu'ils pouvaient même s'acclimater en Guyane française, où 550 Hmongs

˅ Une femme Karen avec son bébé

ayant fui le Laos en guerre ont été accueillis en 1977!

Les Lisus, épris de discipline

D'origine **tibéto-birmane**, les Lisus (appelés aussi Lishaws ou Lissaws) sont 400 000 en Birmanie. Situés sur des **terres hautes** (1800 m), dans les régions de Chiang Maï, Chiang Raï, Tak, Mae Hong Son, leurs villages regroupent jusqu'à 100 foyers (env. 31 000 habitants). Ils se distinguent par une cohésion sociale sous-tendue par de fortes valeurs morales. Réticents à abandonner la culture du pavot, qui constitue leur principale source de revenus, ils ont une prédilection pour les **sites défensifs** et pratiquent le **brûlis** dans des coins de moins en moins accessibles, même si le plus proche point d'eau est à une journée de marche...

DE L'OPIUM À LA PILULE DE FOLIE

Après bien des péripéties, la « guerre de l'opium » marque le pas. Les trafiquants ont trouvé une autre drogue plus discrète, plus facile à produire et infiniment plus lucrative : le *yaa baa* (en thaï : « pilule de folie »), métamphétamine consommée par toutes les classes de la société urbaine et rurale. Même si les minorités montagnardes ne sont pas directement impliquées dans cette nouvelle industrie, le Triangle d'Or reste le pivot du trafic de *yaa baa*, ce qui ne peut qu'inciter les autorités à renforcer leur contrôle sur la zone.

Les Akhas, fétichistes et artistes

Venus de **Birmanie**, les Akhas descendraient des Lo-Los, dont l'origine remonte à 4000 ans. On en compte aujourd'hui environ 50 000 en Thaïlande, dans la région de Chiang Raï. Du fait de certaines habitudes (comme celles de manger du chien ou de peu se laver), on les considère comme plus « primitifs » que les membres d'autres tribus. Profondément **animistes**, les Akhas affichent une certaine méfiance envers les étrangers et les « esprits de l'eau ». Ils sont rares à s'aventurer en milieu urbain et toujours un peu surpris de voir arriver dans leurs villages des *farang* (Occidentaux).

Les Yaos, racés et pragmatiques

Les Yaos seraient près de 4 millions en Asie, répartis entre la Chine du Sud, la Birmanie, le Laos, le Vietnam et la Thaïlande, où ils sont environ 42 000 habitants, installés dans les régions de Nan et de Chiang Raï. Comme les Hmongs, les femmes sont d'une extrême élégance. Leurs travaux de **broderie** sont largement utilisés aujourd'hui par les stylistes.

Les Yaos abandonnent volontiers la culture du pavot en échange d'une relative sécurité économique offerte par les programmes nationaux de sédentarisation.

Les Lahus, chasseurs et sorciers

De souche **tibéto-birmane**, les Lahus sont arrivés en Thaïlande au milieu du XIXe s. Aujourd'hui, on en compte plus de 82 000, dans les régions de Mae Hong Son, Chiang Maï et Chiang Raï. Manifestant un goût prononcé pour la chasse, ils vendent aux Thaïs du gibier boucané et des cornes de cervidés pour fabriquer des potions aphrodisiaques. Fermiers pauvres, les Lahus ont beaucoup compté sur le commerce de l'**opium** pour améliorer l'ordinaire.

Les Padaungs, les femmes-girafes

Les ancêtres des **Padaungs** descendraient de l'union du dieu du Vent et d'un dragon femelle... Cette tribu, appartenant au groupe karen, est celle des «**femmes-girafes**». Plusieurs familles, déplacées par l'armée birmane en manœuvre contre les Karens, sont établies à la frontière birmano-thaïe, dans la région de Mae Hong Son. Elles constituent une population de 7000 à 8000 personnes.

Les Padaungs ont pour tradition d'orner le cou et les jambes des femmes de cercles de laiton. La petite fille reçoit ses premiers anneaux dès l'âge de 6 ou 7 ans. Les adultes ne les font enlever que tous les cinq ans afin de les entretenir. Un collier pèse en moyenne 4 kg, et une femme peut en porter jusqu'à 25. Contrairement à une opinion répandue, ce carcan n'étire pas le cou mais provoque une atrophie des muscles des épaules: les femmes ne peuvent plus soutenir leur tête sans colliers.

^ Une rizière à Chiang Maï

EXODE ET INTÉGRATION

Si l'activité agricole occupait les trois quarts du pays il y a encore quarante-cinq ans, la part de la population active dans l'agriculture concerne aujourd'hui environ 40% des Thaïlandais. La situation économique et l'endettement poussent les paysans thaïs à quitter leurs terres pour rejoindre les lumières de la ville, notamment Bangkok. La prospérité et la modernité des grandes villes du royaume doivent beaucoup à l'immigration chinoise, qui a abandonné les campagnes aux Thaïs pour investir les centres urbains.

^ Khao San Road à Bangkok

L'exode rural

La formidable croissance de Bangkok ne doit pas faire oublier que les Thaïlandais ont été, durant des siècles, un peuple de paysans. Les Thaïs ont importé leur savoir-faire agricole et fait prospérer le grenier à riz de la plaine centrale : labours, semailles, irrigation, repiquage, moisson, séchage, battage rythment encore les saisons en zone rurale.

De nos jours, la plupart des paysans thaïs ne possèdent toujours pas la terre qu'ils travaillent. L'endettement chronique bloque l'augmentation de leur niveau de vie. Dans le nord-est du pays, l'I-San (où le revenu familial est environ huit fois moins élevé qu'à Bangkok), plus de 20 % des paysans ont dû abandonner la terre, une grande partie pour travailler sur les chantiers de construction de la mégapole, qui ressemble à un Eldorado, ou s'improviser chauffeur de taxi ou plus rarement chauffeur de tuk-tuk.

Les lumières de Bangkok

Profondément attachés à leur pays, les Thaïlandais conçoivent difficilement de vivre loin de leur famille, de leurs amis, de leurs racines. Mais l'évolution de la société rend cette exigence problématique. L'exode rural a des conséquences désastreuses : prostitution, travail des enfants, délinquance... De loin, Bangkok peut ressembler au paradis, mais quand il faut y vivre avec 350 bahts par jour (9,30 €, le salaire minimum mis peu à peu en place dans l'ensemble du pays depuis 2010), on finit parfois par regretter les rizières...

UNE EXPLOSION DÉMOGRAPHIQUE

L'évolution démographique en Thaïlande a été spectaculaire au XXe s. : il n'y avait que 6 à 7 millions d'habitants vers 1905, 40 millions en 1975, et ils étaient près de 72 millions en 2021. La région du Bas-Ménam (delta du fleuve Chao Phraya) a fixé, avec Bangkok, plus de 50 % de la population. En quarante ans, l'agglomération de Bangkok-Thonburi est passée de 500 000 à 15 millions d'habitants.

L'immigration chinoise

Disposant d'un quasi-monopole sur le commerce du riz, les Thaïlandais d'origine chinoise contrôlent aujourd'hui 70 à 80 % des exportations (riz, manioc, latex, bois, étain). Ils dominent également la pêche, les banques, le commerce de détail, les entreprises minières, la loterie nationale et, notoirement, le trafic de drogue. Leurs activités sont réglementées par des **guildes commerciales**, diverses associations et fraternités qui font office de syndicats, bourses aux informations, services sociaux, banques, etc. Signe révélateur de leur poids dans l'économie du pays: les activités du royaume sont totalement paralysées durant le Nouvel An chinois.

Une intégration réussie

Au VIIe s., le Siam comptait environ 10000 Chinois. Le mouvement d'immigration s'est accéléré aux XIXe et XXe s., accompagné d'un ralentissement du processus d'assimilation: les femmes chinoises osant elles aussi quitter leur pays, les mariages entre Chinois et Thaïs se sont raréfiés. Les Chinois de la diaspora implantés en Thaïlande se sont remarquablement bien intégrés, principalement à Bangkok où ils ont fait souche; on considère que 70 à 80% des Bangkokiens ont du sang chinois!

L'histoire des relations sino-thaïes, en Thaïlande, est très peu conflictuelle. En 1949, la proclamation de la **République chinoise** n'a soulevé qu'un enthousiasme de circonstance et n'a entraîné que peu de retours vers la mère patrie.

Cette période délicate a, malgré tout, justifié la mise en œuvre de mesures coercitives à l'encontre de la minorité chinoise, jugée suspecte du fait du régime communiste en Chine: interdiction de résider dans certaines zones jugées «stratégiques», fermeture des écoles chinoises, censure sur le courrier, arrêt de l'immigration, interdiction d'exercer certaines professions, etc.

Mais en 1955, tout est rentré dans l'ordre avec la remise en vigueur du droit du sol, selon lequel toute personne née en Thaïlande acquiert automatiquement la citoyenneté thaïlandaise.

Une prudence bien investie

Vis-à-vis des Thaïs, les Chinois ont toujours joué la carte de la **collaboration** prudente en les associant autant que possible à leurs affaires. Leur vœu est de vivre en paix, le moins mal possible. L'adoption de noms à consonance thaïe et la multiplication des mariages mixtes ont contribué à fondre la minorité chinoise dans la population du pays. Au bout du compte, il devient difficile de savoir si un Thaï est d'origine chinoise.

Toutefois, la tradition a la vie dure. Dans les campagnes, on remarque de vastes cimetières où les tombes sont signalées par des monticules: une coutume chinoise (les bouddhistes pratiquent la crémation). La cohésion familiale, l'entraide, le respect des anciens associé au culte des ancêtres, la conception patriarcale de la famille, restent les valeurs dominantes du groupe social chinois.

Dans le même temps, la communauté chinoise de Thaïlande ne saurait rester indifférente à l'onde de choc que renvoie la Chine d'aujourd'hui. Une Chine dont certains s'empressent de revendiquer le dynamisme et, du même coup, leur filiation.

La communauté musulmane

Les **Thaïs Islam**, les musulmans de Thaïlande, forment une communauté d'environ 5 millions de personnes (soit plus de 7% des Thaïlandais).

Convertie à l'islam depuis le Ve s., cette population de rite sunnite entretient des liens étroits avec la Malaisie et l'Indonésie, où Coran et ***Ramayana*** (épopée indienne) coexistent harmonieusement. Elle a toléré la domination siamoise uniquement parce qu'elle émanait d'un pouvoir lointain et plutôt bienveillant. En outre, le rattachement au royaume du Siam des quatre grandes provinces du Sud (Pattani, Yala, Narathiwat et Satun) est très récent puisqu'il date du traité anglo-siamois de 1909.

Les gitans de la mer

Les *chao leh*, nomades par tradition, pêcheurs par nécessité, sont les «**étrangers venus de la mer**»: curieux étrangers puisqu'ils fréquentaient sûrement les îles de ce qui est aujourd'hui la Thaïlande bien avant l'arrivée des Thaïs eux-mêmes. Les Thaïs utilisent en tout cas ce terme générique pour désigner les minorités nomades, essentiellement musulmanes, qui vivent dans la mer d'Andaman, en bordure des côtes birmanes, thaïes et malaises.

On distingue trois familles principales: les **Mokens**, les **Moklens** et les **Urak Lawoï**, ces derniers étant plus proches ethniquement et linguistiquement des Malais. Pendant des siècles, ils ont vécu en marge des États, propriétaires de la mer, du soleil et du vent, ancrant leur petit bateau-maison dans des criques oubliées. Le développement de la pêche industrielle, tout comme celui du tourisme, ont favorisé la sédentarisation de ces populations qui n'ont aucune tradition de vie sur la terre ferme.

Peu soucieux de ces citoyens si peu policés, le gouvernement thaï se désintéresse largement des baraques en tôle ondulée aussi inconfortables que disgracieuses, où on les a encouragés à se sédentariser. Intégrés dans les attractions touristiques à Phuket, Phang Nga, Koh Phi Phi ou Koh Lanta, ils n'ont pas grand-chose à montrer et pas plus à gagner, et il est évident qu'il ne faut pas compter sur eux pour la protection de l'environnement dont l'office du tourisme affirme faire si grand cas.

Frustrations des Thaïs Islam

L'éloignement des hiérarques de l'orthodoxie islamique a contribué à assouplir les rigueurs de l'islam thaïlandais, notamment pour les femmes. C'est ce qui a permis, jusqu'à présent, de résoudre les conflits qui ont pu surgir, au cours des siècles, entre les différentes communautés. Les Thaïs Islam s'adonnent principalement à la **pêche**, à la **riziculture** et à l'**exploitation du latex** dans les grandes plantations d'hévéas. Sans réel pouvoir économique

Un pêcheur sur la rivière Khlong

Mosquée de Pattani >

et politique, la minorité de souche malaise s'est progressivement **appauvrie**, ce qui a envenimé ses relations avec l'État.

Intégrisme et mafia

Rappelons que la frontière malaiso-thaïlandaise a été le théâtre d'une véritable guérilla communiste entre 1948 et 1965, qui a posé les bases d'une **revendication sécessionniste** de la part des musulmans de Thaïlande. Ce n'est que par des opérations militaires énergiques et des regroupements tactiques de populations que le gouvernement thaïlandais a pu restaurer une **paix fragile** dans la région. Conscient du **sentiment d'exclusion** ressenti par la minorité islamique, il a offert à la ville de Pattani la plus vaste mosquée de Thaïlande.

Avec l'internationalisation des mouvements extrémistes musulmans, le problème prend une ampleur préoccupante. Les leaders de confession musulmane cherchent à exploiter un durcissement qui s'accentue dans les pays à majorité islamique, en s'illustrant dans des actes parfois dramatiques. Un contexte délicat qui vient s'ajouter aux attentats des **réseaux mafieux**, régulièrement perpétrés dans le sud de la Thaïlande.

Un effort de réconciliation ?

Les gouvernements qui ont succédé à ceux de Thaksin Shinawatra (2001-2006 ; p. 362) ont engagé des mesures pour apaiser la situation. Outre des **excuses**, au nom de la nation, pour la répression sanglante menée par le gouvernement Thaksin, l'**adoption du dialecte local** comme langue de travail pour les fonctionnaires et l'octroi de **privilèges fiscaux** pour attirer l'investissement dans la région traduisent une volonté de diminuer le ressentiment des locaux vis-à-vis du pouvoir central pour les amener à participer à l'**effort de réconciliation**.

La modernisation du pays s'ajoute à la nouvelle mobilité des populations – les mosquées fleurissent un peu partout, y compris à Chiang Maï, qui a accueilli, depuis quelques décennies, des communautés chinoises musulmanes.

La question est de savoir jusqu'où peut aller la tolérance bouddhique si l'unité nationale se trouve menacée.

LES MINORITÉS

La notion de « minorité ethnique » n'existe pas en Thaïlande. Le droit de chacun à vivre selon ses coutumes ne le dispense pas d'adhérer aux valeurs de la nation. L'État n'apporte pas de réponse à la question des minorités. La seule solution proposée est l'assimilation, par l'apprentissage de la langue, la scolarisation et le respect des lois.

ÉCONOMIE

^ Un centre commercial de Bangkok

HAPPÉE PAR LA MODERNITÉ

Le buffle thaïlandais entrera-t-il au musée du XXIe s. ? Symbole de la tradition agricole thaïlandaise, son image évoque de plus en plus un passé qui pourrait se parer bientôt des couleurs de la nostalgie. En Thaïlande, la population vivant de l'agriculture est passée au-dessous du seuil de 35 %, et la tendance ne fait que s'accélérer. Désormais, la majorité des Thaïlandais vit en milieu urbain et travaille dans des activités industrielles et de service. Bangkok illustre la réalité d'un pays happé par la modernité. À terme, nul n'en doute, le dragon aura la peau du buffle.

Un peuple magnanime

La complexité de la société thaïlandaise provient de sa façon unique et paradoxale d'appréhender la modernité. Respect des traditions, goût de l'innovation et sens de l'opportunisme composent un cocktail inclassable dont la saveur se révèle plutôt plaisante. N'est-il pas agréable de rencontrer des gens heureux ? Indéniablement, malgré tout ce qu'on peut regretter, les Thaïlandais distillent un petit air de bonheur, chez eux, contrairement à beaucoup d'Occidentaux qui pensent que l'herbe est toujours plus verte ailleurs.

Malgré la rigidité de la société qui impose à chaque individu des devoirs envers ses aînés, sa famille, sa hiérarchie et, bien entendu, envers le roi, le tempérament thaï est empreint de valeurs pacifiques : tolérance, évitement des conflits, placidité (apparente)…

Le principe bouddhique du karma justifie les paradoxes les plus criants : en ville, des yuppies enfermés dans des tours de verre entre ordinateurs et téléphones portables ; dans les campagnes, des paysans qui labourent toujours la terre avec leur buffle. Soutenue par les **valeurs traditionnelles** qui incitent à la modération, à la patience et à l'humilité, la société thaïe s'accommoderait-elle de tout ?

Sur les pas des dragons

Pays de tradition agricole, la Thaïlande a négocié dans les années 1980 un virage déterminant, atteignant jusqu'à 10 % de taux de croissance annuel. L'ouverture effrénée aux capitaux étrangers a entraîné un développement économique sans précédent, accompagné d'une modernisation drastique de la société. La Thaïlande s'est glissée dans le sillage des « **dragons de l'Asie** », à la suite de Taïwan, Singapour, Hong Kong et de la Corée du Sud. Les années 1990 ont été caractérisées par une **euphorie** confinant à la griserie : frénésie de construction, multiplication du nombre de voitures, implantation de complexes industriels à la périphérie de Bangkok, extension des stations balnéaires, développement des voies de communication terrestres et aériennes, grands travaux (voies express et métro à Bangkok)... Guidés par la logique du profit, les **investisseurs thaïs et étrangers** se sont peu préoccupés de l'avenir, même s'ils ont dû essuyer les premières salves d'un mouvement écologiste naissant. Discrets sinon secrets, les Japonais ne se sont pas privés de tirer avantage de si belles perspectives, dans un pays accueillant, stable, riche en ressources naturelles, offrant une main-d'œuvre docile et bon marché, capable d'exécuter des travaux soignés...

PETIT TOPO ÉCONOMIQUE

Atouts : richesse agricole (riz, manioc, sucre, jute, coprah, maïs, caoutchouc...) ; minerais et matières premières (étain, wolfram, fer, zinc, tungstène, plomb, gaz...) ; pêche abondante.

Spécialités : conserveries de crevettes et de fruits ; textile ; matériel informatique...

Principaux clients : Chine (11,9 %), États-Unis (11,1 % des exportations), Japon (9,9 %) ; chiffres de 2018.

Tourisme : en 2019, le pays accueille près de 40 millions de visiteurs, avant une chute brutale due au Covid. Le gouvernement a mis fin à l'état d'urgence sanitaire le 1er octobre 2022 et espérait atteindre 20 millions de visiteurs en 2023, loin des niveaux d'avant la pandémie.

PIB/habitant (dollars constants) : 7 066 US $ (495 US $ en 1970).

Population active : 31,6 % dans l'agriculture ; 22,5 % dans l'industrie ; 45,9 % dans les services (en 2022).

En 2018 et 2019, l'automobile figurait au premier rang des exportations, suivie du matériel informatique et des pierres précieuses et bijoux.

La Thaïlande aux Thaïlandais

Le **krach boursier du 2 juillet 1997** a « remis les pendules à l'heure », ralentissant ou stoppant un développement devenu incontrôlable par le gouvernement. Punie pour avoir vécu au-dessus de ses moyens, la Thaïlande a découvert une **économie de crise** : inflation, chômage, chute de la consommation...

Aujourd'hui, le pays peut légitimement revendiquer un **bilan humain positif**: chômage quasi inexistant (0,7%), croissance des revenus positive, taux de scolarité en hausse, propagation du sida maîtrisée. Et paradoxalement, cette épreuve a eu des effets bénéfiques en resserrant les **liens de solidarité** distendus par l'urbanisation. Les Thaïlandais ont réalisé qu'ils devaient d'abord compter sur eux-mêmes.

Gérer la mondialisation

Depuis la fin des années 1980, la Thaïlande a amplement capitalisé sur sa **main-d'œuvre** dont la fiabilité et la qualité sont reconnues par tous les pays développés qui s'adonnent au jeu de la délocalisation. Cependant, le royaume voit désormais les sociétés étrangères se tourner vers des pays moins chers comme le Cambodge, le Vietnam et la Chine, pour y installer des activités

⌄ Barrage de Nam Theun 2 au Laos

LE « GRAND MÉKONG »

Afin de créer une continuité économique entre la Thaïlande, le Laos, la Chine, le Vietnam et la Birmanie, un certain nombre d'infrastructures, en termes de génie civil comme de télécommunications, ont vu le jour. Le mégabarrage de Nam Theun 2 au Laos, dont **EDF est l'opérateur principal**, fournira à terme une électricité achetée à 95% par la Thaïlande, les 5% restants allant au Laos.

Les premières exportations commerciales d'électricité ont commencé en mars 2010, mais des associations écologistes exigent la suspension des activités du gigantesque barrage: des populations ont été déplacées, sans parler des bouleversements des écosystèmes, de la destruction de terres et de forêts... Le prix à payer est trop fort.

consommatrices de main-d'œuvre meilleur marché.

Du coup, certains secteurs, comme le textile, sont aujourd'hui menacés de crise. Mais les Thaïlandais font preuve d'une capacité de rebond remarquable, s'adaptant sans cesse aux innovations du marché et de la technologie. Grâce à cette qualité, la liste des produits fabriqués en Thaïlande s'allonge chaque jour, traduisant la vitalité d'une économie en mouvement qui cherche sans cesse à investir les secteurs les plus compétitifs. Peu à peu, l'air du temps change. Si l'argent et le profit restent les pivots d'un système ultralibéral, un autre discours fait son chemin, parlant d'écologie et de **développement durable**. Discrètement mais fermement, le roi plaide en faveur d'une voie spécifiquement thaïlandaise, affranchie des excès et des dépendances de la mondialisation. « Nous ne devons pas être égoïstes. Il faut manger moins et dépenser moins », déclare l'ancien gouverneur de Bangkok et leader démocrate Chamlong.

^ Écoliers thaïlandais

DE L'ÉCOLE À LA TÉLÉ

Plus de 90 % de la population thaïlandaise sait lire et écrire. Les écoles d'État ont pris le relais des écoles monastiques. L'école façonne la jeunesse thaïlandaise dans un moule qui reproduit des valeurs immuables : discipline, discrétion, politesse, respect envers son roi et sa religion, **obéissance** envers les aînés, **humilité** face aux maîtres et au savoir qu'ils diffusent...

À la maison, la **télévision** prend le relais : loin d'être un instrument de contestation, elle s'attache au contraire à conforter les valeurs dominantes et le **consensus**. Cependant, les **réseaux sociaux** et les smartphones offrent aujourd'hui à la jeunesse une ouverture nouvelle sur le monde et la possibilité de s'affranchir des anciens modèles.

Sans craindre d'en faire trop, il s'empresse de donner l'exemple en dormant sur une natte, mangeant une fois par jour et arborant la tunique des paysans et conduisant la même vieille voiture depuis des années.

L'argent sale

Dans la foulée des soldats américains engagés au Vietnam qui venaient prendre des « vacances » en Thaïlande, le pays est devenu dans les années 1970 et 1980 la destination de prédilection des charters du sexe, jetant l'opprobre sur Pattaya, Patong à Phuket et certains quartiers de Bangkok. Théoriquement interdite par la loi, la prostitution n'en continue pas moins d'exister, alimentant une véritable industrie, pactole pour les uns, enfer pour les autres. L'irruption du sida au milieu des années 1980 – 440 000 séropositifs (adultes et enfants) en 2017, deuxième cause de mortalité des moins de 25 ans dans le pays – et plusieurs scandales de pédophilie qui ont conduit au vote d'une loi en 1996 réprimant sévèrement les relations sexuelles avec des mineurs, contribuent à faire évoluer les choses, et en tout cas, dans une certaine mesure, l'image du pays. La loi punit en effet les clients ayant des relations sexuelles avec des enfants de moins de 15 ans d'une peine d'emprisonnement de deux à six ans et d'une amende pouvant s'élever à 120 000 bahts (3 500 €).

Pourtant, il n'en demeure pas moins vrai que les prostituées font partie intégrante de la société thaïlandaise. La prostitution a généré un revenu de plus de 6 milliards de dollars US en 2015, soit 1,5 % du PIB.

Dans ce pays où les mariages arrangés ont longtemps prévalu et où l'habitude de la *mia noï* (petite épouse, autrement dit maîtresse) est largement acceptée, fréquenter les prostituées n'est pas un tabou. Cette défense de la « tradition » arrange bien les gros bonnets de l'industrie du sexe, qui ressemblent à s'y méprendre aux gros bonnets du jeu et de la drogue.

Ce qu'il serait convenu d'appeler l'industrie du crime prospère allègrement, bénéficiant de la proximité des grands centres mondiaux de production de drogue. Quant aux casinos, dont les vertus dans le blanchiment d'argent ne sont plus à prouver, ils fleurissent aux frontières (Cambodge et Birmanie), en attendant leur légalisation en Thaïlande. Ce n'est un secret pour personne qu'ils sont financés par des capitaux thaïlandais…

^ Marché de Ratchada à Bangkok

FIÈVRE ACHETEUSE

Bangkok compte un nombre stupéfiant de commerces ouverts dans les endroits les moins prévisibles et à n'importe quelle heure : ici, chacun a toujours quelque chose à vendre ou à acheter. Entre les centres commerciaux gigantesques, les marchés traditionnels (*talat*), les petits commerces de trottoir, les marchés de nuit, les boutiques du *skytrain*, les grands magasins et les halls des immeubles de bureaux, les Thaïlandais peuvent donner libre cours à leur activité favorite : acheter.

^ Emporium, *shopping mall* à Bangkok

Les petits plaisirs quotidiens

À midi, moment du rush où tous les employés de bureau sortent en même temps pour déjeuner, c'est l'heure du « PPQ » : **petit plaisir quotidien**. Il s'agit de dénicher le petit rien qui va donner des couleurs à sa journée : un nouvel étui pour son portable, une peluche pour son enfant, un nouveau chemisier, une amulette porte-bonheur, et... quantité de gadgets dont l'utilité reste à démontrer ! La particularité de la Thaïlande, c'est que les objets sont à la portée de tout le monde : beaucoup de ceux vendus dans la rue ne coûtent que 50 ou 100 THB ! C'est peut-être dans cette absence de frustration qu'il faut trouver la source de cette joie de vivre qui émane des Thaïlandais.

Paradis climatisés

Les ***malls***, gigantesques espaces commerciaux, sont les nouveaux paradis de Siam et de Sukhumvit. Ascenseurs de verre, escalators et passerelles dans tous les sens : tout est organisé pour perdre le consommateur dans un dédale de boutiques branchées, de cinémas, de restaurants, de cybercafés, de salons de beauté... Le bruit est à son zénith. Les animations attirent les foules : karaoké, élections de Miss, défilés de mode, démonstrations de produits de parfumerie... Cet univers factice et excitant fascine les yuppies et les adolescents des classes aisées, qui viennent y passer leurs week-ends.

v Stand à Chatuchak

Chatuchak, la messe du dimanche

Unique en son genre, le **Week-End Market** a quitté Sanam Luang en 1982, mais les clients ont suivi. Si vous ne savez pas ce que foule veut dire, promenez-vous à **Chatuchak** un dimanche, entre 11h et 16h... C'est la sortie sacrée des familles, une fête populaire et un pur bonheur pour les chineurs ! Avec ses 10 000 stands, c'est le **plus grand marché d'Asie**.

Oiseaux de nuit

Profitant de la fraîcheur relative, les **marchés de nuit** installent leurs étals en plein air un peu partout dans la ville. L'éclairage électrique a remplacé les lampes-tempêtes, mais la tradition ne faiblit pas. Fidèle à la **philosophie du *sanuk*** (ce qui est agréable et distrayant), le marché de nuit est aussi l'endroit où l'on déguste toutes spécialités en humant les marmites des cuisinières, où l'on discute les prix et où on s'offre son PPQ sans sortir sa carte de crédit...

CULTURE

Festival de cerfs-volants

JEUX, JOUTES ET HASARD

La vie ne vaut pas la peine d'être vécue sans *sanuk*, concept spécifiquement thaï, qui englobe la capacité à se divertir et à vivre dans la joie. Les plaisirs de la table, les sports, les jeux traditionnels et les paris constituent sa quintessence.

La boxe thaïe (*muay thai*)

Ce sport est comparable à la **savate**, l'action des pieds, de la tête, des épaules et des genoux venant renforcer celle des poings. Dans la tradition des arts martiaux, la boxe thaïe laisse une grande part au rituel, aux incantations, à l'hommage aux maîtres vivants ou défunts. Les combats sont rythmés par un **orchestre** dont les percussions s'ajustent au tempo du combat, faisant monter la tension. Les spectateurs engagent de très grosses sommes dans les combats, ce qui explique les cris et les vociférations secouant l'assistance.

^ Un match de boxe thaïe

Combats…

… de buffles. Originaires du sud de la Thaïlande, ces combats voient s'affronter dans des arènes spécialisées deux taureaux ou deux buffles. Chacun doit défendre son territoire… et les parieurs, leur argent. À Samui, vous pourrez en voir en décembre, janvier et pour le Nouvel An thaï en avril (p. 417).

… de coqs. Ils sont très prisés dans les campagnes, surtout dans le Sud. Une passion coûteuse puisqu'un coq bien entraîné se vend 100 000 THB (2 500 €), sans compter les gâteries dont il fait l'objet: bains de safran, menus délicats, cataplasmes, massages… Tous les 2e et 4e dim. du mois, d'octobre à avril, vous pourrez assister à des combats de coqs à Samui.

… de poissons. Le *plaa kat*, poisson combattant, ne fait pas plus de 8 cm de long. Mis en présence d'un de ses congénères, il n'a qu'une idée: l'occire en bloquant son système respiratoire. L'affaire peut prendre la journée, mais les parieurs ne sont pas pressés. Les combats de poissons existaient déjà à l'époque d'Ayutthaya (XIIe-XVIe s.).

… d'un serpent contre une mangouste. Le combat est généralement interrompu avant les dernières extrémités… La mangouste remporte pratiquement toujours la victoire.

Pour traditionnels qu'ils soient, ces spectacles sont sanglants et d'une extrême violence. On ne saurait que trop conseiller aux âmes sensibles de s'abstenir et aux amis des bêtes de les boycotter.

SANAM LOUANG

Le festival des sports traditionnels et le combat de cerfs-volants se tient tous les ans en février et mars. On y pratique le jeu de *takraw* (ci-contre), des tournois d'échecs thaïs ainsi que des compétitions de sabre.

Takraw: la balle qui vole

Le *takraw* est un jeu d'équipe dont les règles s'apparentent à celles du **basket** ou du **handball**. Il s'agit de faire circuler entre les joueurs une **balle en rotin tressé** sans utiliser les mains (uniquement le torse, la tête, les cuisses, les poignets) et en évitant qu'elle touche le sol. Prisé des adolescents et des jeunes adultes, ce sport acrobatique peut se pratiquer n'importe où.

Le jeu des cerfs-volants

Le cerf-volant n'est pas simplement un jeu pour les enfants : c'est un **sport et un art très ancien** dans lequel se sont illustrés des rois de Thaïlande. Il se pratique à la saison sèche et se joue par équipes. Il met en présence un **grand *chula*** (cerf-volant mâle) qui mesure environ 2 m, et un **petit *pakpao*** (cerf-volant femelle) qui ne mesure que 75 cm au maximum. Chaque cerf-volant dispose de ses armes : en gros, la puissance face à l'agilité. Le jeu consiste à attirer le cerf-volant adverse sur son propre territoire.

L'art de l'épée ou de l'éventail

Tout en souplesse, des seniors adeptes du **taï-chi-chuan**, indifférents à la frénésie des joggeurs et des culturistes, déploient leurs membres au ralenti pour figurer « la grue blanche déployant ses ailes » ou « le recul du singe ». D'autres anciens, plus martiaux, s'adonnent à l'épée avec la grâce d'une libellule, ou font claquer leurs éventails comme des coups de fouet, rappelant l'origine guerrière de cet art gracieux.

Les courses de pirogue

La tradition des **courses de pirogue** est liée à l'art de la guerre. L'histoire raconte que les premiers rameurs furent entraînés dans la cité lacustre d'Ayutthaya (p. 124) au début du XVIIe s. par le frère du roi Naresuan qui voulait maîtriser les voies d'eau. L'ambassade de Louis XIV eut droit à une démonstration de puissance orchestrée par le roi Naraï, mettant en scène 150 rameurs actionnant des rames recouvertes d'or. L'abbé de Choisy, chroniqueur de l'ambassade française, en resta pantois.

Initiées par la marine royale, les courses de pirogues ont été récupérées par le clergé bouddhique. Elles participent aux célébrations de la fin de la saison des pluies, qui marquent aussi la fin du carême bouddhique. Il est fréquent de voir s'affronter deux équipes représentant chacune le temple de son village ou de son quartier.

ÉCRANS DE TAILLE

Dans le sillage du nouveau cinéma asiatique, plein de vitalité, le cinéma thaï a débarqué sur les écrans occidentaux avec un ton très personnel.

Le Paragon Cineplex, à Bangkok

L'art de l'éventail, parc Lumphini à Bangkok

Le roi et le cinéma

Fondateur de la Société des films amateurs du Siam, où chacun projetait ses propres films, le roi **Rama VII** (1925-1935) adorait le cinéma. Il disposait d'une salle de projection dans son palais et sur son yacht. On aimerait oublier qu'il fut aussi l'instigateur de la censure... Son goût pour le septième art s'inscrivait dans une **tradition familiale née en 1900**. Cette année-là, le prince Sanbhassatra, frère du roi Chulalongkorn, produisit le premier film thaï: un documentaire sur les cérémonies et les activités royales. Plusieurs rois se distinguèrent par leur passion pour le cinéma, sans toutefois réserver cette distraction à l'aristocratie.

Toujours en vigueur, la tradition de diffuser l'hymne royal avant chaque projection remonte à l'époque de Rama VI, témoignant de l'importance que revêt la **caution de la monarchie** pour tout spectacle public.

Des cuillères et des casseroles

Le cinéma a conquis les **couches populaires** et s'est propagé dans les campagnes. À la grande époque du muet, les cinémas disposaient de leur propre **orchestre** de cuivres pour rythmer l'action, les effets sonores étant produits par des enfants armés de bâtons, de divers ustensiles de cuisine et de beaucoup d'imagination. Forte de l'expérience acquise dans le théâtre d'ombres, l'animation sonore était parfaitement maîtrisée! Après la Seconde Guerre mondiale, la vogue des grands cinémas a envahi les villes tandis que les **cinémas ambulants** se multipliaient dans les villages. Le film était souvent gratuit, servant de prétexte à des camelots pour vendre leurs produits (notamment des médicaments, d'où le nom de «cinéma-pharmacie»). Si droit d'entrée il y avait, les spectateurs pouvaient s'en acquitter en fruits ou en légumes.

De la quantité à la qualité

Les années de **dictature militaire** (1957-1973) ont été marquées par un essor considérable du cinéma, devenu la principale distraction des Thaïlandais. On comptait près de 150 salles à Bangkok et plus de 700 en province où étaient projetés 500 à 600 films par an, dont une soixantaine produits localement. **Mitr Chaibancha**, première star du cinéma thaï, a été le héros de 265 films entre 1956 et 1970! Même sa mort est digne d'une scène de film: au cours d'un tournage, il tomba d'une échelle de corde accrochée à un hélicoptère. Submergée par les productions hollywoodiennes, la Thaïlande a réagi en 1977 en instaurant une taxe sur les films étrangers. Ces dispositions ont permis au cinéma national d'explorer de **nouveaux territoires** comme la critique sociale, les tabous sexuels, la pauvreté, l'émigration, l'enfer urbain, sans renier une approche spécifique où les valeurs du bouddhisme ne sont jamais loin.

Le réalisateur Apichatpong Weerasethakul

Avec les films ***Blissfully Yours***, encensé sur la Croisette en 2002 (mais censuré en Thaïlande en raison d'une scène d'amour jugée trop audacieuse entre un jeune Birman et une Thaïe d'âge mûr), et ***Tropical Malady***, primé à Cannes en 2004, ce réalisateur est admis dans la cour des grands. Malgré l'accueil plutôt froid réservé à ses films dans son propre pays, il est le premier Thaïlandais appelé à participer au jury de Cannes en 2008, sous la présidence de Sean Penn.

RELIGION

IL ÉTAIT UNE FOIS BOUDDHA

Le bouddhisme est né au nord de l'Inde 543 ans av. J.-C., date de la mort de Bouddha selon la tradition pâli. Même si son histoire est émaillée de mystères et de miracles, Bouddha est un homme et non un dieu. Après sa mort, son enseignement s'est répandu dans toute l'Inde et au Sri Lanka, au détriment de l'hindouisme. Au fil de sa vie, on l'a appelé le prince Siddhartha (ou Siddhartha Gautama), l'ascète Gautama ou Sakyamuni («le sage des Sakya»), le Bouddha Gautama, le Bouddha Sakyamuni ou le Bouddha.

^ Un moine au Wat Chong Klang

Jeunesse dorée

En 623 av. J.-C., selon les chroniques sacrées, le **prince Siddhartha Gautama** naît dans le bois de Lumbini, près de Kapilavastu (actuellement au Népal). Il appartient à la caste des Sakya par son père Suddhodana. Sa mère, la reine Maya, est aussi de noble naissance. Entouré de luxe, il passe sa jeunesse dans l'ignorance des souffrances du monde.
À 17 ans, il épouse Yasodhara, une ravissante princesse. Pourtant, il n'est pas heureux.

Le grand départ

À l'occasion d'une promenade hors de son palais, Siddhartha découvre brutalement les **trois plaies de l'existence** : la maladie, la vieillesse et la mort. C'est le début du long chemin qui le mènera à l'ascèse.
À 29 ans, alors même que vient de naître son fils Rahula, il quitte subrepticement le palais endormi. Il renvoie son serviteur, coupe sa longue chevelure, troque ses vêtements de cour contre des écorces d'arbre et s'enfonce dans la forêt, à la recherche de la Vérité.

Pendant six ans, sous le nom de **Sakyamuni**, il mène une vie d'errance et de privation.

L'Éveil et l'enseignement

Après avoir médité pendant 49 jours au pied d'un **banian**, à Bodh Gaya, Siddhartha découvre les «**Quatre Nobles Vérités**» (p. 395) à l'âge de 35 ans. Le banian, figuier d'Inde aux racines aériennes, devient le symbole de cet **Éveil** (voir ci-contre). Le prince part alors pour Bénarès et prononce son premier sermon dans le parc aux daims de Sarnath, avant de fonder le *Sangha*, communauté monastique bouddhique. Il passera le reste de sa vie à enseigner. Il est désormais le **Bouddha**, «**l'Éveillé**».

À sa mort (à 80 ans, dans la ville de Kushinagara), il atteindra le parinirvana, illumination suprême qui permet de sortir du cycle des réincarnations.

Petit glossaire du bouddhisme thaï

Bodhi. «Éveil», prise de conscience. Le banian *(Ficus religiosa)*, l'arbre sous lequel Bouddha connut l'Illumination, devenu emblématique de l'Éveil, est appelé «arbre de la Bodhi».

Bodhisattva. Être de compassion qui, bien qu'ayant atteint l'Éveil, choisit néanmoins de différer son entrée dans le ***parinirvana*** et de se réincarner afin de guider vers leur libération les autres humains.

Bot. Abréviation de *ubosot*. Désigne le bâtiment consacré qui est utilisé pour les cérémonies les plus importantes de la communauté monastique, notamment les ordinations. Ses dimensions varient, mais il doit pouvoir abriter au moins 21 moines, minimum requis pour certaines célébrations. On y trouve le bouddha le plus vénéré du ***wat***.

Chedi. Reliquaire surmonté d'une flèche, à base le plus souvent circulaire, dont la fonction est analogue à celles du **stupa** et du ***prang***.

Chofa. Ornementation de toit, utilisée dans l'architecture religieuse, représentant en général un oiseau stylisé, ***Garuda*** ou ***Hamsa***.

Éveil ou **Illumination.** Connaissance parfaite et ultime du sens de la vie.

Jataka. Littéralement «naissance». Désigne les récits des vies antérieures et légendaires de Bouddha, au nombre de 547.

Mudrâ. Désigne les différentes attitudes du corps et les positions des mains utilisées dans l'iconographie bouddhique; les *mudrâ*, codifiés, rappellent chacun un événement clé de la vie ou de l'enseignement de Bouddha. C'est la position des mains qui illustre principalement le message.

Muni. Sage, ascète.

Naga. Serpent protecteur à cinq ou sept têtes, utilisé dans la statuaire (Bouddha protégé par le *naga*) et l'architecture (rampes d'escalier, bordures de toit).

Nirvana. «Extinction». Désigne l'état de délivrance des attaches terrestres procuré par l'Éveil. À ne pas confondre avec le ***parinirvana***.

Parinirvana. Illumination suprême qui permet de sortir du cycle des réincarnations. Cet état ne peut intervenir qu'après la mort.

Phra. Appellation respectueuse s'appliquant à Bouddha, à ses représentations, aux bonzes et aux membres de la noblesse.

Prang. Tour-sanctuaire d'origine khmère, ayant une fonction comparable à celles des ***chedi*** et des **stupas**.

Ramakien. Version thaïe du ***Ramayana***. Plusieurs monarques thaïs ont personnellement composé

^ Stupa de Phra Pathom Chedi

une version de ce poème épique, la plus célèbre étant celle de Rama II.

Ramayana. Épopée hindouiste illustrant la lutte du bien et du mal. Ses héros sont le prince *Rama*, la princesse *Sita*, le roi des Singes *Hanuman*, le méchant *Ravana* et d'autres personnages qui ont inspiré la littérature, le théâtre et la danse classique thaïs.

Stupa. Construction en forme de cloche, surmontée d'une flèche, renfermant les reliques de saints ou de Bouddha (voir aussi ***chedi*** et ***prang***).

Viharn. Pavillon, généralement situé au centre d'une cour, dont la fonction est analogue à celle du ***bot***.

Wat. Monastère bouddhique (ensemble des bâtiments destinés au culte et à la vie des moines).

BOUDDHA OMNIPRÉSENT

Officiellement, 90 % de la population thaïe adhère au bouddhisme theravada, une doctrine qui se distingue par son esprit de tolérance et son sens de la mesure. Cet équilibre subtil, la « Voie du Juste Milieu », passe par le respect de huit principes : juste compréhension, juste réflexion, juste discours, etc. et trouve sa réalisation dans la pratique de la méditation.

Il s'agit de l'Octuple Sentier. Il est révélé par la cithare à trois cordes jouée par Indra : la première corde, trop lâche, ne produit aucun son ; la deuxième corde, trop tendue, se casse ; la troisième, tendue à la perfection, produit un son mélodieux.

Le consensus bouddhique

Profondément ancrée dans les mentalités, cette **tolérance** s'exerce à l'égard des religions minoritaires (islam, taoïsme, hindouisme, christianisme...). Elle permet aussi à la pratique religieuse bouddhique d'intégrer nombre de croyances qu'on pourrait qualifier de « non orthodoxes », bien qu'elles reçoivent l'appui tacite du clergé. Ainsi les affaires sont-elles fructueuses pour les **devins**, les **cartomanciens**, les **chiromanciens**, les **astrologues**, les **tatoueurs** (p. 398) et autres spécialistes occultes.

Dans les campagnes, la récolte reste tributaire du bon vouloir des esprits : les forces bénéfiques et la déesse du riz sont honorées assidûment pour triompher des loups-garous ou, plus prosaïquement, d'un orage malvenu. Le **temple bouddhique** lui-même (p. 402) est le théâtre de nombreuses pratiques qui ne sont pas relatives au bouddhisme mais au service des petites préoccupations de l'existence : ramener le mari volage, éliminer un rival, gagner à la loterie ou à la boxe (p. 387)... En dépit de l'importance des croyances animistes, il est indéniable que le bouddhisme joue un **rôle positif** dans la société thaïe, contribuant à diminuer les tensions et à réduire les écarts entre pauvres et riches. On peut aussi lui attribuer la responsabilité d'une certaine passivité face aux inégalités sociales, d'une complaisance vis-à-vis des problèmes de société : la prostitution, le travail des enfants, la corruption...

QUATRE VÉRITÉS

La morale et la pratique bouddhiques reposent sur les **Quatre Nobles Vérités**.

1. La vie est souffrance (entraînée par notre attachement aux choses de ce monde).

2. La souffrance naît du désir et de l'ignorance de l'impermanence des choses.

3. L'élimination de la souffrance passe par la victoire sur le désir.

4. La voie qui mène à la cessation de la souffrance est celle du Juste Milieu.

Bonze, un passage obligé

Les **bonzes** sont nombreux : environ 10 % de la population masculine thaïe vit dans les monastères. Un tiers de ceux-ci forment un clergé « occasionnel », particularité du bouddhisme theravada : largement répandue, l'**ordination temporaire** est soutenue autant par la tradition que par les convictions intimes. Chaque bouddhiste pratiquant de sexe masculin doit en effet revêtir la robe orange au moins une fois dans sa vie : c'est pour lui un **devoir familial et social**. Les jeunes gens choisissent généralement la **saison des pluies** (carême bouddhique) pour se retirer du monde. Ils troquent alors leur jean contre la robe safran et abandonnent leur moto à la porte du *wat* (monastère, p. 402).

En fait, chacun peut entrer au monastère à tout moment (le contrat des fonctionnaires prévoit un **congé payé pour cause de retraite monastique**). C'est commode pour se faire oublier quand on a fait de petites ou de grosses bêtises : l'opinion pardonne volontiers les pires turpitudes à ses dirigeants dès lors qu'ils sont prêts à se repentir quelque temps sous l'habit de moine...

Même pour le clergé permanent, l'engagement monastique demeure résiliable à tout moment. Ce **système ouvert** confère une vitalité particulière au bouddhisme thaïlandais, créant des échanges permanents entre laïcs et religieux. Car si le *wat* (p. 402) est un monde retiré, il n'en est pas pour autant, loin de là, un monde clos.

Simplicité et renoncement

La **vie monastique**, une sinécure? La description de la journée d'un bonze permet d'en douter: lever à l'aube, prière, quête de la nourriture, un seul repas par jour (impérativement avant midi), méditation, travaux d'entretien, étude des textes canoniques, de nouveau prière et retour dans l'austère cellule pour un sommeil bref, interrompu par le gong. Une nouvelle journée commence alors, semblable à la précédente...

Sans déprécier les mérites des bonzes, supporter la rigueur des 227 règles est plus facile dans une perspective provisoire. Retour aux sources, pause bénéfique dans une vie routinière, sécurité passagère, approfondissement spirituel... Le séjour dans un monastère a aussi ses bons côtés. La vie quotidienne y est régie par le renoncement, le retrait du monde, la simplicité.

Les **moines** possèdent une robe safran, un bol à aumône, un rasoir, une aiguille, un filtre à eau (pour ne pas risquer d'avaler une créature vivante), une ombrelle, un cabas et un *panka* (éventail), qui n'est pas destiné à les soulager de la chaleur mais à leur cacher la vue du monde. Chaque jour, ils quittent le monastère à l'aube pour mendier leur nourriture de la journée auprès des fidèles.

Outre les cinq préceptes du laïc (ne pas tuer, ne pas voler, ne pas mentir, ne pas commettre l'adultère, ne consommer ni alcool ni drogue), ils doivent respecter des règles de vie qui les aident à **se détacher des plaisirs du monde**, source de la souffrance humaine: ne pas se parfumer, ne pas siffloter ou chanter, ne pas se livrer au jeu, ne pas toucher d'argent... Il ne faut pas voir ces règles comme des interdictions mais comme l'ossature d'une discipline qui permet de se consacrer à l'essentiel: la **méditation**.

Les bons gestes méritants

Résultant des bonnes actions accomplies, les **mérites** constituent une sorte de «capital» qui permet de s'assurer une meilleure réincarnation. Ils s'obtiennent par des **offrandes** (feuilles d'or sur les statues, aumône aux moines...) ou des actes symboliques (libération d'oiseaux en cage).

^ Bonze au marché flottant

On peut acquérir des mérites pour quelqu'un d'autre: c'est le sens de la «**retraite des pluies**» (ordination temporaire), que les jeunes bonzes exécutent le plus souvent par dévotion filiale, au bénéfice de leurs parents.

Toutefois, la meilleure façon de **gagner des mérites** consiste à faire exécuter une statue de Bouddha. On peut également en commander une pour se protéger d'un danger,

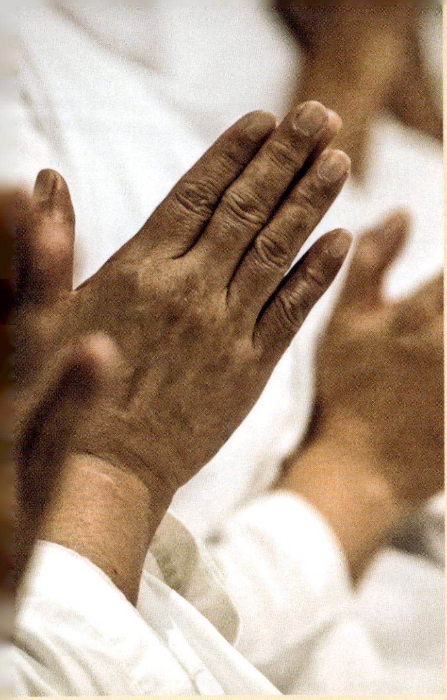

^ *Mae chii* en prière

en remerciement, à titre de consolation… Toutes les raisons sont respectables. « Même si un homme exécute une statue aussi petite qu'un grain d'orge, il crée les conditions d'une **meilleure réincarnation**, infinie comme les Sept Océans, dont le bénéfice s'étendra sur ses quatre prochaines renaissances », affirme I-Ching, un moine chinois du Ve s.

À noter qu'une telle statue ne peut ni s'acheter ni se vendre. Un bouddha ne peut être que « loué » : c'est ce que signifie le mot thaï *chao*, désignant la transaction entre fabricant de statues et client.

Et les femmes ?

Bouddha n'avait pas une haute opinion des femmes et n'a accepté de créer un ordre féminin que pour faire plaisir à sa tante, qui le suivait dévotement. **Vêtues de blanc** comme les novices, les nonnes de Thaïlande *(mae chii)* n'ont pas droit à la robe orange (contrairement aux nonnes birmanes). Elles ne peuvent ni mendier leur nourriture (elles mangent les restes de la quête des bonzes) ni prêcher et sont dépendantes de leurs homologues masculins. Rien d'étonnant à ce qu'elles soient si peu nombreuses…

Toutefois, on a pu observer au cours des dernières années des prémices de modernité, orchestrées par le Sangha (communauté monastique bouddhique), en faveur d'**une plus grande égalité** entre moines et nonnes. Ouvrir plus largement les portes des monastères aux filles pourrait notamment contribuer à réduire la prostitution.

Deux bouddhismes pour un Bouddha

Comme toutes les grandes religions, le bouddhisme a connu son **schisme**. À sa mort, Bouddha n'a laissé ni successeur ni textes écrits. Sa doctrine a été conservée par la tradition orale jusqu'au Ier s. de notre ère, date à laquelle a été rédigé le « canon » du *bouddhisme theravada* (« Petit Véhicule » ou « Doctrine des Anciens »). Cette formalisation de la pensée du Maître a donné lieu à une interprétation divergente, le *bouddhisme mahayana* (« Grand Véhicule »), dominant dans le nord de l'Inde.

Le bouddhisme theravada encourage l'abstention et le détachement, dans une perspective individuelle (chacun est responsable de son propre salut). Il ne reconnaît aucun dieu (Bouddha est considéré comme un homme) et n'investit pas son clergé de pouvoirs particuliers. Le bouddhisme mahayana prône l'action collective et met l'accent sur la conduite exemplaire du bodhisattva. Divinisé, Bouddha devient la clé du destin de ses fidèles.

MAISONS D'ESPRITS

La plupart des Thaïs croient leur vie soumise à l'emprise de forces surnaturelles. Ils multiplient les occasions de séduire les esprits et tentent de les apaiser quand ils sont en colère.

Des règles de construction précises

Ces constructions miniatures sont destinées à abriter l'**esprit du terrain** *(Phra Phum)*. L'édification des maisons d'esprits obéit à des règles précises. Ainsi, elles ne doivent pas recevoir l'ombre du bâtiment qu'elles protègent. Elles occupent une **position surélevée**, de telle sorte qu'un être humain est obligé de lever les yeux pour les voir. Seul un astrologue peut déterminer l'emplacement qui leur convient. Elles reçoivent les **hommages** des personnes qui ne veulent pas d'ennuis ou qui souhaitent voir exaucer leurs prières: fleurs, encens, nourriture s'accumulent ainsi devant des petits personnages tenant compagnie au **maître des lieux**, le *Phra Phum*.

Toutefois, il ne suffit pas d'installer une maison d'esprits pour avoir la paix chez soi. La **construction d'une habitation** doit respecter de **nombreuses règles** pour éloigner les catastrophes. Ainsi, un plan en T évoque la forme du vautour en vol: à éviter; une maison tout en longueur ressemblerait à un cercueil: déconseillé. Bref, mieux vaut s'adresser à un homme de l'art (astrologue...) pour régler tous ces petits arrangements avec les esprits.

Un esprit exigeant

La statuette représentant le *Phra Phum* est typiquement thaïe, mais on peut lui donner des caractéristiques chinoises ou hindoues. Elle peut également prendre la forme d'un bouddha. Selon les cas, le *Phra Phum* porte un sabre, un chasse-mouches (des attributs royaux) ou un livre (en référence au dieu chinois T'o Ti qui tient le registre des morts et des naissances). Les fidèles sont tenus d'**honorer leurs engagements** à son égard. S'ils tardent à livrer les offrandes promises, l'esprit leur envoie des avertissements dont le désagrément s'amplifie: d'abord des cauchemars, ensuite la banqueroute, puis le divorce, la maladie, et enfin la mort...

˅ Une maison d'esprits

Magie des tatouages

On reconnaît deux vertus aux tatouages : l'**invulnérabilité** et la **séduction**. La première intéresse tout particulièrement les hommes exerçant des métiers dangereux, la seconde est davantage prisée des femmes. On distingue les **tatouages à l'encre** (qui s'exhibent) des **tatouages à l'huile de sésame** (invisibles). Exécuté sur la langue, le tatouage à l'huile donne un pouvoir magique aux mots : les séducteurs y ont souvent recours. Les motifs tatoués sont en grande partie empruntés à la mythologie thaïe et accompagnés de textes en khmer ancien. On peut aussi se faire tatouer des bouddhas.

Le pouvoir des amulettes

Chaque amulette est dotée de **pouvoirs particuliers**, ce qui explique que certaines personnes superstitieuses en portent une douzaine. Pour être efficace, l'amulette doit être préalablement bénie par un bonze ou un chaman. Sa **provenance** et le **matériau** dans lequel elle est fabriquée ont aussi leur importance. La plupart des amulettes représentent des bouddhas ou des personnages liés au bouddhisme. Certaines personnalités considérées comme bénéfiques, comme le roi Rama V (p. 363) ou la princesse mère (mère de Rama IX), sont très prisées.

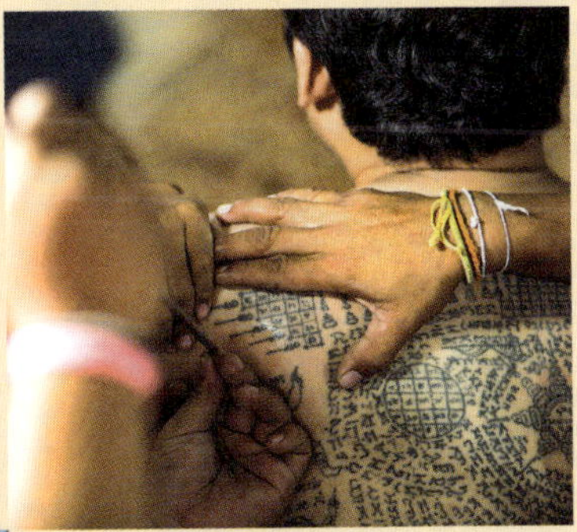

‹ Tatouage traditionnel

BOUDDHA EN IMAGES

Bouddha veille sur la Thaïlande. Bouddha de pierre ou de bois, de stuc ou de jaspe, d'or ou de bronze ; bouddha assis ou debout, couché ou descendant du « Ciel des trente-trois dieux » (référence à un épisode des *Jataka*), comme l'imaginèrent les artistes de Sukhothaï : chaque temple contribue à exalter le sentiment religieux à travers un art sacré accessible à tous. Le bouddhisme a influencé toutes les formes d'expression artistique et inspiré la mémoire collective d'un pays où l'artiste n'est qu'un intermédiaire discret entre l'esprit et la matière. L'art profane est conçu comme un simple prolongement de l'art religieux. L'art thaïlandais fait preuve d'une remarquable continuité et n'est pas d'un accès difficile.

‹ Bouddha en position de méditation

Dans les règles de l'art

La sculpture thaïe a pour objet principal la représentation de Bouddha. Matérialisant la présence du Maître parmi les hommes, toute statue est dotée de pouvoirs surnaturels. Et plutôt que de «statue», les puristes préfèrent parler d'«**image**». Prudence dès qu'il s'agit d'objets religieux, car les Thaïs ont un sens aigu de la **dévotion** et du **sacré**.

L'art religieux est aussi un art populaire, qui ne s'embarrasse pas trop de rationalisme: il accueille volontiers dans son panthéon démons, dragons et animaux mythiques, notamment dans le *Ramakien* (version thaïe du *Ramayana* indien) ou les *Jataka* (recueil de contes relatant les vies antérieures de Bouddha).

Dans la tradition siamoise, la création artistique n'a pas droit de cité. L'artiste intervient comme un **technicien** uniquement, sa personnalité s'efface derrière les normes fixées par les **canons bouddhiques**. Selon la formule lapidaire du théoricien indien Sukracarya (Ve s.), «les mensurations qui ne sont pas en accord avec celles données par les traités ne peuvent plaire au Sage».

Il faut donc se plier aux impératifs des ***lakshanas*** (les «marques») figurant dans les textes canoniques.

Torse de lion, jambes de gazelle

Les **32 marques principales** et les **80 marques secondaires** répertoriées confèrent une remarquable unité à l'iconographie bouddhique: le bouddha peut toucher ses genoux avec ses mains en position debout, sans avoir besoin de se pencher; il a les organes sexuels cachés dans une gaine (ce qui garantit son caractère asexué), et son dos est dénué de sillon entre les épaules... Un vocabulaire plus imagé traduit d'autres caractéristiques, avec des variations selon les écoles: le menton en forme de mangue (ou de jeune citron), le torse comparable à celui d'un lion, des jambes de gazelle, des cuisses robustes comme un jeune tronc de bananier, un nez en bec-de-perroquet (caractéristique de l'école Sukhothaï)...

Parmi les **constantes iconographiques**, on remarque aussi l'***ushnisha*** (**protubérance crânienne** qui trouve son origine dans le chignon indien et son aboutissement dans la flamme symbolisant l'illumination) et l'***urna*** (**marque entre les sourcils**, qualifiée d'«excroissance velue» par les textes, symbole de l'élévation spirituelle).

Mais les deux détails corporels les plus constants dans les représentations bouddhiques thaïes ne figurent pas dans les textes: il s'agit des **lobes d'oreilles** allongés (rappelant les origines princières de Bouddha, qui portait de lourdes boucles d'oreilles avant de renoncer aux parures) et des trois **plis du cou**, particularité que l'on attribuait, dans l'Inde ancienne, à des personnes de haut rang.

Mudrâ ou la symbolique des gestes

Contrairement aux dieux hindous aux multiples bras et attributs, Bouddha est représenté à l'image d'un homme. Les textes sacrés ont codifié ses **attitudes**, qui expriment chacune un état mental ou une action particulière. Le terme ***mudrâ*** désigne plus particulièrement les **gestes** significatifs qui, traduisant les moments clés de son parcours vers la sagesse, ont une vocation d'exemplarité pour les fidèles.

Bhûmisparsa mudrâ. Prise de la terre à témoin ou **victoire sur Mâra**. Assis, main gauche dans le giron, paume vers le ciel et main droite désignant la terre. C'est l'attitude de prédilection de l'iconographie thaïlandaise. Elle fait référence à un épisode de la vie de Bouddha où Mâra, dieu malfaisant, tente de le détourner de sa méditation. Gautama (qui n'est pas encore « le Bouddha », l'Éveillé) pointe alors sa main en direction de la terre pour la prendre à témoin des vies antérieures qui l'ont conduit au seuil de l'illumination.

Vitarka mudrâ. Prêche – *vitarka* signifiant « argumenter ». Assis ou debout, le pouce et l'index dessinant un cercle.

Dharmachakra mudrâ. Mise en mouvement de la roue de la Loi et prédication, évoquant le premier sermon. Debout, le bras gauche le long du corps ou élevé au niveau du buste, et la main droite esquissant le mouvement de la roue. Fréquente dans la statuaire bouddhique primitive, cette attitude est rarement représentée dans l'iconographie thaïe.

Abhaya mudrâ. Absence de crainte. Geste d'apaisement, effectué lorsque Bouddha accomplit un miracle et se manifeste dans toute sa gloire.

Dhyana mudrâ. Méditation. Assis dans la position du lotus (plantes de pied vers le ciel) ou du demi-lotus (une seule plante de pied vers le ciel), les deux mains dans le giron, paumes vers le ciel.

Méditation et inspiration

Faute de laisser libre cours à son inspiration, l'artiste fait appel à la méditation pour remplir sa mission sacrée. Cette pratique lui permet de prendre de la distance vis-à-vis de son modèle et des textes de référence, sans s'abaisser à produire une copie servile. L'**imitation** assure implicitement un transfert de **mérites** (p. 396) :

BOUDDHA D'ÉMERAUDE

Au XVe s., la foudre s'abat sur une pagode de Chiang Raï. Le Vénérable (le sage du monastère) extrait du désastre un bouddha recouvert de stuc qu'il installe dans sa cellule. Mais le stuc s'écaille et laisse apparaître une matière d'un beau vert profond qui se révèle être une statue de jade vert. Idéalisée par l'admiration populaire, elle deviendra bientôt le Bouddha d'« Émeraude ». C'est alors que les ennuis commencent…

Le roi de Chiang Maï envoie un éléphant pour rapporter la statue dans sa cité. L'éléphant chargé de la sainte mission s'entête à prendre la route de Lampang et refuse de revenir à Chiang Maï. Ces étranges circonstances attisent les convoitises des puissants, et le Bouddha d'Émeraude est successivement installé à Chiang Maï, à Louang Prabang et enfin à Vientiane, où il alimente le différend lao-thaï. Il revient en Thaïlande dans les bagages du futur Rama Ier, vainqueur des Laotiens à la fin du XVIIIe s. La dynastie Chakri lui offrira son plus beau temple, le Wat Phra Kéo (p. 62).

l'important est donc de préserver ceux que recèle n'importe quelle statue de Bouddha, sans considération de ses qualités artistiques ou de son ancienneté. Toute représentation de Bouddha conserve son **caractère sacré**, d'où la récupération des statues dans les temples désaffectés. D'où également l'**interdiction formelle** d'exporter des bouddhas, même modernes.

^ Wat Phra Singh

LE *WAT*

Le *wat*, monastère thaïlandais, est le cœur de la communauté bouddhique.

Il est reconnaissable à ses toits ouvragés, ses *chedi* chaulés ou dorés et ses pavillons soulignés de pans d'étoffe safran. On y entre librement pour méditer dans la fraîcheur du *bot*, parler avec le Vénérable (bonze âgé qui a l'autorité morale sur le *wat*) ou gagner des « mérites » (p. 396) en collant des feuilles d'or sur un bouddha...

Un lieu de vie

Entouré d'un mur percé de portes, le *wat* est constitué d'édifices religieux (*bot*, *viharn*, bibliothèque...), destinés aux cérémonies, à la prière, au souvenir, et de bâtiments fonctionnels (pavillons ouverts polyvalents, quartiers d'habitation des moines, crématorium).

Véritable maison du peuple et de la culture, il restitue l'atmosphère des églises du Moyen Âge, où les hommes et les bêtes évoluent librement. Il fait office de **lieu de culte**, d'**école** (beaucoup de petits Thaïlandais ruraux sont encore scolarisés dans les monastères), de **salle des fêtes**, de **champ de foire**, de **terrain de jeux**, parfois même d'**hôpital** ou d'infirmerie. Il accueille les voyageurs sans abri, les pauvres, et tous ceux qui aspirent à une vie meilleure ou souhaitent une **absolution discrète**.

Mérites et patrimoine

La population assure son entretien ; de même, elle nourrit ses moines. L'accomplissement de ce devoir lui assure des « mérites » et l'espoir d'une meilleure réincarnation. Malheureusement pour le patrimoine historique, la réfection d'un ancien *wat* produit moins de mérites que la construction d'un nouveau. Signe des temps, les *wat* sont désormais construits selon un plan-type, qui introduit dans la chronologie de l'art thaïlandais une époque nouvelle : le style béton. Repeindre de vives couleurs de belles fresques anciennes constitue aussi une bonne action en regard de la conscience bouddhique... un peu moins du point de vue du département des Beaux-Arts qui a fini par fixer des règles de préservation patrimoniale.

LA SEMAINE DES HUIT BOUDDHAS

On voit souvent, dans les temples, une rangée de bouddhas portant chacun le nom d'un jour de la semaine. Chaque image illustre un épisode de la vie du Maître. Les fidèles ont coutume de jeter des pièces dans les récipients placés devant les bouddhas, en guise d'aumône, choisissant les jours selon les événements de leur histoire personnelle ou les conseils de l'astrologue.

Dimanche. Debout, les yeux ouverts, sa main droite couvre sa main gauche : il contemple l'arbre de l'Illumination.

Lundi. Debout, il apaise les flots des deux mains ou les querelles familiales d'une seule main.

Mardi. Couché, dans la position de l'entrée dans le nirvana. D'après les textes pâli, Bouddha serait mort un mardi.

Mercredi matin. Tenant entre ses mains un bol à aumône : évocation de sa visite au palais de son père au cours de l'année qui suivit l'Éveil.

Mercredi soir. Assis, il attend d'être servi par le singe et par l'éléphant dans la forêt de Palelayaka. Cette représentation rappelle l'aide qui fut apportée à Bouddha par les animaux durant ses années d'errance.

Jeudi. Assis, les mains dans le giron, paumes ouvertes : position de méditation.

Vendredi. Debout, les mains croisées sur la poitrine : contemplation, illustrant la posture qu'il adopta pendant la période qui suivit son Éveil.

Samedi. Assis en lotus ou demi-lotus, sous la protection du *naga* (p. 393). C'est la référence à un épisode célèbre, au cours duquel Bouddha en méditation fut sauvé de la montée inopinée des eaux par un serpent surgi de l'eau.

GASTRONOMIE

UNE CUISINE ROYALE

Parfumée, légère et raffinée, la cuisine thaïe est aujourd'hui unanimement reconnue comme l'une des meilleures du monde. Jadis réservés aux rois, ses plats les plus délicats sont désormais accessibles à toutes les papilles...

Une femme vendant des Pad Thai

La bonne heure

Les Thaïs ont l'habitude de manger tout le temps et partout: dans la rue, dans le train, au bureau et parfois même à table! Le repas se compose traditionnellement de **riz**, accompagné de **trois à cinq plats** (viande, légumes, poissons, fruits de mer) et d'une **soupe** qui se consomme plutôt à la fin.

Les convives picorent dans les plats, à la cuillère ou à la fourchette, ajoutant à volonté *nam plaa* (saumure de poisson, très salée) ou *nam prik* (sauce pimentée).

Le riz à toutes les sauces

Le **riz** reste la **base de l'alimentation** thaïe (manger se dit *kin khao*, ce qui signifie littéralement: prendre le riz); mais que de parfums, que de saveurs inédites pour le faire chanter!

La cuisine thaïe doit sa tonalité à une savante **harmonie des saveurs**: salée (saumure de poisson), sucrée (lait de coco, sucre de palme), pimentée (piments verts, jaunes, rouges), acidulée (citron vert, citronnelle, tamarin), âcre (*galanga*, sorte de gingembre), parfumée (basilic, coriandre fraîche, menthe), piquante (ail, échalotes, oignons verts)... Un souci d'équilibre qui s'inscrit dans la lignée du yin et du yang et qui signe la filiation chinoise de la cuisine thaïe.

On y trouve également des **influences indiennes** (profusion de currys) et **malaises** (satay, brochettes au feu de bois).

Les saveurs du Nord

L'essayer, c'est l'adopter: le riz glutineux (dit « gluant») se transporte dans un petit panier de paille tressée. Il n'a rien de gluant, mais ses grains, collés ensemble, se mangent avec les doigts. Cultivé en montagne, en rizières sèches, il se cuit à la vapeur. Autres spécialités du Nord, les ***naem*** (saucisses épicées, à ne pas confondre avec des pâtés impériaux), le ***hang le*** (curry à la mode birmane), le ***khaepmu*** (ou peau de porc croustillante), les ***khao soi*** (des nouilles à la sauce curry). Le sommet pour le fumeur, c'est le cigare ***khiyo***, mélange de tabac et de tamarin roulé dans une feuille de bananier: explosif!

Le repas traditionnel, ***khantoke***, tire son nom des tables basses sur lesquelles sont servis les plats. On mange assis par terre.

Toujours dans les plaisirs de la bouche, découvrez la variété inouïe de fruits du pays. Les vendeurs de rue les préparent pour vous et vous pouvez déguster sans vous salir les mains (voir «*Les fruits du paradis*» p. 407)!

« L'eau de poisson »

On s'y habitue tellement qu'il devient impossible de s'en passer: la *nam plaa* (en français: «eau de poisson») est l'indispensable accompagnement de tous les repas. Cette saumure de poisson forte en odeur et en goût remplace avantageusement le sel, moins subtil et peu adapté au climat humide.

Ce sont les Chinois qui, les premiers, eurent l'idée de mettre un peu de sel dans leur vie d'immigrés en recréant, en Thaïlande, la sauce de poisson qui faisait leurs délices en Chine. Si son goût ne vous convainc pas, laissez-vous séduire par ses vertus: la *nam plaa* est bourrée de protéines, de vitamines et de sels minéraux. Méfiez-vous quand même des petits piments verts et rouges qui baignent dans la coupelle: ce sont des diables qui vous mettront le feu à la bouche! La *nam plaa prik* («eau de poisson au piment») est le stade ultime de l'expérience gastronomique thaïe: on adore ou on déteste.

Salades *(yam)*. Au poisson *(yam plaa)*, à la papaye verte *(yam som tam)*, au vermicelle de soja *(yam woun sen)*, au pomelo *(yam som-o)*, au bœuf grillé *(yam neua)*.

Sautés *(phat)*. Mélanges de viandes ou de poissons, de légumes et d'herbes dont l'abondance de parfums renouvelle indéfiniment les saveurs. Le très populaire *khao phat* est un savoureux plat de riz frit agrémenté d'ingrédients variés; il ne coûte qu'une quarantaine de bahts dans la rue.

Soupes *(tom)*. Crevettes et citronnelle (*tom yam koung*, la plus célèbre, recette p. 406), poulet et lait de coco *(tom kha khaï)*, nouilles et crevettes *(tom bami nam koung)*.

Currys *(kaeng)*. Verts, rouges ou jaunes, à base de poulet, bœuf, crevettes, poisson, avec ou sans lait de coco.

HO MOK PLAA

Curry de poisson à la vapeur

Pour 4 pers. : 800 g de filets de poisson, 1 c. à soupe de pâte de curry thaï, 2 œufs, 1/2 verre de nam plaa, *1 boîte de lait de coco, un bouquet de basilic, 4 feuilles de bananier (voire de chou), 4 piments rouges.*

Incorporez à la pâte de curry le poisson coupé en morceaux. Ajoutez les œufs battus, la *nam plaa*, le lait de coco et le basilic ciselé. Chemisez des ramequins de feuilles de bananier en déposant au fond les piments coupés. Garnissez avec la pâte de poisson et faites cuire à la vapeur 15 à 25 min.

Plats à la vapeur *(ho mok)***.** Mets cuits dans des paniers ou dans des feuilles de bananier qui gardent toute leur saveur (par exemple l'exquis *ho mok plaa*, qui est un curry de poisson à la vapeur, recette p. 405).

Mets grillés. Brochettes à la sauce cacahuète *(satay)*, poissons et fruits de mer.

Desserts *(kanom)***.** Petits gâteaux très sucrés ou légèrement salés à base de coco, de gélatine parfumée, de haricots de soja, de riz gluant, de sucre de palme. À toute heure, le *kanom* est le petit plaisir quotidien des Thaïlandais, comme le café pour les Latins.

Les musts

Cuisine de rue

La cuisine servie dans la rue est souvent délicieuse. Chacun la consomme sur-le-champ. On peut aussi s'asseoir sur un tabouret devant une table posée sur le trottoir. Le plat arrive en un rien de temps: riz sauté, salade de papaye verte, soupe de nouilles, curry, brochettes... On mange dans une assiette en plastique avec une fourchette et une cuillère en aluminium (parfois des baguettes si la cuisinière est chinoise). L'assaisonnement reste sur la table: sucre en poudre, piment séché, vinaigre et *nam plaa* (p. 405). Un rouleau de papier toilette fait office de serviette.

Les restaurants de rue sont-ils sans danger? Rien ne peut garantir l'extrême propreté des lieux et des ustensiles mais, dans l'ensemble, il n'y a pas trop de mauvaises «surprises».

> Profitez de votre séjour pour vous initier à la cuisine thaïe: cours à Bangkok (p. 105), Chiang Maï (p. 200), Phuket (p. 303).

TOM YAM KOUNG

Soupe de crevettes à la citronnelle

Pour 4 pers.: 1 tige de citronnelle fraîche, 1 l de bouillon, 1 c. à café de pâte de curry thaï, 1 c. à soupe de nam plaa *(saumure de poisson), 300 g de grosses crevettes crues, 3 piments verts, 2 gousses d'ail, 1 citron vert, de la coriandre fraîche.*

Faites bouillir 5 min la citronnelle dans le bouillon, ajoutez la pâte de curry, la *nam plaa* et les crevettes (surveillez pour qu'elles ne ramollissent pas). Retirez du feu et ajoutez les piments coupés, l'ail pilé et le jus de citron. Servez avec la coriandre ciselée.

Boissons douces et boissons fortes

Avant de s'adonner aux douceurs des *soft drinks* (les boissons sucrées), les Thaïs étaient des buveurs d'eau et non de thé (très prisé des Chinois). Les seules boissons vraiment locales sont la **bière**, qui est excellente (Singha, Chang ou Leo), et le ***mékong***, «whisky thaï» à base d'alcool de riz que l'on consomme allongé de soda lors de dîners entre amis.

Boire du **vin** est devenu très tendance: les restaurants à la mode proposent un vaste choix de vins australiens, californiens, sud-africains, chiliens, français et même thaïs...

Le climat ne favorisant guère la bonne conservation du vin, il est sage d'éviter les grands crus. D'autant que le vin ordinaire atteint déjà des prix prohibitifs en raison des lourdes taxes.

LES FRUITS DU PARADIS

La Thaïlande compte plus de quarante variétés de fruits: mangues, ananas, noix de coco, oranges de Chine, pommes de Java, cantaloups (variété de melon), jacquiers, sapotilles (genre de kaki), litchis, longanes (voisins du litchi, avec une chair transparente dans une écorce brune), pastèques...

Durian

Dans les taxis, les hôtels ou les avions, même refrain: «Pas de durian ici!». Difficile à cacher par sa taille, qui atteint souvent celle d'une tête humaine, il se trahit par son odeur: «camembert fermenté» est la référence la plus habituelle des néophytes. Les spécialistes, eux, vous diront que l'odeur du durian a la finesse des crus de Bordeaux. Aux débutants, ils conseilleront la dégustation de «**l'oreiller d'or**» *(monthong)*, variété inodore, pour surmonter leur répulsion initiale. Le durian (du malais *duri*, épine) est une douceur hautement prisée en Asie. Il faut au moins six ans pour que l'arbre produise des fruits. On le cultive dans le sud de la Thaïlande et dans la province de Rayong, qui est devenue le verger de Bangkok. Le durian se récolte en mai et en juin.

En raison de son prix élevé, il se vend **par portions**. Les Thaïs affirment tout haut que ce fruit est fortement **vitaminé**, et tout bas qu'il possède des **vertus aphrodisiaques**. On en fait des desserts (le *khao nua durian*: durian servi comme la mangue, avec du riz gluant et du lait de coco), des pâtes de fruit et des bonbons.

⌄ Un étal de fruits à Bangkok

^ Carambole

Ramboutan

Il ressemble à un petit oursin rouge sombre aux épines souples. Sa chair, proche de celle du litchi, est plus ou moins sucrée ou acidulée selon les variétés.

Mangoustan

Ce petit fruit violacé, à l'enveloppe épaisse et dure, cache un trésor. Organisée en quartiers, sa pulpe est d'une saveur exquise, infiniment subtile, qui fait oublier ses noyaux dispersés au hasard. C'est sans doute le meilleur fruit de Thaïlande.

Goyave

D'une couleur variant du jaune au rouge, elle cache sous sa peau fine une pulpe laiteuse, fraîche et acidulée. Son goût est délicat, subtil et ses effets toniques (elle contient 20 fois plus de vitamine C que l'orange).

Carambole

Sa jolie forme, produisant des tranches étoilées, lui confère des qualités décoratives intéressantes. Sa chair jaune pâle est d'un goût plutôt décevant, mais on la dit riche en vitamine C.

Jujube

D'origine chinoise, il est apprécié pour ses vertus médicinales (sédatives et laxatives). Il ressemble à une grosse olive rouge et se consomme frais, cuit ou séché. On en fait également des bonbons.

Fruit de la passion

De forme ovoïde, sa pulpe gélatineuse est truffée de petites graines qui craquent sous la dent et délivrent une légère pointe d'acidité. Il se consomme à la cuillère ou en jus *(nam)*.

Papaye

La papaye légume, verte, ressemble à une grosse courge. La papaye fruit, à la jolie chair orange, a un goût unique que beaucoup atténuent avec du citron.

v Goyave rouge

ARTISANAT

EMBELLIR LE QUOTIDIEN

^ Teinture de la soie

L'artisanat thaï est né de la nécessité de créer les objets quotidiens indispensables. Progressivement, les artisans ont amélioré l'esthétique de leurs productions et ont acquis une renommée internationale. Sur les marchés traditionnels comme dans les centres commerciaux les plus gigantesques, dans les grands magasins ou les échoppes, c'est le grand déballage. Comment résister? Les Thaïs sont les premiers à craquer: de jour comme de nuit, les trottoirs sont envahis de produits plus souvent futiles qu'utiles pour donner des couleurs à la vie. La capitale de l'artisanat reste Chiang Maï (p. 186).

Mobilier et art de la table

La Thaïlande a une façon bien à elle d'explorer les chemins de l'harmonie et du plaisir au quotidien. Le goût de l'esthétique est un trésor national qui transparaît aussi bien sur les étals des marchés de rue que dans les cénacles les plus huppés du design. L'alliance du beau et de l'utile investit pratiquement tous les territoires de la vie quotidienne. C'est sans doute l'une des composantes essentielles de «l'exception thaïlandaise».

Esthétique de l'objet

En matière d'objets décoratifs pour la maison et la table, la Thaïlande approvisionne une bonne partie des boutiques d'Occident. Les créateurs surfent sur les modes et ne sont jamais à court de nouveaux produits, séduisants et bon marché: sets de table, plateaux et vases en bois, chemins de table, petits accessoires en nacre ou en marqueterie, vaisselle, couverts et objets en métal nickelé (présentant l'aspect de l'argent sans les inconvénients de son entretien).

Céladon thaï

Sa délicate nuance vert jade est unique, tout comme sa matière sobrement vernissée. Des potiers du Xe s., qui mirent au point cette technique en Thaïlande, aux stylistes contemporains, le céladon a su s'imposer par son élégance et son originalité.

Les mystères de la céramique siamoise

Les céramiques thaïes, fabriquées selon des techniques minutieuses utilisant aussi bien les principes physiques de la cuisson au four que ceux, chimiques, des vernis et oxydes, n'ont rien à envier aux céramiques chinoises.

On a longtemps pensé que le **céladon** avait été rapporté de Chine à la fin du XIIIe s. par des émissaires de Rama Khamhaeng envoyés à la cour de Pékin. Des découvertes récentes ont prouvé que ce procédé était utilisé en Thaïlande au moins trois cents ans plus tôt.

En 1984, des milliers de céramiques ont été exhumées sur des sites funéraires de la région de Tak. Les spécialistes ont pu affirmer qu'elles provenaient de fours locaux, en raison de l'utilisation d'une argile de qualité particulière.

Meubles en teck

Bien que l'exploitation du teck soit désormais réglementée, beaucoup de **beaux meubles** sont taillés dans ce bois dur et noble (pour réaliser tables basses, chaises, petits cabinets, mobilier de jardin...).

Vous pouvez faire copier des modèles à partir d'une photographie ou d'un dessin. Les magasins spécialisés s'occupent de l'expédition, mais il est prudent de se faire préciser les délais et les conditions d'assurance.

Laques traditionnelles ou revisitées

Le travail de la laque fait appel à la virtuosité autant qu'à la patience. Boîtes, bols, sous-verres, assiettes, plateaux illustrent cet art raffiné où les motifs sont dorés à la feuille et appliqués sur un fond noir.

Une autre technique utilise la **coquille d'œuf**: elle renouvelle l'esthétique traditionnelle, démontrant ainsi la vitalité de l'artisanat thaïlandais. Les laques traditionnelles du Lan Na, de couleur rouge ou noire, utilisent les mêmes formes et les mêmes techniques qu'au Laos et en Birmanie. De plus en plus d'objets en laque vendus en Thaïlande proviennent du Vietnam (reconnaissables à leur style plus moderne).

Bijouterie

Bien qu'elle possède ses propres gisements (saphirs), la Thaïlande fait grand usage des pierres précieuses de Birmanie (dont le célèbre rubis «sang de pigeon» de Mogok, popularisé par Kessel). Les joailliers les plus réputés ont des ateliers de fabrication dans la région de Bangkok, où toutes les pierres, naturelles ou synthétiques, sont travaillées.

L'argent au poids

Détail inhabituel et surprenant: les bijoux et objets en argent sont généralement vendus au poids (l'unité s'appelle le baht, comme la monnaie thaïe, et équivaut à 15 g). L'artisanat traditionnel produit des bagues, chaînes, colliers, bracelets, pendentifs, ceintures, services à thé et à bétel (une noix qui se chique avec sa feuille), boîtes... On peut faire exécuter des bijoux ou des pièces particulières sur commande.

^ Peinture sur ombrelle

Style ethnique

Les bijoux ethniques n'ont pas simplement pour vocation de rendre la femme plus belle. Ils servent surtout d'**épargne** et permettent encore aujourd'hui à des populations migrantes de ne pas avoir recours au système bancaire.

Les colliers des **Hmongs** et des **Yaos** sont particulièrement somptueux et stylés, tout comme les bracelets et les ceintures. Vous dénicherez ces merveilles à **Chiang Maï**, dans le quartier des **argentiers** de **Wua Laï** (p. 192).

Pierres précieuses et pacotille

La plupart des bijoutiers sont honnêtes, mais des commerçants sans scrupule profitent de l'inexpérience de leurs clients pour leur vendre au prix fort des pierres sans intérêt. Fuyez les propositions mirobolantes : il y a sûrement anguille sous roche ! Les plus belles pierres sont réservées à l'exportation.

Tissus

Reconnue comme la plus belle du monde, la soie thaïe est encore fabriquée artisanalement. Tissé selon le même procédé que la soie (sauf dans sa production industrielle), le coton est recherché quant à lui pour l'ameublement (qualité épaisse), la décoration et le prêt-à-porter.

Douceur de la soie

La soie peut avoir jusqu'à trois trames : cela explique la **diversité des prix** (à partir de 10 € le mètre). Dans sa version la plus sophistiquée, la **soie *mutmee*** (typique du Nord-Est ; p. 254), les fils sont teints avant d'être tissés pour produire de somptueux motifs géométriques. Pour conserver son brillant, elle doit être lavée à l'eau tiède et repassée sur l'envers.

Des commerçants peu scrupuleux vendent des tissus synthétiques estampillés « *thai silk* ». On peut les confondre à l'aide d'un briquet : le fil de soie brûle comme un cheveu et se transforme en cendre ; la soie synthétique dégage une fumée noire, et la combustion ne s'arrête pas tout de suite. À tester avec doigté...

Coton nature ou couture

Les **batiks**, imprimés à la cire selon les techniques et les motifs indonésiens, proviennent du sud de la Thaïlande. À **Chiang Maï**, les designers rivalisent d'imagination pour créer vêtements et accessoires à partir des tissus traditionnels des minorités akhas *(*patchworks*)*, méos (batiks et tissus incrustés), hmongs (tissus incrustés), ou encore yaos (broderies au point de croix).

Point de croix sur indigo

Les femmes des minorités montagnardes ont coutume d'embellir les tissus traditionnels (toile indigo ou cotonnades aux couleurs acidulées) avec des motifs brodés, des incrustations de tissu ou de miroirs, du batik, des patchworks. Hélas, la manie la plus répandue consiste à découper en menus morceaux des pièces uniques pour en décorer un sac à dos ou une poche de chemise.

SUR MESURE

Il existe quantité de tailleurs, en ville et dans les galeries marchandes des hôtels (voir Tailor On Ten, p. 106). La profession est dominée par les Indiens et les Chinois. Les **costumes et chemises d'hommes** sont généralement bien exécutés (attention, les rabais se négocient souvent au détriment de la qualité).

Attention : ne prenez pas pour argent comptant les délais qui vous seront annoncés *(24 hours only)*. Prévoyez de la marge et exigez **au moins un essayage**, selon ce que vous faites faire. La soie thaïe, du fait de sa rigidité, se prête mieux aux robes structurées et aux tailleurs qu'aux chemisiers. Évitez de sortir des grands classiques ou fournissez un modèle.

Vous trouverez ces tissus ethniques à **Chiang Maï**, et plus particulièrement au **Night Bazaar** (p. 188), autour du **marché Warorot** (p. 193) et chez certains **antiquaires**.

Antiquités

La Thaïlande est une plaque tournante du commerce des antiquités de la région. Les plus nombreuses proviennent de Birmanie, objet d'un trafic lucratif et impuni du fait de l'absence totale de protection du patrimoine dans ce pays.

Beaucoup d'objets khmers sont également sur le marché, souvent dans des conditions douteuses, à l'exclusion des poteries. À part les **objets religieux** (interdits à l'exportation), on peut négocier des **porcelaines** chinoises ou thaïes, des **poteries khmères**, des **céramiques**, des pipes, des **poids** ou des **balances à opium** thaïs, laotiens ou birmans, des **bijoux**, des **peintures sur soie**, des textes sacrés manuscrits sur feuilles de latanier, etc. La plupart des **statuettes en bois** datent du XIXe s., les pièces antérieures ayant été détruites ou confiées à des musées.

Perle rare ou copie ?

Discerner le vrai du faux est ardu, les imitations étant souvent excellentes. Le vendeur ne peut pas toujours être accusé de mauvaise foi, la copie étant érigée en système dans l'art siamois depuis les temps les plus anciens. Dire d'un bronze « C'est un Sukhothaï » peut s'interpréter de deux manières : 1. C'est un bronze **de l'époque** Sukhothaï. 2. C'est un bronze **de style** Sukhothaï (sous-entendu : une copie). Le recours à un expert s'impose si l'achat est coûteux (rens. au ministère de la Culture)… Sinon, achetez ce qui vous plaît !

ART DE VIVRE

LE CORPS ET L'ESPRIT

Les Thaïlandais prennent grand soin de leur apparence. La quête du bien-être corporel *(sabaï)* ne souffre pas de tabous et revêt une dimension spirituelle. Seuls des Occidentaux peuvent s'étonner de trouver des salles de massage dans les temples bouddhiques et des autels religieux dans des espaces dédiés aux soins du corps.

‹ Un massage dans un Spa

Massages pour tous

Le **massage** *(nouat)* thaï traditionnel est un **art très ancien** venu d'Inde et de Chine il y a environ 2500 ans. Il est profondément ancré dans les habitudes. On le pratique en famille : les mères massent leurs enfants, les adultes massent leurs parents âgés. S'imposant comme solution thérapeutique dans de nombreuses affections (avec le Baume du tigre®, universellement utilisé pour soulager les douleurs musculaires), il vise à favoriser l'équilibre entre les différents éléments constitutifs du corps, dans une optique holistique. Selon cette médecine traditionnelle, le corps est traversé par des canaux d'énergie. Si l'un de ces canaux est bloqué, l'énergie n'y circule pas correctement, ce qui crée un déséquilibre qui peut engendrer des problèmes de santé. Le massage permet de dénouer ces blocages d'énergie et d'avoir un corps en bonne santé.

Dans le **massage thaï traditionnel**, on n'utilise pas d'huile. Le praticien utilise ses pouces, ses paumes, ses coudes, ses genoux et ses pieds pour pétrir le corps de son patient qui porte un vêtement en coton. Il lui fait aussi faire des mouvements de stretching qui rappellent parfois des poses de yoga. Ces manipulations sont loin d'être agréables et peuvent ressembler davantage à une séance d'ostéopathie qu'à un massage relaxant.

La réflexologie

D'**origine chinoise**, le massage des pieds existerait depuis 3000 ans. Ses adeptes considèrent qu'il possède des **vertus préventives et curatives** contre de nombreuses affections : maux de tête, tension, asthme, constipation, sinusite, etc. Il repose sur le principe selon lequel les organes internes seraient reliés à différentes parties du corps par des nerfs sensoriels prenant racine à la plante des pieds. Le massage des pieds permettrait ainsi de stimuler l'activité de certains organes déficients et d'améliorer la circulation sanguine et lymphatique. Il se pratique avec les mains et parfois avec des bâtons que l'on vous enfonce sans pitié dans les pieds, en insistant sur les points sensibles. Un bon praticien ne se contente pas de masser les pieds, il masse également les jambes, les bras, la tête et le dos. Pour le patient, en position allongée dans un fauteuil, le *foot massage* peut être à la fois un soin bénéfique et un vrai moment de relaxation.

Spa : luxe et volupté

La Thaïlande a su surfer sur la vague avant tout le monde : inspiré de la thalasso, le **Spa** (du latin *sanus per aqua*) offre une gamme de soins extensive : des soins esthétiques à la cure de rajeunissement et au grand nettoyage du système digestif...

Pour vous désintoxiquer en douceur et vous débarrasser de vos vilaines habitudes, vous n'aurez que l'embarras du choix. Tous les **grands hôtels** possèdent désormais leur Spa, véritable **oasis de luxe et de volupté**. On peut aussi s'y refaire une beauté en optant pour un soin du visage, un gommage du corps au miel et au sésame, une pédicure-manucure ou encore un lissage des cheveux...

Les ressources de la médecine traditionnelle sont largement sollicitées, particulièrement en **aromathérapie**. La noix de coco, le concombre, la papaye, le potiron, la bergamote, la citronnelle, le curcuma, le gingembre sont confisqués aux cuisiniers et mis au

Séance de réflexologie

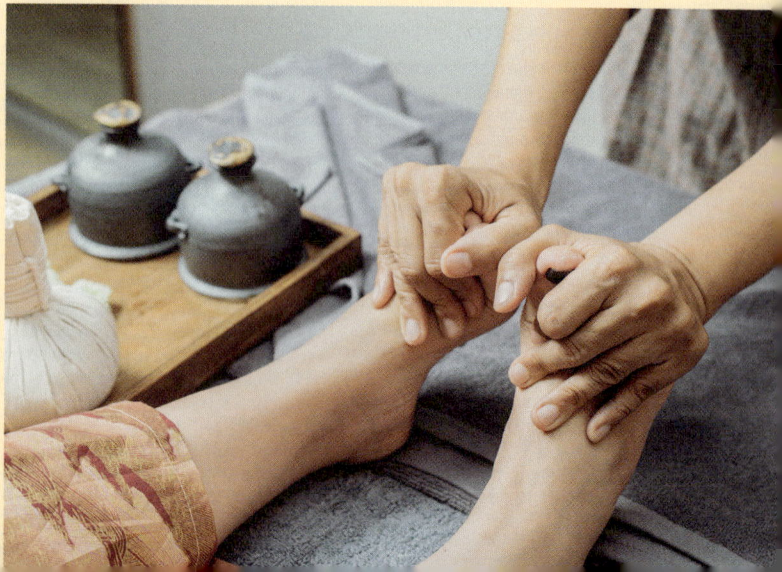

service de la beauté, de la minceur, de l'énergie positive.

Le Spa se décline en différentes versions : **à la journée** *(day Spa)*, **en cure** *(Spa resort)* ou dans un **environnement médicalisé** *(medical Spa)*. Vous pouvez même faire des études dans une « Spa Academy » et devenir « Spa-cialiste » à votre tour... Attention au vocabulaire ! Toutes les prestations de massage sont désormais commercialisées en Thaïlande sous le terme générique de Spa, mais les ***massage parlours*** sont généralement des lieux de prostitution.

Un peu de méditation

La santé du corps et celle de l'esprit allant de pair, pourquoi ne pas profiter d'un séjour en Thaïlande pour découvrir les arcanes de la **méditation *Vippasana*** (« accès à la connaissance intérieure ») ? C'est la forme de méditation la plus répandue en Thaïlande et la plus accessible aux néophytes. Grâce à des techniques d'auto-observation, de contrôle des émotions et de la respiration, elle vise la **pureté de l'esprit**. On peut méditer assis, debout ou en marchant. Les règles imposées dans les retraites sont moins sévères que celles des monastères, mais le lever matinal, dès les premiers rayons du soleil, est de mise tout comme la frugalité et le silence. Beaucoup de centres sont ouverts aux Occidentaux (p. 207 et 297). Les cours sont gratuits (dons appréciés).

Se refaire une santé

Avec beaucoup de pragmatisme et un vrai savoir-faire dans le domaine médical, les Thaïlandais ont entrepris de faire de la santé un produit touristique.

Voilà longtemps que les Émiratis ne se font plus soigner à Londres, mais à Bangkok. Un exemple suivi par beaucoup d'Européens et d'Américains dont la couverture sociale est insuffisante. Des **hôpitaux luxueux** ont développé une politique de marketing agressif pour vendre leurs **soins médicaux** de la même façon qu'un stage de golf. Parmi les spécialités bien maîtrisées en Thaïlande, citons la chirurgie esthétique, les soins dentaires, l'ophtalmologie, la cardiologie, la dermatologie, le traitement du diabète et le changement de sexe.

L'office du tourisme a édité une brochure et encourage les tour-opérateurs à proposer des produits touristiques axés sur la santé.

MASSAGE CHEZ LA COIFFEUSE

Pourquoi les coiffeurs européens n'y ont-ils pas pensé ? Un shampoing-massage, allongé sur une banquette, c'est plus confortable que dans un fauteuil ! Les coiffeuses thaïes ne bâclent pas les shampoings et vous offrent un massage pour le même prix *(300 à 600 THB, brushing compris)*. Vous pouvez également profiter de la séance pour vous faire faire les ongles. Inutile de prendre rendez-vous.

FÊTES ET FESTIVALS

^ Fête des fleurs à Chiang Maï

LA THAÏLANDE EN FÊTE

En Thaïlande, faire la fête est une sorte de devoir national. Curieusement, la langue thaïe a recours au même terme *(ngaan)* pour désigner le travail et le plaisir : chacun doit s'efforcer de travailler dans la joie (en privilégiant le plaisir par rapport à d'ennuyeuses obligations) et prendre la fête au sérieux. Les fêtes thaïlandaises traditionnelles sont nombreuses, ce qui n'empêche pas les Thaïs d'en créer toujours de nouvelles. Quant aux fêtes bouddhiques, si elles sont marquées par des célébrations rituelles dans les temples, elles se manifestent par des réjouissances très profanes.

Les **fêtes régionales et locales** témoignent de l'attachement des Thaïlandais à leur terroir. La moindre localité capitalise sur ses ressources ou son histoire pour organiser kermesses, concours de beauté (très prisés), défilés de chars, festivals gastronomiques, karaokés, matchs de boxe et même matchs de football avec des éléphants… Certaines fêtes mobilisent tout le pays, comme **Songkran, Loy Krathong ou l'anniversaire du roi.**

Janvier

Foire du Wat Phra Si Ratana (Phitsanulok). Offrandes, processions, foire.

6e jour de la lune croissante : foire de Phra Buddha Chinnarat (Phitsanulok). Cérémonies, danses folkloriques, processions au Wat Phra Si Rattana Mahathat.

Fête des Ombrelles (Bo Sang, à 9 km E de Chiang Maï). Concours de la plus belle ombrelle dans le village où elles sont fabriquées.

Février

Nouvel An chinois.

1er w.-e. de fév. : fête de Kantok Chang (Lampang). Elle se tient au Centre de protection des éléphants de Lampang (p. 213) : on offre aux pachydermes des friandises sur des plateaux. Possibilité de restauration et de logement sur place.

Magha Puja. Des processions illuminées commémorent *Magha Puja* (premier sermon), le prêche de Bouddha devant 1 250 disciples spontanément réunis. **Foire du roi Naraï (Lopburi).** Processions, cérémonies, spectacles (son et lumière) en hommage au grand roi Naraï qui reçut, parmi ses hôtes européens, les envoyés de Louis XIV.

^ Fête du Magha Puja

Festival des Fleurs (Chiang Maï). Défilés, concours de beautés locales, compositions florales flottantes.

Mars

5-15 (Nong Khaï). Fête d'*Anou Savari*, foires populaires, spectacles et compétitions de *takraw* (p. 388) pour célébrer une victoire des Siamois et des Laotiens sur les Chinois Hau en 1886.

23 mars-2 avr. (Khorat) : Festival de Thao Suranari. Parades, foire, feux d'artifice commémorent la victoire de Thao Suranari sur les Laotiens.

Avril

6. Jour de la dynastie Chakri (p. 362).

12-15 : Songkran (Nouvel An thaï). Il se célèbre à la mi-avril avec éclat et éclaboussures... Les Thaïs ont donné un ton bien personnel à ce rituel de passage, originaire d'Inde du nord, qui entraîne la plus grande transhumance annuelle (chacun en profite pour retourner dans sa province d'origine). Selon la tradition du Nord de la Thaïlande, on raconte que les femmes avaient coutume de jeter les hommes (consentants) dans le Mékong, et même de les attacher en ne les libérant que contre rançon. On comprend que les hommes aient sollicité le droit d'arroser les femmes, ce qui ne se faisait pas il y a seulement cinquante ans... Autrefois, on se contentait de faire couler délicatement l'eau lustrale sur les bouddhas et sur les aînés... Mais de nos jours, il s'agit ni plus ni moins que d'**arroser son prochain**. Et pour ce faire, les Thaïlandais font preuve d'une imagination sans bornes : mitraillettes à eau, pompes artisanales, tuyaux d'arrosage, casseroles, seaux, bidons remplis de glaçons... Nul n'échappe à la douche ! C'est à Chiang Maï que cette fête est la plus spectaculaire.

Le **15** reste la journée sacrée des mérites. Les fidèles se rendent au temple pour y faire leurs dévotions et apporter des offrandes : fleurs, bâtons d'encens, eau parfumée, fruits, pièces de tissu... Les plus âgés accordent leur pardon aux plus jeunes. À **Phuket**, c'est également la **fête des tortues de mer**, libérées sur la **plage de Maï Khao**. Le bénéfice est double : les libérateurs acquièrent des mérites, et les écologistes sont contents.

Festival de Pattaya. Défilés de chars, danses, élections de Miss, etc.

Poï Sang Long (Mae Hong Son). C'est une fête propre à Mae Hong Son, 3 j. début avril, qui célèbre l'ordination collective des novices (âgés de 9 à 13 ans) selon un rite particulier à la minorité ethnique des Thaïs Yaï (Shans). Vêtus et couronnés comme des princes, abrités par des parasols d'or, les enfants paradent dans la ville, juchés sur les épaules d'hommes-chevaux. La richesse des costumes évoque les débuts de la vie de Bouddha, qui vécut dans le luxe avant d'avoir la révélation de la nécessité du renoncement.

Festival de Phanom Rung. Le festival coïncide avec le moment où les rayons du soleil levant éclairent de façon magique l'enfilade de corridors et de cours du temple. Cet événement donne lieu à des évocations historiques, des sons et lumières.

Mai

1er. Fête du Travail.

5. Anniversaire du couronnement.

Visakha Puja (mobile). La plus importante des fêtes bouddhiques commémore la naissance, l'illumination et la mort de Bouddha (offrandes dans les temples, processions aux chandelles...).

2e w.-e. (Yasothon) : fête des Fusées. Lancer des fusées géantes pour faire venir la pluie, c'est l'idée qu'ont trouvée les paysans de la région de Yasothon. Variation purement thaïe sur le thème de la fertilité, la fête des Fusées emprunte à l'animisme autant qu'à la légende. Les fusées sont exhibées sur des chars décorés de dragons et d'éléphants, gardées par des *naga* menaçants qui crachent de l'eau sur les passants. Chacune a ses supporters autour des rampes de lancement géantes pouvant atteindre 10 m de long. Les engins sont fabriqués de façon

artisanale. Chaque fusée est chargée de 12 à 120 kg de poudre. La mise à feu donne lieu à une longue mise en scène, pas toujours couronnée de succès. L'enthousiasme est d'autant plus vif quand une fusée trace enfin son sillage de fumée dans le ciel, terrorisant les oiseaux et peut-être même les dieux. Mais cela, seule la pluie le dira !

Régate de Samui. Grande course de voiliers vers fin mai.

Festival du Litchi (Chiang Maï). Le fruit roi de la région est à l'honneur à l'époque où il arrive sur les tables.

Juin

Marathon de Phuket. Un marathon international qui accueille de plus en plus de sportifs venus du monde entier. Début juin.

Festival de jazz (Hua Hin). Il se tient chaque année en hommage au roi Rama IX, qui jouait du saxophone et qui résidait souvent à **Hua Hin**.

Juillet

Pleine lune : fête des Bougies. Elle marque l'ouverture du carême bouddhique *(Khao Pansa)*. On fabrique alors des bougies colossales en cire d'abeille, illustrant des thèmes religieux (temples, *jataka*), qui sont ensuite données en offrandes aux moines et à Bouddha, et transportées en procession dans les rues principales des localités *(Asalha Puja)*.

Shell Eating Festival (Hua Hin). Festival de cuisine.

28. Anniversaire de Sa Majesté le roi Rama X. Bâtiments publics fermés, feux d'artifice tirés.

Songkran (Nouvel An thaï) dans les rues de Bangkok

^ Fête des lanternes à Chiang Maï

Août

12. Anniversaire de la reine Sirikit.

Septembre

Festival de la Banane (Kamphaeng Phet). On y célèbre une variété particulière de banane dite *« kluaï khaï »*, ou «banane dorée», à la chair savoureuse. Au programme: foire de produits locaux, musique et danse.

Régates (Phitsanulok). Courses de pirogues agrémentées de foires et de fêtes dans les temples, pour célébrer la fin de la saison des pluies.

Fin du carême bouddhique (Ning Khaï). Joutes de pirogues sur le Mékong.

Octobre

23. Jour de Chulalongkorn (Rama V).

Pleine lune (Mae Hong Son). Fête de Chong Phara célébrée par l'ethnie des Thaï Vaï à travers des processions et des danses évoquant des animaux et des papillons. De petits temples en bois décorés de lanternes et de fleurs sont déposés dans les cours des maisons et des monastères.

Fête des Bateaux illuminés (Nakhom Phanom). Chaque communauté monastique fabrique, avec l'aide des fidèles, des radeaux en troncs de bananiers (de 5 à 6 m de long). Les embarcations comportent une superstructure en bambou élaborée sur un thème religieux, sur laquelle on accroche des lampes à huile: celles-ci, une fois allumées, dessinent des silhouettes de pagode, de bouddhas... Réactivée depuis peu par l'office du tourisme de Thaïlande à la faveur du réchauffement des relations lao-thaïes, cette fête est célébrée par les deux peuples. C'est une fête religieuse et populaire, principalement fréquentée par des locaux.

Foire de Wat Phra That Phanom (Nakhon Phanom).

Festival végétarien (Phuket). Une semaine de régime, de démonstrations d'ascétisme et de pratiques magiques, très suivies par la communauté chinoise.

Novembre

Pleine lune : Loy Krathong : Appelée aussi **fête des Lumières**, Loy Krathong (de *loy*, flotter, et *krathong*, coupe en feuilles) est célébrée lors de la pleine lune. Son origine remonte à Sukhothaï, où l'on honorait *Mae Khongkha*, la déesse des Eaux, pour marquer la fin de la saison des pluies. Comme autrefois, les Thaïs déposent sur les rivières et les pièces d'eau leurs *krathong* (petites embarcations généralement en feuilles de bananier, symbolisant les mauvaises actions perpétrées durant l'année) chargés de fleurs, d'encens et de bougies. Certains ajoutent une pièce de monnaie ou une chique de bétel, signe de dévotion supplémentaire. *Loy Krathong* permet ainsi à chacun de se purifier de ses petits méfaits et de ses gros péchés, embarqués au fil de l'eau.

2e w.-e. et 2e sem. (Khorat) : Régates et festival de Phimaï. Des spectacles historiques nocturnes ayant pour décor le temple khmer de Phimaï, des régates, concours de bateaux précieux, répliques des barges royales.

2e w.-e. (Surin) : Fête des Éléphants. Voir p. 250.

Dernière sem. (Kanchanaburi) : semaine du pont de la rivière Kwaï. Reconstitution historique, avec son et lumière.

Dernier dim de nov. (Lopburi) : banquet des singes. Ils sont vénérés par les habitants de Lopburi. Cet événement est un héritage de la tradition hindouiste : des plats végétariens sont servis à des hordes de singes arrogants (plus de 500) dans les temples de **San Phra Ken** et de **Prang Sam Yod**, à 10h, 12h et 14h. On leur offre aussi des miroirs et des jouets. Tenez-vous à distance : tout leur est permis !

Foire de Louang Wiang Lakhon (Lampang). Commémorations historiques et processions dans les temples (Wat Phra Kéo Don Tao et Wat Phra That Lampang Louang).

Floraison des tournesols (Mae Hong Son). Donne lieu à un festival (Bua Tong) dans la vallée, durant un mois. C'est dans les environs de Ban Mae Ho (Mae Sariang) que les grandes fleurs jaunes de *Tithonia diversifolia* (variété de tournesol) sont au mieux de leur forme. Lorsqu'elles se fanent, leurs graines sont utilisées pour fabriquer des insecticides.

Fin nov.-début déc. : Foire de la soie (Khon Kaen).

Décembre

5. Fête des pères en hommage au roi Rama IX, décédé en 2016.

10. Jour de la Constitution.

31. Dernier jour de l'année.

Fête des Thung Sri Muang (Udon Thani). Foire locale, parades et danse du dragon (chinois).

Phuket King's Cup (Phuket). Régates dans la mer d'Andaman dédiées au roi Rama IX qui était un skipper aguerri.

Food Festival (Hua Hin).

CARNET PRATIQUE

Tout pour réussir vos vacances...

CARNET PRATIQUE

FORMALITÉS

Passeport valide plus de 6 mois après l'arrivée en Thaïlande et billet A/R. Pour un séjour de plus de 30 jours, un **visa** est obligatoire. **Permis de conduire international** valide pour louer un véhicule. Nous vous recommandons les services d'un chauffeur. **Autorisation de sortie du territoire** pour les mineurs non accompagnés.

BUDGET

Devise : baht (THB)

En juin 2024, 1 € valait 39 THB environ (1 THB = 0,025 €).

Budget en haute saison :

–	+	++
30 €/j.	≈ 50-70 €/j.	≈ 100 €/j.

TÉLÉPHONE

Depuis l'étranger vers la Thaïlande :

00 66 **n° du correspondant**

(+ indicatif de la ville + numéro du correspondant).

Depuis la Thaïlande vers la France :

001 33 **n° du correspondant**

(sans le 0 initial).

ÉLECTRICITÉ

Le courant électrique fonctionne en 220 V, 50 Hz. Les anciennes prises sont de type américain, mais tous les hôtels récents sont équipés de prises mixtes.

SANTÉ

Aucune vaccination n'est exigée des voyageurs en provenance d'Europe. Il est prudent de partir vacciné contre le tétanos, les hépatites A et B, la typhoïde et la paratyphoïde. La vaccination anticholérique peut être requise si des cas se déclarent. La rage est endémique dans toute l'Asie du Sud-Est. Prudence vis-à-vis des animaux errants.

DÉCALAGE HORAIRE

+ 6H l'été et +7h l'hiver.

SAISON ET CLIMAT

Climat. On peut visiter la Thaïlande toute l'année, mais la période de **nov. à fév.-mars** est la meilleure saison: le climat est sec et il ne fait pas trop chaud. Pour les Thaïs, la vie est rythmée par **trois saisons**: tempérée **(nov.-janv.)**, chaude **(fév.-mai)** et pluvieuse **(juin-oct.)**.

BON À SAVOIR

Hébergement. Les prix sur les sites Internet des hébergements sont, en général, plus intéressants.

Train. Résa sur ***www.12go.asia***. **Rail Pass 20 jours** aux guichets des grandes gares.

Tabac. Fumer est interdit dans les lieux publics (parcs et plages compris). Il est **interdit de vapoter ou de détenir une cigarette électronique** sous peine d'emprisonnement et/ou d'une amende.

Fêtes et jours fériés. Il y a beaucoup de jours fériés, de fêtes et de festivals (p. 416). Réserver hôtels, vols intérieurs ou trains pendant ces périodes.

Adresses utiles

Ambassades et consulats

En France

Ambassade de Thaïlande

8, rue Greuze, 75116 Paris ☎01.56.26.50.50, www.thaiembassy.fr, thaiconsular.paris@hotmail.com. Lun.-ven. 9h30-12h30, 14h-17h30.

En Belgique

Ambassade de Thaïlande

876, chaussée de Waterloo, 1000 Bruxelles ☎(02) 640.68.10, www.thaiembassy.be, consular@thaiembassy.be. Lun.-ven. 9h30-12h.

En Suisse

Consulat de Thaïlande

91, rue de la Servette, 1202 Genève ☎(022) 311.07.23, www.thaiconsulate.ch. Lun. 9h-12h sur r.-v., jeu. 9h-12h sans r.-v.

Au Canada

Consulat de Thaïlande

180, Island Park Drive, Ottawa, Ontario K1Y 0A2 ☎(613) 722.4444. www.thaiembassy.ca., consular@thaiembassy.ca. Lun.-ven. 9h30-11h30 et 13h30-15h.

Offices de tourisme

En France

Office de tourisme de Thaïlande

90, av. des Champs-Élysées, 75008 Paris ☎01.53.53.47.00. www.tourismethaifr.com, infosthailande@gmail.com. Lun.-ven. 9h30-12h30 et 13h30-17h30. Accueil sympathique et efficace.

En Belgique

Office de tourisme de Thaïlande

Contact: kris@konsultra.be ☎+ 32 (0) 468 17 28 46.

Comment y aller

En avion

Bangkok est desservie par une trentaine de compagnies internationales depuis l'Europe.

De France

Air France et Thaï Airways proposent des vols quotidiens Roissy-Bangkok. Comptez env. 11h pour un vol direct.

Air France

☎36.54, www.airfrance.fr.

Thaï Airways International

☎01.55.68.80.70, www.thaiairways.com.

De Belgique

Vols avec escale depuis Bruxelles, comptez au min. 13h.

Thaï Airways International

☎(02) 502.47.44, www.thaiairways.com, reservation@thaiairways.com.

De Suisse

Vols quotidiens au départ de Zurich, comptez env. 11 h.

Swiss

☎0.848.700.700, www.swiss.com.

Thaï Airways International

☎44.215.6500, www.thaiair.com.

Du Québec

Vol quotidien avec escale au départ de Montréal.

Air Canada

☎1.888.247.2262, www.aircanada.com.

Formalités

Passeport et visa

Un passeport valable 6 mois après la date d'arrivée en Thaïlande pour un séjour de moins de 30 jours, sur présentation d'un billet A/R.

Moins de 30 jours

L'obtention d'un visa n'est pas obligatoire pour les ressortissants de 36 pays dont la France et le Québec. Pour la Belgique et la Suisse, la durée maximale est de 30 jours pour une arrivée par voie aérienne et 15 jours par voie terrestre.

Enfants mineurs

Ils doivent posséder leur propre passeport. S'ils ne sont pas accompagnés de leurs parents, une autorisation de sortie de territoire est nécessaire (www.service-public.fr/particuliers/vosdroits/F1359).

Assurance

Moins de 30 jours

Elles ne sont jamais comprises dans le prix d'achat des prestations touristiques (à l'exception des circuits accompagnés en groupe). Certaines cartes bancaires vous font bénéficier d'une couverture intéressante. Une assurance est impérative pour les **conducteurs de voiture ou de moto** (les Thaïlandais ne sont pas toujours assurés).

AVA

📞01.53.20.44.28, www.ava.fr.

Europ Assistance

📞01.41.85.93.65, www.europ-assistance.fr.

Allianz Global Assistance

📞01.42.99.82.82, www.allianz-voyage.fr.

Permis de conduire

Permis de conduire international nécessaire.

Douane

À chaque passage, vous devez pouvoir produire la facture du matériel électronique en votre possession.

Arrivée

Sont autorisés en franchise 200 cigarettes (ou 250 g de tabac) et 1 l d'alcool. Sévère répression sur les armes à feu, la drogue et la littérature pornographique. L'importation de devises doit être déclarée pour tout montant excédant 20 000 $ (env. 17 970 €).

Retour

Pour rapporter des graines (graines de pavot interdites) ou des plantes locales, demandez une autorisation d'importation au ministère de l'Agriculture en France. L'importation de contrefaçons est réprimandée.

Centre des douanes

📞0811.20.44.44, www.douane.gouv.fr.

Voyagistes

Les voyagistes proposent deux types de services : le voyage accompagné d'un guide à partir d'un itinéraire précis ; des forfaits individuels : avion + hôtel ; avion + hôtel + déplacement avec chauffeur ; avion ou hôtel seul, qui laissent une totale liberté au voyageur. À chacun de choisir sa formule !

Voyagistes spécialisés

Asia

1, rue Dante, 75005 Paris 📞01.44.41.50.10, www.asia.fr. Lun.-ven. 9h-18h30, sam. 10h-13h et 14h-17h.

Voyage individuel ou en groupe sur mesure, formule « prêt à partir », itinéraires en voiture avec chauffeur.

Les Maisons du Voyage

76, rue Bonaparte, 75006 Paris 📞01.40.51.95.15, www.maisonsduvoyage.com. T.l.j. sf dim. 10h-19h.

Très beaux circuits thématiques parcourus avec des guides chevronnés.

Nostalasie

19, rue Damesme, 75013 Paris 📞01.43.13.29.29, https://ann.fr. Lun.-ven. 10h-13h et 14h-18h, sam. sur r.-v.

En fonction de l'option (transport, hôtel, programme...), différents itinéraires adaptés à votre budget.

Orients

10, rue de Mézières, 75006 Paris 📞01.45.61.90.90, www.orientsvoyages.com.

Circuit avec guides-conférenciers pour découvrir les temples khmers, situés entre la Thaïlande, le Laos et le Cambodge.

Écotourisme

Andaman Discoveries

www.andamandiscoveries.com

Cette association opère dans le sud de la Thaïlande et développe des programmes avec les locaux, dans le but d'améliorer le niveau de vie des habitants, de protéger l'environnement, etc.

TEATA

www.teata.or.th.

Il regroupe tous les prestataires écotouristiques de Thaïlande.

Arriver en Thaïlande

En avion

Infos sur les principaux **aéroports**: www.airportthai.co.th.

Aéroport Suvarnabhumi

(Prononcez « souwarnaboum ») Plan p. 46-47/HP par D4 – À 26 km S-E de la capitale ☎ 02.132.1888.

Vols internationaux et intérieurs. Bonne signalisation et circulation facile.

Rejoindre Bangkok en taxi

☎ 02.132.0360.

Au niveau 2 *(Arrival)*: suivre l'indication **« Public taxi »** qui vous fait descendre un niveau en dessous. Au comptoir, un préposé vous demande votre destination, vous remet un ticket et vous attribue un chauffeur.

Les taxis sont équipés de compteurs; le chauffeur y ajoutera le prix des péages, et un supplément de 50 THB. Course aéroport-centre: 300-450 THB. En cas de contestation, suivez la procédure indiquée sur votre ticket.

Rejoindre Bangkok en train

www.bangkokairporttrain.com, www.srtet.co.th.

Au niveau inférieur, un train rejoint en huit arrêts différents points du centre; une station assure la connexion avec le métro souterrain (MRT), une autre avec le métro aérien (BTS). Toutes les 10 min aux heures de pointe, toutes les 15 min aux heures creuses. Prix variant selon le nombre de stations: 45 THB.

Rejoindre Bangkok en bus

Deux solutions, pour rejoindre Bangkok en bus:

• **Bus Airport Express** comptoir niveau 1, près de la porte 8 ☎ 066.151.5692, www.limobus.co.th.

Toutes les 30 min, 9h-22h30 sur quatre itinéraires desservant hôtels, stations BTS, métro et quartiers touristiques. Tarif: 180 THB.

• **Bus n° 554 et n° 555** pour l'aéroport de Don Muang. Départ du Bus Terminal Center 24h/24 (prenez la navette aéroport). Tarif: 37 THB.

• **Bus S1** pour Khao San Road. Départ au niveau 1, porte 7. Tarif: 60 THB.

Rejoindre Bangkok en minivan

Pour prendre un **public van**, rendez-vous au Bus Terminal grâce à la navette aéroport qui circule 24h/24. Même genre que le Bus Airport Express, cinq lignes fixes de minibus (horaires variables selon les lignes, en général 5h-22h). Départs très fréquents. Tarif: 25-70 THB.

Rejoindre Bangkok en voiture

Au comptoir niveau 2 *(Arrival)*, prenez une navette pour le **Transport Center** où vous récupérerez votre voiture (AVIS, Budget, Hertz et agences locales). On ne saurait trop insister: c'est une très mauvaise idée de conduire vous-même à Bangkok…

Aéroport Don Muang

Plan p. 46-47 / HP par D1 – À 24 km N de la ville ☎ 02.535.1277.

Accueille les vols domestiques et internationaux de certaines compagnies à bas coût (Air Asia et Nok Air); renseignez-vous avant le départ.

Rejoindre Bangkok en taxi

Comptez environ 30-40 min. Tarif: env. 200-300 THB.

Rejoindre Bangkok en train

Ils s'arrêtent à la gare de Hua Lamphong, 20 trains/j., 5h30-23h30. Tarif: 25-31 THB.

Rejoindre Survanabhumi en taxi

Comptez 45 min à 1h de trajet. Tarif: env. 400 THB.

Rejoindre Survanabhumi en bus

• **Bus n° 554 et 555.**

Comptez 1h à 2h de trajet, bus toutes les 40 min, 4h30-22h30. Trajet: 37 THB.

Se déplacer

Il est facile de se déplacer en Thaïlande, partout, à tous les prix, par tous les moyens. Pour les **grandes distances**, préférez l'avion ou le train de nuit (couchettes). Les moyens de transport sont **ponctuels**, à l'exclusion des taxis collectifs qui ne partent que quand ils sont complets! Il est fortement conseillé d'avoir l'**adresse en thaï** de l'endroit où l'on veut se rendre afin de la montrer au chauffeur.

Munissez-vous de la carte de visite de votre hôtel ou prenez en photo votre adresse avant de partir, par exemple.

En avion

Le réseau intérieur est excellent en termes de destinations et de fréquences (env. 30 vols/j. Bangkok-Chiang Maï, ou entre Bangkok et Phuket).

- **Thai Airways** ☎ 02.356.1111, www.thaiairways.com.

Les vols intérieurs de cette compagnie couvrent tout le pays.

- **Bangkok Airways** ☎ 1771 ou 02.270.6699, www.bangkokair.com. Cette compagnie dessert les axes touristiques de Bangkok à Samui, Lampang, Sukhothaï, Siem Reap (Angkor Wat, au Cambodge), Luang Prabang (Laos), et aussi de Samui à Phuket, Pattaya, Krabi, de Sukhothaï à Lampang, de Phuket à Siem Reap.
- **Air Asia** ☎ 02. 515.9999, www.airasia.com. Cette compagnie dessert 12 villes dont Chiang Maï, Chiang Raï, Krabi, Phuket, Surat Thani.
- **Nok Air** ☎ 1318 ou 02. 088.8955, www.nokair.com. Cette compagnie relie aussi une quinzaine de destinations parmi lesquelles Phuket, Trang, Udon Thani, Chiang Maï.

En train

Un **réseau ferroviaire** (☎ 02.621.8701, www.railway.co.th) en étoile dessert les trois régions principales du pays: Nord, Nord-Est et Sud (relié au chemin de fer malais et à Singapour). Les trains sont organisés en 2 ou 3 classes.

Les couchettes sont plutôt confortables et peu onéreuses.

Le train est très appréciable sur l'**axe nord** (Bangkok-Chiang Maï), avec des trains couchettes qui économisent une nuit d'hôtel. Pratique aussi en direction **de l'est**, vers Nakhon Ratchasima (accès aux sites khmers) et vers la frontière laotienne jusqu'à Nong Khaï. Idéal pour se rendre à Kanchanaburi (rivière Kwaï) et Hua Hin, car cela évite les embouteillages de la sortie de Bangkok. Le **réseau sud** continue jusqu'à Singapour, mais ne dessert pas les grandes stations balnéaires comme Phuket.

On peut accéder aux plages de la mer de Chine et aux îles (Koh Tao, Samui) en prenant la ligne **Bangkok-Surat Thani**, et à la côte andamane en descendant à **Trang** (de jour ou en train-couchettes).

Pour acheter les billets en ligne: www.thairailwayticket.com.

Pour les femmes: soucieux de rassurer les voyageuses solitaires, les chemins de fer ont mis en place un compartiment réservé aux femmes et aux enfants de moins de 10 ans sur les lignes Bangkok-Chiang Maï, Ubon Ratchathani, Hat Yai, etc.

L'**Eastern and Oriental Express Train** circule à travers la Thaïlande du Sud, vers la Malaisie et jusqu'à Singapour. Rens. à Paris: ☎ 0800.91.30.79, www.belmond.com/eastern-and-oriental-express. Bangkok-Singapore-Bangkok: 4 j./3 nuits.

En bus et *songthaew*

Circuler en bus est pratique (départs fréquents), mais les accidents sont nombreux... Le réseau couvre tout le pays. Plusieurs catégories d'autobus, du plus confortable (climatisé, sièges inclinables, toilettes, hôtesses, rafraîchissements) au plus sommaire, pour les dessertes locales. Toutes les villes ont une **gare routière** (Central Bus Station), souvent plus importante que la gare ferroviaire.

En province, pour les courtes distances, on utilise le *songthaew*, le «deux-rangs», camionnette qui effectue des dessertes locales, circule sur des parcours fixes et s'arrête à la demande.

En voiture et à moto

Le réseau routier est moderne et bien entretenu, avec des autoroutes sur les principaux axes (à péage). Les grands axes sont excellents mais en constante réparation, voire coupés, surtout en saison des pluies. Le principal danger vient des **camions**, des **deux-roues** et des animaux.

Les routes secondaires sont correctes. Les **pistes** sont à déconseiller en saison des pluies (sauf véhicules tout-terrain). En cas d'accident, le *farang* (Occidental) a souvent tort... Pour concilier liberté et sécurité, nous vous conseillons de louer une **voiture avec chauffeur** ou de passer par une agence de voyages.

Des **agences de location** sont présentes dans les principaux aéroports, grandes villes et centres touristiques. Vous trouverez également des comptoirs dans les agences de voyages et dans beaucoup d'hôtels.

Une **caution** est demandée dans tous les cas. Prix et catégories disponibles sur Internet ou auprès des grands loueurs internationaux. Les prix des loueurs locaux sont généralement inférieurs à ceux des grandes agences mais les garanties aussi. Comptez 1600 à 2000THB/j. (47 à 58 € env.); assurance complémentaire: 350 THB/j., soit 10 €. Suppléments *drop off* (si vous laissez la voiture dans une autre ville que celle où vous l'avez louée): 3500 à 4500 THB (102 à 132 €) entre Bangkok et Chiang Maï, par exemple.

Exigez un contrat en anglais pour l'**assurance** qui est **obligatoire** et prenez le temps de le lire. En cas d'accident, vous encourez de sérieux ennuis si vous n'êtes pas bien assuré. Sur les routes, la **signalisation** est en thaï et en anglais. Dans les campagnes, elle est en thaï (quand elle existe). Elle est peu présente en ville et déroutante à Bangkok.

Les Thaïs, souvent, ne parlent pas anglais et préfèrent indiquer une direction au hasard plutôt que de décevoir par une réponse négative. Nombreuses stations-service sur les grands axes. Sur les routes non asphaltées, l'**essence** est distribuée de façon artisanale, par des pompes manuelles montées sur des bidons.

CHOISIR SA PLAGE SELON LA SAISON

Région / Mois	Phuket (Mer d'Andaman)	Koh Samui (Golfe de Thaïlande)	Koh Chang (côte est)
Janv.-Mars	Idéal	Correct	Idéal
Avr.-Juin	Correct	Idéal	Correct
Juil.-Sept.	Déconseillé	Correct	Déconseillé
Oct.-Déc.	Idéal	Déconseillé	Idéal

La **location de moto** (pour des conducteurs non débutants) est un excellent moyen de rayonner autour de son hôtel, au bord de la mer ou en province. Cela reste néanmoins très déconseillé à Bangkok, compte tenu du trafic et de l'étendue de la ville. Méfiez-vous du trafic thaïlandais.

En bateau

Les moyens de transport circulant sur l'eau sont pratiques et variés: **bateaux-taxis**, **bus flottants**, pirogues «à longue queue» *(hang yao)*, bacs ou barges de luxe aménagées pour la **croisière**, **ferries**, **vedettes** rapides, vieilles **jonques** retapées et transformées en yachts…

En *samlo* et tuk-tuk

Le *samlo* («trois-roues») désigne, en province, le traditionnel **cyclo-pousse**: ils sont en voie de disparition. Autre version du *samlo*, le tuk-tuk (avec un moteur) sillonne les grandes villes. Plus cher qu'un taxi et moins confortable, il est préférable de l'éviter.

En taxi et moto-taxi

Avec les taxis qui refusent de faire fonctionner leur compteur, convenez au préalable du montant de la course (voir aussi p. 49). La moto-taxi a fait école mais demeure très dangereuse. Vous en trouverez dans la plupart des villes du royaume, ainsi qu'à Phuket. Prix de la course à négocier d'avance.

TEMPÉRATURES

BANGKOK

Mois	Min	Max
Janv.	20	32
Avr.	25	35
Juil.	24	32
Oct.	24	31

PHUKET

Mois	Min	Max
Janv.	22	32
Avr.	25	33
Juil.	24	31
Oct.	24	31

Quand partir

Le pays jouit d'un **climat tropical humide**, toujours chaud, et la **température de l'eau** se maintient autour de 26-28 °C.

La vie est rythmée par **trois saisons**: tempérée **(nov.-janv.)**, chaude **(fév.-mai)** et pluvieuse **(juin-oct.)**. Ces trois saisons ne sont pas si tranchées dans la réalité, du fait des variations dues à l'altitude ou à l'exposition.

La **mousson** n'affecte pas au même moment les îles de Phuket (côte O, en juillet) et de Samui (côte E, en octobre), pourtant proches. **Phuket** est plutôt une destination d'hiver, **Samui** une destination d'été. Pour **Bangkok** et le **Nord**, il n'y a pas de contre-indication mais dans le Nord, évitez les trekkings pendant la mousson, et prévoyez en toute saison un lainage, la température étant plus fraîche qu'en plaine.

Argent et budget

À chacun son budget

Petit budget
Pour moins de 30 €/j. (1 018 THB/j.): vous logerez chez l'habitant ou dans des *guesthouses*, mangerez sur les marchés ou dans des petits restaurants populaires. Vous vous déplacerez en transports en commun.

Budget moyen
De 50 à 70 €/j. (1698 THB à 2377 THB): vous descendrez dans des hôtels 3-étoiles ou des pensions de charme, et prendrez un repas/j. dans un restaurant plus chic. Jonglez entre les transports en commun et les taxis.

Budget « plaisir »
À partir de 100 €/j. (3396 THB): choisissez les hôtels de catégorie supérieure et de charme; prenez vos repas où bon vous semble et fréquentez les bars des grands hôtels. Déplacez-vous en taxi.

Combien ça coûte ?

Y aller: on trouve des vols directs Paris-Bangkok à partir de 700 €. Cependant ces prix ne sont pas valables lors de la haute saison, des fêtes de Noël à la fin mars. Attention, grosse différence de prix entre les vols directs et les vols avec escale.

Devise

Le **baht** (THB) est la monnaie thaïlandaise. En juin 2024, 1 € valait 39 THB environ (1 THB = 0,025 €). Pour vérifier le cours du change, vous pouvez consulter le site www.xe.com.

Cartes bancaires

Leur usage est très largement répandu. Vous trouverez des **distributeurs automatiques** partout. La carte **Visa** permet des retraits également aux guichets des banques (sur présentation du passeport). Largement acceptée, beaucoup de commerçants et prestataires prélèvent une commission (jusqu'à 5 %) sur les transactions. En cas de reçu manuel (de plus en plus rare), inscrire la somme en toutes lettres. L'escroquerie la plus répandue consiste à imprimer plusieurs reçus à partir de la même carte.

En cas de perte ou de vol de carte en Thaïlande

Faites opposition immédiatement, les paiements s'effectuant sur simple signature. Avant de partir, pensez à noter les 16 chiffres de votre carte bancaire qui vous seront demandés. Vous pouvez aussi demander l'aide de votre ambassade ou du consulat.

Visa
📞 001.800.11.535.0660.
• **Eurocard/Mastercard**
📞 001.800.11.887.0663.

POURBOIRE

À Bangkok, la pratique du pourboire, assez récente, n'est pas systématique. La plupart des hôtels et restaurants majorent leur note de 10 % au titre du service. Un pourboire supplémentaire est **facultatif**. Pour un employé d'hôtel ou de restaurant, un pourboire de 20 THB (0,50 €) est appréciable. En dehors des zones touristiques, les pourboires sont pratiquement inconnus et souvent considérés comme humiliants.

COMBIEN ÇA COÛTE ?

Taxi à Bangkok	Riz frit dans la rue	Sandwich	Combat de boxe	1h de massage (Spa)
50-200 THB	40 THB	80 THB	220-2000 THB	800-1000 THB

Hébergement et restauration

Hébergement

La Thaïlande a l'art de recevoir: un excellent rapport qualité/prix, une palette variée d'établissements, une bonne implantation sur les lieux touristiques. Toutefois, les catégories ne sont pas encore normalisées, et chaque hôtel s'attribue les étoiles qu'il croit mériter. L' office de tourisme classe les établissements par prix, ce qui n'exclut pas les surprises, un même hôtel offrant généralement plusieurs catégories de chambres, et donc de prix. Les **différences de prix saisonnières** varient parfois du simple au triple, le prix le plus élevé se trouvant entre le 20 déc. et le 5 janv. On peut toujours **négocier**, surtout en cas de séjour prolongé.

Réserver sur Internet est très intéressant: presque tous les hôtels, même les *guesthouses*, ont leur site (qui, comme les dépliants touristiques, ne reflète pas toujours la réalité...). Les tarifs négociés par les agences de voyages sont aussi très avantageux. De nombreux hôtels, notamment au bord de la mer, proposent des bungalows, avec éventuellement des chambres dans un bâtiment annexe. Ils sont classés généralement en trois types: standard, supérieur et luxe. Tous, sauf indication contraire, ont au moins un restaurant et l'accès Internet. La plupart peuvent se charger des transferts depuis ou vers l'aéroport. Les informations données dans ce guide concernent les nuitées pour 2 pers.

Chez l'habitant (moins de 10 €)

La formule se développe, à l'initiative de certaines communes (rens. à l'office de tourisme) et de sites Internet. Les auberges de jeunesse *(hostels)* offrent l'hébergement le moins cher dans les grandes villes.

De la maison flottante à la *guesthouses* (moins de 40 €)

En dehors des hôtels de conception occidentale, on trouve des modes d'hébergement plus typiques: **hôtels chinois** (près des gares, dans les villes de province), **maisons flottantes** (rivière Kwaï), **lodges** dans les parcs naturels et **paillotes** les pieds dans l'eau (Samui, Phi Phi). Les ***guesthouses*** offrent également un hébergement sympathique.

Les hôtels intermédiaires (moins de 90 €)

Confort excellent (climatisation, piscine, boutiques, services annexes) et prix peu élevés. On trouve ces établissements, souvent sans cachet, dans tous les centres touristiques. Les **étapes en province** peuvent réserver de très agréables surprises pour 400 à 600 THB (de 10 à 15 € env.).

La catégorie supérieure (moins de 250 €)

Le luxe et le raffinement sont au rendez-vous dans ces établissements, avec un rapport qualité/prix unique. Rien n'y est trop beau pour l'œil et le confort du client. Les **boutiques-hôtels**, chics et élitistes, souvent petits et charmants, entrent dans cette catégorie.

Le grand luxe (plus de 250 €)

Que votre budget vous le permette ou que vous souhaitiez vous offrir une petite folie, ces hôtels offrent un luxe sans tapage, dédié à la détente. Ils ont une prédilection pour les îles, où ils jouissent de plages privées... Le grand chic? Louer une ***pool villa*** pour bénéficier d'une piscine personnelle...

Loger à Bangkok

Quel choix difficile! Bangkok dispose de toute la gamme. La plupart des hôtels cités dans ce guide ont piscine, restaurant, Spa et accès Internet dans les chambres (p. 44 à 115). Les quartiers touristiques et d'affaires (Ploenchit, Siam, Silom, Sukhumvit) sont bien desservis par le BTS *(skytrain)* et, dans une moindre mesure, par le MRT (métro souterrain). Quant aux hôtels en bordure de rivière, ils permettent des déplacements en bateau par les navettes régulières, ce qui joint l'utile à l'agréable.

Restauration

Les meilleurs restaurants sont répertoriés dans ***BK Magazine*** ou ***Bangkok Dining & Entertainment*** (gratuits, distribués dans les grands hôtels et les restaurants de qualité). Sachez que tous les centres commerciaux ont un ***food court*** ou un étage consacré à la restauration. Généralement, on vous donne une carte magnétique à l'entrée qui vous permet d'enregistrer vos achats aux différents stands (nourriture thaïe, italienne, japonaise, grecque, indienne, vietnamienne...). Une fois votre repas terminé, vous rendez votre carte à la sortie et payez l'addition. Ne négligez pas les nombreux restaurants japonais (bien meilleur marché qu'en Europe), présents aussi sous forme de chaînes à succursales multiples (par exemple Fuji). La cuisine thaïe a aussi ses chaînes populaires et familiales comme **Sea Fah** et **MK** (menus extensifs et illustrés).

Téléphone et courrier

Téléphone

Appels

Thaïlande France: 001 + 33 + numéro du correspondant sans le 0 initial.

France Thaïlande: 00 + 66 + indicatif de la ville (sans le 0) + numéro du correspondant.

Coût

Communication locale: 1 THB (0,026 €) l'unité d'une cabine publique, 4 à 5 fois plus depuis votre chambre d'hôtel. Des cartes prépayées sont proposées par de nombreux opérateurs, utilisables dans les cabines publiques.

Portable

Pour utiliser votre **portable**, vous pouvez souscrire une formule de *roaming* auprès de votre opérateur, avant le départ. Plus économique, achetez sur place un numéro et une carte SIM (50 THB soit 1,30 €) que vous rechargerez à volonté. Certaines compagnies distribuent même des cartes SIM gratuites chargées de quelques minutes de crédit dans les aéroports et les lieux fréquentés par les touristes. Les cartes *One Two Call* s'achètent dans les boutiques spécialisées, les supermarchés *(7 Eleven)* ou les grands magasins. Vous trouverez des téléphones portables d'occasion très bon marché à MBK à Bangkok (voir p. 98 et 106).

Courrier

Les **timbres** sont en vente dans tous les bureaux de poste, les boutiques de souvenirs ou à la réception de la plupart des hôtels (env. 15 THB, soit env. 0,39 € pour les lettres ou cartes postales). Le contenu des **colis postaux** pour l'étranger doit être visé par la douane (bureau à la poste centrale de Bangkok). La plupart des commerçants peuvent se charger de l'expédition; vous pouvez leur faire confiance, à condition qu'ils soient agréés par l'office de tourisme ***(label TAT Member Shop)***.

Vie quotidienne

Décalage horaire

L'heure locale a 6h d'avance sur Paris en hiver, 5h en été (GMT + 7). Quand il est midi à Paris, il est 18h (en hiver) ou 17h (en été) à Bangkok.

Voltage

Le courant électrique fonctionne en 220 V, 50 Hz. Les anciennes prises sont de type américain, mais tous les hôtels récents sont équipés de prises mixtes. Adaptateurs dans les grands magasins ou à la réception de votre hôtel.

Santé

Vaccins

Aucune vaccination n'est exigée des voyageurs en provenance d'Europe. Il est prudent cependant de partir vacciné contre le **tétanos**, les **hépatites A et B**, la **typhoïde** et la **paratyphoïde**, comme pour tous les pays tropicaux. La **vaccination anticholérique** peut être requise si des cas se déclarent dans la région, ce qui arrive parfois. La rage est endémique dans toute l'Asie du Sud-Est. La plus grande prudence vis-à-vis des animaux errants est recommandée. Demandez conseil à votre médecin.

Centre des liaisons européennes et internationales de sécurité sociale

11, rue de la Tour-des-Dames, 75009 Paris ☎ 01.45.26.33.41, www.cleiss.fr.

Hôpitaux

Vous trouverez la liste des nombreux hôpitaux avec leurs spécialités dans les pages jaunes (en anglais) de l'annuaire de la ville à consulter dans votre hôtel. En cas de problème grave, demandez conseil à l'ambassade.

La Thaïlande n'est pas un pays dangereux sur le plan sanitaire.

Toutes les grandes villes sont équipées d'hôpitaux publics et privés dispensant des **soins de qualité**. Certains hôpitaux vendent même leurs services à l'étranger (p. 415). Le problème de la langue peut se poser, même si la plupart des médecins parlent anglais. En province, le recours à un **interprète** peut s'avérer nécessaire.

Dans les villes moyennes et les villages, on trouve des dispensaires équipés pour faire face aux problèmes médicaux basiques: états infectieux, blessures. En cas de problème sérieux, contactez votre **assurance**. Une **évacuation sur Bangkok** est conseillée. Le risque de morsure de **serpent** n'est pas à exclure (y compris dans des parcs et jardins à Bangkok) et nécessite un transport immédiat à l'hôpital le plus proche. Une morsure de **chien** exige une piqûre antirabique dans les meilleurs délais.

Médicaments

Les pharmacies sont bien approvisionnées en Thaïlande et il n'est pas nécessaire de passer par un médecin pour obtenir des médicaments qui ne seraient pas délivrés sans ordonnance en Europe. Si vous connaissez le nom de la molécule, on vous donnera un équivalent. Si vous suivez un **traitement**, prenez tout de même un stock pour la durée de votre voyage. Prévoyez aspirine, antiseptique et pansements, crèmes antimoustiques, antibiotique à large spectre, produits contre les troubles intestinaux, sachant qu'au besoin vous les trouverez sur place sans problème. Les hôpitaux fournissent les médicaments qu'ils prescrivent, en quantité exacte.

Risques sanitaires

En ce qui concerne les **troubles intestinaux**, évitez de boire l'eau du robinet, de manger des crudités dans des restaurants de rue, de consommer de la viande insuffisamment cuite et de forcer sur les piments rouges, peu digestes. On trouve de l'eau purifiée dans la plupart des hôtels, et des boissons capsulées dans la moindre épicerie de village.

Le traitement pour le **paludisme** est conseillé en cas de trekking (notamment dans le Triangle d'Or) ou de séjour en zone rurale. Demandez à votre médecin.

La **dengue** transmise par les moustiques existe sous forme bénigne (syndrome grippal très prononcé) ou hémorragique (beaucoup plus grave). Elle est en phase d'expansion et sévit aussi en zone urbaine. En cas de **forte fièvre**, accompagnée ou non d'éruption cutanée, il est important de consulter. Les hôpitaux thaïlandais sont habitués à cette pathologie.

L'épidémie de **sida** est dénoncée comme un **fléau national**, et des mises en garde sont adressées aux populations à risque. Le préservatif est distribué partout, notamment dans des supermarchés ouverts 24h/24.

Horaires

Les horaires d'ouverture sont très variables selon le type d'activité. À midi, tout le monde sort déjeuner en même temps, surtout à Bangkok, où les petits restaurants de rue fonctionnent à plein.

Magasins et marchés

Rarement ouverts avant 10h voire midi, ils fonctionnent tous les jours et souvent tard le soir. De nombreux marchés de rue s'installent en fin d'après-midi et restent ouverts jusqu'à 23h30 ou plus tard. En ville, certains petits supermarchés (comme le 7 Eleven) ne ferment jamais.

Banques

Ouvertes du lundi au vendredi de 8h30 à 15h30 (jusqu'à 20h ou 22h pour certains guichets de change). Les hôtels pratiquent le change 24h/24.

Services officiels

Ouverts du lundi au vendredi de 8h30 à 16h30, avec une pause déjeuner. N'espérez pas résoudre un problème après 15h.

Offices de tourisme

Ils sont ouverts du lundi au vendredi de 8h30 à 16h30 et le samedi, dimanche et jours de fêtes de 8h30 à 13h.

Musées

Ouverts de 9h à 16h30/17h. Beaucoup de musées ferment les lundi et mardi.

Temples

Du lever au coucher du soleil, sauf pour les lieux touristiques (mêmes horaires que les musées).

Restaurants

Les restaurants populaires servent à toute heure et tous les jours, en continu de 11h à 23h. Les restaurants plus huppés ont des horaires moins souples.

Offices de tourisme

L'**Office national du tourisme de Thaïlande** (**TAT**, *Tourism Authority of Thailand*) édite dépliants régionaux, cartes et plans de ville, listes d'hôtels, calendrier des fêtes et manifestations, dépliants thématiques (sport, parcs nationaux, cuisine...). Le TAT est une institution gouvernementale et non une agence de voyages. Il n'organise aucun circuit et ne peut assurer aucune réservation. Le TAT est présent à Bangkok et dans 22 grandes villes de province. Le **Bangkok Tourism Division** (**BTD**; p. 51), dépendant de la municipalité, offre des conseils et d'excellentes publications, et organise des visites.

Adresses intéressantes et haut de gamme dans le guide gratuit ***Art and Culture*** (www.artandcultureasia.com), distribué dans les lieux touristiques.

De nombreuses petites agences jouent sur les mots et prennent le nom de «**Tourist Information**», y compris dans la gare de Bangkok. Elles ne cherchent qu'à vendre des forfaits de formules de voyage, sous couvert d'information.

Il ne s'agit pas d'escrocs mais sachez à qui vous avez affaire.

Usages et politesse

Célèbre pour sa tolérance et son sens de l'hospitalité, la Thaïlande se distingue aussi par son formalisme. Les Thaïs manifestent rarement leur désapprobation à l'égard des comportements qu'ils réprouvent, mais ils n'en pensent pas moins. Ils sont très attachés aux règles de savoir-vivre qu'ils apprenent d'ailleurs à l'école.

Les touristes ont sûrement des progrès à faire puisque les Thaïlandais ont jugé nécessaire d'éditer un **Guide des bonnes manières** à leur usage (disponible à l'aéroport, à l'office de tourisme et dans les endroits touristiques).

Inquisition bienveillante

Les Thaïs posent volontiers des questions personnelles qui peuvent vous paraître indiscrètes: il faut les prendre comme une marque d'intérêt pour vous et, non comme une intrusion dans votre vie privée.

La tête et les pieds

La tête étant considérée comme noble, il n'est pas convenable de toucher celle de quelqu'un, même amicalement (évitez de caresser la tête des enfants). Quant aux pieds, ils sont exposés aux souillures, et c'est pourquoi on ne doit pas les diriger vers quelqu'un (en croisant les jambes par exemple).

Preuves d'amour

Les démonstrations d'affection en public sont considérées comme impolies. On ne s'embrasse pas dans la rue. Se tenir la main est une attitude récente (chez les jeunes), peu répandue et moyennement appréciée.

L'habit fait le moine

Ni débraillé ni dénudé: évitez short et décolleté en ville, nudisme ou seins nus sur les plages (pratiques réprimées par la police). Dans les temples, musées, mosquées, une tenue correcte est exigée (ni chapeau, ni short, ni décolleté, ni bras nus, ni ventre découvert).

Le respect de la religion

Les offenses graves à la religion sont punies par la loi. Une tenue correcte est requise dans les temples. On doit ôter ses chaussures pour pénétrer dans les pavillons. Toutes les statues de Bouddha sont considérées comme sacrées (ne montez pas sur leur socle, ne touchez pas leur tête). On peut bavarder avec les bonzes, mais les femmes doivent se tenir à distance (du moins en théorie). Dans les mosquées, les femmes doivent se couvrir la tête et avoir des vêtements couvrants, et tout le monde se déchausse.

Prendre en photo

Les Thaïs sont coopératifs et gentils face à l'objectif, à condition de faire preuve de courtoisie. Il est impoli de photographier quelqu'un par surprise. Sauf avis contraire, les photos sont autorisées dans les temples et pendant les cérémonies, à condition toutefois de ne pas en gêner le déroulement.

Zen attitude

Perdre son sang-froid, parler fort, gesticuler, se mettre en colère sont des comportements considérés comme grossiers et ridicules. Maîtriser ses émotions constitue la base de l'harmonie sociale.

Le respect du roi et de la nation

Les Thaïs éprouvent une vénération profonde et sincère pour la famille royale. Une photo du roi est d'ailleurs épinglée dans toutes les maisons. Il est du plus mauvais goût de plaisanter sur le sujet et de manquer de respect au roi, à la reine ou à leurs enfants. Le délit de lèse-majesté est d'ailleurs inscrit dans le code pénal. Chaque spectacle (cinéma, concert, théâtre) est précédé de la diffusion de l'hymne royal que chacun écoute debout, immobile et muet. Dans les parcs, c'est l'hymne national qui est diffusé chaque jour par haut-parleur, à 8h et à 18h: il convient alors de s'arrêter et de se mettre debout (observez les Thaïs et faites comme eux). Marcher sur un billet de banque ou tout autre objet à l'effigie du roi, même par inadvertance, est très malvenu et considéré comme insultant.

Sécurité

La Thaïlande est un pays où les étrangers se sentent en confiance, malgré le barrage de la culture et de la langue. Ils sont traités avec courtoisie, égards et gentillesse, surtout s'ils respectent eux-mêmes les habitudes locales. En cas de problème, contactez la police touristique.

Savoir-vivre

Face à une population habituée à un mode de vie frugal, il n'est ni courtois ni adroit de faire étalage de sa «richesse». La vigilance s'impose à Bangkok, Pattaya et Phuket, où les écarts entre riches et pauvres sont les plus choquants. Nous vous conseillons de laisser les objets de valeur (passeport, billets d'avion) dans le coffre de l'hôtel, d'éviter de sortir de grosses coupures pour payer une petite somme, de garder votre carte de paiement et votre argent en lieu sûr, enfin, de faire attention à votre sac... Les risques sont accrus dans les endroits où il y a de la foule ou les trains de nuit. Il arrive que les sacs soient coupés à la lame de rasoir pour être vidés de leur contenu. Attention aux jeux clandestins. Et ayez toujours sur vous la carte de votre hôtel (en thaï).

Alcoolisme

Le revers de la douceur thaïe réside dans des accès de violence imprévisibles, dus souvent à la boisson (notamment le *mékong*, ou whisky thaï), ou au sentiment, insupportable pour un Asiatique, de «perdre la face» en public.

Drogue

Officiellement, on ne cultive plus de pavot sur le territoire thaïlandais... bien que la culture de pavot constitue la principale source de revenus de certaines tribus montagnardes (p. 373). Beaucoup d'Occidentaux sont incarcérés en Thaïlande, parfois à vie, pour trafic ou usage de stupéfiants. **Sachez que les pourvoyeurs sont les premiers indicateurs de la police.** Quelques conseils: ne rapportez pas de «souvenirs» euphorisants; ne jouez pas au facteur pour des amis de rencontre; ne cédez pas à la tentation de «faire sortir le dragon» (fumer de l'opium) sous prétexte que vous êtes au bout du monde; méfiez-vous des propositions trop excitantes pour être honnêtes (photographier une caravane d'opium, etc.).

Rabatteurs

Aussi actifs qu'inventifs, ils sévissent autour des hôtels et des sites touristiques. Sous divers prétextes (le musée est «fermé», le temple est «en travaux», c'est «le jour de Bouddha»), ils vous entraînent dans des courses en taxi ou en tuk-tuk jusqu'à une bijouterie. On vous fait miroiter des profits substantiels grâce à la revente, dans votre pays, de bijoux ou de pierres que votre nouvel ami est prêt à vous céder à prix sacrifié. Ces pierres, ces bijoux n'ont **aucune valeur**! Une fois la transaction effectuée, la police ne pourra rien faire, l'office du tourisme encore moins... Ne vous laissez pas non plus abuser par de prétendus étudiants.

Frontières

La sécurité des étrangers pourrait être compromise aux abords des frontières birmane au Nord, khmère à l'Est, malaise au Sud. Certaines provinces du Sud (Yala, Narathiwat, Nakhon Si Thammarat) sont le théâtre d'affrontements très graves entre bouddhistes et musulmans. Dans toutes ces régions, il est prudent de s'en tenir aux circuits touristiques.

Police touristique

Elle a pour vocation d'aider les touristes en difficulté. Ses agents parlent anglais, parfois français, et portent un badge qui les distingue des autres policiers. La police touristique peut être sollicitée à Bangkok dans tous les **sites touristiques** ou à proximité des **grands hôtels**, et peut intervenir rapidement. Il ne faut pas en attendre des miracles, notamment dans les escroqueries aux bijoux et les vols d'argent. Vis-à-vis de votre assurance, pensez à faire une **déclaration** en cas de vol de papiers
ou de carte de crédit.

En cas de perte ou de vol de passeport

Voici, dans l'ordre, les démarches à effectuer:
1. faites une déclaration de perte à la police touristique;
2. présentez-vous aux services consulaires de l'ambassade de France (p. 52) avec une déposition

et 3 photos; 3. allez au Bureau de l'immigration pour régulariser la situation; le circuit est assez compliqué, et le bureau ferme tôt; prévoyez une bonne demi-journée.

Vie nocturne

Les nuits de Bangkok n'ont pas perdu leur attrait malgré les règles instaurées par le ministère de l'Intérieur: fermeture des bars et boîtes de nuit à 2h, accès interdit aux moins de 20 ans, contrôles antidrogue... Les lieux de fête sont variés et bon marché; ils mêlent dans une bonne ambiance *farang* et autochtones. Patpong et le début de Sukhumvit sont les deux pôles de la vie nocturne à Bangkok. Dans les bars douteux (qui ne sont pas listés ici), attention aux drogues déposées dans les verres à l'insu des buveurs inattentifs, qui peuvent se retrouver dépouillés de toutes leurs affaires. Prenez connaissance des dernières adresses à la mode et des happy hours dans des revues comme ***Gavroche*** (en français, vendu en librairie), ***Bangkok 101*** (en anglais, payant), ***BK Magazine*** (gratuit, distribué dans les cafés).

Avec les enfants

Les enfants sont toujours bien accueillis en Thaïlande et tout sera mis en œuvre pour faciliter les séjours familiaux.

À l'hôtel

De manière générale, à l'exception des hôtels haut de gamme destinés à une clientèle venue chercher exclusivement le calme et le repos, beaucoup d'hôtels proposent des chambres familiales ou des chambres communicantes. Certains hôtels ont des tarifs préférentiels pour les enfants de moins de 12 ans partageant la chambre de leurs parents. D'autres hôtels ont des aires de jeux et/ou une piscine pour les plus jeunes, des clubs enfants ou un service de baby-sitting.

Les loisirs

Les enfants pourront jouer sur les immenses plages de la Thaïlande du Sud et se baigner dans des mers chaudes. Les parcs animaliers du pays les raviront: ils pourront assister aux bains des éléphants, monter sur leurs dos et voir toutes sortes d'animaux. Enfin, les plus grands pourront s'initier à la plongée, au *snorkeling*, faire du canoë ou du kayak.

Shopping

Exportation d'objets d'art

L'exportation d'antiquités et d'objets d'art est soumise à des règles strictes. Si vous les enfreignez, vos achats peuvent être saisis par les douaniers. L'exportation de statues de Bouddha, de bodhisattva et de tout **objet religieux** nécessite une autorisation (qu'il s'agisse d'une antiquité ou d'une reproduction). Celle-ci ne peut être accordée que pour des motifs religieux (en faveur de bouddhistes pratiquants), d'échanges culturels ou de recherche. Pour une **autorisation d'exportation**: envoyez deux tirages au format carte postale des objets photographiés de face (pas plus de 5 objets par photo), et la photocopie du passeport du demandeur à Bangkok, **General Administration Sub-Division** (The National Museums Division, Na Phra Dart Rd, Bangkok 10 200 ☎02-281.0403). Le délai minimum est de 7 j. avant le départ du demandeur, pour vérification et établissement de l'autorisation écrite.

Autre solution, plus risquée mais plus simple: négociez avec le vendeur.

Marchandage

Même si les prix «fixes» (non négociables) sont de plus en plus fréquents, notamment dans les grands magasins, la pratique du marchandage fait partie de la tradition. La transaction idéale suppose que tout le monde soit content, acheteur et vendeur. Mais le développement du tourisme a engendré des abus, et les marchands peuvent être tentés de gonfler leurs prix face à un client qui affiche souvent une richesse ostentatoire. Néanmoins, croire qu'une belle pièce ancienne ou un objet rare peut s'acquérir pour une bouchée de riz relève de la naïveté. Et ergoter pour 10 ou 50 THB (0,25 ou 1,30 € env.!) est considéré par les Thaïs comme un manque de dignité.

Taxes

Hôtels et restaurants

7 % de TVA (VAT: *Value Added Taxe*) et 10 % de service. Les prix affichés sont généralement HT; la mention ++ signifie qu'il faut prévoir l'ajout des taxes et du service.

Remboursement de la VAT

Vous pourrez récupérer la VAT dans les magasins agréés si vos achats atteignent 5 000 THB (soit env. 150 €; 2 000 THB minimum par transaction). Un formulaire est fourni par le commerçant, sur présentation de votre passeport. Avant le départ (vols internationaux), présentez au comptoir *«VAT Refunds for Tourists»* de l'aéroport (hall départ) les achats, les formulaires et les factures (avant 60 j. suivant l'achat). Le remboursement s'opère en espèces ou par l'intermédiaire de votre carte de crédit, avec 100 THB (3 €) de frais dans les deux cas.

Taxe d'aéroport

Sauf disposition particulière, elle est incluse dans le prix du billet.

Centres commerciaux

De gigantesques **centres commerciaux** ouvrent sans cesse, véritables temples de la consommation. Les Thaïs adorent le shopping *(paï Tchopping)*, particulièrement les produits importés et tout ce qui touche au luxe, vrai ou faux. Par ailleurs, de nombreux commerces sont installés dans des galeries marchandes ou sur les trottoirs. Les centres commerciaux *(shopping malls)* sont ouverts de 10h à 22h.

Tabac

Il est interdit de fumer dans les lieux publics, les bars, les restaurants, les night-clubs et même dans les parcs et dans le marché de Chatuchak. Pour les contrevenants, l'amende est de 2000 THB (60 €). Depuis 2017, il est **interdit de fumer sur les plages**. Il est également **interdit de vapoter ou de détenir une cigarette électronique** sous peine d'emprisonnement et/ou d'une amende.

Sports et loisirs

La vogue du sport accompagne l'urbanisation croissante et le besoin de nature qui en découle. Outre les **sports nautiques** (à Pattaya, Phuket, Samui), on pratique le **trekking** (région Nord et parcs nationaux), le **rafting** (Paï), l'**escalade** (Krabi)... Tous les grands hôtels sont équipés de salles de sport.

Vous retrouverez les coordonnées des centres d'activités sportives dans notre rubrique « Manger, dormir, s'amuser... ». Pour les sports traditionnels, voir p. 387.

Trekking

Guide local

Indispensable, il doit connaître les villages (ce n'est pas toujours le cas), servir d'interprète, et offrir des garanties de sécurité en cas de problème. Nous vous conseillons d'éviter les « étudiants » (les vrais sont à l'université !). Mieux vaut faire appel aux agences reconnues par l'office de tourisme.

Prestations

Avant le départ, informez-vous sur le détail des prestations prévues dans le prix afin d'éviter des surprises déplaisantes.

Période

Évitez la saison la plus chaude (mars-juin) et la saison des pluies (juin-oct.) : la boue rend la marche difficile, et les sangsues sont nombreuses.

Équipement

Prévoyez des vêtements légers mais couvrants (des pantalons et des pulls ou t-shirts à manches longues), des chaussures fermées et aérées, un sweat pour les nuits plus fraîches. Prenez un bagage léger, car c'est vous qui le porterez. Un sac de couchage n'est pas indispensable (on peut louer des couvertures dans les villages, à condition de ne pas être trop regardant sur l'hygiène).

Moustique

Le meilleur moyen de se protéger du paludisme est de ne pas être piqué (surtout entre 18h et 6h du matin). Munissez-vous de répulsifs et dormez sous une moustiquaire. À savoir : les moustiques porteurs de la dengue sévissent le jour.

Passeport indispensable

Attention, les contrôles de police sont fréquents dans les régions frontalières (rivière Kok, par exemple).

Vérifiez vos affaires en fin de trekking

En cas de problème, contactez la police touristique (p. 437).

Golf

Rens : www.golfinthailand.asia.

En Thaïlande, le green est un endroit de prédilection pour discuter affaires ou politique et même pour parier ! Il se pratique toute l'année, sur plus de 200 terrains appréciés des plus grands joueurs internationaux : rizières transformées en parcs verdoyants, terrains dominant la mer, vallées fleuries au pied des montagnes... Les parcours sont balisés de kiosques pour se rafraîchir et se restaurer.

Plongée

Avec 2300 km de côtes exposées à l'est et à l'ouest sur des mers très poissonneuses, la Thaïlande est réputée auprès des plongeurs du monde entier. Faut-il choisir la mer d'Andaman ou le golfe de Thaïlande? C'est la **météo** qui décide pour vous, la mousson n'affectant pas les deux côtes en même temps (la mer d'Andaman est à privilégier plutôt l'hiver et le golfe de Thaïlande l'été, voir aussi p. 353). Dans le golfe de Thaïlande, la palme revient à **Koh Tao**, qui offre 25 sites exceptionnels. Viennent ensuite **Koh Chang** (épave spectaculaire) et **Koh Lanta**. Côté mer d'Andaman, c'est l'extase, avec des archipels éclatés qui longent toute la côte, de la Birmanie à la Malaisie: les **îles Mergui**, **Surin**, **Tachaï**, **Similan**, la **baie de Krabi** et les **îles au large de Trang**.

Organiser ses excursions

Deux options: vous débrouiller seul pour organiser les trajets, trouver un guide, les horaires... ou passer par une **agence de voyages locale**. La première option est très bon marché, mais l'organisation prend beaucoup de temps. Avec la seconde, vous ne vous occupez de rien, mais le coût est plus élevé, et vous risquez de ne pas être seul sur le site... Les agences sont très nombreuses et offrent des prestations quasiment identiques. Votre **hôtel** peut aussi se charger de remplir le rôle d'agence de voyages. Leurs prestations sont très larges, de l'excursion au transfert en bus, en bateau, en voiture privée... De manière générale, gardez en tête que tout est très facile dans ce pays où l'on se pliera toujours en quatre pour répondre à vos besoins et vos envies.

Fêtes et jours fériés

La Thaïlande vit selon le calendrier bouddhique pour les fêtes religieuses et selon le calendrier grégorien pour les fêtes civiles. Soumises au calendrier lunaire, de nombreuses fêtes varient d'une année à l'autre; pour connaître leurs dates exactes, renseignez-vous auprès de l'office de tourisme **en France** (p. 424) ou sur ***www.tourismethaifr.com***. Sur place, les offices de tourisme des différentes localités vous préciseront les dates des fêtes pour lesquelles on ne vous signale que le mois. Si vous souhaitez vous déplacer lors d'un jour férié, réservez assez tôt car les Thaïlandais se déplacent beaucoup à ses dates.

1er janv.: Nouvel An (international).

Fév.-mars (mobile) : Magha Puja (des processions illuminées commémorent le prêche de Bouddha devant 1 250 disciples spontanément réunis.).

6 avr.: jour de la dynastie Chakri.

13-15 avr.: ancien Nouvel An thaï.

4 mai: anniversaire du couronnement.

Mai (mobile) : Visakha Puja.

3 juin: anniversaire de la reine.

Juil. (mobiles) : Asalha Puja (1er sermon de Bouddha) et Khao Phansa (carême bouddhique).

28 juil.: anniversaire du roi.

12 août: anniversaire de la reine mère Sirikit et fête des mères.

13 oct.: anniversaire de la mort de Rama IX.

23 oct.: jour de Chulalongkorn (Rama V).

5 déc.: anniversaire de Rama IX, fête nationale et fête des pères.

10 déc.: jour de la Constitution.

31 déc.: dernier jour de l'année.

URGENCES

Police touristique ☎ 1155
Police ☎ 191
Pompiers ☎ 199
Ambulance ☎ 1669

LEXIQUE

Compter		Chiffres	
Zéro	*soun:* ศูนย์	**0**	๐
Un	*nung* หนึ่ง	**1**	๑
Deux	*song:* สอง	**2**	๒
Trois	*sam:* สาม	**3**	๓
Quatre	*si:* สี่	**4**	๔
Cinq	*ha:* ห้า	**5**	๕
Six	*hok:* หก	**6**	๖
Sept	*chet:* เจ็ด	**7**	๗
Huit	*paet:* แปด	**8**	๘
Neuf	*kao:* ใหม่	**9**	๙
Dix	*sip:* สิบ	**10**	๑๐
Onze	*sip èt:* สิบเอ็ด	**11**	๑๑
Douze	*sip song:* สิบสอง	**12**	๑๒
Seize	*sip hok :* สิบหก	**16**	๑๖
Vingt	*yi sip:* ยี่สิบ	**20**	๒๐
Trente	*sam sip:* สามสิบ	**30**	๓๐
Quarante	*si sip:* สี่สิบ	**40**	๔๐
Cent	*roï:* ร้อย	**100**	๑๐๐
Cinq cents	*ha roï:* ห้าร้อย	**500**	๕๐๐
Mille	*phan:* พัน	**1000**	๑,๐๐๐
Deux mille	*song phan:* สองพัน	**2000**	๒,๐๐๐

Politesse et usages

NB: ***khrap*** et ***kha*** sont des formules de politesse qui terminent la plupart des phrases; on utilise ***khrap*** lorsqu'on est un homme, ***kha*** lorsqu'on est une femme. Le pronom personnel « je » se traduit par ***phom*** (pour les hommes) ou ***chan*** (pour les femmes).

Oui	*khrap/kha :* ครับ/ค่ะ
Non	*maï khrap/kha :* ไม่ ครับ/ค่ะ
S'il vous plaît	*karuna :* กรุณา
Pardon, excusez-moi	*khotho :* ขอโทษ
Monsieur	*phouchaï :* ผู้ชาย
Madame	*phouying:* ผู้หญิง
Bonjour	*sawatdi :* สวัสดี
Ravi de faire votre connaissance	*yindi thi daï ru chak :* ยินดีที่ได้รู้จัก
Je m'appelle...	*phom/chan cheu... :* ผม/ฉันชื่อ
Merci	*khop khun khrap/kha :* ขอบคุณครับ *(ค่ะ)*
De rien	*maï pèn raï :* ไม่เป็นไร
Comment ça va ?	*sabaïdi ru plao ? :* สบายดีหรือเปล่า
Je ne parle pas thaï	*phout thaï maï daï :* พูดไทยไม่ได้
Comment dit-on ceci en thaï ?	*ni phasa thaï riekwa araï? :* นี่ภาษาไทยเรียกว่าอะไร
Je ne sais pas	*maï rou :* ไม่รู้
Je ne comprends pas	*maï khao tchaï :* ไม่เข้าใจ
Pouvez-vous répéter ?	*karuna phout Ikk krang daï maï? :* กรุณาพูดอีกครั้งได้ไหม
Français	*farangset :* ฝรั่งเศส
Occidental (« Blanc »)	*farang :* ฝรั่ง
Qui ?	*khraï? :* ใคร

Quoi ?	*araï? :* อะไร
Quel ?	*an naï? :* อันไหน
Quand ?	*mua raï?:* เมื่อไหร่
Où ?	*thi naï?:* ที่ไหน
Comment ?	*araï na?:* อะไรนะ
Pourquoi ?	*tham maï?:* ทำไม

Santé

Je ne me sens pas bien	*roussuk maï sabaï:* รู้สึกไม่สบาย
Je suis malade	*phom/chan maï sabaï :* ผม/ฉันไม่สบาย
Je suis allergique	*phom/chan phèè :* ผม/ฉันแพ้
Hôpital	*rongphayaban:* โรงพยาบาล
Je veux voir le médecin	*tongkan phop moo:* ต้องการพบหมอ
Médicament	*ya:* ยา
Pharmacie	*ran khaï yaa:* ร้านขายยา

Shopping

Combien ?	*thao raï:* เท่าไหร่
Quel est le prix de ceci ?	*ni rakha thao raï?:* นี่ราคาเท่าไหร่
C'est très cher	*phèng maak:* แพงมาก
Pouvez-vous faire moins cher ?	*lot rakha noï daï maï?:* ลดราคาหน่อยได้ไหม
Acceptez-vous la carte bancaire ?	*rap bat crédite maï khrap/kha?:* รับบัตรเครดิตไหมครับ/คะ
Magasin, boutique	*ran khaa, boutik:* ร้านค้า/บูติค
Marché	*talat:* ตลาด
Supermarché	*supeur markette:* ซุปเปอร์มาร์เก็ต

En voyage

Gare routière	*sathani rot thoua:* สถานีรถทัวร์
Gare ferroviaire	*sathani rot faï:* สถานีรถไฟ
Station de métro aérien	*sathani rot faï fa:* สถานีรถไฟฟ้า
Aéroport	*sanam bin:* สนามบิน
Bateau	*rua:* เรือ
Avion	*khruang bin:* เครื่องบิน
Train	*rot faï:* รถไฟ
Autocar	*rot thoua:* รถทัวร์
Autobus	*rot mé:* รถเมล์
Cyclo-pousse, tuk-tuk	*samlo:* สามล้อ/รถตุ๊ก/ตุ๊ก
Arrêtez-vous ici	*chot thi ni:* จอดที่นี่
Attendez ici	*ro thi ni:* รอที่นี่
Tout droit	*trong paï:* ตรงไป
Allez à gauche	*lio saï:* เลี้ยวซ้าย
Allez à droite	*lio khwa:* เลี้ยวขวา
Où se trouve la banque ?	*thanakhan you thi naï?:* ธนาคารอยู่ที่ไหน
Où se trouve le marché ?	*talat you thi naï?:* ตลาดอยู่ที่ไหน
Où se trouve la poste centrale ?	*praïsani klang you thi naï?:* ไปรษณีย์กลางอยู่ที่ไหน
Un aller-retour	*paï klap:* ไป-กลับ
Est-ce que c'est par là ?	*paï thang nii chaï maï ?:* ไปทางนี้ใช่ไหม

Les toponymes

Avenue/rue	*thanon:*ถนน
Ruelle	*soï:* ซอย
Baie	*ao:* อ่าว
Canal	*klong:* คลอง
Cascade	*nam tok:* น้ำตก
Fleuve	*mènam:* แม่น้ำ
Grotte	*tham:* ถ้ำ
Île	*koh:*เกาะ
Jardin	*souan:* สวน
Mer	*thalé:* ทะเล
Montagne	*phou kao:* ภูเขา
Municipalité	*ampheu:* อำเภอ
Plage	*chaï hat:* ชายหาด
Village	*mouban/ban:* หมู่บ้าน/บ้าน
Ville	*mouang:* เมือง

À l'hôtel

Hôtel	*rong rèm:*โรงแรม
Chambre simple/double	*hong dio/hong kou:* ห้องเดี่ยว/ห้องคู่
Pension complète	*roum ahan touk moeur:* รวมอาหารทุกมื้อ
Petit déjeuner	*ahan chao:* อาหารเช้า
Déjeuner	*ahan klang wan:* อาหารกลางวัน
Dîner	*ahan yen ou ahan kham:* อาหารเย็นหรืออาหารค่ำ
Clé	*koun jeh:* กุญแจ
Consigne	*tii faak khong:* ที่ฝากของ
Où sont les toilettes ?	*hong nam you thi naï?:* ห้องน้ำอยู่ที่ไหน

Au restaurant

J'ai faim	*hiou khao:* หิวข้าว
J'ai soif	*hiou nam:* หิวน้ำ
Un restaurant thaï très bon	*ran ahan thaï aroï aroï:* ร้านอาหารไทยอร่อยๆ
Un restaurant français très bon	*ran ahan farangsèt aroï aroï:* ร้านอาหารฝรั่งเศส อร่อยๆ
Menu en anglais	*ménu phasa anglite:* เมนูภาษาอังกฤษ
La note (facture)	*baïset :*ใบเสร็จ
L'addition	*chèk bin :* เช็กบิล
Poulet	*kaï:*ไก่
Bœuf	*neua:* เนื้อ
Crevette	*koung:* กุ้ง
Poisson	*pla:* ปลา
Fruits de mer	*ahan talé:* อาหารทะเล
Riz frit	*khao phat:* ข้าวผัด
Riz frit aux crevettes	*khao phat koung:* ข้าวผัดกุ้ง
Riz frit au poulet:	*khao phat kaï:* ข้าวผัดไก่
Poisson frit	*pla thot:* ปลาทอด
Poisson vapeur	*pla nung:* ปลานึ่ง
Brochette	*ahan ping/yang siep maï:* อาหารปิ้ง/ย่างเสียบไม้
Pain	*khanom pang:* ขนมปัง
Beurre	*neuï:* เนย

Eau plate	*nam plao:*น้ำเปล่า
Eau pétillante	*nam soda:* น้ำโซดา
Glace	*nam khèng:* น้ำแข็ง
Sans glace	*maï saï nam khèng:* ไม่ใส่น้ำแข็ง
Eau chaude	*nam ron:* น้ำร้อน
Thé	*cha:* ชา
Thé froid avec lait	*cha yén:* ชาเย็น
Thé froid sans lait	*cha dam yén:* ชาดำเย็น
Café (avec lait)	*kafè sai nom:* กาแฟใส่นม
Café sans lait	*kafè dam (toujours sucré):* กาแฟดำ
Café noir sans sucre	*kafè dam maï saï nam tan:* กาแฟไม่ใส่น้ำตาล
Coca	*coke:* โค้ก
La nourriture est excellente	*ahan aroï mak :* อาหารอร่อยมาก

Besoin d'aide ?

Ambassade	*sathan thout:* สถานทูต
Commissariat	*sathani tamrouat:* สถานีตำรวจ
Police touristique	*tamrouat thong thiaw:* ตำรวจท่องเที่ยว
J'aime	*phom/chan chob:* ผม/ฉันชอบ
Je voudrais	*phom/chan tongkan:* ผม/ฉันต้องการ
Je cherche	*phom/chan ha:* ผม/ฉันหา
J'ai besoin d'aide	*phom/chan tongkan khoem chouaï leuy:* ผม/ฉัน ต้องการความช่วยเหลือ
Je suis perdu	*phom/chan long thang:* ผม/ฉันหลงทาง

Et encore...

Attendez un peu	*ro dio:* รอเดี๋ยว
À bientôt	*phop kan maï na:* พบกันใหม่นะ
Bonne chance	*chok di na:* โชคดีนะ
Allez-vous-en	*paï paï:* ไปไป
Stop !	*yout!:* หยุด
Attention !	*rawang!:* ระวัง
Vite !	*rèo rèo noï!:* เร็วๆ หน่อย
Au secours !	*chouaï douaï!:* ช่วยด้วย
Aujourd'hui	*wan ni:* วันนี้
Demain	*phroug ni:* พรุ่งนี้
Hier	*muawan:* เมื่อวาน
Tous les jours	*touk wan:* ทุกวัน

INDEX

A

B

C

D

E

F

G-H

I-J-K

L

M

R

S

CRÉDITS PHOTOS

Intérieur

Shutterstock

Sombat Muycheen : p. 4h ; Da ni : p. 4b ; Shutterstock : p. 11b ; wasanajai : p. 13 ; Preto Perola : p. 14 ; SATHIANPONG PHOOKIT : p. 17 ; FocusStocker : p. 24-25 ; Day2505 : p. 28 ; nofilm2011 : p. 33 ; Finn stock : p. 34 ; Ratthaphong Ekariyasap : p. 36 ; Sonpichit Salangsing : p. 40-41 ; August Phunitiphat : p. 53 ; Southtownboy Studio : p. 55 ; mai111 : p. 56 ; cowardlion : p. 57 ; SantiPhotoSS : p. 61 ; apiguide : p. 62 ; Jirawatfoto : p. 65 ; Nbeaw : p. 66 ; amnat30 : p. 70 ; Denis Costille : p. 76 ; Sanga Park : p. 78 ; TheJim999 : p. 81 ; nimon : p. 82-83 ; Werner Muenzker : p. 85 ; topten22photo : p. 88 ; Pattani Studio : p. 93 ; cowardlion : p. 95 ; artapartment : p. 107 ; Shutterstock : p. 108 ; Sakcared : p. 109 ; Krissadakorn : p. 111 ; Redchanka : p. 112 ; deejungloei : p. 115 ; TZIDO SUN : p. 121 ; Avigator Fortuner : p. 122 ; Uncle_ tOOk tOOk : p. 123 ; Kricha : p. 132 ; fokke baarssen : p. 137 ; nutsiam : p. 140 ; anandoart : p. 145 ; amnat30 : p. 149 ; neo2620 : p. 151 ; fokke baarssen : p. 155 ; Zhukov Oleg : p. 157 ; Zhukov Oleg : p. 160 ; Pricha7059 : p. 163 ; LEE SNIDER PHOTO IMAGES : p. 170 ; cowardlion : p. 177 ; paisan sangjunrung : p. 178 ; Egeris : p. 184-185 ; ploypemuk : p. 193 ; jakkapan : p. 200 ; Dmitry Rukhlenko : p. 203 ; kwanchai : p. 209 ; ploypemuk : p. 211 ; Sukpaiboonwat : p. 217 ; Boyloso : p. 220 ; Kitzero : p. 223 ; Bill45 : p. 227 ; kook03 : p. 231 ; manizosx : p. 237 ; amnat30 : p. 246 ; prasom boonpong : p. 249 ; lemaret pierrick : p. 253 ; Sarit Wuttisan : p. 257 ; Shutterstock : p. 258 ; Kusalodom : p. 263 ; Puthoreum : p. 268 ; nuttapon kupkaew : p. 273 ; Yanin Taksinvatanapoom : p. 280 ; Sergey Gerashchenko : p. 281 ; lemaret pierrick : p. 282 ; Huw Penson : p. 287 ; Laborant : p. 305 ; Shutterstock : p. 310 ; Serenity-H : p. 321 ; Jamoo : p. 323 ; superoke : p. 326 ; TheJim999 : p. 331 ; Perfect Lazybones : p. 333 ; Daniel Machacek : p. 345 ; De Visu : p. 356 ; amnat30 : p. 359 ; GOLFX : p. 360 ; amnat30 : p. 363 ; SOUTHERNTraveler : p. 364 ; Mazur Travel : p. 365 ; Kanokratnok : p. 367 ; cowardlion : p. 369 ; Simon Poon : p. 371 ; SergeBertasiusPhotography : p. 372 ; Luciano Mortula - LGM : p. 377 ; TADAphotographer : p. 380 ; Sorbis : p. 381 ; Manos Fikaris : p. 383 ; saksorn kumjit : p. 384 ; Richie Chan : p. 385 ; artapartment : p. 386h ; Vassamon Anansukkasem : p. 386b ; withGod : p. 389 ; OhSurat : p. 394 ; Allen.G : p. 396 ; BUTENKOV ALEKSEI : p. 398 ; De Visu : p. 399 ; nadia_acosta : p. 400 ; Pensinee W : p. 404 ; Mr.Nakorn : p. 408h ; KanphotoSS : p. 408b ; Benjamas_Photovec : p. 409 ; Bhakpong : p. 414 ; Praisaeng : p. 417 ; artapartment : p. 418-419

HEMIS

MORANDI Tuul et Bruno : p. 2 ; HEEB Christian : p. 5 ; Jon Arnold Images : p. 6 ; HEEB Christian : p. 7h ; PISTOLESI Andrea : p. 7b ; Jon Arnold Images : p. 8 ; PISTOLESI Andrea : p. 9 ; SEUX Paule : p. 10 ; CINTRACT Romain : p. 11h ; LEMAIRE Stéphane : p. 12 ; DU BOISBERRANGER Jean : p. 15 ; Photoshot/Pearce : p. 20h ; Jon Arnold Images/ hemis. fr : p. 20b ; SIERPINSKI Jacques : p. 21 ; HEEB Christian : p. 42 ; Jon Arnold Images/ hemis. fr : p. 45 ; CINTRACT Romain : p. 69 ; GARDEL Bertrand : p. 71 ; Tetra images : p. 72 ; GARDEL Bertrand : p. 75 ; GARDEL Bertrand : p. 99 ; Jon Arnold Images/ hemis.fr : p. 100 ; Jon Arnold Images/ hemis.fr : p. 117 ; MORANDI Tuul et Bruno : p. 126 ; Jon Arnold Images/ hemis.fr : p. 129 ; BOISVIEUX Christophe : p. 131 ; GUIZIOU Franck : p. 134 ; HEEB Christian : p. 139 ; HEEB Christian : p. 143 ; GUIZIOU Franck : p. 144 ; Jon Arnold Images/ hemis.fr : p. 152 ; HEEB Christian : p. 167 ; MORANDI Tuul et Bruno : p. 173 ; MORANDI Tuul et Bruno : p. 181 ; CINTRACT Romain : p. 187 ; Robert Harding : p. 188 ; CINTRACT Romain : p. 205 ; HEEB Christian : p. 206 ; GUIZIOU Franck : p. 212 ; GUIZIOU Franck : p. 215 ; HEEB Christian : p. 219 ; MORANDI Tuul et Bruno : p. 229 ; MORANDI Tuul et Bruno : p. 232 ; GIUGLIO Gil : p. 241 ; GUIZIOU Franck : p. 245 ; MORANDI Tuul et Bruno : p. 250 ; Westend 61 : p. 255 ; Alamy : p. 264 ; PISTOLESI Andrea : p. 267 ; SIERPINSKI Jacques : p. 277 ; POMPE Ingolf : p. 285 ; GARDEL Bertrand : p. 289 ; GARDEL Bertrand : p. 293 ; SIERPINSKI Jacques : p. 294 ; SIERPINSKI Jacques : p. 297 ; GARDEL Bertrand : p. 307 ; Photoshot/Pearce : p. 313 ; Jon Arnold Images/ hemis.fr : p. 328 ; HEEB Christian : p. 334 ; HEEB Christian : p. 338 ; CINTRACT Romain : p. 347 ; Jon Arnold Images/ hemis.fr : p. 349 ; HEEB Christian : p. 350 ; Jon Arnold Images/ hemis.fr : p. 366 ; PISTOLESI Andrea : p. 368 ; Jon Arnold Images/ hemis.fr : p. 374 ; Jon Arnold Images/ hemis. fr : p. 376 ; MOIRENC Camille : p. 379 ; CINTRACT Romain : p. 387 ; GARDEL Bertrand : p. 388 ; LESCOURRET Jean Pierre : p. 390 ; HEEB Christian : p. 392 ; ZUMA Press, Inc./Alamy/ Hemis : p. 397 ; HEEB Christian : p. 402 ; GARDEL Bertrand : p. 407 ; PEROUSSE Bruno : p. 411 ; Jon Arnold Images/ hemis.fr : p. 413 ;
Jon Arnold Images/ hemis.fr : p. 416 ; Alamy : p. 420

Alamy/Hemis :

Danita Delimont : p. 370

AGE Fotostock :

CSP Smithore : p. 238

La présente édition de ce guide a été mise à jour par **Stéphanie Paicheler.**
L'édition originale a été établie par **Christine Routier Le Diraison** et enrichie par **Juliette Tissot**.

Direction : Sidonie Chollet
Direction éditoriale : Cécile Petiau
Édition : Julie Dupré
Cartographie : Aurélie Huot et Frédéric Clémençon
Fabrication : Liza Sacco

Conception graphique de la couverture et de la maquette intérieure : Elsa Antoine
Illustrations du plat 1 et plat 4 : © Nicolas Galkowski / www.pekelo.fr
Mise en pages intérieure : Maogani

Contact presse : Rachida Mazef, rmazef@hachette-livre.fr ☎ 01 43 92 36 66
Contact publicité : partenariat-tourisme@hachette-livre.fr

Pour nous écrire : Hachette Tourisme / Guides Évasion
58, rue Jean-Bleuzen - 92170 Vanves
evasion@hachette-livre.fr

© Hachette Livre (Hachette Tourisme), 2024
Tous droits de traduction, de reproduction et d'adaptation réservés pour tous les pays.
Conformément à une jurisprudence constante (Toulouse, 14-01-1887), les erreurs ou omissions involontaires qui auraient pu subsister dans ce guide, malgré nos soins et les contrôles de l'équipe de rédaction, ne sauraient engager la responsabilité de l'éditeur.

Édité par Hachette Livre, 58, rue Jean-Bleuzen, CS 70007, 92178 Vanves cedex
Imprimé en République Tchèque par Flnidr

Achevé d'imprimer : août 2024 – Dépôt légal : septembre 2024
Collection n° 25 – Édition n° 1
ISBN : 978-2-01-722750-2
23-4157-9